中国现代大众文化与通俗文学三十讲

Zhongguo Xiandai Dazhong Wenhua yu Tongsu Wenxue Sanshi Jiang

汤哲声 主编

高等教育出版社·北京
HIGHER EDUCATION PRESS BEIJING

内容提要

本教材主要论述中国现代大众文化与通俗文学（主要介绍小说）相关的各种文化现象，涉及报刊、书局、电影、电视、网络等各种大众媒体与通俗小说创作的关系以及广告、流行歌曲、博客、网络游戏等热点问题。教材对现代重要的通俗小说现象作了剖析，特别是对一些类型小说进行了深入分析。

本教材主要作为硕士研究生、博士研究生教材，同时可为本科高年级学生开设选修课使用，也可供对中国现代大众文化现象和通俗文学有兴趣的人阅读参考。

图书在版编目（CIP）数据

中国现代大众文化与通俗文学三十讲/汤哲声主编. —北京：高等教育出版社，2011.8

ISBN 978-7-04-032768-7

Ⅰ.①中… Ⅱ.①汤… Ⅲ.①群众文化-关系-通俗小说-小说研究-中国-现代-教材 Ⅳ.①G249.2②I207.42

中国版本图书馆 CIP 数据核字（2011）第 140749 号

策划编辑 梅 咏　责任编辑 梅 咏　特约编辑 胡乃羽　封面设计 刘晓翔
版式设计 范晓红　责任校对 俞声佳　责任印制 张泽业

出版发行 高等教育出版社
社 址 北京市西城区德外大街 4 号
邮政编码 100120
印 刷 三河市华润印刷有限公司
开 本 787mm×1092mm 1/16
印 张 14.5
字 数 320 千字
购书热线 010-58581118
咨询电话 400-810-0598
网 址 http://www.hep.edu.cn
http://www.hep.com.cn
网上订购 http://www.landraco.com
http://www.landraco.com.cn
版 次 2011 年 8 月第 1 版
印 次 2011 年 8 月第 1 次印刷
定 价 41.90 元

物 料 号 32768-00

目录

第一讲

中国现代大众文化特征和通俗文学的批评标准

> 城市的发展、大众媒体的繁荣、市场化的推动是中国现代大众文化产生的原因。市民视野、题材模式、媒体痕迹、大众互动是当下中国通俗文学创作的美学特征，中国通俗文学有着自我的创作语境和美学语境。中国通俗文学自有的创作语境需要建立与之相应的文学批评标准。

现代大众文化是相对于传统的现代“精英”文化而言的文化术语。现代大众文化的涵盖面相当广泛，这里主要是从与通俗文学的关系的角度论述中国现代大众文化的特征。

现代大众文化是中国现代都市发展的产物，主要反映和表现的是都市社会中市民的思想情绪和文化趣味。现代大众文化的繁荣总是与城市的发展紧密相连。中国现代城市发展集中在三个时期，一个是清末民初时期，一个是20世纪二三十年代，一个就是20世纪90年代以来。城市的发展越是迅猛，大众文化就越是繁盛，其根本的原因就是市民阶层的迅速扩大。① 庞大的中国市民阶层构建了中国特色的大众文化氛围：他们接受的是中国传统文化的教育，很多人是从“乡民”转向“市民”，在价值观念上以传统的伦理道德衡量人物、评判是非，而不愿对传统的价值观念进行更多的怀疑和思辨；他们大多从事城市第一线工作，对影响个人和家庭稳定与发展的事件的关心要多于对人生价值的思考；他们的工作单调、重复而又紧张，需要精神上的愉悦和松弛；他们不满政治黑暗和社会风气堕落，却又很少愿意站出来大声反对……中国市民的价值观念和生活状态决定了中国大众文化的基本形态。当时中国大众文化繁盛的另一个原因是精英文化阶层的转移。精英文化阶层的主要构成是具有人生使命感的青年们。五四时期，两大精英文化刊物《新青年》和《新潮》均是以“新”青年作为己任。同样，也正是五四新青年们使得新文化、新文学占据了中国社会思潮的中心。这种状态在20世纪80年代也出现过，以人生问题、社会问题的思考为使命的青年们对那些

---

① 以上海为例，1843年开埠的时候，人口只有20多万人，1930年时突破300万人，到1970年时已突破1 000万人。这样的人口扩张速度举世罕见。见熊月之主编：《上海通史》第1卷，上海人民出版社1999年版，第3页、第30页。

社会问题、政治问题以及“伤痕小说”、“反思小说”等各类精英小说再一次表现出热情。在商品大潮的冲击下和以自我为中心的人生观的支配下，当下的年轻人对社会、民族的责任感和使命感明显淡漠，他们对精英文化所表现出的问题意识感到沉重并且越来越隔膜。缺少呼应者的精英文化在当下这个时代中的萎缩势成必然。现实状况还在于，相当多的社会责任感和民族使命感淡漠的年轻人正努力地享受着现代生活，大众文化的愉悦性与他们的精神追求相合拍，成为了他们追捧的对象。原有的精英文化的社会阶层向大众文化的社会阶层转移是近十年来中国社会结构的重大转变，它直接影响了中国文化性质的变化和发展走势。

严格地说，中国古代只有民间文化，并没有大众文化。民间文化主要依靠口传和民间曲艺节目的保存和流传，无论是否识字的人都可以成为一个民间艺术家。那些标有“通俗演义”字样的小说，实际上都是融入传说的民间创作，例如《三国演义》、《水浒传》、《西游记》等。大众文化是以现代大众传媒为平台，伴随着大众媒体的出现、成长、繁荣而发展变化的文化类型，没有了现代大众媒体也就没有现代大众文化。中国现代大众媒体的出现只有百余年的历史，一直到20世纪90年代，中国现代大众媒体都是以纸质媒体为主导，尤以报纸媒体为中心。近十年来，中国现代大众媒体的重心发生了转移，变为以电子媒体为主导，尤以网络媒体为中心。中国网民的数量更是裂变式地发展，达数亿人之多。纸质媒体并未衰竭，而网络媒体则更为发达，并逐步成为了中国大众文化的媒介中心，这是当下中国大众文化的一个重要特征。由于市场化运作和审美情趣的趋同性，大众文化与影视剧创作有着先天血缘关系。20世纪二三十年代通俗文学作家包天笑、周瘦鹃等人都是电影的著名编剧，他们参与造就的商业电影对从外国引进的电影能够在中国本土立足起到了关键的作用，也给以上海为中心的中国大众文化增添了很多新的特色。近十年来，中国最强势的文化艺术是电视剧。与电影相比，电视剧更加要求生活化、通俗化、情趣化。只要稍微思考一下就会感觉到近十年来中国电视剧与大众文化之间的密切关系，《亮剑》与军事热、《金婚》与家庭伦理热、《潜伏》与谍报热、《神话》与穿越热等等，在此起彼伏的大众文化热潮中，热播的电视剧都是最有力的推手。

大众文化具有群众性，却不等同于群众文化。根据美国学者约翰·费斯克(John Fiske)的解释，群众文化是统一生产出来的强行施加到大众身上的文化。① 大众文化是市场文化，它是由作者自由表达、读者自由选择的文化现象。整个社会的市场化越强烈，大众文化就越繁荣。事实上，中国现代文学中的那些著名通俗文学作家，如李伯元、吴趼人、徐枕亚、包天笑、周瘦鹃、张恨水等人都是职业作家，都是依靠在市场中拼搏，以获取生存的经济资本。近十年来，中国文化机构正经历着1949年之后最大的体制改革，全国事业编制的出版社、报社、期刊社基本上转为企业性质，各大网站更是企业化运行，可以这么说，中国文化出版机构的市场化转型风头正健。市场化了的出版机构和各大网站为了利益最大化，通俗文学无疑是最好的选

① 约翰·费斯克说：“群众文化作为一个术语，其使用者乃相信，文化商品是由种种工业生产出来并进行分配的，而这种工业，能够消除所有的社会差异，为一群被动的、异化的乌合之众，生产出一种统一的文化，从而被强行施加到大众身上。”约翰·费斯克：《理解大众文化》，王晓珏、宋伟杰译，中央编译出版社2001年版，第208页。

择。另一方面，出版机构和网站的市场化运作使得写手们的能量得到了极大的释放。过去由于文学创作准入门槛过高，很多写手被挡在创作之外，现在只要愿意写就有发表的地方，即使网站的栏目不接受，也可以写自己的博客，只要有吸引读者眼球的能量，就有人追捧。任何人都可以一试，似乎也敢于一试，这使得近十年来中国通俗文学的创作队伍数量之大前所未有。怎样看待通俗文学创作的市场化行为呢？文学创作市场化必然会媚俗，媚俗必然有庸俗的现象（这是世界各国通俗文学创作的共同现象,非中国独有）。但是媚俗中有没有积极的因素呢？还是有的。通俗文学正因为“媚俗”，使得作品内容和思想情绪始终贴近大众，优秀的通俗文学的素材、形式和感情倾诉、语言表达一定是生活化、现实化的，生动、鲜灵。优秀的通俗文学作家为什么能始终保持这样的状态？道理很简单，在市场的压力下，通俗文学作家要保持活力和高知名度就必须时刻关注市场的变化，市场逼迫他们不得不变化和创新，否则就要被市场淘汰。所以说市场化的创作不仅仅是给通俗文学泥沙俱下的数量带来了最大化，也是促使通俗文学创作能够良性循环的动力。

大众文化的背景造就了中国通俗文学的美学特征。通俗文学特别关心社会热点事件和大众的热点话题，并常常站在“民间立场”启蒙民众、臧否是非。这些事件和话题为什么会产生？背后又有什么样的内幕？究竟应怎样面对？究竟有什么样的感想和评判？通俗文学要想获得很好的市场效果，就必须追逐、描述和表现这些问题，因此，通俗文学就有了当代社会现实的反映或历史事件的当代表述的特点。如果说精英文学是现代中国文化思想的思辨者，那么，通俗文学就是现代中国社会生活的记录者。清末民初，中国社会的移民和都市化的扩展、中华民国的成立和反袁运动、军阀时期的混战和社会的动乱、现代金融市场的形成、抗日战争、反饥饿反内战的市民运动，这些在现代精英文学中很难看到的事件在现代通俗小说中都有比较完整的文学描述。到了当下，国际移民成为一种趋势，官场腐败考验着人们承受的底线，家庭和谐成为人们生活的基本追求，职场的拼搏成为人们的生存平台，历史的阅读成为人们的精神探求，于是那些国际移民、官场描述、家庭伦理、职场炎凉以及那些真实的古代史、民国史“是什么玩意儿”的题材就成为近十年来中国通俗文学最热衷表述的对象。具有鲜明特征的是，对这些表述对象的思辨和评析，通俗文学不同于精英文学的文化思考、政治思考，而更多的是道德思考。例如，近来十分红火的官场小说，写官员腐败时，小说很少有官员如何走向犯罪的文化分析，几乎不对体制作深入思考，总是写腐败官员如何道德败坏，将道德好坏视为官员是否清廉的评判标准，将做“好人”然后才能做“好官”视作小说劝诫的启蒙意识。这样的小说其思考深度当然比不上精英小说，却很受中国大众的欢迎，官场小说几乎每出版一部都会成为畅销书，因为它最契合中国大众的精神文化状态。传统的道德标准是中国人普遍认同的价值判断，何况要写官员的道德又必然涉及很多官场内幕和官员的隐私，进而能够极大满足大众的好奇心。市民视野、市民关注和市民思考是通俗文学重要的美学要素。

如果将人性分成社会人性和自然人性的话，通俗文学显然侧重于表现自然人性。例如近年来很受读者追捧的穿越小说。所谓的穿越小说就是将时间交错，将接受了现代文明、具有现代生活技能的现代人通过时间隧道送回古代生活的小说。这种小说的故事情节看似很荒诞，却很能满足人的自然本性。由于主人公是个现代人，他的本领高于古代人，于是他就无往而不胜、无处而不利，想爱情就能得到最理想的爱情，想做英雄就能征服最凶猛的敌人，成为了一个时代的超人。人的生命和生活都是有限的，人的欲望是无限的，无限的欲望在穿越小说所构造的虚拟世界中能够得到补偿和满足。武侠小说与人的英雄情结、侦探小说与人的好奇情结、爱情小说与人的情欲情结、历史小说与人的考据情结、科幻小说与人的想象情结……通俗文学实际上就是人的自然人性的释放、满足和畅想。传统的文化观念使得通俗文学作家很少参与那些文化思想交锋，“草根”出身和“草根”心态又使得他们没有能力或没有意愿介人那些政治思想争辩，通俗文学作家不像精英文学作家那样将文学创作看得那么沉重和严肃，在他们看来，文学创作就是一种愉悦的劝诫或者是愉悦的满足。当然，决定通俗文学侧重于表现自然人性的根本原因还是市场的驱动。只有建立在自然人性基础上的创作才能获得最大的市场和最多的经济效益，这是一个很简单的道理。

近年来有一部小说一直占据着各大畅销书榜前列而不衰，那就是《鬼吹灯》。这部小说能够如此畅销就是因为小说的盗墓题材惊悚而刺激，情节的描述曲折乃至离奇。曲折的情节、生动的故事，使这部小说将中国通俗文学的美学特点发挥到极致。中国现代通俗文学的创作模式受中国传统文学的影响很深。就以小说而言，中国小说有两个源泉，一个是话本小说，一个是传奇小说。话本小说来源于“说话”，“说话”以民间传说为素材；传奇小说由文人加工，其素材同样是民间传说。说话人和传奇作家们为了吸引人总是将故事编得相当生动，民间性、故事性和传奇性是中国传统小说的特点。中国现代通俗小说延续着这样的特点并将其发扬光大。根据听众兴趣和口味不同，说话人按题材将“说话”分成了不同门类：说“小说”、说经、说史、说合生。说“小说”中又分为说“银字儿”、说“公案”、说“铁骑儿”。到了清末民初，中国现代通俗小说同样依据着题材划分小说的文类，历史小说、政治小说、侠义小说、侦探小说等等。到“鸳鸯蝴蝶派”时期分得更细，就是同一种言情小说也分成悲情、惨情、怨情、苦情等等。近十年来，随着网络小说的繁盛，一批新的小说文类开始出现，如悬疑小说、玄幻小说、惊悚小说、网游小说、职场小说等等。既然以题材作为小说的分类，要想吸引读者，对曲折情节和生动故事的追求就势成必然。题材小说特别容易出现小说创作的模式化现象。题材小说在长期的创作中会产生一些套路，这些套路又被实践证明特别能够吸引读者，并屡试不爽，于是，小说的模式化也就产生了。武侠小说“争霸”、“情变”、“复仇”、“行侠”、“夺宝”五模式，官场小说的“腐败—较量—惩治”三过程，侦探小说的“报案—侦案—说案”三段论，言情小说的“言情—变情—悲情”三波段……当下那些新的小说类型的模式正在形成，悬疑小说的探求历史、玄幻小说的修真世界、惊悚小说的地界坟场、网游小说的网络漫游、职场小说的偶遇艳情……模式化是通俗小说最为人所诟病的，却不能对其简单否定，因为模式化实际上是每一类小说自有的一套招式，是通俗小说美学上最鲜明的特点。否定了一种模式就没有了这一类通俗小说，否定了模式化也就没有了通俗小说。

大众媒体与通俗文学的盛衰与共，也给通俗文学带来了“媒体性”特征。通俗文学在报刊上占据的是副刊的位置。副刊对于正刊的作用是扩充正刊的内容和提高正刊的吸引力。正刊追求的是人物和事件的新闻性，副刊追求的是人物和事件背后的故事以及人们在阅读新闻时的愉悦性，因此副刊又被称为“软性新闻”。从这个角度出发，就可以理解社会小说、历史小说为什么喜欢揭黑、揭秘；武侠小说、侦探小说为什么充满着离奇的想象力；言情小说、家庭小说为什么那么夸张地煽情……在副刊上刊登小说就要受到“副刊意识”的制约。在网络上写小说不仅受“副刊意识”制约，还要受到“网络功能”的制约。网民们的民间立场、草根心态、狂欢意识和网络操作中的键盘语言必然渗透于当下中国通俗文学的创作中。一种新的大众媒体的出现和红火必然会带来通俗文学创作的繁荣和新的“媒体烙印”。通俗文学的“媒体烙印”主要表现在两个方面，一个是作品的结构，一个是作品的语言。以通俗小说为例，纸质媒体占主导地位的时期主要受报纸的影响。中国现代通俗小说的结构是传统的章回体，但是章回体的那种“有诗为证”式的人物介绍和事件铺垫显然不适合以“日”为单位的报纸的连载，于是故事情节的描述开始紧凑了起来，将张恨水的小说与包天笑的小说一比较，就可以看到现代通俗小说情节描述上的进步。但是仅仅故事情节紧凑还不能使得副刊连载的效果发挥到最佳状态，于是以“千字文”为单位的情节悬念就成为了现代通俗小说情节描述中的又一次进步，将金庸的小说与张恨水的小说进行比较，就能感受到现代通俗小说的结构的变化。① 用报纸语言写作小说，包天笑等人就曾尝试，到了张恨水更甚，他们的小说语言可以称为“报章语”。不过，金庸小说语言是另一个境界，他的小说语言除了有“报章语”之外，还有他精心打磨的“新小说语”。近十年来，网络对通俗小说的冲击更加强烈。报纸毕竟还是纸质媒体，而网络是电子媒体，它对通俗小说结构和语言的改造已达到“伤筋动骨”的地步。网络阅读以屏幕为平台，读者对内容稍不满意立刻点过。为了留住不停翻动屏幕的读者，情节紧张、生动有趣的故事在网络小说中铺排而来，纸质媒体中常有的环境描写在网络小说中几乎没有(恐怖的环境除外)，细腻的心理分析在网络小说中根本不写(离奇变态的心理除外)。在语言表达上，网络小说追求的是快捷和新奇。网络小说中很难找到挂满定语、状语和补语的长句，均是短句和短节(那些有意的语言游戏小说除外)。一些网络小说的语言运用还有不少令人费解的网络语言和键盘语言。②

大多数精英文学作家创作时对作品的思想、故事乃至结构有一个大致的思考，有些作家还有提纲(例如茅盾创作《子夜》)；通俗文学作家大多是只有一个有趣的题材，情节的发展和小说的结构都是在写作中逐步清晰并加以完成。例如张恨水写小说，一般都是在一些社会新闻中寻找有趣的小说题材，在每天的连载中逐步形成故事的框架。故事框架的形成一方面是作家的生活积累，另一方面就是根据读者的反应进行调整，因此，与读者的互动就成为了通俗文学作家创作过程中特有的写作现象。张恨水每连载一部小说，都要在连载报刊上开设一个“读者问答”的栏目，既能够与读者拉近关系，也能够将读者的很多意见吸收到小说之中，引起读者更大的共鸣。金庸也是这样，他的小说多次根据读者的意见进行修整。这种现象在近十年

---

① 金庸后来推出的《金庸作品集》与他最初的小说连载在情节描述上有很多变化。《金庸作品集》是金庸对连载本多次修改后的版本。

② 例如东东(东西)、挂掉(死去)、巨像(极像)、扁(打)等网络语言满篇皆是。除此以外，小说中还有“#”、“*”、“：～”等键盘符号，它们都表达了一种感情，相当新奇，很有趣味。

的通俗文学创作中愈发突出，网络要比报刊更加即时、便捷，只要是一个能够受到网民们关注的好题材，作品连载不久就会收到大量的反馈，无论是“踩”还是“顶”，大量的跟帖都影响着甚至是支配着作品创作的情节和结构，有些作品可以说是作者在众人的智慧中写作完成的。这样的创作状态会给通俗文学作品带来结构松散、情节枝蔓等问题，但是，其大众姿态和亲和作风却是精英文学作家无法比拟的。

有着鲜明特色的中国通俗文学在当下中国所面临的问题不是作者，更不是读者，而是如何评价。要说文化、思想的深刻性，它不如精英文学，只能批评为“浅薄”；要说人物形象、人物性格的生动性，它也不如精英文学，只能批评为“肤浅”；要说情节、结构的完整和创新，它更不如精英文学，只能批评为“雷同”。这些批评听起来都有道理，仔细推敲就有问题，因为文化思想的深刻性、人物形象性格的生动性、情节结构的完整性和创新性都不是通俗文学的特征。所以，要使得中国通俗文学批评具有合理性，就必须建立中国通俗文学的批评标准。

朱自清先生曾经对清末民初到五四时期中国文学的标准和尺度变化做过这样的描述：“这时候的文学是语体文学，开始似乎是应用着‘人情物理’、‘通俗’那两个尺度以及‘自然’那个标准。然而‘人情物理’变了质成为‘打倒礼教’就是‘反封建’也就是‘个人主义’这个标准，‘通俗’和‘自然’也让步给那‘欧化’的新尺度；这欧化的尺度后来并且也成了标准。”① 朱自清是说中国文学的标准和尺度在这个时期从传统转向了新文学，因为中国新文学登上了文坛。如果延续着这样的思路继续推演，就能看到中国新文学的标准和尺度后来逐步地被政治的标准和尺度替代。到了20世纪80年代，新文学的标准和尺度又一次回归，自20世纪90年代以后，一些国外的文化思潮和文学流派的思想体系开始充实、混杂在中国新文学的标准和尺度之中。大致描述一下近百年来中国文学的标准和尺度，可以清楚地看到一个问题，那就是中国传统文学的标准和尺度在清末民初的时候就已经停止使用了。传统文学的标准和尺度当然并不完全等同于通俗文学的批评标准和尺度，特别是当下的通俗文学创作有着很多新的要素，但是作为继承着众多的中国传统文学美学特征的通俗文学来说，传统文学的标准和尺度的停止使用，就迫使中国通俗文学创作面对新文学的标准、政治文学的标准以及当下夹杂着西方文学概念的批评标准。近百年来，在这样的批评标准和尺度下，中国通俗文学就一直处于被批评(甚至是被批判)的地位，似乎也就理所当然。

中国通俗文学需要客观、科学的批评标准和尺度。它需要文化思想上的深刻性，但并不是将故事和人物作为文化思想的分析形象模本，而是将文化思想的深刻性在“人情物理”的描述中浸染、渗透出来。文化思想的深刻性不仅仅是对传统文化思想的思辨和质疑，还有对传统文化的继承和改良；不仅仅是精英文化的思想焦虑和愤怒，还有大众文化的诉求和期待。它需要人物形象性格的生动性，但形象性格的刻画除了通过社会矛盾冲突表现外，自然人性的表现也是重要的途径，既有人类的社会想象，也有人类的本能想象。那些描述人类社会生活的作品应该得到肯定，那些“超现实”、“超社会”，甚至是看似荒诞不经的生活情节，只要是承担着合理、合法的人类本能想象，也应该给予理解。它需要文本情节结构的完整和创新，但并

① 朱自清：《文学的标准与尺度》，见《朱自清古典文学论文集》，上海古籍出版社1981年版，第11页。

不是要求文本情节结构的完整、创新就是作家的独创，只要在既有模式中有了新的变化就是创新。它需要对市场的作用给予科学的理解，市场会使文学创作受到“金钱意识”的冲击，但是市场又是文学创作变化翻新的动力。它需要合理地分析大众媒体对文学创作的影响，大众媒体确实会削弱文学创作的“文学性”，但是削弱的过程也许就是新的“文学性”出现的过程，报章之于“报章文学”、电视之于“电视文学”、网络之于“网络文学”，媒体性就是这些文本的美学特征之一。它需要从“大众意识”、“草根意识”的角度理解文学创作中的很多表现方式，可以批评很多作品创作方式的不严肃，但是由其中的愉悦性、参与性而形成的文学创作的世俗性难道不正是一种优势么？当然，文学的批评标准和尺度除了具有分析作用之外，还有鉴别和指导的功能。鉴别和指导同样需要客观、科学的态度，例如当下的通俗文学批评，就应该特别警惕文学创作媚俗所带来的庸俗、市场带来的金钱唯上、大众参与带来的狂欢泡沫等倾向。文学的批评标准和尺度建立在文学创作的实践中，脱离了文学实践的批评和尺度只能自说自话、自娱自乐罢了。

根据不同的文学现象采用不同的批评标准是很多优秀的评论家进行文学批评时的思路。1923—1924 年鲁迅在北京大学讲授中国小说史，作为新小说作家的鲁迅并没有用新小说创作理论评判中国古代小说，他以题材分类将中国古代小说分成“神魔小说”、“人情小说”、“讽刺小说”、“侠义小说”等加以评析。在论述到《金瓶梅》等小说时，他认为这是部“世情书”，特点是：“大率为离合悲欢及发迹变态之事，间杂因果报应，而不甚言灵怪，又缘描摹世态，见其炎凉，故或亦谓之‘世情书’也。”① 1935 年鲁迅为《〈中国新文学大系·小说二集〉导言》评析“五四”以来的新小说时，他就从人生、人性等角度加以分析。在论述到自己的小说时，他说得很明白：“从一九一八年五月起，《狂人日记》、《孔乙己》、《药》等，陆续的出现了，算是显示了‘文学革命’的实绩，又因那时的认为‘表现的深切和格式的特别’，颇激动了一部分青年读者的心。然而这激动，却是向来怠慢了绍介欧洲大陆文学的缘故。”②“表现的深切和格式的特别”以及“绍介欧洲大陆文学”显然是鲁迅评判新小说的思路。朱自清同样如此，他在评判“鸳鸯蝴蝶派”文学时说：“鸳鸯蝴蝶派的小说意在供人们茶余饭后消遣，倒是中国小说的正宗。”③ 朱自清说“鸳鸯蝴蝶派”小说是中国小说的“正宗”，看到的也就是其中具有的传统小说的特征。认识到批评对象的属性，批评才能有效，只有建立了通俗文学的批评标准，通俗文学的批评才能有效。

朱自清将“标准”分为两类：不自觉的标准和自觉的标准。不自觉的标准是传统标准，自觉的标准是由于时代变化对传统标准所进行的那些修正。为了区别，他将不自觉的标准称为“标准”，将自觉的标准称为“尺度”。④ 朱自清这样区分，也

① 鲁迅：《中国小说史略》，见《鲁迅全集》第 9 卷，人民文学出版社 1981 年版，第 179 页。

② 鲁迅：《〈中国新文学大系·小说二集〉导言》，见《中国新文学大系·小说二集》(影印本)，上海文艺出版社 1980 年版，第 1 页。

③ 朱自清：《论严肃》，见《朱自清古典文学论文集》，上海古籍出版社 1981 年版，第 111 页。

④ 朱自清的原话是：“不自觉的是我们接受的传统的种种标准。……自觉的是我们修正了传统的种种标准。……本文只称不自觉的种种标准为标准，改称种种自觉的标准为尺度。”朱自清：《文学的标准与尺度》，见《朱自清古典文学论文集》，上海古籍出版社 1981 年版，第 5 页。

就是强调文学标准既有原则性，也有时代的适应性，总结的是中国文学批评标准的发展历史。中国现代通俗文学创作实践同样要求其批评观在建立原则性的“标准”之外，还要有发展性的“尺度”。清末民初时期以报刊为主体的纸质媒体影响了通俗文学创作，此时通俗文学的批评就应该有大众媒体的“尺度”；张恨水时期新文学对通俗文学创作产生影响，此时的通俗文学批评就应该有新文学的“尺度”；金庸时期除了新文学之外，中国的传统文化与外国的优秀小说（如法国大仲马的小说）都成为了通俗文学的影响源，通俗文学批评的文化“尺度”就不应该仅仅是独尊传统，还需要更加宽广的眼光，甚至是“世界眼光”。近十年来，中国的通俗文学创作无疑进入了一个新的时期。这个时期网络媒体是创作的中心平台，通俗文学的批评当然要有网络媒体的“尺度”。这里要强调的是当下这个时期的通俗文学创作还是处在与世界大众文化和世界通俗文学全面接轨的时期。举个例子说明。悬疑小说是当下中国通俗文学领域走红的小说类型。中国悬疑小说的发展与丹·布朗的《达·芬奇密码》在中国热卖有着很大关系。丹·布朗的《达·芬奇密码》给中国人打开了眼界，但是在欧美文学界，这部小说只不过是20世纪五六十年代普遍流行的“黑色悬疑小说”中的一部优秀作品而已。所以当我们要批评悬疑小说的时候，就不能仅仅考虑到中国因素，还要有世界大众文化、世界通俗文学的“尺度”。没有传统标准就没有了文学的文类特点，没有发展的“尺度”就没有了文学的时代特点。与其他各种标准一样，通俗文学的标准也是静态和动态的平衡。

文学是以生动的形象和情感表现人类生活和感情的语言艺术，其文学表现方式则是多种多样。文学创作目标的终极性和表现方式的多样性构成文学的特性和表现过程的丰富性。文学批评也是这样，在确立文学创作的终极目标的前提下，文学表现过程的丰富性决定了文学批评路径的不同。

思考延伸

1. 中国大众文化具有什么样的特色？
2. 中国现当代通俗文学有什么样的美学特征？
3. 为什么说要建立中国通俗文学的批评标准？

第二讲 翻译文学的引入与中国通俗文学的现代转型

外国文学的翻译和借鉴是中国文学走向现代化的重要动力。清末民初中国出现外国文学翻译热潮有着深刻的社会文化背景。后来被称为“通俗文学作家”的一批作者是这次外国文学翻译热潮的主要参与者。他们的文学翻译对其文学创作自然会产生影响。中国文学正是在这样的翻译、借鉴、影响中逐步地迈进现代社会。

中国历史上的翻译活动应该在原始社会就存在，但直至周王朝，才留下对官方翻译机构和译员职称的记载。① 关于笔头翻译的最早文本，大概可算西汉人刘向的《说苑·善说》中鄂君子皙请人翻译《越人歌》的记录。② 就以汉代作为中国翻译活动的开始，东汉到宋初佛经的翻译，明末清初科学著作的翻译和近代西学著作的翻译，被认为是中国进入文明社会以来出现的三次翻译高潮。③

近代中国的西学翻译是在国家积弱图强的背景下产生的一种文化行为。19 世纪中叶后，中国在西方列强的炮舰侵略和随之而来的近代价值观念冲击下，政治、经济、文化和社会结构都面临着脱胎换骨的痛苦转型。为了寻求强国之路，中国从 1840 年起到 19 世纪末，大量翻译西方科技、政治等方面的书籍，以图“师夷长技以制夷”。同时随着资产阶级维新变法运动的发展，资产阶级维新派领袖们更加注重全面学习西方。1887 年，梁启超在《论译书》中说：“处今日之天下，则必以译书为强国第一义。”④ 同年，康有为刊行《日本书目志》，其“小说门”收日本小说(包括笔记)1 058 种，并附“识语”云：“丞宜译小说而且进通之。泰西尤隆小说学哉！”⑤ 1897 年，严复、夏曾佑又发表《本馆附印小说缘起》，说：“且闻欧、美、东瀛，其开化之时，往往得小说

① 马祖毅：《中国翻译史》(上卷)，湖北教育出版社 1999 年版，第 1 页。

② 郭延礼：《中国近代翻译文学概论》，湖北教育出版社 1998 年版，第 2 页。

③ 有部分学者倾向于中国翻译史上有两次翻译高潮的观点，即东汉到宋初的佛经翻译、明末清初至近代的西学翻译，如季羡林等。但我们认为，鉴于近代西学翻译有着与其他翻译阶段截然不同的特征与重要性，故需独立列出。

④ 梁启超：《变法通议》，见《饮冰室合集》，中华书局 1989 年影印本，第 66 页。

⑤ 康有为：《康有为全集》(三)，上海古籍出版社 1992 年版，第 1213 页。

之助。"① 1898 年，梁启超在《译印政治小说序》中明确提出："特采外国名儒撰述。而有关切于中国时局者，次第译之。"② 这一批有志之士改革求变的观点，传达出两个信号：一是打破了当时知识界认为中国在声光电化等"实学"方面"诚相形见绌"，但在"诗赋词章"、"文章礼乐"都"不逮中华远甚"的唯我独尊、故步自封的局面；二是对西方社会科学、自然科学的翻译开始向文学方面转向。1902 年，在分别提出"诗界革命"、"文界革命"之后，梁启超又举起"小说界革命"的旗帜。在梁启超不无夸张的"小说为文学最上乘"③ 的号召下，一股西方文学翻译的高潮终于在中国出现了。

这一时期的文学翻译不仅数量之多前所未有，还有了以下新的特征：(1)翻译作品体裁的进一步完备。除中长篇小说、诗歌、童话、散文外，又增添了短篇小说和戏剧这两个新品种。(2)文学意识提升，注意对名家、名著予以介绍。小说方面，俄国文学有普希金的《俄国情史》(今译《上尉的女儿》，戢翼翚译，1903 年)，契诃夫的《六号室》(包天笑译,1910 年)，托尔斯泰的《心狱》(今译《复活》，马君武译，1913 年)，高尔基的《大义》(周瘦鹃译,1917 年)；英国文学有狄更斯的《孝女耐儿传》(今译《老古玩店》，林纾、魏易译，1907 年)；法国文学有大仲马的《侠隐记》(今译《三个火枪手》，伍光建译，1907 年)，雨果的《铁窗红泪记》(包天笑译,1910 年)等。诗歌方面有苏曼殊、鲁迅、刘半农等人翻译朗费罗、雨果、歌德、海涅、雪莱、拜伦等名家的精品。在单篇短篇小说翻译出现后，短篇小说作家专集和选集的翻译也陆续出现，如林纾和陈家麟译的托尔斯泰的两个短篇小说集《罗刹因果录》(1915 年)和《社会声影录》(1917 年)等。短篇小说选集有周树人和周作人兄弟所译的《域外小说集》第一集、第二集，周瘦鹃译的《欧美名家短篇小说丛刊》等。西方戏剧译作有留法学生李石曾译的波兰作家廖抗夫的《夜未央》(1908 年)，徐卓呆译的法国萨特的《热泪》(1916 年)，陈景韩译的法国柴尔时的《祖国》(1910 年)等。这期间，以陈景韩为代表的虚无党小说翻译和以周桂笙为代表的侦探小说翻译是中长篇小说体裁的两个热点。(3)翻译文学作品质量的提高。1905 年以后，译作质量提高体现在以下几个方面：第一是翻译者本身素质的提升，有更多通晓外文的翻译家加入了翻译队伍。如以翻译侦探小说、虚无党小说出名的陈景韩，以翻译短篇小说受欢迎的周瘦鹃，以翻译诗歌闻名的马君武、辜鸿铭，以翻译法国文学见长的曾朴等。这些人都通晓外文，有较好的外国文学基础。正是他们有比前期翻译家更占优势的语言和文学基础，才有了对原著更高层次的选择，才有对翻译文学要传达出原著的风格、韵味的认识。第二是直译方法的使用和翻译语体的改变。原本占据主流的译述、意译的方式外，出现了采取直译的译文，有些翻译家如周氏兄弟就明确提倡直译，这对以后的翻译发展有着深远的影响。1905 年以后，文言的翻译也慢慢经历半文半白、浅易白话、完全白话的语体形式过渡。译文语言完全白话的趋势是翻译作品逐步走向通俗化的标志。

在这股文学翻译高潮中，通俗文学作家承担了中国近代外国文学作品翻译的主

---

① 阿英编：《晚清文学丛钞·小说戏曲研究卷》，中华书局 1960 年版，第 12 页。

② 梁启超：《译印政治小说序》，载《清议报》第一册，1898 年。

③ 陈平原、夏晓虹：《二十世纪中国小说理论资料》(1897—1916)，北京大学出版社 1997 年版，第 51 页。

要工作，成为当时文学翻译的主力军。① 据粗略统计，当时翻译过外国文学的通俗文学作家有三十多位。他们是(按照其翻译外国小说的时间为序)：包天笑、周桂笙、陈景韩(冷血)、徐卓呆、许指严、王蕴章(西神)、李涵秋、张春帆、恽铁樵、周瘦鹃、贡少芹、张毅汉、徐枕亚、严独鹤、胡寄尘、程瞻庐、陈蝶仙、李定夷、程小青、叶小凤、李常觉、陈小蝶、朱瘦菊、陆澹安、姚民哀、许瘦蝶、吴绮缘、王钝根、顾明道、闻野鹤，等等。②

与林纾等人不懂外语不同，这些通俗文学翻译家或多或少都懂一点外语，因此对外国文学的感知程度要超过林纾等人。近代翻译名家林纾在译了不少西方小说之后曾感叹，“颇自恨不知西文，将朋友口述，而于西人文章之妙，尤不能曲法其状”③，表达了自己不懂外文，无法直接领会西方文学精华之妙的遗憾。但通俗文学翻译家们成长的时代与林纾不同，当时中国教育制度已发生重大变化，外语学习已纳入课程安排。通俗文学翻译家们多数在新式学校学习，掌握了丰富的外语知识，这使他们有机会接触和了解外国文学，在翻译外国文学作品时，他们有了更自觉的鉴赏水平。正由于有这样的优势，翻译外国小说后来还成为了他们谋生的一种方式。包天笑在《钏影楼回忆录·译小说的开始》里说，“翻译小说成了一种‘补助生活’的副业”④。范烟桥也曾提到，民国初年“翻译小说的兴起，为懂外文的人多辟了一条出路”，也为以鸳鸯蝴蝶派为代表的“旧派小说的写作的取材与技法，提供了参考的资料”⑤。

通俗文学作家翻译的小说包括了侦探、社会、科学、言情、军事等三十余种，涉及英、美、法、俄、日、德等二十多个国家的作者的作品。根据日本学者樽本照雄编的《清末民初小说年表》统计，从1912年至1917年，通俗文学作家翻译的小说总数约为500种，约占这一时期翻译小说总数的三分之一。在翻译小说发表最多的1915年，总数为347种的译作中，通俗文学作家的翻译就有110种，其中周瘦鹃一人在这一年就发表了49种译作。

这些通俗文学的翻译家们基本上是当时中国文坛上的主要创作者。他们的外国文学翻译在自觉和不自觉中对其文学创作产生了影响。可以说，这一批作家之所以能够使得中国通俗文学完成了由传统向现代转型，他们的外国文学知识起到了重要的作用。其中的变化在通俗小说的创作中最为明显，表现如下：

首先，引导了中国小说价值取向的转型。中国小说创作价值取向从传统的描写历史中儿女英雄转向对现实社会中各种问题的思考，是中国小说现代化的标志，此时翻译小说的引导功不可没。中国传统小说本没有政治小说、侦探小说、教育小说等名称，这些名称都是在翻译小说中最早出现的，例如，梁启超翻译的《佳人奇

---

① 对“通俗文学作家”这一称谓的说明：他们首先被称为“传统文学作家”；20世纪30年代被称为“民国旧派作家”；40年代作家们自称“通俗文学作家”；80年代后范伯群教授称其为“鸳鸯蝴蝶—礼拜六派”；汤哲声教授称其为“市民小说家”；海外学者称其为“报刊作家”；至1999年范伯群主编的《中国近现代通俗文学史》出版，统称其为“通俗文学作家”。

② 范伯群、汤哲声、孔庆东：《20世纪中国通俗文学史》，高等教育出版社2006年版，第93页。

③ 林纾、魏易同译：《洪罕女郎传·跋语》，商务印书馆1913年版，第1页。

④ 包天笑：《钏影楼回忆录》，(香港)大华出版社1971年版，第175页。

⑤ 范烟桥：《民国旧派小说史略》，见魏绍昌编《鸳鸯蝴蝶派研究资料》(上卷)，上海文艺出版社1984年版，第269页。

遇》、《经国美谈》等小说都挂上“政治小说”的名称。在翻译小说的引导下，此时只要翻开任何一部文学杂志，满篇皆是挂有政治小说、侦探小说、教育小说等名称的作品，这些小说是否就是写的政治、法制和教育内容另当别论，但是其中所表现出的小说创作价值取向相当明显。小说创作与社会现实有着密切的关系，要为社会启蒙而写，要为社会现实服务。此时的翻译小说首先开了这个头，例如，人们一般对此时的翻译文本中的内容增删多有批评，的确，内容增删不仅改变了原著的叙事结构，也改变了原著的风格和品位，阻碍了原作思想的传达，造成文本的误读和理解的偏差。仔细分析这样的翻译现象，主要由三个原因造成：一是很多译者外语水平不高，他们对原作只能看懂大概，然后就开始连猜带蒙地翻译，例如包天笑几部从日文翻译的教育小说均是如此。二是为了顾及中国读者的阅读习惯，常常将外国小说的很多美学要素删去，使其道德化、故事化、情节化，例如林纾翻译的《迦因小传》就被腰斩，理由就是要符合中国道德。更为重要的是，翻译者有意在译作中增添一些内容来评述当时中国的社会文化现象，例如苏曼殊翻译雨果的《悲惨世界》就有意增加了这样的话语：

> 那支那的风俗，极其野蛮，人人花费许多银钱，焚化许多香纸，去崇拜那些泥塑木雕的菩萨。更有可笑的事，他们女子，将那天生的一双好脚，用白布裹起来，尖促促的好像那猪蹄子一样，连路都不能走了，你说可笑不可笑呢？①

这是多么令人惊奇的议论，19 世纪初的雨果居然在法国嘲笑中国人敬菩萨、裹小脚。这分明是苏曼殊“述”的言论。苏曼殊为什么要这样做呢？他就是要借雨果的小说“新”中国之民。人家外国人都嘲笑中国国民的问题，中国人更应该抨击，于是大量抨击中国老百姓愚昧落后的言论成为了此时中国作家创作中的一种流行思维。所以说，这个时期翻译文学的删改之风是特殊时代的特殊现象，其中的负面意义和正面意义都需要客观地理解。

其次，形成了中国小说人物的性格化塑造。中国传统小说是情节小说，人物描述只是小说情节描述的一个要素，人物形象塑造也比较类型化，类型化人物的性格缺少起伏变化。他“容易辨认，他一出场就被读者那富于情感的眼睛看出来”②。西方优秀小说多为性格小说，以生动的人物性格和鲜明的人物形象演绎并推动情节的发展。此时中国小说的主体虽然还是情节小说，但是在翻译小说的影响下，作家们开始注重借鉴西方小说人物塑造方式来描写复杂个性的人物。这样的借鉴可以从人物外表形象的描写和人物内心活动的描述两个方面体现出来。

先说人物外表形象的描写。中国传统小说中人物一出场，总是用一个“西江月”等词牌将其从头到脚地介绍一番，此时固然还是以传统性的介绍为主，但也有很多作家开始了性格描写。例如，吴趼人在《九命奇冤》第二回中，用了 200 字对算命先生马半仙的衣着、言行举止作了如此描写：

---

① 苏曼殊译：《惨世界》，原名《惨社会》，曾在 1903 年 10 月 8 日至 12 月 1 日上海出版的《国民日报》上连载，署名“法国大文豪嚣俄著，中国苏子穀译”。

② 福斯特：《小说面面观》，中国社会科学出版社 1980 年版，第 59 页。

> 只见屋内摆着一个课坛，上面坐着一人，头戴瓜皮小帽，身穿蓝布长衫，外面罩着一件天青羽毛对襟马褂，颈上还围着一条玉兰绫子儿硬领，黑黑儿，瘦瘦儿，一张尖脸，嘴唇上留着两撇金黄色的八字胡子，鼻子上架着一个玳瑁边黄铜脚的老花眼镜，左手拿着一枝三尺来长的竹旱烟管，嘴里吸着，鼻子里一阵一阵的烟喷出来。右手拿着一柄白纸面黄竹骨的折叠扇，半开半合，似摇不摇的，身体在那里晃着。隔着那眼镜上的两片水晶，看见他那一双三角眼睛，一闪一闪的，乍开乍闭。①

人物外表的描写生动地刻画出一个精明狡诈、装腔作势、装神弄鬼的江湖骗子的形象。

再看人物内心活动的描述。中国传统小说因为“说书”这一形式的限制，一般用行为、动作来体现人物的心理活动。丰富的内心活动的描述是西方小说的特点，翻译小说将这一特点带进了中国文坛，例如，当时在中国影响很大的翻译小说《茶花女》就是以大量的心理活动来体现男女主人公的悲情和冤屈，对小说的悲情有着加大的渲染和提升。受西方译作启发后，此时的中国小说作家有了改变。如徐卓呆《梦中的秘密》通过梦境写女主人公被侮辱而生孩子的羞辱、痛苦心理，十分巧妙。吴趼人写《恨海》中的张棣华，基本上是通过细腻的心理活动来写人物的行为过程：逃难途中，既要避男女之嫌，又想要照顾自己的未婚夫；与未婚夫失散，为他担心，责备自己拘礼过甚；再与未婚夫相见，看到他潦倒异常，非常伤心；最后，未婚夫死去，棣华遁入空门。行为过程交织了心理活动的描写，人物形象就有了立体感。到了民国初年的言情小说中，用心理活动描写来突出人物形象已经是一种流行的手法。徐枕亚的《玉梨魂》中，梨娘与何秋霞两人渴望爱情而又恪守礼教的矛盾心态；《孽冤镜》里，男女主人公王可青和薛环娘的心态，都以心理活动的描叙来体现相爱无法相守的无奈、哀愁和凄婉。周瘦鹃的《真假爱情》里，描写郑亮听到情敌落水呼救而产生出救或不救的矛盾心理，生动而真实。心理描写为中国小说的人物刻画向纵深发展开辟了一个途径，这扇大门是由翻译小说打开的。

第三，翻译小说促进了中国小说叙事模式的转变。这里的叙事模式指的是叙事视角、叙事时间和叙事结构。中国传统小说主要采取全知视角连贯讲述一个以情节为中心的故事的模式(即第三人称的全知叙事模式)。全知视角看似表现生活面宽阔，但总有“说故事”的痕迹，影响小说的真实性。外国翻译小说将第一人称的叙事角度引入中国，特别是当时大量的第一人称的侦探小说译作对中国作家创作小说产生了深刻的影响。用第一人称创作的小说在此时广泛流行起来。作家们让叙事者介入小说，以小说人物的身份出现。如《孽冤镜》的叙事者“予”是以主人公王可青好友的身份出现，第一人称直接参与了故事情节的发展，有了他的全程描述，读者才了解这一出爱情悲剧的前因后果；天虚我生的《玉田恨史》是通过女主人公玉田自述其爱情悲剧；周瘦鹃的《此恨绵绵无绝期》也同样借纫芳之口自述其与两个男人的情爱纠葛。它们都属于严格意义上的第一人称限制叙事法。此时日记体与书信体小说也很流行，叙事者往往是小说的当事人，可以直接叙述故事情节，也可抒发个人

① 吴趼人:《九命奇冤》，上海古籍出版社 1980 年版，第 4 ~5 页。

感受，这样使人物形象更鲜明，故事的真实感更强烈。如包天笑的书信体小说《冥鸿》由未亡之人“娟”写给亡夫的11封信组成，徐枕亚的日记体长篇小说《雪鸿泪史》和周瘦鹃的短篇小说《阿郎安在》都是采用这种方式。日记体与书信体小说显然是受到林纾的译作《茶花女》的影响。

中国传统小说安排材料是按照时间顺序和故事情节发生的先后次序连贯叙述的。西方小说却擅长运用倒叙和插叙的方法，拓宽了作品表现的时间与空间，错落有致的编织写法使作品不呆滞、单调，有了层次上的丰厚与阅读上的新奇感。周桂笙评西方小说开头是“凭空落墨，恍如奇峰突兀，从天外飞来，又如燃放花炮，火星乱起”①，正是领略到西方小说这种倒叙方式的好处。此时中国小说家纷纷加以仿效：吴趼人在《九命奇冤》中将按顺序应发生在第16回的场面移至开头，以打斗的惊心动魄给予读者一种强烈的悬念；无愁的《孤雏泪史》不但使用第一人称叙述，还用倒叙的手法描述主人公丧母后被迫为奴，学演杂技的痛苦经历。中国作家的倒叙手法在民国初年已经运用得得心应手。不是时间叙述的单调运行，而是时间重叠多重复调，中国小说的美学内涵有了明显地增强。

传统小说重视历时性的叙述和纵向展开，较少注意共时性的叙述和横向展开。西方小说注重以局部显示整体，在共时性的叙述中见历时性，即“截取一段人生来描写，而人生因之以见”②。在西方短篇小说的影响下，中国作家此时创作的短篇小说打破了传统小说故事有头有尾、人物有始有终的习惯创作写法，而以生活现实、社会人生中的一个场面或一个片段作为表现的中心。这些小说故事性和情节性明显淡化，却对人物性格刻画增强了。包天笑《影梅忆语》将女性“娴”多年的命运变迁浓缩到一个特定的时间和空间中叙述，过去的遭遇随时通过回忆和讲述穿插入现在的故事情节之中；周瘦鹃的《旧恨》，写一个20岁就削发为尼的师太，在70岁时偶遇她昔日的情人，就在他们四目相对的一瞥中，师太扑地圆寂；徐卓呆与包天笑合写的短篇小说《小学教师之妻》，截取清晨和早上两个时段，地点在小学教师小梅家中，人物只有小梅和妻子二人，展现的是平淡、细腻刻画下的凡人琐事；陈景韩的《路毙》抓住的只是一位老汉在寒冬腊月中倒于街头的一个镜头；吴趼人的《查功课》扣紧的是督署到某学堂查功课那一刻所发生的事情；徐卓呆的《入场券》只描写开运动会那天入场时发生的一件极小的事。截取最重要的生活片段，展示出人物传奇的一生或者整个故事的精髓，共时性的叙事方式开始在中国作家手中展现出魅力。

第四，翻译小说的引介，促进了中国小说创作语言的通俗化和大众化。清末民初小说语言因为要达到改良群治、启发民智的目的，所以在文字表述上浅易、通俗，以争取更多大众的支持。当时的翻译小说也偏向于通俗化，这是因为原著题材选择都是情节生动、具有可读性的侦探小说、历史小说、科学小说等。这些小说关注了普通百姓的兴趣，迎合他们的阅读习惯，所以受到了读者的喜爱。随着翻译小说在中国的流传，读者范围扩大，用文言翻译的小说仅能满足知识阶层的阅读要求，无

① 原载于《新小说》1903年第八号，见陈平原、夏晓虹：《二十世纪中国小说理论资料》(1897—1916)，北京大学出版社1989年版，第94页。

② 沈雁冰：《自然主义与中国现代小说》，载《小说月报》1922年13卷7号。胡适在《论短篇小说》中也提出短篇小说应该是“用最经济的文学手段，描写事实中最精彩的一段”。

法让一般老百姓接受和喜爱。为了让不同阶层的人都有阅读的可能，就必须改变语言的形式，于是用白话翻译的西方小说陆续推出。当然，小说出版的商业化运作也使发行者要求译者使用白话，以便争取最大数量的读者，尤其是要以普通老百姓为目标，尽可能提高销售量。翻译小说语言通俗化、大众化的要求，加快了中国作家对创作语言改进的步伐。此时中国作家基本上是运用白话进行小说创作。他们的白话小说以口语为主，还吸收了两方面的营养：一方面是文言的词汇、短语、句式与白话糅合，白话语体对文言成分的融合丰富了白话的表达能力，有着精练、缜密的审美效果；另一方面，中国小说作家还吸收了不少外来语，外来词汇的汉译时常出现，外来语法也在有意无意中被运用。口语之中夹杂着文言词汇和外来语，实际上此时的小说创作已经为中国文学建立了一种新语体。

此时中国作家的创作正在从传统型走向现代型，他们在面对传统与现代更替的冲撞时，体现出对传承和变革的勇气和追求，而翻译文学又给他们提供了传承和变革的模本和引导，使他们及其作品在那个时代具有了特殊的贡献与价值。

□□□ 思考延伸

1. 清末民初之际为什么会产生外国文学的翻译热潮？
2. 外国文学的翻译对中国通俗小说创作的影响主要表现在哪些方面？
3. 为什么说清末民初中国作家及其作品具有特殊的贡献与价值？

第三讲 现代都市文化的形成和『鸳鸯蝴蝶派』的产生

“鸳鸯蝴蝶派”的产生与上海的都市化有着密切的关系。清末民初的上海文化机构，编辑报纸、创办刊物、发行书籍，促成了“鸳鸯蝴蝶派”产生，“鸳鸯蝴蝶派”也大大拓展了上海的文化市场。作为一个处于社会转折时期的文学流派，“鸳鸯蝴蝶派”的作品有着鲜明的时代特征。他们既是中国传统文学的继承者，也是现代文学的开拓者。

都市文化伴随着城市现代化进程而逐步形成。清末民初，上海成为国内经济发展最为活跃的城市，经济的发达促使城市规模的急剧扩大，而市民社会的产生，为文化的形成与发展提供了稳定的接受群体。

上海的现代化从晚清开始。由于西方殖民者的强权干预，中英签订了《南京条约》，上海成为国内五个通商口岸之一，自1843年11月17日正式对外开埠，上海被纳入资本主义发展轨道。开埠以前，上海只是一个不起眼的中小城镇。此后，仅仅二三十年，上海对外贸易额就远远超过广州、天津、汉口，成为国内最大、最重要的通商口岸。城市的经济地位得以迅速提升。

上海的现代化还在于战乱造成周边古城的败落和经济中心的转移。上海城市的发展始于租界，1845年以后，英、美、法等国先后在上海设立租界，租界相对安全的环境吸引了周边地区的富商。太平天国时期，江南一带，特别是江浙一度沦为战场，许多江南世族、富商、文人涌入上海租界避难，以至于“江浙一带富绅和巨贾，争趋沪滨，以外侨居留地为安乐土”①。他们为上海经济的发展带来了财富，使得江南最大的商业中心从苏州转移到上海。商业的发达吸引了外侨和内地投资者到上海寻找商机，一批批周边地区的民众也涌入上海寻找谋生的机会，造成上海人口的持续增长。在晚清，上海人口不到10万人；开埠以后的几十年中，人口一直处于暴涨状态，到“1900年超过100万，1915年超过200万，1930年突破300万大关”②。

---

① 中国人民银行上海分行编：《上海钱庄史料》，上海人民出版社1960年版，第15页。

② 熊月之主编：《上海通史·总序》，上海人民出版社1999年版，第3页。

人口与资本源源不断地汇聚上海，推进了上海都市化、商业化的进程，市民社会也由此形成。从社会阶层来看，那些拥有巨资的富绅和巨贾，在经济生活中占主导地位，属于社会上层；中小企业主，洋行、商行职员，以教书、秉笔为生的文人学士等，属于中等阶层。这两个阶层的职业和收入相对稳定，是都市文化的主要消费者。上海是一个中西文化交汇的城市，受到西方作息制度的影响，市民的工作方式和生活方式发生了明显的转变，《消闲报》第二号(1897 年)《释消闲报命名之义》说："今之西人，休息之期，则以七日一来复，而晨昏歇息之时，亦有定候。"相对于农耕社会，工商业社会市民的劳动时间和休闲时间比较固定，有正常的礼拜天休息制度，在工作之余人们可以更加灵活、自由地支配闲暇时间，而文化消费就成为消闲方式之一。市民社会的形成与壮大，为文化的繁荣提供了广阔的市场。

城市规模扩大后，市民更加迫切需求丰富、多元的文化生活。这是因为，在大规模的人口迁移中，绝大多数人从相对静态、封闭的乡村走入动态、开放的城市，生存环境发生了巨大变化，生活方式也受到极大冲击，人际关系则更趋复杂化。在传统社会，维系人们情感的是长期形成的地缘、血缘关系，进入城市以后，人际之间是陌生而复杂的社会角色关系，人仿佛是无根的浮萍。这种状况容易导致人产生内心的疏离感和孤独感。生存的压力和精神的孤独感需要释放。阅读文学作品就成为情感转移、释放、调节的一种方式。"游倦归斋，挑灯展卷"，"一编在手，万虑都忘"①，与其他消闲方式相比，阅读具有不受时空限制的特点，通过阅读，还可以了解信息，增长知识，解除烦恼，因而备受市民的喜爱。

正是看到市民文化需求的巨大潜力，一些报纸在创刊之际就刊登文学作品，一为吸引读者，二为弥补新闻稿的不足。近现代报刊史上历史最悠久、影响最大的《申报》创刊号《本馆告白》，要求作品"文则质而不俚，事则简而能详。上而学士大夫，下及农工商贾皆能通晓"，以适应不同文化层次的消费群体的需求。《申报》还免费为文人读者刊载作品，文人借助《申报》提供的交流平台，相互诗词唱和。这既满足了读者的发表欲，吸引了大量稿件，也增加了报纸订户。《申报》创刊之初的 183 期中，有 85 期刊登了文学作品，一份新闻报纸如此地青睐文学作品，也只有发生在此时此刻的上海。② 这些文学作品大多选择竹枝词、新乐府等大众喜闻乐见的民歌俚曲，或者记载异域奇闻的译本小说，以引发读者的阅读兴趣。由于《申报》采用了灵活的经营策略，故销量不断增加，1907 年已达到万余份，在杭州、宁波、苏州等城市都设有分销点。《申报》建立的办报模式，给其他报刊以示范作用，此后，各种出版机构和民间商人逐渐参与报业竞争。晚清，上海已经成为全国报刊发行的中心。1911 年以前，全国共出版中文报刊 1 753 种，其中 460 种在上海出版。③ 民国时期，上海鼎足而立的三大日报《申报》(1872 年创刊)、《新闻报》(1893 年创刊)、《时报》(1904 年创刊)在晚清就已创刊，并取得了可观的销量。民国初年，《申报》等报纸纷纷设立文艺副刊，报业的发展需要大批文化人才，其中，异军突起的就是"鸳鸯蝴蝶派"，他们风流倜傥、才华横溢，成为这些副刊的主将。

---

① 《〈礼拜六〉出版赘言》，载《礼拜六》1914 年第 1 期，1914 年 6 月 6 日出版。

② 王燕：《论早期〈申报〉刊载的文学作品》，载《中国古代、近代文学研究》2006 年第 2 期，第 126 页。

③ 史和等编：《中国近代报刊名录》，福建人民出版社 1991 年版，第 372～388 页。

在文化市场的形成过程中，印刷技术的改进起着不可忽视的作用。开埠以后，上海不少印刷机构不断引进西方先进的印刷技术和设备，以改善印刷质量，提高工作效率。印刷业的革新降低了出版成本，加快了书籍、报刊的印刷速度，价廉物美、品类丰富的报刊、书籍涌入市场，为市场流通速度的加快和消费规模的扩大提供了保障。印刷能力的大幅度提高使发行网络不断扩大，上海的书籍、报刊销售市场得以迅速推向全国。

清末民初，上海文化市场迅速扩展，报馆、书局等文化机构亟须吸纳编辑、记者、作家等人才，一些具有翻译、写作经验的文人格外受到欢迎。于是上海周边地区的人才，特别是有着悠久文化传统的苏州文人就开始进入上海。当时已经在山东谋生的苏州文人包天笑曾经描述过他应邀进入上海的情况：

> 既而狄楚青、陈景韩均以书来，询问近状，并暗示与其在山东那种地方办官学堂，何不到上海来帮帮我们的忙呢？同时曾孟朴也有信来，意思说：高兴到小说林里来吧？我们正虚左以待呢。……我想即使放弃了这只新式冷板凳，也不愁没有啖饭地，于是我便浩然有归志了。我是到了明年(1906 年，光绪三十二年)夏历二月中旬，才到了上海来的。①

就是这样，朋友、同乡、同窗、师生，呼朋唤友，相互介绍提携，众多文人进入了上海。

这批进入上海的文人，大多受到传统文化教育，多次参加过科举考试，知识结构趋于传统。例如，《小说月报》的创办人王蕴章是清代光绪年间的举人，中举时只有 16 岁；《新闻报》副刊主编严独鹤 14 岁就考中了秀才；《小说时报》、《小说大观》、《小说画报》的主编包天笑中过秀才；徐枕亚来自书香门第，他的祖父是当地名儒，“末代状元”刘春霖是其岳父，自己热衷于旧体诗词的创作，有较好的旧诗词根底；李定夷出生于“毗陵望族，江左世家”；王钝根是古文家王鸿钧之孙。他们大多具有深厚的家学渊源和传统文化修养。但是他们大多生活在上海周边地区的苏州、常熟，或者是开风气较早的广东，也学过新知识，感受到新风气，所以他们的思想观念和知识结构属于乍新还旧的状态。进入上海后的这批文人主要从事于报刊的编辑，并以此成为了当时中国文坛的主流作家。

他们之所以选择报刊的编辑作为职业，除了历史机遇和文学修养之外，还有两个原因。

一是他们一般具有编辑的工作经验。他们很多人在家乡就办过报刊，例如此时重要的“鸳鸯蝴蝶派”作家包天笑的家乡就在苏州。早在晚清，报业刚兴起，苏州人就开始通过读报了解外面的世界，当时苏州与上海交通便利，上海的《申报》出版第二天就能到苏州，上海的新风气也很快便传到苏州。受到新思潮的冲击，他开书店，经营一些文化事业，来往于苏州与上海，购进大量新书、杂志，其书店成为了苏州新式书刊发行地。由于对编辑杂志有浓厚兴趣，他还与朋友办《励学译编》、《苏州白话报》，在苏州颇负盛名。他还学外语，翻译《馨儿就学记》、《迦因小传》

① 包天笑：《钏影楼回忆录》，(香港)大华出版社 1971 年版，第 313 页。

等。此外还结交了一些日后成为文艺教育界名流的曾孟朴、金松岑等人。这些经历，为他以后进入上海新闻传播领域积累了丰富的经验。进入上海文化界的文人，大多有着与包天笑相似的经历。

二是清末民初稿酬、版税制度开始逐步普及，写作作为一种谋生手段成为可能。报刊付费制度经历了一个从无到有的过程。晚清，文人在报刊上刊登文章是没有稿酬的，在《申报》之前创刊的中文报纸《上海新报》还规定刊载文学作品要缴纳相应的版面费。《申报》创刊时，宣布"如有骚人韵士有愿以短什长篇惠教者，如天下各名区竹枝词，及长歌纪事之类，概不取值；如有名言谠论，实有系乎国计民生、地利水源之类者，上关皇朝经济之需，下知小民稼穑之苦，附登斯报，概不取酬"①。也就是说，报馆不收取版面费已属优待，更不用说付酬了。随着文化产品商品化程度的加深和文人商业意识的增强，按劳取酬渐渐实行，当时，撰稿取酬已较为常见，在各种文类中，小说是较早纳入付酬范围的。包天笑 1906 年来上海前后，"当时报纸除小说以外，别无稿酬，写稿的人，亦动于兴趣，并不索稿酬的"②。清末民初，文化市场逐渐扩大，报纸、期刊为了吸引稿源、网罗名作，开始制定小说的润格。《小说月报》早在 1910 年创刊号的"征文通告"中明确规定，投稿选中的，酬银分为四等："甲等每千字酬银五元，乙等每千字酬银四元，丙等每千字酬银三元，丁等每千字酬银二元。"稿酬的多少以作者的知名度、市场购买率或稿件的质量来定夺。林纾的翻译小说每千字 5 元，后来每千字 6 元。③ 稿费制度的建立，刺激了文人的写作欲望，造就了不断扩大的写作队伍，以至于"十年前之世界为八股世界，近则忽变为小说世界，盖昔之肆力于八股者，今则斗心角智，无不以小说家自命"④。到了民初，这支写作队伍更加壮大。稿费制度的普及使得文学彻底转化为商品，也使得作者为迎合市场而写作。

纷纷创刊的报刊造就了这批文人，这批文人也给上海的文化市场带来了很大的变化，最显著地表现在两个方面：

第一，报纸副刊更为丰富多彩，并使其逐步地期刊化。为了吸引读者，大报往往设立副刊，刊载文艺作品。副刊在晚清报刊上就有，到了民国初年更是蓬勃发展，如《申报》副刊《自由谈》历史最为悠久，它创刊于 1911 年 8 月 24 日，栏目有"游戏文章"、"海外奇谈"、"岂有此理"、"博君一粲"等。主编先后由王钝根、吴觉迷、姚鹓雏、陈蝶仙、陈冷血、周瘦鹃等人担任(1932 年 12 月 1 日起,《自由谈》由黎烈文接编，《申报》另辟副刊《春秋》，仍由周瘦鹃主编)。还有《新闻报》副刊《快活林》、《新园林》，《时报》副刊《滑稽余谈》、《余兴》、《小时报》等，都是当时有名的报纸副刊。这些副刊的主编和作者几乎都是文人。副刊的容量较小，不能满足读者对文艺作品的需求，于是，文艺期刊应运而生。民国初年，创办的文艺期刊"多似雨后春笋一般，不胜屈指"⑤，上海更是居期刊发行之首。据阿英在《晚清文艺报

---

① 《申报馆条例》，载《申报》1972 年 4 月 30 日。

② 包天笑：《钏影楼回忆录》，(香港)大华出版社 1971 年版，第 349 页。

③ 东尔：《林纾和商务印书馆》，见《商务印书馆 90 年》，商务印书馆 1987 年版，第 542 页。

④ 寅半生：《小说闲评叙》，载《游戏世界》1906 年第 1 期。

⑤ 郑逸梅：《民国旧派文艺期刊丛话》，见魏绍昌编《鸳鸯蝴蝶派研究资料》(上卷)，上海文艺出版社 1984 年版，第 364 页。

刊述略》中统计，从1902年到1909年，出现文学刊物20种；而从1910年到1921年，创办的文学期刊达52种，其中50种创刊于上海。而传统的文化名城常熟、苏州只产生了2种文学刊物。① 由于这些文人在上海文学界享有知名度和影响力，很自然地就成为了刊物的主编，有些人甚至兼任几个刊物的主编，如包天笑在1906年编辑《时报》时，兼任《小说林》杂志编辑，又于1909年与陈冷血主编《小说时报》、1911年主编《妇女时报》杂志、1915年主编文学季刊《小说大观》、1917年主编《小说画报》。周瘦鹃于1920年至1932年担任《自由谈》编辑的同时，还创办了《半月》杂志，主编《游戏世界》、《紫罗兰》等刊物。

这些刊物销量都很好，《礼拜六》主编周瘦鹃曾回忆市民争购《礼拜六》时的情景："每逢星期六清早，发行《礼拜六》的中华图书馆门前，就有许多读者在等候；门一开，就争先恐后地涌进去购买。这种情况倒像清早争买大饼油条一样。"②《礼拜六》销量最大时达每期2万册以上，可见市民阅读的热情。阅读小说成为市民文化活动的一项内容，融入他们的生活中，成为日常生活的重要组成部分。

第二，文学期刊的繁荣带来了文学创作的繁荣，"鸳鸯蝴蝶派"也就产生了。"鸳鸯蝴蝶派"的名称产生于五四时期，它是一批提倡新文化运动的知识分子对民初这些期刊上的作家、作品的称呼。较早提出"鸳鸯蝴蝶派"的是周作人，他于1918年4月19日在北京大学文科研究所小说研究会讲演中提到"《玉梨魂》派的鸳鸯蝴蝶体"③（后来在《论"黑幕"》中周作人称《玉梨魂》为艳情小说）。1919年2月，周作人说："近时流行的《玉梨魂》……为鸳鸯蝴蝶派小说的祖师。"④ 1919年1月，志希（罗家伦）将民初小说分为三派：一是"罪恶最深的黑幕派"，一是"滥调四六派"，一是"笔记派"。他把徐枕亚的《玉梨魂》、《余之妻》，李定夷的《美人福》、《定夷五种》归入"滥调四六派"⑤。钱玄同说："与'黑幕'同类之书籍正复不少。如：《艳情尺牍》、《香闺韵语》，及'鸳鸯蝴蝶派的小说'等等，皆是。"⑥ 从上可见，新文学作家是以批判、嘲讽的态度看待民国初年这些作家及作品的，"鸳鸯蝴蝶派"是新文学作家对他们贬义的称呼。在批评"鸳鸯蝴蝶派"的过程中，新文学作家逐渐走向文坛中心、取得话语主动权。由于这些"鸳鸯蝴蝶派"作家都是创作量极大、创作时间很长的作家，于是"鸳鸯蝴蝶派"的内涵也不断扩大和延伸。从最初的言情小说逐步地扩展为武侠、侦探、历史、滑稽等所有的通俗文学作品均被称为"鸳鸯蝴蝶派"，从最初的民初小说作家逐步地扩展为所有的通俗小说作家统统归为"鸳鸯蝴蝶派"。所以，"鸳鸯蝴蝶派"常常被人们用做整个现代通俗文学的代名词。

虽然这些通俗文学作家被人们称为"鸳鸯蝴蝶派"作家，但是由于含有贬义，后来的很多通俗文学作家对"鸳鸯蝴蝶派"的称呼都避而远之。他们认为，"鸳鸯蝴蝶派"也就是民初那些注重辞藻、专门写作言情小说的作者群体。例如，郑逸梅

---

① 范伯群主编：《中国近现代通俗文学史·通俗期刊编》，江苏教育出版社2000年版，第551页。
② 周瘦鹃：《闲话〈礼拜六〉》，《花前新记》，江苏人民出版社1958年版。
③ 周作人：《日本近三十年小说之发达》，载《新青年》1918年第5卷第1号。
④ 周作人：《中国小说里的男女问题》，载《每周评论》1919年第7号。
⑤ 志希（罗家伦）：《今日中国之小说界》，载《新潮》1919年第1卷第1号。
⑥ 钱玄同：《"黑幕"书》，载《新青年》1919年第6卷第1号。

认为,《民权报》是“鸳鸯蝴蝶派”的发祥地,而《小说丛报》是“鸳鸯蝴蝶派”的大本营。[①]“鸳鸯蝴蝶派”以“辞藻为尚,往往骈四俪六出之”[②],指的是徐枕亚、吴双热、李定夷、刘铁冷等围绕在《民权报》和《小说丛报》等报刊周围的作家。几个后来被称为“鸳鸯蝴蝶派”的通俗文学作家均否认自己是“鸳鸯蝴蝶派”作家。例如,周瘦鹃自认为是个地地道道、不折不扣的“礼拜六派”,他认为《礼拜六》上只是偶尔飞来几对鸳鸯蝴蝶而已,其所容纳的绝不止鸳鸯蝴蝶,而是包罗万象的社会生活。因此,他并不愿戴上“鸳鸯蝴蝶派”的冠冕。至于包天笑,他也否认自己是“鸳鸯蝴蝶派”作家。他声称自己从未给《礼拜六》投过稿,根本不认识以《玉梨魂》而蜚声文坛的徐枕亚,怎能平白无故地跻身于该派,并被封为首领?较晚的张恨水似乎比较坦然,他并不讳言自己心仪“鸳鸯蝴蝶派”和“礼拜六派”,声称自己在青少年时就是“礼拜六派的胚子”[③],认为“礼拜六派”比“鸳鸯蝴蝶派”思想前进得多,文字的组织也远远胜过十倍。可是自己既不是“鸳鸯蝴蝶派”,也不是“礼拜六派”。他“拿小说卖钱的时候,已是民国八、九年。礼拜六派,也以‘五四’文化运动的巨浪而吞没了”。他声称自己“就算礼拜六派,也不是再传的孟子,而是三、四传的荀子了。二十年来,对我开玩笑的人,总以鸳鸯蝴蝶派或礼拜六派的帽子给我戴上,我真是受之愧”[④]。通俗小说作家的这些辩解一方面是要为“鸳鸯蝴蝶派”正本清源,说明究竟什么是“鸳鸯蝴蝶派”,另一方面也透露出他们避嫌的心态。

无论是新文学作家怎样的批评,还是通俗文学作家怎样的避嫌,根据历史真实和历史发展的状态,我们给“鸳鸯蝴蝶派”的界定是:清末民初活跃在以上海为中心的中国传统作家。他们兼有报人、小说家、期刊主编等多重身份。创作涉及言情、家庭、黑幕、历史、宫闱等内容,其中以言情,特别是哀情小说最具代表性。

作为一个文学流派,“鸳鸯蝴蝶派”作家并没有统一的文学纲领和组织,但是他们的艺术创作总的倾向相近或相同。他们的人生态度、思想感情、艺术风格基本上继承中国传统文化和传统文学,同时他们也是中国现代社会最早的文化人和作家,是中国现代大众传媒最早的媒体人。因此,“鸳鸯蝴蝶派”作家实际上是生活在中国社会转折点的一个文学流派,在他们的作品中留有很深的社会转折的痕迹。

用小说表现现代人生和现代情绪是现代社会的要求,“鸳鸯蝴蝶派”是现代文学中第一批关注现实生活的作家群。在他们的作品中,可以看到上海都市化的进程,看到社会风气的变迁,看到乡民怎样变成市民。但他们的价值判断却是用中国传统的“做人”标准衡量的。中国传统的“做人”标准特别强调民族气节,这是“做人”的大节。因此,在民族问题上“鸳鸯蝴蝶派”作家是非分明。他们创作了很多“爱国小说”。例如,叶小凤刊载在1914年、1915年《小说大观》上的《蒙边鸣筑记》。这部小说写日本间谍平小川为了获取中国的情报如何地忍辱负重,书生江南

① 郑逸梅:《民国旧派文艺期刊丛话》,见魏绍昌编《鸳鸯蝴蝶派研究资料》(上卷),上海文艺出版社1984年版,第380页。

② 郑逸梅:《关于〈礼拜六〉周刊》,见《书报话旧》,中华书局2005年版,第177页。

③ 张恨水:《写作生涯回忆》,人民文学出版社1982年版,第7页。

④ 张恨水:《总答谢——并自我检讨》,见张占国、魏守忠编:《张恨水研究资料》,天津人民出版社1986年版,第279页。

生和女侠李朝阳识破了平小川的诡计，在“胡子”首领铁鹞王的帮助下，擒杀了平小川，挫败了敌国的阴谋。这部小说的价值不仅在于表现了时代的情绪，还对中国政府的腐败和人民的麻木表示了激愤。作者特地将平小川窃取的情报和他对中国社会状态的分析报告公布出来，虽是出自敌人的口中，却句句切中时弊，令人触目惊心。之后，在1915年4月《礼拜六》的第46期上，“剑侠”根据日本和德国在青岛开战的情况，写了纪实小说《弱国余生记》。同年5月，《礼拜六》的第51期上，王钝根根据日本人在中国的各种罪行开始连载长篇纪实文学《国耻录》，喊出了“嗟我同胞，不起自卫，行且尽为亡国奴”的口号。此时，周瘦鹃一连写了《中华民国之魂》、《祖国重也》、《为国牺牲》等小说。中国传统的“做人”标准同样十分强调道德，这是“做人”的修养。在“鸳鸯蝴蝶派”的小说中，道德是否完善也就成为“做人”好坏的标准。他们强调人要讲究“孝道”，强调家庭的重要性，他们反对新文学所宣扬的讲孝道就是扼杀人性的论点，更嘲笑新文学中那些“冲破家庭”的描述。他们写晚清官场的腐败、袁世凯的称帝、军阀的混战都是从道德的角度出发，写这些人背后肮脏的私生活，告诉读者这些人道德如何地败坏，道德不好又怎么能治理国家呢？虽然不断地受到各种文化的影响，但以中国传统价值观念作为文化标准是“鸳鸯蝴蝶派”小说的核心内涵。从这个角度出发，在现代文学中说“鸳鸯蝴蝶派”小说最具“中国特色”并不为过。

“鸳鸯蝴蝶派”最著名的小说还是哀情小说。最具代表性的小说有三部：1912年，《民权报》副刊上连载徐枕亚的长篇言情小说《玉梨魂》(共三十章)，1913年9月出了单行本，由民权出版社发行。同样享誉一时的还有吴双热的《孽冤镜》(共二十四章)，它与《玉梨魂》同时在《民权报》副刊上发表，两种小说隔日刊登，1914年2月《孽冤镜》结集出版了单行本。1912年，李定夷的《賈玉怨》(共三十回)连载在《中华新报》上，1914年7月出版单行本。这三部小说的刊出，掀起了哀情小说的热潮，模仿之作大量涌现，这些哀情小说以悲为情感基调，小说中充满了泪、愁、惨、哀、血等字眼，人物的结局往往以死亡而告终。

与中国传统的哀情文学相比较，“鸳鸯蝴蝶派”的哀情小说具有新的意义。民国建立以后，宪法规定国民享有人身自由权利，青年男女受到西方自由民主思想影响，有着追求自由恋爱的愿望和要求。这些哀情小说无不将哀怨的矛头指向了爱情婚姻不自主、不自由的中国传统婚姻制度，透露出个性解放的时代情绪。但是埋怨有之，反抗却无，这些哀情小说又无不是最后屈从于传统的婚姻制度，“发乎情而止乎礼”成为了这些哀情小说的文化选择。从中可以看出，“鸳鸯蝴蝶派”作家一方面受到了西方个性解放与恋爱、婚姻自主意识的影响，另一方面又有对传统观念的坚持而处于时代情绪和传统思想相互纠缠的牴牾状态。

从艺术性来看，这些哀情小说可以看做明清以来的中国才子佳人小说的延续，但却明显地受到外国小说和时代情绪的影响。与中国传统的那些悲剧艺术总是留下“化蝶”、“化树”的喜剧尾巴不一样，这些小说均以彻底的悲剧告终。在表现手法上常常采用书信、诗歌、日记形式，剖析人物丰富的内心世界。为了烘托悲剧气氛，环境和景物的描写明显增加。这些艺术上的新变化明显受到《茶花女》等翻译小说的影响。不少作家还有较强的现代意识，例如徐枕亚的《玉梨魂》，其主人公何梦霞最后是死于武昌起义的枪弹下。这大概是中国文学对辛亥革命最早的文字记录了。

除了小说创作之外，“鸳鸯蝴蝶派”作家还翻译了大量的外国小说。包天笑、周瘦鹃、徐卓呆、严独鹤、程小青等人都是当时有名的翻译家。包天笑为契诃夫(即奇霍夫)作品的重要译者，他翻译过契诃夫的小说《六号室》(今译《第六病室》)、《写真帖》(今译《照相簿》)、《火车客》等。周瘦鹃翻译过托尔斯泰、高尔基、安特列夫、契诃夫、普希金、屠格涅夫、罗曼诺夫等作家的作品。他于1917年翻译的《欧美名家短篇小说丛刊》(中华书局刊行)分上、中、下三卷，收入47家的49篇小说，鲁迅和周作人对他的译作有很高的评价：“足为近来译事之光”，“昏夜之微光，鸡群之鸣鹤矣。”① 由王钝根、孙剑秋主编的《礼拜六》前一百期(1914—1916年)有数量惊人的翻译小说，涉及西方众多国家的作者，读者较为熟悉的作家有言情小说家哈葛德、侦探小说家科南达里、冒险小说家威尔奴(即法国科幻小说作家凡尔纳)，还有莎士比亚、托尔斯泰、莫泊桑等。小说类型有侦探小说、科幻小说、写情小说、军事小说等。他们翻译的这些小说，将西方民主自由观念、生活方式、风土人情介绍到中国，展现了新鲜、多元的西方文学世界，大大地开阔了读者的眼界，也为他们的创作增加了很多新的手法，从中显示了“鸳鸯蝴蝶派”作家对西方文化的开放、接受态度。

□□□ 思考延伸

1. 上海的都市化与“鸳鸯蝴蝶派”的形成。
2. 大众媒体与“鸳鸯蝴蝶派”的关系。
3. 为什么说“鸳鸯蝴蝶派”是处于中国社会转折点上的文学流派？

---

① 《教育公报》第4卷第15期，1917年11月30日，见严家炎编：《二十世纪中国小说理论资料》(1917—1927)，北京大学出版社1997年版，第30~31页。

第四讲

中国现代通俗小说的『北派』

“北派”通俗小说是以地域而区分的现代通俗小说概念。“北派”通俗小说的产生有其自身的文化氛围，并形成了自身的美学特色。“北派”通俗小说的出现不仅使得中国通俗小说创作再次达到创作高峰，也构成了20世纪二三十年代中国小说创作的基本格局：南有新小说、北有通俗小说。“北派”通俗小说对中国章回体小说进行了卓有成效的改造，对中国小说的现代化作出了贡献。

一百多年来，中国通俗小说的创作形成了三个中心：一个是清末民初时期以上海为中心的通俗小说创作，他们被称为“海派”或者“鸳鸯蝴蝶派”；一个是20世纪20年代后期崛起的以天津为中心的通俗小说创作，他们被称为“北派”或者“津京派”；一个是20世纪中后期在台湾、香港地区盛行的通俗小说创作，他们被称为“台港派”。本讲主要论述通俗小说的“北派”。

“北派”是相对于“海派”而以地域为界命名的通俗小说创作群体。文学史上的概念要非常精确是不可能的，同时也不科学，只能是一个大致的范围。现代“北派”通俗小说的概念应该是：(1)地域：以天津为中心旁及北京(1928年改称北平)和1931年以后的东北区域；(2)作家：既包括生活在北方的作家，也包括由其他地区迁徙到北方来的作家，例如从中部地区来北京的张恨水；(3)作品：以发表在北方媒体上的小说为主。

清末民初之际，京津地区也有一些通俗小说作家、作品，但是和上海、苏州地区的市民小说相比，京津地区形成不了气候，因为京津地区始终缺少一个作家群。就以“北派”市民小说创作最活跃的天津为例，清末民初之际也就是赵焕亭、董荫狐等人的小说比较流行。这种状况到张恨水小说流行后有很大的改变，一个通俗小说作家群在京津地区形成，他们的作品构成了现代通俗小说的“北派”。“北派”小说以其浓郁的地域特点展示着它的特色。

武侠小说是“北派”通俗小说的强项。1923年“海派”作家向恺然(平江不肖生)的《江湖奇侠传》拉开了中国现代武侠小说的创作大幕。《江湖奇侠传》等作品虽然令人耳目一新，却也并不比包天笑、周瘦鹃等人的社会小说、言情小说更能吸引南方读者。20世纪30年代以后，武侠小说的创作由“北派”作家接了过来，顿时蔚为大观。现在所认定的中国现代武侠小说的五大家、四大派，即李寿民(还珠楼主)及其“剑侠派”，王度庐及其“侠情派”，白羽、郑证因及其“帮会派”，朱贞木及其“历史派”，都是由“北派”作家所组成。可以这么说，没有这五大家、四大派，中国现代武侠小说几乎没有什么特别的成就可言。

“北派”小说中，与武侠小说同样繁荣的还有社会小说。与南方的社会小说相比，北方的社会小说很少写新旧矛盾的交替和争斗，商业气氛和金钱的欲望也很淡漠，爱国小说和“国难小说”几乎没有。它的特色在于描写政治黑幕、码头文化和小知识分子的卑琐人生。这类小说的主要作家和代表作品有：陈慎言的《故都秘录》、李燃犀的《津门艳迹》、耿小的的《滑稽侠客》和《时代英雄》、刘云若的《小扬州志》和《粉墨筝琶》等。

“北派”通俗小说中成就最大的作家当然是张恨水，他在北京发表的《春明外史》、《金粉世家》实际上建立了现代通俗小说的新模式：以言情为经、社会为纬的社会言情小说。张恨水在上海发表《啼笑因缘》之后，他的创作重心就开始了南移，就不能单纯地用“北派”小说家概括他了。张恨水之后，京津地区写社会言情小说最有影响的作家是刘云若和梅娘。与张恨水一样，刘云若也是报人出身。他创作的社会言情小说也和张恨水相同，将社会和言情结合在一起，走的是社会言情小说的路子，因此刘云若也就有了“小张恨水”之称。与张恨水小说不同的是，他缺少张恨水小说的社会广阔性和政治敏锐性。他的小说描写的一般是市民阶层的生活，故事性很强，生活气息很浓，人物描写更为细腻，在“小处”见功夫。梅娘是接受新式教育的女作家。20世纪40年代中期，她在北京创作了很多有关女性婚恋生活的小说，走红的时间与上海的张爱玲相同，因此也就有了“南张北梅”之称。与张爱玲的小说比较起来，无论是小说的社会性、文化性还是人物形象的刻画，梅娘与张爱玲都有很大的差距，但是在女性特有的心理描写上梅娘却胜张爱玲一筹。她特别善于细腻地描写婚恋中的女性的心理，哀哀怨怨、款款曲曲，十足的家庭少妇情调。因此，她的小说可称为“闺怨小说”。

这里特别值得一提的是1931年以后东北地区的通俗小说。东北沦陷之后，日本推行的是所谓的“大东亚文化”。通俗小说要表现的是中国的传统文化，实话、秘话、史话，真事、趣事、史事。这些作品以真实的人物和事件为底本，用传奇故事的方式表现之，代表作家及作品是古丁的《竹林》、爵青的《长安城的忧郁》等。在不同的政治气候和社会环境中创作通俗小说，其作品就有了特别的韵味。

相比较而言，20世纪20年代后期，“海派”通俗小说虽然创作量不减，但其势头远不如清末民初“鸳鸯蝴蝶派”时期，特别缺乏一些新生代的优秀作家。相反，曾经沉寂一时的北方通俗小说却繁盛起来，甚至还延伸至南方，张恨水就是很好的例子。现象的描述只是说明一些史实，值得思考的是“北派”的通俗小说为什么在这个时候繁盛起来。

“北派”通俗小说以天津为中心，其主要作家几乎都聚集在天津。这些作家创作出来的作品首先要在天津取得影响，然后波及整个华北、东北地区，再推演到全国。解读这样的文学现象，要从现代天津的文化入手。

天津真正进入现代化城市阶段是从1860年的《天津条约》签订之后，其中一个重要标志是市民人口的急剧增加。据统计，天津在1860年开埠之前，人口只不过19万人，到了1948年，人口达到191万人，100年不到，人口增加了10倍之多。① 与上海城市崛起以及市民的文化需求相同，这些人口主要是由初识字的产业工人、识字较多的小商业者和为城市功能服务的小职员等三个层面所构成。这些人主要来自城市周边的农村，处于由"乡民"转化为"市民"的阶段。他们接受的是中国传统的伦理教育，又对城市的现代文明充满了新奇感；他们都从事第一线工作，为能够饱腹而辛勤地劳作，他们关心影响生计的社会新闻要多于关心那些国家、民族的大事；他们无暇(也无能力)对那些深邃的文学艺术进行思考，却对能够引起他们的共鸣和愉悦的大众文化艺术充满了兴趣。快速扩张的市民阶层及其文化需求是"北派"通俗小说迅速发展的阅读基础。与上海的"海派"通俗小说创作略有不同的是，进入20世纪20年代以后，上海的通俗小说创作与出版以书局为中心，例如大东书局、世界书局组织出版了大量的"海派"通俗小说。"北派"通俗小说则主要以报纸为中心。分析原因，估计有三，一是作为出版集团的书局一定会建立在政治、文化的中心，处于北京旁边的天津缺少这样的地位；二是政治、文化新闻的采集，天津的报纸无法与北京相比，它就会向社会新闻和娱乐新闻上努力；三是天津市民对这些刊载社会新闻和娱乐新闻的报纸特别感兴趣，市民的文化取向和经济实力支持着这些报纸的生存和发展。这种状态一方面刺激了天津刊载社会新闻、娱乐新闻的报纸快速发展，据统计，天津在1928年以前有报纸14种，到1937年有报纸58种，经过了日本占领军清肃之后，到1946年还有51种，② 其中著名的报纸有《大公报》、《益世报》、《庸报》、《商报》、《天风报》等，均以刊登社会新闻和娱乐新闻著称。另一方面，使得"北派"通俗小说家与这些报纸有着紧密的依存关系，例如《大公报》与潘凫公、《益世报》与赵焕亭、《商报》与白羽、《庸报》与王度庐、《天风报》与刘云若及李寿民(还珠楼主)。他们是当时天津著名的通俗小说作家，也是这些报纸的主要编辑，甚至是主编。由于主要依靠报纸连载刊登通俗小说，"北派"的通俗小说大多是长篇小说，有的连载十分冗长。③ 阅读阶层的庞大而稳定、市民需求的社会世俗化、新闻报纸的愉悦而经济适用，构成了"北派"通俗小说从创作、出版到阅读的良好循环体制。

现代天津文化构成了"北派"通俗小说的文化特征，"北派"通俗小说同样以现代天津文化显示出价值。地处中国政治、文化中心北京旁边的天津，进入现代社会以来就一直扮演着"亚官方"的角色，它是众多下野的政客、官僚、军阀以及前朝官员的落脚地、窥视地、养精蓄锐地。陈慎言在《故都秘录》的第一回中，从服饰的角度写了这样一些人物：戴珊瑚顶穿国龙马褂的王公贝勒、朝珠马褂小辫子的遗老、挂数珠穿黄马甲红长袍的嘉章佛、戴顶帽佩荷包的宫门太监、光头黄衣的广济寺的和尚、蓄发长颈阔袖垂地的白云观的道士、宽袍阔袖拿大皱折扇的名流、礼服勋章的总次长、高冠佩剑戎装赳赳的师旅长、西装革履八字髭的官僚……这里面有

---

① 罗澍伟主编：《近代天津城市史》，中国社会科学出版社1993年版，第12页。

② 罗澍伟主编：《近代天津城市史》，中国社会科学出版社1993年版，第610、774页。

③ 一个例子很能说明问题，当时严独鹤要求张恨水为南方的《新闻报》写小说时，提出了一个条件，就是要短。所以《啼笑因缘》只有20多万字，而不同于《春明外史》和《金粉世家》那样100多万字。

旧有新，有文有武，有老有少，都是一些很有特色的“北派人物”，正是这些人构成天津的上层社会。这些人身在天津，心在北京，往返于京津之间，带回来的是真真假假的政治和文化新闻、传说、轶事。这些新闻、传说、轶事成为了通俗小说最好的素材。争权夺利、专横跋扈、内心肮脏、生活腐败，“北派”通俗小说写的就是这些政治黑幕以及这些政治人物的家庭黑幕。对于那些上层政治人物的黑幕，身处市民阶层的通俗小说作家还只是风闻而已，而对于中下层面的官场，他们却再熟悉不过了。于是他们笔下的小官僚和“小衙门”写得特别生动。耿小的在《行云流水》开头说：“我写小说的意思，以是暴露官场上的一点黑暗，而这点黑暗仅今写了万分之一而已。……这部《行云流水》仍旧是写机关的女职员们，自然故事没有影射，起始仍要写位科长……实际上也许是局长，也许是会长，也许是校长……”科长、局长、会长、校长以及他们周围的各色人等如何骗人骗钱、投机钻营、虚伪弄巧、“不学有术”，这构成了现代“北派”小说作家笔下的一个个灰色的人生故事。官场揭黑和官场批判是“北派”通俗小说的特征，并以此与“海派”通俗小说善写社会黑幕、家庭黑幕区分了开来。

天津同样是华北地区的“亚文化”中心。上海处于吴方言地区，名士佳人善于抒情；天津地处燕赵大地，侠气为重。燕赵大地传统的侠气在近代社会被鼓动、刺激起来。天津开埠之后建立了九国租界。与上海租界相比，天津租界有着更多的政治意义，它建立在中国中央政权的旁边，象征着一种威力，当然也激起中国官民的民族自尊感。晚清，天津成为义和团运动的一个中心城市，有着很深的民族原因。到了民国，义和团运动没有了，但是义和团的故事和侠义精神却在天津流传和承继。民国初年霍元甲战胜俄国大力士的事迹无论是真是假，在天津最为人们所接受、所流传，说明在天津侠义精神有着很广阔的接受市场。这样的侠义精神如果与古代题材结合起来就是侠义小说，如果与江湖题材结合起来就是武侠小说，如果与天津当地的码头生活结合起来就是帮会小说。侠义小说、武侠小说、帮会小说成为“北派”通俗小说的特色，有着传统的原因，也有着近代政治、文化的原因。特别值得指出的是，与官场小说的揭黑、批判的态度不一样，“北派”通俗小说对这类充满着侠气精神的小说均以赞扬的态度表现之。例如，帮会小说主要写天津“混混”。这些天津“混混”并不像人们所想象中的那些地痞流氓的形象。在“北派”通俗小说作家的笔下，他们中的一些人为乡邻排忧解难，热心于公益工作；也有些人讲意气，不怕死，敢出头，平时多吃多占，关键时候也敢为民办事，他们是地方的黑势力，却也是地方上正义的主持者(可参见李燃犀的《津门艳迹》)。

到了20世纪二三十年代，天津的曲艺开始繁盛起来，评剧成为了天津此时最受欢迎的大众戏曲，与北京社会盛行的京剧呈抗衡之势。一些民间戏曲更是人才鼎盛，如京韵大鼓的刘宝全、梅花大鼓的金万昌、单弦的荣剑昌、莲花落的于瑞凤、河南坠子的乔清秀、乐亭大鼓的王佩臣、辽宁大鼓的朱玺珍、时调的五高姑娘、相声的张寿臣等人均出现在这个时候，他们将天津此时的曲艺、戏曲提高到了前所未有的热闹程度。天津曲艺繁荣的一个重要的标志是这些曲艺团、戏剧团不再是街头演出，而是都有了自己的表演场所，于是衍生出各种戏馆、书场、茶社、饭馆等。这些曲艺、戏曲的表演主要集中在租界和华界的结合部或者是城乡的结合部(例如“南市”等地)，居住在那里的大多是中下层的城市贫民，他们成为了这些大众文化的主要消费者。这些大众曲艺、戏曲演员都是编故事的好手，他们的表演既有传统的拿手保留剧目，也不断增添新的内容。于是，曲艺团、戏剧团的活动本身以及曲艺和戏曲的剧情也不断地给通俗小说提供素材。大众的曲艺、戏曲和大众的通俗小说互为依存、互相哄抬，给此时的天津大众文化不断添彩加色，同时散发出地韵十足的津味。

"北派"通俗小说在这个时期崛起的另一个重要原因是缺少制衡的力量。进入民国之后，日本的力量在东北、华北地区日渐增大，特别是1931年东北沦陷之后，华北也就成为了日本的扩展地区。日本人利用收买、增派顾问、创刊增发等手段控制华北地区的很多报刊，为了对抗日本的奴化宣传，国民政府和共产党人利用租界特殊的政治环境进行抗日宣传。由于通俗小说基本上不涉及政治，争斗的双方对此均采取听之任之的态度，特殊的政治环境促使通俗小说逐渐繁盛。20世纪20年代后期，上海逐步成为了新文学的中心，特别是"左联"成立以后，为了获得意识形态上的话语权，"左联"展开了一系列的文化批判，通俗小说虽不是"左联"批判的中心，却也受到第二波的集中批判(第一波是20世纪20年代初期对"鸳鸯蝴蝶派"的批判)，鲁迅、沈雁冰、郑振铎、阿英等人都写过很有分量的批判文章。相比较而言，此时北方地区的新文学的力量就弱多了。生活在北京的周作人、沈从文、废名等"京派作家"大多崇尚个性、名士作风，对意识形态的争斗持冷漠态度，对市民大众的宣传不甚关心，属于大众文化的通俗小说在这样的环境下茁壮成长起来。上海是中国最大的商业文化市场，20世纪20年代，电影在上海风靡起来，对市场嗅觉特别灵敏的通俗小说作家纷纷将各自的发展重心拓展到电影领域，包天笑、周瘦鹃等人成为了此时最为走红的电影编剧，他们直接引领了此时中国商业电影大潮的出现。由于电影等时尚市场的缺失，"北派"的通俗小说作家没有受到电影等时尚文化的诱惑，他们孜孜不倦地埋头于小说的创作。因此从全国创作的视角看，此时"北派"通俗小说作者群实际上成为了全国通俗小说创作的主要力量。

繁荣于20世纪二三十年代的"北派"通俗小说在美学内涵上要比繁荣于清末民初之际的"海派"通俗小说丰富多了。"海派"通俗小说主要是中国传统小说的改良体，而"北派"通俗小说是以传统小说为主干，融合了业已成熟的新小说和丰富的民间艺术营养的综合体。从这个意义上说，"北派"通俗小说实际上对中国现代通俗小说作了一次很有意义的现代改造。

1934年鲁迅就曾说过："做文章的是南人多，北方却受了影响。"① 此话不错，"北派"通俗小说作家都接受过中国传统文化的完整教育，都是南方"鸳鸯蝴蝶派"小说的爱好者，不少人年轻时就生活在南方，并以"鸳鸯蝴蝶派"作品为范本进行试笔，例如张恨水、李寿民。② 到了他们创作的鼎盛时期，新小说创作已成绩斐然，活跃于这个时期的"北派"通俗小说作家都受其感染，有些人曾立志于成为一个新

---

① 鲁迅：《北人与南人》，见《鲁迅全集》(第5卷)，人民文学出版社1981年版，第436页。

② 张恨水18岁时就学于苏州蒙藏垦殖学校，开始写"鸳鸯蝴蝶派"式的小说、诗歌，并向《小说月报》等刊物投稿；李寿民17岁时就读于苏州草桥中学(现苏州第一中学)，开始了他的文学创作。

小说作家，如王度庐、白羽。[1] 他们生活在繁盛的北方大众文化氛围中，对中国传统大众文艺相当熟悉，也相当喜欢。特殊的时期构成了他们特有的文化结构，也为他们对中国现代通俗小说进行改造创造了条件。

他们对现代通俗小说进行改造最突出的成就是基本上确立了现代章回小说的美学结构。这种改造主要表现在以下三个方面：

首先，通俗小说均为章回小说（或者是改良型的章回小说），作为传统的延续，“海派”的通俗小说在社会现实的表现和白话创作方面为现代章回小说的形成作出了贡献，但是在小说的叙事模式上还是以写事为中心。以写事为中心的章回小说故事写得再传奇，也会造成冗长和重复的问题，这恰恰是“海派”通俗小说的缺点。《官场现形记》、《二十年目睹之怪现状》是一个故事接一个故事的讲述，人物只是某个故事中的人物，并不贯穿始终。到了“鸳鸯蝴蝶派”的小说中，新闻色彩更加浓厚，甚至将一些新闻直接插入小说的情节之中，如包天笑的《上海春秋》等小说。“北派”通俗小说的叙事中心逐步地从写事转向了写人。现代通俗小说作家中最早做出这样尝试的是张恨水。1924 年，张恨水创作了《春明外史》。在这部小说中，张恨水解决了怎样将章回小说中散乱的材料集中起来的问题。他把所有的材料都与一个人的命运相连，用一个人作为小说的主人公，从头到尾把故事情节贯穿起来。这个人物在这部小说中就叫杨杏园。他这样写有两大好处：第一，小说中有一个贯穿始终的人物后，这个人就成为了小说的核心人物，小说中的所有事情都跟这个人有关系，材料再多、再复杂都不会凌乱。核心人物就是小说中的根，从根子上伸展出去的各种枝枝叶叶就是枝枝有来源、叶叶有依据。第二，小说有了一个完整的结构。人物的命运起伏和发展成为了小说主要的情节结构，他的命运被完整地描述，小说结构自然就能完整地体现。小说中的杨杏园是来自安徽的一个报人，他来到北京就是小说结构的开端；他到北京后看到各种各样的生活，这是小说结构的延伸；最后他死在北京，这是小说结构的结局，整部小说的结构相当完整。如果小说中没有一个贯穿人物的话，就可以无休止地永远写下去，小说结构就不可能完整。虽然此时还有一些枝叶散乱、叙述冗长的小说（例如李寿民的《蜀山剑侠传》），总体上说，张恨水之后的“北派”通俗小说基本上是以人物命运作为中心的小说叙事。

其次，既然确立了人物的中心位置，心理分析就不可少。心理描写是西方小说的美学特征，最早是由“海派”通俗小说作家引进和使用，到了“北派”通俗小说作家笔下，心理描写已经是一种写作常态。张恨水自不用说，《金粉世家》中的金燕西、冷清秋等人物的形象、生动，正是通过描述因社会地位、价值观念、人物个性的差异而造成的心理活动的不同表现出来的。王度庐的“鹤—铁系列”均是在情仇两难、恩怨两难、生死两难中做文章，人物命运的选择总是带来痛苦的心理煎熬，心理煎熬的生动描写使得他的小说人物总给人留下难忘形象，江南鹤、玉娇龙、罗小虎等都成为了中国武侠小说的经典人物。此时“北派”通俗小说中甚至还出现了以心理描写为线索的小说，白羽的《联镖记》写小白龙方靖被逼出江湖。方靖有着两

---

① 早年的王度庐是位新文化的批评家，曾用“柳今”为笔名，写下 140 余篇社会批判和文化批判的杂文；白羽在 1921 年认识了鲁迅和周作人之后，就曾立志做一个新小说家，为此，他多次写信给周氏兄弟求教写作。

副面孔：在其妻面前，他是一个饱读诗书的文弱书生；在同伙面前，他是一个杀人越货的独脚大盗。在情意和匪气之间，在温文尔雅与面目狰狞之间，复杂的心理活动表现出不同的行为举止。不再是静态的心理描述，而是以心理活动为线索写故事发展，说明心理描写在通俗小说作家笔下已经运用得相当娴熟。

再次，中国传统小说一直崇尚“史说同质”说，写小说就是写野史，于是根据事件发展的历程，因果循环的叙述就成为了中国传统章回小说体的基本结构。这样的叙事结构在清末民初“海派”通俗小说中已经有了改变，倒叙体被广泛运用，但是故事主体还是因果循环地描述。“北派”通俗小说作家对章回小说进行了一次结构性的改造，他们在章回小说的框架中打破了因果关系的描述，将时空倒转、重叠、停顿或者延长，其手法一点也不输于新小说的结构。王度庐的《卧虎藏龙》是章回体小说，语言叙述上还有不少评书的色彩，但小说结构却采用倒叙的手法。玉娇龙的新疆生活、罗小虎的家庭惨变、高朗秋和耿六娘的匪盗生涯，这些小说的主要故事都是在倒叙中完成的。倒叙的手法首先设了一个谜，一下子就抓住了读者的注意力，回忆的叙述又为前面的谜作了解释，故事情节的推进显得合情合理，小说的结构也显得紧凑。因此王度庐的小说虽然故事也是不断地枝蔓，却显得完整和紧凑。刘云若的《春风回梦记》写富家少爷与风尘女子的爱情故事，故事情节并不出新，小说结构却颇有创意，插叙、倒叙娴熟地运用，使得故事情节十分紧凑，也使得人物形象有了厚重感。自如摆布叙事格局，表面看起来也就是随性使用事件的叙述方法，实际上它揭示了通俗小说的叙述中心不再顾忌事件是否完整，而是关注人物形象、人物性格或者人物精神是否完整，因此说，叙事结构的转变是小说叙事的根本性变革。

“北派”通俗小说美学内涵的现代改造，新小说显然是重要的影响源，不用赘言。需要强调的是，除了新小说之外，“北派”通俗小说还吸收了民间艺术的营养，使其美学内涵更为丰富。世俗性、民间性本来就是通俗小说的特点，土里土气、原汁原味的生活实态描述，历史、掌故、轶闻、趣事穿插其中，处处透出地域的韵味，南北通俗小说皆如此。“北派”通俗小说不仅写城市世俗风情，还将很多民间传说加以现代化改造，融汇到小说情节之中。大家都认为张恨水《金粉世家》中的金燕西和冷清秋的爱情生活写得很生动，如果仔细推敲他们爱情故事的情节，就会感觉到“唐伯虎点秋香”、“苏小妹三难新郎”等故事的影子；刘云若《春风回梦记》的故事情节显然是天津说唱艺术的小说版；白羽的《偷拳》则将历史上的很多民间偷艺故事转化成小说中的主要故事情节；郑证因的《鹰爪王》中的“拜山”、“破机关”、“挑黑道”，黑门术语如数家珍，这些都是天津说唱艺术家评说侠义故事的拿手绝活。

“北派”通俗小说具有重要的文学史意义。从通俗小说的角度上看，“北派”通俗小说的崛起将中国现代通俗小说的创作再一次推向高峰，特别是社会言情小说和武侠小说的创作，代表着中国现代通俗小说创作的新成就。通俗小说从上海地区蔓延到全国，成为了一种全国性的文学现象。从中国现代文学的格局上看，“北派”通俗小说的崛起使得通俗小说在南方失去了主导地位之后，在北方又开辟了一个新的天地。20世纪20年代后期到30年代，南方以上海为中心的新文学创作很热闹，北方以天津为中心的通俗小说创作也很热闹，因此，此时中国文学的地图是“南有新文学、北有通俗文学”的双峰并峙局面。

“北派”通俗小说实际上为中国小说建立了一种新的文体。这种文体有别于新小说，它的核心内容是：说故事、写人物。这种模式的建立对中国小说创作产生了重要的影响。如果仅仅是写故事，没有生动的人物形象和人物性格，小说的格调就不高，美的东西就不突出。这是一些传统小说中常见的毛病。反过来说，如果仅仅是人物刻画，没有生动的故事，人物形象也不能生动地塑造，小说也不能吸引人，这是有些新小说存在的毛病。只有两者结合才能形成好小说。既接受一些新的要素，又坚持中国小说的性质。“北派”通俗小说美学内涵的改造实际上体现出了一个极为重要的价值，那就是现代小说“中国式”的现代化改造。如果不是将新小说视为中国现代小说现代化的唯一模本的话，就能充分体会“北派”通俗小说现代化的意义。根据这样的思路，我们把眼光向后搜寻，就看到了张爱玲的小说。张爱玲的小说都有一个精彩的故事，但是人物都有一个曲折的人生。如果打破雅俗的观念，将这条线索贯穿起来的话，往后延伸，甚至可以延续到20世纪八九十年代的文学作品。在一定程度上，可以说“北派”通俗小说引领着中国小说文体走上了“中国式”的现代化之路。

特别应该提及1931年以后东北地区通俗小说的价值和意义，因为在那个地区、那个时间创作通俗小说不仅仅是一种文学的表述，还是一种民族气息的留存。他们为什么热衷于“史材”小说的创作，就是要提醒民众不要忘记我们民族的血脉；他们坚持以服务大众为名进行汉语写作，而不是用那些统治者要求的日语写作，就是要保留我们文学的根。所以说，1931年以后的东北通俗小说虽然不如津、京地区那么繁荣，却更应该受到重视，因为它们的价值和意义已不仅仅是文化与文学所能涵盖的了。

□□□ 思考延伸

1. 怎样理解“北派”通俗小说的文化价值和美学价值？
2. 为什么说“北派”通俗小说为中国小说文体的现代化作出了贡献？
3. 为什么说东北地区的通俗小说创作有着特殊的意义？

第五讲 通俗文学的载体：文学期刊、大报副刊及小报

文学期刊、大报副刊和小报是现代通俗文学的三大载体，小报尤其是通俗文学最稳固的阵地。它们常常对现代通俗文学的某一创作潮流起到推波助澜的作用。众多通俗文学作品的畅销，又反过来促进了这些报刊的销路。通俗文学与这些报刊建立了相互促进、相得益彰的良性互动关系，这正体现出通俗文学的"现代性"特点。

中国通俗文学与现代出版业有着密不可分的关系。文学期刊、大报副刊和小报可谓现代通俗文学的三大载体，通俗文学作品大多首先刊载于其上，在受到读者的热烈欢迎以后才出版单行本。[①]与现代出版业的密切关系使得文学创作不再局限于传统的单行本形式中的作者直接面对读者，还加入了第三方：作品的现代载体，尤以期刊、报纸为代表。作者、读者、载体的构成给中国现代通俗文学创作增添了很多复杂却很新鲜的因素，也成为了现代通俗文学"现代性"的重要标志。[②]

先说文学期刊。据考证，最早的文学期刊是19世纪70年代由上海申报馆附印的《瀛寰琐记》、《四溟琐记》和《寰宇琐记》。三者均为月刊，其中《瀛寰琐记》创刊于1872年11月11日，为中国最早的文学期刊，至1875年1月共发行28期；1875年2月改名为《四溟琐记》继续发行，到1876年1月共出版12期；随后

---

① 如晚清四大谴责小说《官场现形记》、《二十年目睹之怪现状》、《孽海花》、《老残游记》都是首先在杂志上连载的，"鸳鸯蝴蝶派"的"四大说部"中，《江湖奇侠传》首刊于《红杂志》和《红玫瑰》，《玉梨魂》、《广陵潮》、《啼笑因缘》则首刊于《民权报》、《大共和日报》、《新闻报》等大报的副刊。

② 文学期刊、大报副刊和小报都是近代新闻出版业的新生事物。在近现代中国，几乎每份报刊周围都围绕着一群文化人（作家），尽管文艺观点不尽相同，但其基本倾向大体一致，于是这些报刊也就成为近现代文化地图中的一个个"亮点"。报刊是众多作家们发表作品的公共空间，近现代文学史上的优秀作品多数都是首先在这些报刊上发表的。同时，报刊又常常是某一社团或流派的阵地，各自都有其独有的文化倾向。这种文化倾向又对作家们的创作（从主题到形式、审美趣味）产生了制约作用，它要求作家们创作出符合其文化价值与倾向的作品，否则就不予刊载。所以，近现代文学史上颇多作品既具有创作者个人的色彩，同时也兼具报刊和某一创作群体的色彩。

改名为《寰宇琐记》，自1876年2月至1877年1月又出版了12期。① 这三种期刊上虽然还没有通俗小说创作，但是其中大量的应酬唱和之作却开了后来的通俗文学期刊之先河。

进入20世纪，通俗文学期刊风起云涌，至1949年就先后出现过四次高潮。

第一次高潮出现在20世纪的最初十年，当时有五种影响比较大的通俗文学期刊相继创刊，它们分别是《新小说》、《绣像小说》、《月月小说》、《小说林》和《新新小说》(其中,前四种是公认的清末"四大小说期刊")，这些刊物构成了一道亮丽的风景线。《新小说》月刊被认为是中国小说现代化所掀起的第一波，1902年11月由维新派领袖梁启超创办于日本横滨(1906年1月停刊,共出版24期)。梁启超的本意是借小说来启发民众，借这个刊物来发抒自己的政治改良主张，他称小说为"文学之最上乘"，大力提倡并亲自创作政治小说，表现出鲜明的政治意识。但是，无心插柳柳成荫，梁启超所提倡的政治小说并没有成为随后小说创作的潮流，《新小说》上刊登最多、影响也最大的却是以著名作家吴趼人的《二十年目睹之怪现状》为代表的谴责小说(此外还有吴趼人的《痛史》、《九命奇冤》等历史小说和新型的公案小说)。所以，毫不夸张地说，《新小说》引领的其实是现代通俗文学的新潮流。

稍后问世的是《绣像小说》半月刊，创刊于1903年5月，1906年4月停刊，共出版72期，由晚清小说名家李伯元主编；《月月小说》月刊，创刊于1906年11月，1909年1月停刊，共出版24期，由吴趼人等编辑，强调以"趣味"吸引读者，并为所刊小说创造了名目繁多的标识；《小说林》月刊，创刊于1907年2月，1908年10月停刊，共出版12期，由小说理论家徐念慈及黄人、小说家曾朴等编辑，所刊译作多于创作。这些刊物上分别刊登了《文明小史》、《活地狱》、《负曝闲谈》、《老残游记》、《劫余灰》、《上海游骖录》、《孽海花》等著名的通俗小说。此外，当时影响比较大的还有时任上海《时报》主笔陈景韩等编的《新新小说》月刊(1904年9月—1907年5月,共出版10期)，"以侠客为主义"，着意改造国民精神，介绍国外革命者的革命精神、叛逆精神和反抗精神(《侠客谈》)。

总体来看，现代通俗文学期刊第一次高潮中出现的刊物种类并不算多，但是这些刊物对时政关心的办刊取向以及纸质媒体的印刷特点都对刊登于其上的文学作品创作产生了影响。

到民国建立的1911年前后，现代通俗文学期刊出现了第二个高潮。这一次涌现出的期刊数量很多，其直接影响就是促成了作为民初通俗文学主潮的"鸳鸯蝴蝶派"的形成。

首先是在1909年9月，上海有正书局出版了《小说时报》月刊，由小说名家包天笑和陈景韩轮流主编，至1917年11月共出版33期，另有一期临时增刊。《小说

① 有研究者将这三种文学期刊视为"最早的一批附于日报的综合性副刊"(方汉奇:《中国近代报刊史》)或"不完全形式的副刊"(冯并:《中国文艺副刊史》)。但它们均为每月出版一期，《瀛寰琐记》每期24页，近3万字，装订成24开大小的线装本，而《四溟琐记》每期32页，近3万字。显然，它们都是由申报馆附印的文学期刊，而非《申报》的副刊(哪怕是"不完全形式的")。所以，新闻史界多认定它们是期刊而非报纸副刊，方汉奇在其后来主编的多种新闻史著作中也改称《瀛寰琐记》为"我国最早的文学刊物"、"中国最早的附属于日报的综合性刊物"。

时报》以刊登翻译作品为主（约占五分之四），向读者介绍了普希金、托尔斯泰、契诃夫、雨果、大仲马、莫泊桑、狄更斯、王尔德等名家的佳作。该刊在创作方面也有不小的成就，如署名“冷”（即陈景韩）的小说《催醒术》被研究者誉为“1909 年所写的一篇‘狂人日记’”①，包天笑的短篇小说《一缕麻》揭露旧式婚姻制度的弊害，后来被改编成京剧、越剧、电影等多种艺术形式，影响极大。

影响更大的则是稍晚由商务印书馆发行的《小说月报》，1910 年 8 月创刊，王蕴章、恽铁樵先后任主编。②《小说月报》没有发刊词，但是恽铁樵在征稿启事中曾提出“雅驯而不艰深，浅显而不俚俗”的标准，希望“可供公余遣兴之资，亦资课余补助之用”，显然是兼顾娱乐性与教育性的。创刊之初的《小说月报》除刊登林纾翻译的大量西方小说外，多刊哀情小说、奇情小说、社会小说。到恽铁樵接编后，鉴于当时的言情小说大多千篇一律、陈陈相因，提出了“言情小说撰不如译”的主张，有意引导言情小说与社会小说合流，而《小说月报》也终于成为一个有全国影响力的大刊。

此时期另一个影响巨大的通俗文学期刊是中华图书馆发行的《礼拜六》周刊，自 1914 年 4 月至 1916 年 4 月共出版 100 期，由王钝根、孙剑秋编辑。③《礼拜六》希望“供一般社会人士消闲遣兴之需”，“一编在手，万虑都忘，劳瘁一周，安闲此日，不亦快哉”④！因此《礼拜六》所刊主要是社会伦理小说、言情小说等类型的通俗小说，又多短篇。由于该刊聚集了当时文坛的大多数通俗文学作家，《礼拜六》在读者中影响极大，以至于当时从事通俗文学创作的这些作者大多被视为“礼拜六派”。

此外，当时影响较大的通俗文学期刊还有如下几种：

1914 年 4 月起由民权出版部发行的《民权素》，到 1916 年 4 月共出版 17 集。《民权素》刊登了徐枕亚、吴双热、李定夷、周瘦鹃等众多所谓“鸳鸯蝴蝶派”作家的作品，可谓现代通俗文学的发祥地。

1914 年 5 月创刊的《小说丛报》，至 1919 年 8 月共出版 44 期，由徐枕亚、吴双热主编。该刊多刊载言情小说，如徐枕亚的日记体长篇小说《雪鸿泪史》（由《玉梨魂》改写而成）、《棒打鸳鸯录》，李定夷的《潘郎怨》，吴双热的《断肠花》等，因此被视为“‘鸳鸯蝴蝶派’的大本营”。

1915 年 8 月创刊的《小说大观》，1921 年 6 月停刊，共出版 15 期，为中国第一个文学季刊，创作和翻译并重。所刊小说中影响比较大的有叶小凤的社会小说《如此京华》、《蒙边鸣筑记》，孤桐（章士钊）的《游侠外传》，苏曼殊的哀情小说《碎簪记》、《非梦记》等。另外值得一提的是，中国小说中最早标示为“武侠小说”的是该刊 1915 年 12 月刊登的林纾小说《傅眉史》。

1917 年 1 月创刊的《小说画报》，通体采用白话，专刊创作小说。封面绘画和插图都很富特色，刊载的长篇小说有姚鹓雏的社会言情小说《恨海孤舟记》、春明逐客

---

① 范伯群：《〈催醒术〉：1909 年发表的“狂人日记”》，《江苏大学学报》（社会科学版）2004 年第 5 期。

② 《小说月报》于 1921 年 1 月实行革新，成为新文学阵地，先后由沈雁冰、郑振铎等主编，1931 年 12 月出至第 22 卷，此后因上海“一·二八事变”被迫停刊。

③ 此为前期情况。《礼拜六》后来于 1921 年 3 月复刊，周瘦鹃、王钝根任编辑，至 1923 年 2 月又出版了 100 期。

④ 《〈礼拜六〉出版赘言》，载《礼拜六》1914 年 6 月 6 日第 1 期。

(毕倚虹)的社会小说《十年回首》、天虚我生的《新酒痕》、海上说梦人的《市井梼杌史》等。

上述小说期刊与民初众多的通俗文学作家相辅相成，共同促成了民初通俗文学尤其是哀情小说的兴盛。但是，“文学革命”兴起之后，新文学阵营出于建设新文学的需要，对当时文坛流行的现代通俗文学进行了严厉的批判。1921 年以后，新文学逐渐站稳脚跟，而通俗文学也同样进入了新的繁盛时期，现代通俗文学期刊的第三次高潮也由此兴起。当时，面对新文学阵营的猛烈批判，通俗文学阵营没有从理论上为自己辩护，而是以大量通俗文学期刊的创办来证明自己广阔的读者市场。于是，几乎所有规模较大的出版机构(包括商务印书馆)都竞相出版通俗文学期刊，希望以贴近市民生活的作品来争夺市民读者。

《小说月报》改组成为新文学阵地以后，商务印书馆于 1923 年 1 月创办了《小说世界》周刊来笼络那些对新文学作品不感兴趣的读者，先后由叶劲风、胡寄尘任主编。所刊徐卓呆的滑稽小说、程小青的侦探小说、何海鸣的倡门小说都足以代表当时通俗文学的较高水平。

20 世纪 20 年代，在商务印书馆和中华书局的夹缝中逐渐站稳了脚跟的上海世界书局也加入了创办通俗文学期刊的行列。世界书局出版的是“红色系列”期刊，包括《红杂志》、《红玫瑰》、《快活》、《侦探世界》等。《红杂志》周刊创办于 1922 年 8 月，由严独鹤任编辑主任，施济群任编辑，到 1924 年 7 月共出版 100 期。随后，《红杂志》改为《红玫瑰》继续出版，由赵苕狂主编，到 1932 年 1 月共出版 288 期(初为周刊,从第 4 卷起改为旬刊)。《红杂志》和《红玫瑰》为现代通俗文学贡献了现代武侠小说的开山之作《江湖奇侠传》,① 还刊出了姚民哀的会党武侠小说《山东响马传》、《四海群龙记》、《箬帽山王》。此外，海上说梦人的社会小说《新歇浦潮》、严独鹤的留学生题材长篇小说《人海梦》、徐卓呆描写办公室生活的小说《甚为佳妙》以及程瞻庐的大量滑稽小说也都各具特色。

《快活》旬刊问世于 1923 年 1 月(到当年 12 月共出版 36 期)，由李涵秋担任编辑主任。《快活》的特色表现在两方面：一是出了“妇女号”、“新婚号”、“离婚号”、“滑稽号”、“中秋号”、“侦探号”等不少专号；二是专门刊载小说，长篇小说中有李涵秋的《近十年目睹之怪现状》、徐枕亚的《燕雁离魂记》、郑正秋的《家庭现形记》、杨尘因的《老残新游记》等，短篇小说中则以张舍我的“问题小说”、程瞻庐的滑稽小说最为引人注目。

《侦探世界》半月刊创刊于 1923 年，所刊以侦探小说为主，兼登武侠小说、冒险小说。该刊推出了颇多侦探小说，如程小青的“霍桑探案”系列、陆澹安的“李飞探案”系列、孙了红的“东方亚森罗苹”系列、俞天愤的“中国侦探案”系列，以及赵苕狂、徐卓呆、马二先生等人的侦探小说。武侠小说方面最突出的是平江不肖生的《近代侠义英雄传》和姚民哀的《山东响马传》等。

一直以世界书局为竞争对手的大东书局也同样认识到了市民读者的阅读需求，约请文坛名家创办了一系列期刊作为回应。由于大东书局主办的《紫罗兰》很有名，

① 1928 年，上海明星电影公司截取《江湖奇侠传》中的一个片段拍摄了系列武侠电影《火烧红莲寺》(到 1931 年摄制了 18 集,遭禁后在香港拍摄了第 19 集)，掀起了中国武侠电影的第一次狂潮。

所以旗下的通俗文学期刊被称为“紫色系列”。

1921年9月，《半月》创刊，由周瘦鹃主编，到1925年11月共出版4卷96期。《半月》关注都市中下层民众的生活，讽刺知识分子们的精神空虚。所刊小说中成就比较高的是何海鸣的短篇小说，长篇小说则有海上说梦人的《剩粉残脂录》、何海鸣的《十丈京尘》、包天笑的《甲子絮谭》、张春帆的《政海》等。

《半月》停刊后，周瘦鹃又于次月为大东书局创办了《紫罗兰》半月刊，到1930年6月共出版4卷96期。《紫罗兰》的封面设计颇有特色，封面镂空，可以看到扉页彩色的图案和仕女画。在所刊作品中，姚民哀的会党武侠小说《荆棘江湖》、王小逸的《春水微波》都为读者所欢迎。

1922年2月，大东书局还创办了《星期》周刊，由包天笑主编，到1923年3月共出版50期。在长篇小说中，老主顾(江红蕉)的《交易所现形记》是最早反映上海交易所情形和20世纪20年代初的“信交风潮”的，可谓开风气之先。《星期》还连载了平江不肖生的《留东外史补》、《猎人偶记》等小说，可视为平江不肖生从事武侠小说创作的准备期。

20世纪30年代，由于大量的大报副刊和小报分流了通俗文学的读者，通俗文学杂志一时处于低谷。但是，到40年代，现代通俗文学期刊再次形成了潮流。

在这次潮流中，首先打破抗战时期文坛沉寂状态的是1942年7月27日问世的《万象》月刊(到1945年6月1日共出版43期)，陈蝶衣、柯灵先后任主编。作为战时为数不多的坚持较久的文学期刊，《万象》最大的特色是作译并重，又兼容雅俗。它在创刊之初刊登较多的是通俗文学作品，一年以后新文学作品逐渐增多。可以说，《万象》集中了当时在上海的主要文人：胡山源、赵景深、孙了红、范烟桥、程小青、王小逸、平襟亚、徐卓呆、师陀(芦焚)、张爱玲、丰子恺……在创作方面，徐卓呆的滑稽小说《李阿毛外传》、王小逸的言情小说《石榴红》、张恨水的言情小说《胭脂泪》、张爱玲的《连环套》都产生过不小的影响。《万象》的另一个贡献是在1943年发起了关于“通俗文学运动”的讨论，一方面对中国通俗文学作了较为深入的总结，另一方面也提出了不少建设性的意见。

紧随《万象》创刊的是《大众》月刊，由著名报人钱须弥(钱芥尘)编辑，自1942年11月1日至1945年7月1日共出版32期。《大众》的宗旨是“研究文艺，灌输常识”，所刊作品“新旧兼备”。予且是《大众》上最重要的作家。在他计划创作的“百记”中，《解疑记》、《拒婚记》、《移玉记》、《别居记》、《执柯记》、《离魂记》、《觅宝记》、《怀春记》、《赠刀记》、《藏红记》、《观剧记》、《回乡记》、《改业记及其他》、《寒窗七记》、《怀母记》、《一昔记》、《争爱记》、《试衣记》等都刊载于《大众》。这些小说大多取材于日常生活，表现沪上男女的情感和弄堂人们的生活情境。连载的长篇小说中，包天笑的《拈花记》、张恨水的《京尘影事》、《过渡时代》等都是颇受读者喜爱的。

脱离《万象》以后，陈蝶衣又在1943年8月15日创办了《春秋》月刊(断断续续出版至1949年3月)。《春秋》同样是兼容雅俗的，不过与《万象》相比，其中刊登的言情小说明显增多，如施济美、程育真等女性作者都是在《春秋》上崭露头角的。较受欢迎的长篇小说有胡山源的《罔两》、张恨水的《世外群龙传》、程小青的译作《惊人的决战》等。

《万象》、《大众》、《春秋》的开版均为方型，因此它们又被称为通俗文学期刊的“方型系列”。

当时比较有影响的期刊还包括1943年4月1日创刊的《紫罗兰》，仍由周瘦鹃主编。① 此时的《紫罗兰》是由女性作家唱主角的。如张爱玲发表了确立她在文坛地位的《沉香屑——第一炉香》、《沉香屑——第二炉香》，施济美、汤雪华也都发表了不少小说。长篇小说仍由通俗文学界的老作家唱主角，周瘦鹃本人的《新秋海棠》是赓续轰动一时的秦瘦鸥的《秋海棠》，朱瘦菊（海上说梦人）在沉寂多年之后推出了中篇小说《金银花》，程小青则根据旧作改写了侦探小说《龙虎斗》。

综观20世纪40年代的通俗文学期刊，兼容雅俗是多种杂志不约而同的选择。同时，在环境的重压下，这些刊物都无一例外地必须避开眼前激烈的民族斗争，但是它们又不愿“背离时代意识”，于是多数刊物都运用所谓“春秋笔法”，以曲笔来达到影响社会与人心的作用。

大报副刊也是通俗文学极重要的阵地，对通俗文学创作潮流的形成起到了不容忽视的推动作用。②

中国报纸创设副刊可以上溯到1875年上海《申报》在新闻版面之后公开征求“骚人韵士”的“短什长篇”，刊登“天下各名区竹枝词及长歌纪事之类”。1911年8月24日，《申报》设立栏目式副刊《自由谈》，并将之作为一个长期的栏目固定下来，中国报纸的副刊由此正式定型。

但是，民国初年最具影响力的副刊却不是《自由谈》而是《民权报》副刊。《民权报》是著名的“横三民”③ 之一，创刊于1912年3月28日，主编为戴季陶。《民权报》副刊分别从1912年6月、8月和10月开始连载李定夷的《霣玉怨》、徐枕亚的《玉梨魂》、吴双热的《孽冤镜》。④ 这三部言情小说都以文言来叙事状物（《玉梨魂》采用的是骈散结合的语言），又都以感伤的抒情笔调贯穿始终，以彻底的悲剧结束，在读者中产生了热烈的反响。⑤ 这三部小说引发了大量的模仿之作，在民初掀起了哀情小说的狂潮。《民权报》也因此被视为“‘鸳鸯蝴蝶派’的发祥地”。

从20世纪20年代初到30年代初，引领一时风骚的则是老牌报纸《新闻报》的副刊《快活林》和《申报》的副刊《自由谈》。

《新闻报》副刊原称《庄谐丛录》，1914年改由严独鹤编辑，自同年8月16日起改名为《快活林》，内容上力求雅俗共赏（“雅俗合参”），在追求趣味性的同时兼顾时代感。⑥ 此后的十几年间，《快活林》一直是通俗文学界非常稳固的阵地。当时众多的通俗文学作家都在《快活林》上连载其小说。比如号称“第一小说家”的李涵

---

① 此时的《紫罗兰》为月刊，至1945年3月共出版18期，可称为后期的《紫罗兰》。

② 五四时期，对新文学起到了很大推动作用的有四大副刊，分别是北京的《晨报附镌》、《京报副刊》和上海的《时事新报》副刊《学灯》、《民国日报》副刊《觉悟》。但是，在整个20世纪20年代，上海最有影响的两家大报——《申报》、《新闻报》的副刊却都掌握在通俗文学作家手中，是很难撼动的通俗文学阵地。

③ 《民权报》、《中华民报》、《民国新闻》三家报纸都由同盟会同人创办，并称“横三民”。“横三民”以言辞激烈著称。“二次革命”以后，《民权报》因设在租界未被袁世凯政府查封，但内务部明令各地“禁止售卖”，《民权报》的发行不能越出租界，因无法维持，被迫停刊。

④ 与这三部小说同时连载的还有李定夷翻译的言情小说《红粉劫》

⑤ 《玉梨魂》曾被改编为多种地方剧目，后来又在1924年被搬上银幕，影响更大。

⑥ 1932年淞沪抗战爆发，《快活林》更名为《新园林》，仍由严独鹤编辑。

秋，其“三大名著”中有两部(《侠凤奇缘》、《战地莺花录》）都是首先在《快活林》上连载的。李涵秋还在《自由谈》上连载了《镜中人影》、《好青年》、《魅镜》等众多长篇小说。20世纪20年代中期以后，武侠小说风行一时，《快活林》上及时连载了民国武侠小说鼻祖平江不肖生的长篇小说《玉玦金环录》和顾明道的武侠小说代表作《荒江女侠》。张恨水在北方成名后，严独鹤立刻约请其为《快活林》撰写连载小说，于是从1930年3月17日起，《啼笑因缘》开始出现在《快活林》上。当时的读者恐怕很难料到，这部小说连载以后，竟引起了南、北方读者的一致关注，一时间“上至党国名流，下至风尘少女，一见着面，便问《啼笑因缘》”①，这部小说也就成为张恨水最重要的代表作。当年11月30日连载结束后，《啼笑因缘》随即出版了单行本，还被改编为多个地方剧种，加上上海两家电影公司争夺这部小说的电影摄制权，更起到了推波助澜的作用。《啼笑因缘》一炮打响后，张恨水成为《快活林》中的常客，其《太平花》、《夜深沉》、《满江红》、《水浒新传》等长篇小说也都借《快活林》与读者见面。

自1911年创设起，《自由谈》先后由王钝根、吴觉迷、姚鹓雏、天虚我生等主持，却一直没有多少起色。1920年，周瘦鹃继任《自由谈》编辑，《自由谈》逐渐进入全盛时期。1922年1月起，《自由谈》上连载了毕倚虹的社会小说《人间地狱》，在读者中引起了很大的反响。《人间地狱》60回在《自由谈》上连载两年有余，至1924年5月暂告结束。毕倚虹病逝后，其好友包天笑又续写了第71～80回。《人间地狱》为毕倚虹的代表作，也是20世纪20年代社会小说中的杰作，报界前辈钱芥尘对毕倚虹颇为赞赏，称其为“中国今之三大作家”之一。

20世纪30年代中期《自由谈》改由黎烈文主编，《申报》又开设了《春秋》副刊，仍由周瘦鹃主持，张恨水的《东北四连长》、《小西天》、《换巢鸾凤》都是连载其上的流行一时的小说。尤其是秦瘦鸥的言情小说《秋海棠》，在1941年1月至12月连载于《春秋》以后，1942年7月出版单行本。小说发表后，随即由作家本人与顾仲彝改编为话剧剧本，在上海连演四个半月150余场。1943年12月小说又被搬上银幕，观者如潮，盛况空前。此外，这部小说还曾经被改编为沪剧、越剧等地方剧目。《秋海棠》堪称社会言情小说在现代文学史上最后的辉煌，其所引起的轰动一如十余年前张恨水的《啼笑因缘》。

在北方，天津和北京都是通俗文学创作的重镇。除20世纪20年代的《晨报副刊》、《京报副刊》和30年代的《大公报》“文艺副刊”外，其他各大报的副刊基本上都由通俗文学占据要津，推出了一大批卓有成就的通俗小说家。比较典型的，如北京《世界晚报》、《世界日报》副刊上培养了现代通俗小说大师张恨水，而天津《益世报》副刊则是20世纪20年代“北派”通俗文坛的重要支柱。

《世界晚报》创刊于1924年4月12日，当时名不见经传的要闻版编辑张恨水为其副刊《夜光》撰写了长篇小说《春明外史》。《春明外史》以两段缠绵悱恻的爱情悲剧为主线，其间又大量穿插了当时的政界要人轶事、各界名流传闻和社会新闻，极大地满足了市民读者们窥视上流社会的欲望，因而引起了读者们的热烈追捧。据老报人左笑鸿回忆，每天下午，竟然有不少读者在《世界晚报》门外排长队等候晚报出

---

① 张恨水：《我的小说过程》，载《上海画报》1931年1月27日至2月12日。

版，他们都以先睹《春明外史》为快。《春明外史》的连载历时57个月，一直到1929年1月24日，张恨水声名鹊起，而《世界晚报》也一纸风行，迅速打开了市场。

在《春明外史》得到读者欢迎之后，张恨水又为1925年2月创刊的《世界日报》副刊《明珠》撰写了《新斩鬼传》等多部中篇小说。1927年2月14日，张恨水的另一部代表作、长篇小说《金粉世家》开始在《世界日报》上连载。《金粉世家》写的是豪门公子与寒门少女之间的爱情悲剧，却又从家庭透视社会，引领读者窥得了大家庭的内幕和当时社会从顶层到市井各色人物的表演。《金粉世家》篇幅更大，连载时间更长(直至1932年5月22日结束,连载2 196次)，也为张恨水带来了更大的声名。

20世纪二三十年代，天津影响最大的两家报纸是《大公报》和《益世报》。其中，《益世报》副刊《益智粽》自1920年起开始连载署名“濯缨”(董郁青)的小说《新新外史》。这部小说以清末民初的政界大事为主要内容，以真实的历史人物贯穿起十余年间的政坛风云，又多采逸闻传说，深受读者欢迎。这部小说连载时间长达12年，也堪称通俗小说史上的奇迹。

1925—1926年，《益世报》还刊登了与平江不肖生(本名向恺然)并称“南向北赵”的武侠小说家赵焕亭的武侠代表作《清代畿东大侠殷一官轶事》。受传统的评书艺术影响，赵焕亭的小说叙事生动，语言风趣活泼，对后来的“北派”武侠小说家们产生了重要影响。在20世纪20年代初相对寂寞的北方通俗文坛，正是由于《益世报》推出的董濯缨、赵焕亭等苦苦支撑，才造就了后来“北派”通俗小说的走向辉煌。

对大众文化及通俗文学而言，小报具有极其重要的意义，因为小报既是现代都市中最受市民们欢迎的大众文化快餐，又是现代通俗文学的重要载体。

近代最早的小报是小说家李伯元于1897年在上海创办的《游戏报》。《游戏报》虽然标榜“假游戏之说，以隐寓劝惩”，但它实际上是市民读者们日常生活中“茶余酒后，适性陶情”的消闲资料，甚至希望为“前度刘郎”们作“冶游之一助”。《游戏报》篇幅小，即使是新闻也要追求趣味性，论说文字则讲究嬉笑怒骂皆成文章，努力为市民读者提供游戏指南，这些也都是后来的小报着力遵循的办报原则。

对现代通俗文学来说，影响最大的小报是并称为“四大金刚”的《晶报》、《金刚钻报》、《福尔摩斯》和《罗宾汉》。

《晶报》被称为“小报之王”，1919年3月3日创刊，1940年5月22日停刊。《晶报》最大的特色在于那些趣味盎然的小品文字，并不以连载小说见长，但其小说仍不乏特色。一个突出的特点是，《晶报》小说家们注重趋时效应，不断追逐时尚、花样翻新。由于创刊后正值五四运动爆发，《晶报》初期小说大多注意反映市民读者所关心的社会问题(包括政治事件)。但是，此后国内时局依然动荡不安，市民大众对此也已经熟视无睹，《晶报》小说也就随之转向对社会新闻的追逐。为了更大限度地容纳市民读者所关心的正史、野史、轶闻、趣事，社会小说(包括社会言情小说)就成为最受《晶报》读者欢迎的小说门类。比如在20世纪20年代，《晶报》连载了李涵秋的《爱克司光录》和《爱克司光录二集》。这两部小说继承了李涵秋成名作《广陵潮》的特长，以揭露社会怪现状(尤其是家庭黑幕)为主要内容，并且有意把时事写入小说，显示出通俗小说追逐社会热点的特征。而作为《晶报》的台柱，包天笑的《一年有半》、《冠盖京华》、《新上海春秋》等长篇小说，同样以暴露社会罪恶为目的。此外如张恨水的《锦片前程》，后期《晶报》刊载的徐卓呆、捉刀人(王小逸)、周天籁、冯若梅等人的小说，也都以市民生活为内容，以趣味性取胜，努力贴近市民读者。

为了引起读者的兴趣，《晶报》还常常刊载“时事小说”，以迅速反映当前发生的新闻时事。如在1924年的江浙战争期间，《晶报》就先后刊载了《龙华新史》(1924年10月15日)、《应时的人间地狱》(1925年1月1—6日)等小说，影射战争中浙江督军卢永祥被迫下野，战后各方竞相任命上海地方长官等时事。

“四大金刚”的第二位是《金刚钻报》，1923年10月18日创刊，1937年8月13日停刊。在“四大金刚”中，《金刚钻报》以登载文艺作品多而闻名。《金刚钻报》所刊言情小说最多，如拂云生(胡梯维)的《十里莺花梦》和《黄熟梅子》、汪仲贤的《恼人春色》都颇受欢迎，在连载后也都曾出版过单行本。此外如集锦小说《江南大侠》、爱去先生(王小逸)的《骚来女士外传》和《人体展览会》、张恂子的奇情小说《虎窟双雏》、赵焕亭的武侠小说《剑底莺声》、程瞻庐的社会小说《奈何天》、汪仲贤的社会小说《角先生》等也各具特色。

《福尔摩斯》创刊于1926年7月3日，1937年停刊(1945年10月曾短期复刊)。该报注重揭露社会各界黑幕，特别注重新闻报道，常抛出一些惊人的消息，因此销路很广，但也常常因此被人指责，甚至遭遇一些官司。该报的连载小说没有多少特色，但网蛛生(平襟亚)的社会小说《人心大变》赓续其畅销小说《人海潮》，也颇为当时读者所称道。

1926年12月8日创刊的《罗宾汉》被称为“戏报鼻祖”。该报先后出版过梅兰芳、荀慧生、程砚秋、尚小云、盖叫天、周信芳等南北名角的特刊，每期刊登戏曲界的掌故动态、趣闻轶事、花边新闻。1935年5月1日该报改为日刊，1937年“八一三”事变后停刊。《罗宾汉》同样不以连载小说见长，但所载小说数量颇多，题材丰富，当时的知名小说家如还珠楼主(李寿民)、冯蘅、田舍郎(陈亮)、王小逸、苏广成等都曾在该报连载小说。

除“四大金刚”外，值得一提的还有《东方日报》。该报创刊于1932年5月27日，断断续续出刊至1949年4月30日。《东方日报》所刊小说的作者有孙了红、周天籁、汪仲贤、田舍郎(陈亮)、钟吉宇、王小逸等。其中周天籁的《亭子间嫂嫂》被认为是“海派倡门小说压卷之作”，轰动一时。当时的《东方日报》濒临倒闭，每天只印3 000份，而在连载了《亭子间嫂嫂》三个月后，销量竟增加到两万多份。在周天籁准备结束该小说时，该报老板竟然多次阻止，因为“报纸即赖该文支持”，堪称通俗文学史上的佳话。

在北方，最值得注意的小报当属天津的《天风报》。《天风报》由原天津《商报》编辑沙大风创办于1930年，时为副刊《黑旋风》编辑的刘云若发表了处女作——长篇小说《春风回梦记》。《春风回梦记》写的是卖唱女郎与富家公子之间的爱情悲剧，情节曲折动人，其主人公又都是刘云若所说的可歌可泣的“至性人”，因而这部小说颇受读者欢迎，“学士大夫与贩夫走卒同为刺激感动”。刘云若本来无意靠小说创作成名，他写作《春风回梦记》“仅以游戏出之”，但结果却出乎他的意料，刘云若从此一发而不可收，终成一代小说大家，被誉为“五百年来无此奇”。十年后，沙大风在回忆刘云若这部小说给《天风报》带来的知名度时说：“《天风》因《春风》而风行，《春风》因《天风》而益彰。”① 除刘云若外，《天风报》还推出了武侠小说家还珠楼主。1932 年初，新婚在即的还珠楼主为了筹措结婚费用开始创作武侠小说。当年 7 月起，其《蜀山剑侠传》开始在《天风报》上连载。当时的读者都没有料到，这部小说竟是一部集大成之作，它融武侠、剑仙、神话为一体，汪洋恣肆，想象超绝，开创了“北派”武侠小说创作之风。《蜀山剑侠传》总字数超过 500 万字，这样的篇幅也堪称通俗文学史上的奇迹。由于刊载了刘云若和还珠楼主这两位通俗小说家的处女作，《天风报》在通俗文学史上的地位不言自明。

从以上例子不难看出，以上海小报界“四大金刚”和天津的《天风报》为代表的现代小报常常是和现代通俗文学相互促进的，文学作品借小报而流行，同时文学作品的流行又反过来扩大了这些小报的销路。这恰恰是通俗文学与现代传媒相得益彰关系的一个缩影。

□□□ 思考延伸

1. 近现代通俗文学期刊先后经历了哪几次办刊高潮？
2. 大报副刊编辑与通俗文学作家身份的重叠对通俗文学创作产生了什么影响？
3. 现代小报与现代通俗文学之间的互动关系如何？

① 沙大风：《〈情海归帆〉序》，京津出版社 1939 年版。

第六讲

通俗文学从古典型走向市场化

纵向地看，中国现代通俗文学自身一直在发生着流变。其中，20世纪20年代是一个界点。之前的通俗文学作品从形式到内容，均呈现出鲜明的古典形态，如语言多为文言、文学作品中的名士趣味以及文学审美中的“雅”好。而到了20年代以后，通俗文学呈现出整体下移之态，如语言基本实现了白话，创作中对市民生活及小人物命运的关注等。这是由当时的通俗文学完全转向市场所致，市场化的转向使得现代通俗文学得以全面繁荣。

通俗文学与市场之间的联系，并非诞生之时就有。最初从事通俗文学创作的作家，多数都脱胎于中国传统文人，他们中间的很多人都有过科举取士的经历，在他们身上，最初都带有非常浓重的中国古代文人士大夫的精神气质和情结。随着时代发展，他们的创作呈现出了流变的形态，即从“名士”到“市民”的转移。中国通俗文学也就从庙堂走向市场，从文人群体走向市民。这种转移，恰恰体现出了中国文学从古典到现代的转型，是中国文学现代化中非常重要的组成部分。

如果将1894年韩邦庆的《海上花列传》视为中国现代通俗文学创作的开始，那么，1894年到1949年之间的中国通俗文学创作，按文学的美学表现分类，大致可分为“鸳鸯蝴蝶派”文学时期—民国旧派文学时期—雅俗合流文学时期这样三个阶段。“鸳鸯蝴蝶派”文学时期，也可以称为中国现代通俗文学的古典型时期。此时的“鸳鸯蝴蝶派”文人的创作，名士气质非常浓厚，语言风格上多为文言，例如徐枕亚的《玉梨魂》即通篇都是文言。这些通俗文学作家很喜欢诗词创作，随便翻开当时的任何一份大报副刊、小报和期刊，就会发现他们之间唱和的诗词非常多，尤其是大报副刊，如申报的副刊《自由谈》专门辟有供他们发表诗词的栏目。值得说明的是，最初发表于《自由谈》的部分诗词，不仅不付稿酬，反而是作者自己支付费用，目的就是满足发表的欲望，展示名士的风采，市场意识并不是很强。他们的名士做派处处可见，例如集锦小说，前人写一段，留下一个尾巴，后人接着写下去。这种近乎文字游戏的小说创作后来为人们所批评，其实也就是他们将小说创作也写成诗词的唱和之作，展示名士作风的表现而已。在思想文化观念上，此时的“鸳鸯蝴蝶派”作品中已有了时代意识，如徐枕亚《玉梨魂》中提出的“寡妇再嫁”问题、陈景韩《催醒术》中提出的“醒人”观念。在创作技巧上，由于大量译介西方文学作品，传统的表现方式正在发生变化。在作品语言上，白话创作已经成为了一种潮流，包天笑甚至提出了“小说以白话为正宗”① 要求。但从整体上看，此时的通俗文学作家还保留了中国传统文人鲜明的名士特征。

“鸳鸯蝴蝶派”这样的名士作风是从哪里来的呢？有两方面的原因很值得一说。

一是江南士族的传统风气。清盛时“士大夫必游”的五都会是北京、南京、杭州、苏州、扬州。北京和南京是科举之门，到那里去是为了寻求功名。杭州、苏州、扬州则是烟花之地，士子到那里是为了显示归隐气质和清流姿态。后三座都会都在江南。江南地区读书风盛，士风绮丽，“江南财赋地，江浙文人薮”，这个区域本就是才子佳人尽情处。“鸳鸯蝴蝶派”作家几乎都是出生在苏州、杭州和扬州地区，主要活动场所是上海。所以说，“鸳鸯蝴蝶派”作家身上的那些名士气质是与生俱来的。

二是“鸳鸯蝴蝶派”作家与南社的关系。江南文化只是传统，这些作家身上的名士气息在清末民初得到进一步张扬，主要原因是南社的影响。在反清的旗帜下，清末民初之际江南的士子们纷纷结团、结社，其中最著名的就是南社。南社主要是由文人组成的文学团体，自 1909 年第一次雅集到 1936 年，前后活动了 27 年之久，社友达一千多人。这个相当庞杂的社团基本上聚集了当时江南的所有文人，“鸳鸯蝴蝶派”作家几乎都是南社成员。包天笑、叶小凤、朱鸳雏、刘铁冷、许指严、贡少芹、苏曼殊、陈蝶仙、范烟桥、周瘦鹃、姚民哀、胡寄尘、徐枕亚、吴双热、赵苕狂等人都是南社的骨干分子，也是“鸳鸯蝴蝶派”的主要作家。所以说，“鸳鸯蝴蝶派”具有很浓的“南社色彩”。南社的活动极具名士做派：倨傲不驯，不拘小节；拥美醉酒，吟风弄月；互为唱和，众人雅集。郑逸梅在《南社成立及其它支社》中对南社成立时的情况有这样的描述：“社员和来宾共十九人，先后都到了。开了两桌，菜肴是船上备着的，一方面喝酒，一方面选举职员……选举既毕，觥筹交错，酒兴勃发，大家都带着醉意，高谈阔论，忽然谈到诗词问题，亚子为人不解世故，是很率直成性的，闹出一个小小的笑话来……”② “鸳鸯蝴蝶派”的名士作风就是南社作风的翻版。作家们常常以酒为媒，聚集在一起高谈阔论，其地点不拘，甚至在妓院里。包天笑在他的《钏影楼回忆录》里有这样的回忆：“如苏曼殊在上海，极为高兴，主人为他召集许多名花坐其侧，我有句云‘万花环绕一诗僧’，在座大都是南社中人。我亦常在座，无容讳言，二十年颠倒于狂荡世界，诚难自忏也。”③ 南社成员都有很多斋名，“鸳鸯蝴蝶派”作家不仅有斋名，还以花品为序、以稗品喻人，如以“细密”喻包天笑，以“娇婉”喻周瘦鹃，以“哀艳”喻徐枕亚等，名士气十足。

---

① 包天笑：《小说画报·例言》，载《小说画报》1917 年 1 月第 1 期。

② 郑逸梅：《南社成立及其它支社》，见《南社丛谈》，上海人民出版社 1981 年版。

③ 包天笑：《钏影楼回忆录》，(香港)大华出版社 1971 年版，第 355 页。

乍新还旧，在传统的主体上抹上了一些时代的色彩，此时通俗文学的整体形态，基本上还是“古典型”时期。

1917年的新文化运动揭开了新文学的序幕。新文学从诞生之日起就批判“鸳鸯蝴蝶派”。1918—1919年、1921—1922年，是新文学批判“鸳鸯蝴蝶派”最为集中的两个时间段。“鸳鸯蝴蝶派”文人面对突如其来的文坛的激烈变革，产生了何去何从的犹豫和彷徨，这种犹豫和彷徨，更多表现在通俗文学作家内部。他们不是没有作出靠拢新文学的努力，问题是，他们的靠拢，并未获得新文学的认同，反而是更为严厉的拒斥。在1921—1923年，经过一系列事件之后，面对新文学的拒绝，通俗文学作家自己作出了选择，他们将目光投向市场。凭借一系列杂志、报纸，如《小说世界》、《红杂志》、《礼拜六》、《新声》、《半月》、《新闻报》的副刊《快活林》、《申报》的副刊《自由谈》等，通俗文学作家找到了自己的位置。于是，新文学与通俗文学“分道扬镳、各得其所”的态势在20世纪20年代初得以形成。① 自此之后，通俗文学不再尝试努力向新文学靠拢，而是全面走向市场、走向市民，为市民创作。

既然要走向市场，就必须了解市场。通俗文学作家对市场的了解与他们的职业和身份有密切的关系。通俗文学作家大多都是大报副刊、小报以及期刊的编辑、记者，如《自由谈》的主编王钝根、陈蝶仙、周瘦鹃，《快活林》的主编严独鹤，《红杂志》的主编赵苕狂，《小说月报》(1910—1920)的主编恽铁樵，《时报》副刊《余兴》的主编包天笑等。他们都是一专多能，在创作小说的同时，还可以编剧本、期刊、报纸，而且，他们也是非常成熟的媒体人、出版商。《啼笑因缘》1930年11月在《快活林》上连载接近尾声的时候，《快活林》主编严独鹤看到了其中的商机，与严谔声、徐耻痕三人迅速成立了三友书社，抢先获得了《啼笑因缘》单行本的出版权。据研究者统计，截至1933年1月30日编缩本出版时，已经销售5万余册，根据这一数字推算，“《啼笑因缘》原本定价为2.60元。当时流行的作家版税标准为15%，考虑到张的影响力，按30%计，再刨去成本费、印刷费、发行费和折扣费，其利润也应不低于30%，即每本书可获利0.78元，总利润应为3.9万元，平均每人万元以上”②。而当时一位编辑的月收入只有一二百元，知识分子四口之家一个月的开支也不过百来元即可应付。可见，当时的报刊编辑非常熟悉市场，并且深谙市场运行规律。20世纪初，很多通俗文学作家便在《申报》、《新闻报》等大报上做广告，那些副刊主编一般也是广告词的撰写人，这种职业的便利使得他们对于包装、宣传通俗文学的手段非常熟悉。同时，常年的副刊编辑经验也使得他们更关注读者的阅读口味及兴趣取向，他们在稿件的选择方面日益以市场需求、读者需求为导向。1929年，严独鹤之所以能与张恨水约稿，一方面是他看中了张恨水已经取得的小说创作成绩，另一方面他看中的是张恨水十几年担任副刊主编的经历，这种经历决定了张恨水的创作肯定会面向大众。事实也果然不出严独鹤所料，张恨水在上海取得的成功，大大超

① 范伯群：《1921—1923：中国雅俗文坛的分道扬镳与各得其所》，见《多元共生的中国文学的现代化历程》，复旦大学出版社2009年版，第109页。

② 刘少文：《大众媒体打造的神话——论张恨水的报人生活与报纸化文本》，中国社会科学出版社2006年版，第194~195页。

出了他的预期。

当好一个刊物的编辑并不容易，他需要一批作家的捧场。无论是通俗文学副刊编辑、小报编辑还是期刊编辑，他们都非常善于与各类作者打交道。一旦发现某位作者在读者中赢得了一定的影响，他们便会不遗余力地想办法向这位作者约稿。《晶报》主编余大雄人称“脚编辑”，就是因为他为了一篇稿件，可以想尽一切办法，并亲自上门，直到稿件到手为止。《新闻报》副刊《快活林》之所以那么受读者欢迎，与主编严独鹤的努力分不开。《快活林》上的作者大多是热门杂志《红杂志》、《红玫瑰》以及《金刚钻报》的撰稿人，能够将这些写作红人挖过来为自己的刊物写作，严独鹤的辛苦可想而知。编辑与作者的密切关系，构成了以刊物为中心的作家群，它使得这个时期通俗文学刊物有两大特点：一是由于这些通俗文学作家的创作方式、写作风格相近，使得期刊和报纸在一定时期内，可以保持一种比较稳定的风格；二是这些期刊和报纸的编辑可以将他们了解的读者需求及时反馈给作者，使作者的创作应读者需求而进行，给报纸和期刊的发行带来一定的保证。例如，平江不肖生连载《近代侠义英雄传》的同时，编辑陆澹安就进行作品点评。这样的点评一方面引导读者来阅读这部小说，另一方面也告诉作者，读者想要读什么，从而引导作者写作。作者和编辑一起出力使得这部小说很受欢迎。

因为要面向市民，所以要说市民能懂的话。此时通俗文学作家的写作语言基本上是白话。从当时的《红杂志》、《红玫瑰》、《新闻报》副刊《快活林》、《申报》副刊《自由谈》等期刊上的语言可以看出明显的改变。如严独鹤 1914 年 8 月 16 日在《新闻报》副刊《快活林》“谐著”栏发表的《肯听话》一文是这样写的：

> 某总长之见赏于总统也，有最妙之考语曰：“肯听话。”善哉。此三字也，人无论贫富贵贱男女老幼，其能博人欢心，邀人赏识者，又孰过于听话耶？父之于子也，使其子事事肯听话，教之拍马则善拍马，教之吹牛则善吹牛，令其百计经营以谋升官发财，为我博老封翁之徽号，则能升官能发财，能为我博老封翁之徽号，为父者之快活当何如？子之于父也，使其父事事肯听话，欲其溺爱我则溺爱我，欲其偏听我则偏听我，欲其为我作牛马则为我作牛马，为子者之快活当何如？
>
> ……
>
> 呜呼！使总统而扩充其能力，使外人肯听话而不加觊觎，匪盗肯听话而不复跳梁，乱党肯听话而不再思逞，天公肯听话而无水旱疾疫之患，则凡吾小民其受“肯听话”之赐，岂浅鲜哉？①

到了 1922 年，严独鹤《快活林》“谐著”栏不仅已经改成了“谈话”栏，而且发表于 6 月 2 日的《不准吸烟》是这样写的：

> 工部局公报载自六月五日起，各戏团和影戏馆里面要禁止吸烟，向来只有栈房工厂等处不准吸烟，如今却将这禁令行到戏馆中来了。吸烟本是一椿不合

① 原文无标点，标点为本书作者加，以下同。

> 卫生的事情，但是如今普通的人，吸烟的差不多十有八九，看戏的时节，没有别的事情可做，烟卷便越发吸得多，这也成了一种普通习惯了。如今不准吸烟，戏瘾过了，烟瘾却很难挨，倘然有烟量大的戏迷，二者不可得兼，还是舍烟取戏呢？还是舍戏取烟呢？如果舍戏取烟的人居其多数，戏团的营业上就难保不生影响了。①

同一个刊物，同一个作者，不同时期的创作就有不同的语言。从中不难看出，20世纪20年代初的通俗文学界，已经作出了积极的姿态投向市民，最为显著的改变就是语言方面，同样是发表时评，《不准吸烟》中的文字不仅完全没有了前期文字中的“之乎者也”，完全变成了白话，而且从内容上看，对政治的批判讽喻内容所占的比例有所减少，而与日常生活密切相关的内容所占比例大大增加。

杂文如此，小说创作更是如此。吴双热在1914年11月《小说丛报》第6期上发表的《险些儿打散鸳鸯》开头是这样写的：

> 碧芭蕉上雨萧萧，绿天深处，露一角茜纱窗，窗内有人方弄笛，其声凄咽。伊何人？胡其心声之不豫欤。呜呼！窗中乃一绝世女郎也。

待到发表于1921年《礼拜六》第112期上的《婚误》，开头则变成了：

> 唉，“父母之命，媒妁之言”这八个字，真是祸根呢！
>
> 吴城有一家中等人家，那主翁主媪年纪多在五十开外。重重叠叠的陈腐气味深埋在他们俩的脑球里，因之建设了一个又顽固又专制的家庭。虽然世界的新潮流洋溢乎中国，狠狠的把许多旧式的翁媪卷入了旋涡，只姓吕这一家的，差不多有铜墙铁壁包围了屋的四周，又高又厚密不通风，新潮流虽然鼓荡起万个潮头，尽力的撞击，涓滴也休想渗漏了进去。

尽管《婚误》中尚有部分文字还残留了文言的味道，如“洋溢乎中国”、“休想”等等，但通篇与《险些儿打散鸳鸯》相比，《婚误》的文体明显是现代白话文。这里需要强调的是，有研究者将期刊、报纸在1921年前后的白话化归因于胡适的白话文运动取得了成功。但到了具体实践层面，尤其是通俗文学期刊和报纸中，更现实的原因在于，与新文学“分道扬镳”、选择市场之后的通俗文学作品，必须“下移”，而“下移”最直接的表现方式，就是通俗文学作品的语言要从文言转向白话——市民听得懂的话。尽管包天笑1917年1月在《小说世界》的创刊号中就曾提出白话对于小说的重要性，尽管通俗文学界开始运用白话进行小说创作要比新文学界早，但是，白话在通俗文学创作中大面积普及恐怕还是在1921年前后，选择走向市场无疑是白话普遍进入通俗文学创作的一个直接动因。因此，“1922年以后……那几份一向用文言体的杂志，如《东方杂志》、《小说月报》、《学生杂志》、《妇女杂志》都刷新内

---

① 彼时“谈话”栏目排版格式中，文字与之前有所不同，部分文字字体较大，显然是为了突出某些关键词而有意为之。

容，完全用白话体。连望平街上牛步化的两家报馆《申报》、《新闻报》也改用了白话体的副刊。最大的变动，还是全国的小学国文教科书，都采用了白话文"①。

语言的白话化还只是中国通俗文学从"古典型"走向市场化的外在表现。通俗文学从"古典型"走向市场化更深远的意义在于，文学不再是有闲阶级的专属，读者对文学创作具有很大的话语权。市场决定了作品的命运，各种大报副刊、小报和期刊的编辑，不得不充分考虑读者的阅读口味和兴趣以及接受能力来选择作家、作品，凭借作品盈利是一个非常现实的问题。为了了解市场，编辑们必须想尽各种办法来调查市场，了解市场的需求，并将这种需求及时反馈给作者，以此来影响作者的创作。作家们也就不得不迎合编辑和读者的喜好来创作他们喜爱的作品，这同样是一个现实的问题，凭笔杆子吃饭的作家们要想保住饭碗，就必须以市场需求为自己的创作指南。以张恨水写《啼笑因缘》为例。这部小说是张恨水第一次为上海读者写作的，他以"一男三女"多角恋的模式构思小说情节，同时从来不写技击的他在小说中也加入关寿峰、关秀姑等豪侠人物，之所以这样写，他的目的很简单，就是因为当时上海的读者喜欢"肉感"和"武侠和神怪"的路子。这样的读者需求信息又正是编辑严独鹤提供给他的，严独鹤写信给张恨水，"再三"要求小说要适合南方人的口味。可见，读者的兴趣和阅读习惯对通俗文学的创作是多么重要。这种状况的一个直接的结果就是，读者的意见进入了作家的创作。当然，这种状况也会带来一哄而上的现象，一部作品卖得好，马上一批同类的作品就紧接着出世，《火烧红莲寺》叫座，马上有一批"火烧"系列作品出世；《啼笑因缘》卖得好，很快《啼啸因缘》、《成笑因缘》就出来了。反过来说，一哄而上的现象往往又会对原创作家产生刺激，于是很多续集就出来了。同样以张恨水的《啼笑因缘》为例，这部小说的结尾对各人结局都有暗示，但并不明确表露出来，这是张恨水吊读者胃口的一种艺术处理。小说出版之后，读者纷纷来信询问人物命运的结果，造成了"《啼笑因缘》热"始终不断，这就是张恨水希望的后续效果。但是尽管张恨水"卖关子"坚持不能续写，出版商却从中看到有利可图，开始组织人续写，于是惜红馆主的《续啼笑因缘》、徐哲身的《反啼笑因缘》就出版了。架不住出版商的一再催促，张恨水只好匆匆再作《续啼笑因缘》，并急急忙忙地于1933年出版。这部《续啼笑因缘》效果并不好。所以，后来当张恨水被问到何为他的代表作时，他一直推荐《春明外史》、《金粉世家》，却一直称《啼笑因缘》写得不好。被市场绑架着写作，张恨水深知其中的甘苦。

通俗文学走向市场，对报纸、图书和期刊同样有深刻的影响。首先是这些刊物的命运与市场紧紧捆绑在一起。1921年1月，商务印书馆对《小说月报》进行改组，由茅盾接替王蕴章担任《小说月报》的主编。一个直接原因是王蕴章主编期间的《小说月报》销量下降，这主要由于翻译小说所占比例过大，且译文质量越来越差，加之其上登载的小说多为粗制滥造，导致读者日益流失。商务印书馆的考虑是希望借新文学这一新鲜血液给《小说月报》带来全新面貌，改变《小说月报》经营不善的局面，其核心目的在于盈利。但通俗文学作家的全面退出与新文学作家的全面进入，却带来了一个直接后果，那便是新旧文人的对垒。这种充满了火药气味的对垒，其

① 曹聚仁：《真假王敬轩》，见《文坛五十年》，东方出版中心2006年版，第138～139页。

中一个重要的内容便是针对文学商品化而进行的。新文学攻击了文学的商品化，就远离了商务印书馆改组《小说月报》获取更大利润的初衷。因此，如果说革新开始茅盾还较为谨慎地面对文学与市场之间的重要关系，进入到论争的白热化时期，尤其是当文学研究会的同人借助《文学旬刊》坚决地否认了文学与市场之间不可调和之时，《小说月报》也就进入了一个同人刊物时期，当然，它便开始与其扩大市场份额以及发行量的改革初衷越走越远。就在《小说月报》刚刚革新之际，世界书局、大东书局马上就将那些被剔出《小说月报》的通俗小说作者招至麾下。在1921年到1923年之间，这两个出版社就创办了《红杂志》、《侦探世界》、《家庭》月刊、《快活》旬刊、《半月》、《游戏世界》、《紫兰花片》、《星期》周刊等众多刊物。到了1922年，商务印书馆看到革新后的《小说月报》并不能带来丰厚的利润，反而将已有的读者市场拱手于人，当然心有不甘。于是1923年，另一个刊物《小说世界》带着一批被《小说月报》剔出的通俗文学作家，低调却异常隆重地由商务印书馆推了出来。

之所以称其低调，是因为它的创刊与革新同《小说月报》恰恰相反，没有任何宣言或者发刊词。之所以称其异常隆重，是因为《小说世界》上的作者包罗了当时通俗文学界众多大牌作家：主编叶劲风，主要撰稿者有包天笑、恽铁樵、胡寄尘、赵苕狂、程小青、徐卓呆、何海鸣、范烟桥、闻野鹤等人。这样的阵容几乎涵盖了当时通俗文学创作的所有知名作家。当然，毕竟受过挫折，《小说世界》与改版前的《小说月报》有诸多不同，其最明显的特征就是栏目和编排有了较大变化，尤其注重当代外国文学的介绍和翻译，例如创设于2卷9期的“世界文坛杂讯”栏目。不过通俗文学作家有自己的选择标准，趣味和可读性是介绍外国文学的重要标准，如《西班牙最幼的写剧家》、《莎士比亚的剧本是谁写的》等，从题目上就能看出他们比较注重外国文坛的逸闻轶事。《小说世界》自1923年创办，至1929年停刊，每周一期，三个月为一卷，一年四卷，共出版264期，先后由叶劲风、胡寄尘任主编。其出版发行的年限与革新后的《小说月报》几乎相同。正如商务印书馆所希望的那样，创刊后的《小说世界》为商务印书馆再一次地在市民市场上分得了一杯羹，有效地弥补了因《小说月报》革新“销路转逊于前”而造成的经济损失，算作是“为桑榆之收”①。发生在20世纪20年代初的商务印书馆的《小说月报》革新改版和《小说世界》创办有着时代的要求，更有着市场的推动。这次事件的客观意义在于：新文学与通俗文学都有了自我的核心阵地，新文学越来越注重宣扬思想理念，通俗文学则全面地走向市场，中国文学从此形成了“分道扬镳、各得其所”的格局。

期刊如此，20世纪20年代初通俗文学作家主持的大报副刊与小报也开始全面转向市场化。此时的《新闻报》副刊《快活林》不仅语言全面白话，1921年前后它还将最重要的一个栏目“谐著”也改名为“谈话”。“谐著”带有文言的色彩，有名士气息，“谈话”就是面对普通大众了。《申报》副刊《自由谈》自1911年由王钝根创刊后，主编历经吴觉迷、姚鹓雏、陈蝶仙，1920年4月1日由周瘦鹃接任。周瘦鹃

---

① 清波：《稗海打油诗(半打)》，载《晶报》1922年7月3日。原文为：“看客双眉皱不停，《疯人日记》忒瞢腾。股东别作周刊计，气煞桐乡沈雁冰。”下有小注：“桐乡沈雁冰先生，新文化巨子也，主任商务之《小说月报》，务以精妙深湛自炫，销路转逊于前。商务主人，乃别组小说周刊，为桑榆之收焉。《疯人日记》，《小说月报》中篇名也。”转引自范伯群：《多元共生的中国文学的现代化历程》，复旦大学出版社2009年版，第121页。

尽管名士气息很浓，但也只能在其个人刊物《紫兰花片》上发挥（如他对紫色的倾心，在《紫兰花片》上用紫色墨水写情书等），作为一位大众刊物的主编，他也不得不屈从于市场，一个重要的标志是，他将前几任主编偏好的浓烈的辞章大大减少，增加了更多的白话创作，甚至是口语对话。无论是小说还是杂文，都更浅显易懂，内容也更贴近市民大众。小报本来就是大众报纸，1920 年前后小说创作进入了繁盛期，小报“四大金刚”中的两位——《晶报》和《金刚钻报》便分别创刊于 1919 年和 1923 年。据不完全统计，从 1919 年到 1923 年，创办的小报就有三四十种之多。[①] 有研究者更是用翔实的论据说明，1919—1930 年上海创办的小报多达 700 余种。[②] 小报是一种娱乐性报纸，因此小报虽有广告但主要依靠发行量维持。此时小报创刊如此之多，从中可以看出通俗文学的市场化程度。

将通俗文学推向市场化还有个重要的推手，那就是书局。世界书局和大东书局分别在 1921 年和 1924 年改组为股份有限公司和股份公司。此时的商务印书馆与中华书局已有了稳定的市场份额。为了争得市场份额，新改组的世界书局与大东书局以出版通俗文学来争取读者。这两个书局不仅出版了很多通俗文学作品，还办了很多刊载通俗小说的刊物。为了打开市场，它们不惜成本在众多的期刊、报纸上做广告，只要打开当时那些发行量大的报纸，如《申报》、《新闻报》，通俗文学作品的广告连篇累牍。这些通俗文学作品的广告煽动性极强，不仅有大量的文字予以说明，而且还有非常多的插图，版面位置都非常显眼，常常在副刊上方和下方，甚至是第一版整版。中国现代通俗文学也就是在这样的文化氛围之中完全走进了市场，并在激烈的市场竞争中，实现着自我的价值，悄悄改变着自我的形态。

严格地说，“鸳鸯蝴蝶派”文学并不通俗，它被称为通俗文学只是约定俗成的说法。其实，中国现代通俗文学真正地“通俗”起来，要到 20 世纪 20 年代左右。造成中国通俗文学发生这种转型的因素多种多样，有新文学的逼迫，有期刊、书局、民众的推动，当然，最重要的因素还是现代通俗文学作家自我的选择。

□□□ 思考延伸

1. 中国现代通俗文学为什么在 20 世纪 20 年代走向市场化？
2. 中国现代通俗文学的市场化具体表现在哪些方面？
3. 市场化为中国现代通俗文学带来了哪些改变？

---

① 本统计据李楠：《晚清、民国时期（1897—1952）主要上海小报索引》，《晚清民国时期上海小报》，人民文学出版社 2006 年版；洪煜：《近代上海小报一览表（1897—1937）》，《近代上海小报与市民文化研究（1897—1937）》，上海世纪出版集团 2007 年版。

② 马光仁主编：《上海新闻史》，复旦大学出版社 1996 年版，第 696 页。

第七讲 中国早期通俗小说的电影改编及广告媒体的运作

通俗小说对中国早期电影产生了重要影响。中国早期电影与通俗小说在内容上的紧密联系，在市场运作方面的共同商业特征以及对新兴媒体的充分利用，使得二者互相促进，都获得了充分的发展。

中国早期电影是指从中国电影的产生到20世纪30年代有声片出现这段时间内的无声电影创作。这一时期的电影创作与有声片时代的电影创作有许多不同之处，除了电影技术、电影的表现手段等方面的发展外，一个最突出的不同点是早期电影不仅受到了新文学思潮与创作的影响，而且从通俗小说创作中吸取了大量营养，很重视电影的娱乐与消遣功能，使电影艺术在中国本土上立住了脚，并形成了中国电影发展史上的第一个高峰。

早期电影最初是在古代文学和曲艺中寻找素材。那些中国人所熟悉的传统故事情节纷纷被拍摄成为广大市民喜爱的历史故事片，从而引发了古装片热潮。这里说的“古装片”，当时也称为“稗史片”。所谓稗史片，是指这一时期根据古典小说、民间传说和传统曲艺剧目改编摄制的影片，它是历史片的雏形，是以历史为包装的艺术创造。亚细亚公司1913年就拍摄了《庄子试妻》，片中人物穿着时装（清服），演着过去的故事，开了稗史片的先河。20世纪20年代初，商务印书馆影片部凭借对古典文学比较熟悉的便利，同时受到胡适倡议的整理国故的启发，开始着手将旧小说中的故事搬上银幕，如根据旧剧《郑元和落难唱道情》改编拍摄了《莲花落》，根据聊斋中的《珊瑚》和《蜡山道士》分别拍摄成《孝妇羹》和《清虚梦》，根据《今古传奇》里的《宋金郎团圆破毡笠》拍摄成《荒山得金》。

1925年前后，稗史片作为一个新片种正式问世。按其取材来源不同，大体可分为三类。第一类是根据古典小说和历史演义改编摄制的影片，如《胭脂》，改编自《聊斋》中的同名小说；《猪八戒招亲》、《孙行者大战金钱豹》均根据《西游记》改编而成；《薛仁贵征西》则缘自通俗演义。第二类是根据传统曲艺剧目改编摄制的影片，如《珍珠塔》，它本是一部极古老的弹词，在江浙一带极为流行，拥有众多的观众。故事是大家所熟悉的套路：穷书生爱上了富家女，百般受阻，后来穷书生殿元及第，有情人终成眷属。影片保留了原作的故事情节和主题思想，既宣扬了“学而优则仕”的观念，又歌颂了青年男女之间的纯真爱情。女主人公的婉转深情、柔肠百结是片中最动人之处。剧情环环相扣，一波三折，引人入胜又符合视觉表现的特点。第三类是将优秀的民间传说搬上银幕，如《梁祝痛史》(又名《梁山伯与祝英台》)、《义妖白蛇传》、《孟姜女》、《唐伯虎点秋香》、《牛郎织女鹊桥会》、《莲花公主》、《韩湘子九度文公》、《济公活佛》等。

稗史片主要取材于古代通俗小说或曲艺，依据的是原有故事的影响力，追求的是消遣和娱乐。可是中国观众似乎并不认可电影工作者的努力，观众们认可的还是古代通俗小说和曲艺，其中的剧情和演员，甚至是演员的一招一式已经烂熟于心，现在被改编成银幕表演，除了有点好奇之外并没有什么好评，反而觉得不伦不类、矫揉造作。就在这样的困境中，一些畅销的现代通俗小说开始被改编成电影。由于这些通俗小说主要描写当下的现实社会生活，因此改编的电影除了消遣和娱乐之外，还有了稗史片所没有的社会批判功能。根据徐枕亚小说《玉梨魂》改编的同名电影就很具有代表性。《玉梨魂》是张石川与郑正秋在1924年拍摄的第一部专门反映妇女生活的影片，由郑正秋根据徐枕亚发表在《小说丛报》上的骈体小说改编，张石川、徐琥导演。徐枕亚用骈文创作的10万字的言情小说《玉梨魂》是中国小说史上的一部重要小说，1912年，该小说先连载于《民权报》副刊，1913年出版单行本后，再版数十次，总销售量达数十万册，在当时可谓天下无匹，曾改编成话剧，它揭开了民国通俗小说繁荣期的大幕。《玉梨魂》写寡妇守节的悲剧故事。寡妇梨娘追求爱情，向往幸福，但在旧制度面前弱小无力。旧式婚姻和封建礼教像无形的精神枷锁，不仅扼杀了她的情感，而且最后夺走了她的生命。小说将悲剧气氛与骈文语言结合起来，使言情小说攀附到中国诗文的感伤传统中去，大大提高了言情小说的品位，并确定了以后现代言情小说的基调。电影保持了小说批评的价值取向，使得电影不同于那些稗史片，有了现实社会生活的内容，成为了一部社会问题电影。大概是考虑到中国观众的接受习惯，影片的结尾对小说做了改动。原著中梨娘忧郁而亡，梦霞妻子筠倩也郁闷而死，梦霞投笔从戎，并在辛亥革命时革命军攻占武昌城楼的战斗中身亡。电影中梦霞离家出走，梨娘忧郁而亡，梦霞的妻子筠倩携梨娘遗书和孤儿长途跋涉寻找梦霞，最后两人和好。这一改动有损于原著的悲剧气氛，却符合中国人爱喜剧不爱悲剧的欣赏习惯。通俗小说的改编也给电影的编剧和演员的表演留下了原创的空间，观众没有那些沉淀下来广为流传的形象、动作、语言的比较，电影形象就是第一印象，第一印象就很容易植入脑海中。在对通俗小说的改编中，中国电影逐渐地有了起色，于是一些走红的通俗小说作家纷纷被电影公司延揽为编剧。这些通俗小说作家最擅长的当然是改编自己的代表作品。一时间，通俗小说改编热出现在影坛，最有代表性的编剧作家有包天笑、朱瘦菊和周瘦鹃等。

包天笑任编剧的主要电影有《一缕麻》、《友人之妻》、《空谷兰》、《多情的女伶》等。这些电影主要改编于他的小说作品。《一缕麻》表现了既渴望自由又害怕自由的矛盾思想；《友人之妻》提出爱情不应以郎才女貌为基础，应该强调男女双方的品行：男子要正直、爱国、有事业心，女子既要深明大义、支持丈夫的事业，又要自尊自爱，最好还要有自己的职业。包天笑是要提出他的新婚姻、新家庭的观念。《空谷兰》是包天笑改编的电影中影响最大的一部。这部电影同样改编于他自己的同名小说。包天笑在担任上海《时报》编辑时，将日本黑岩泪香根据英国女作家亨利·荷特的原著翻译的《野之花》转译删改成中国故事，在《时报》连载，取名《空谷兰》。1915年《空谷兰》曾被郑正秋等搬上新剧舞台。由于舞台剧影响很好，1925年，应郑正秋之约，包天笑又将其改编为电影。1926年2月起，《空谷兰》在上海首映，连映十天，大受欢迎。这部爱情影片以反映贫富悬殊、揭露门户观念为内容。故事围绕一男与一贫一富的二女之间的关系展开曲折的情节，酣畅淋漓地表现他们的悲欢离合，娓娓动听，催人泪下。二女之争，看似女人之间的争宠，实际上是贫富对立的一种反映，门户偏见是引发家庭灾难的祸根。电影想要告诉观众，在家庭制度、婚姻制度没有根本改革之前，自由恋爱绝对没有可能。把青年男女的爱情幸福与社会改革和进步紧密联系起来，使得影片有了思想深度。另外，包天笑还编剧了《多情的女伶》，在一个三角恋爱的故事框架中，写女伶爱上一个有恩于她的男子，最后又死于他的刀下。在爱与恨、恩与仇的交织中，揭露和批判了那种朝秦暮楚、见异思迁的思想和行为。

朱瘦菊根据小说《采桑女》改编成了《采茶女》，作品谴责了“持富凌贫、有金钱无公理”的现象，热情赞颂了男女主人公在金钱面前爱心不变的精神品质；《连环债》以戏谑的语言，揭露了两对夫妻和一对情人之间的苟且行为所形成的连环情债，辛辣地讽刺了将爱情、婚姻视为儿戏的轻薄态度。

包天笑和朱瘦菊改编的电影现实性比较强，一般都比较沉重，相较而言，周瘦鹃改编的电影就显得轻松了很多，例如周瘦鹃改编的《水火鸳鸯》同样是表现对爱情的忠贞和执著，对男女主人公自由、幸福的爱情与生活描述就显得明快、乐观。

虽然各有侧重，但这些通俗小说作家改编的电影都主要对爱情题材进行挖掘，这是因为他们对此类题材非常熟悉。包天笑、朱瘦菊、周瘦鹃都是民初通俗文学“鸳鸯蝴蝶派”的代表作家，将言情小说改编成言情电影对他们来说得心应手；另外，爱情本来就是艺术亘古不变的表现主题，他们在言情之中加上一些时代内容，如妇女的地位问题、婚姻自由平等问题、家庭生活问题等，既有观众爱听、爱看的故事，又符合时代发展的潮流，这是他们改编电影的共同取向。

就在影坛上一片“言情热”的时候，一部根据武侠小说改编的电影出世了，那就是根据向恺然(平江不肖生)的《江湖奇侠传》改编的《火烧红莲寺》。这部电影具有划时代的意义，将在下一讲专门论述。

电影开始受到广大市民的注意，给中国的大众文化市场带来了很多新的现象，其中电影广告的出现就是一道十分抢眼的文化风景线。

中国早期电影广告主要有两大类型：报刊广告和电影海报。

一、报刊广告

刊登了大量的电影广告是此时报刊的一大特色。报刊电影广告既包括在报纸上刊载的整版或半版的电影广告，也包括散见于电影新闻和电影评论中的电影广告信息。以1928年6月5日分别在上海、北京和天津出版的《申报》、《中央日报》、《民国日报》、《晨报》和《大公报》为例，分析上述五种报纸里的各类电影信息，可以感受到中国早期电影广告繁荣的状况。①

1928年6月5日的《申报》，外埠五张半，上海本埠另加增刊一张半，售价大洋四分，"首都市政周刊"本、外埠一律随《申报》附送。在"申报第一张"第一版，即有"耐梅影片公司招请《奇女子》剧中之三大天王"和"中央大戏院为演《伤心梦》向观众道歉"的两则启事，约占整版篇幅的八分之一。第一则启事内容为："凡年龄在十八岁至廿四岁，身材活泼、风姿潇洒、有志银幕之女士，请于本月五号至九号，每日下午二时至四时前，临金神父路三百号，本公司接洽可也。"第二则启事内容为："此次上海民新影片公司于开映《再世姻缘》时，加演《伤心梦》独幕剧，本院因当时未领得特别执照，受工部局阻止未能开演，甚为抱歉。该剧决改在六月十三号于民新影片公司开演《木兰从军》时加入表演。此次欲看《伤心梦》而不得者，届时仍请早临。"

随后，在"申报第一张"第三版，又有"大亨影片股份有限公司紧要启事"："本公司斜土路王家堂第一摄影场办公处，因赶接拷贝接片间，失慎致遭回禄，兹特登报声明：各界如有接洽，请仍至徐家汇孝友里三号本公司营业部接洽可也。""申报第二张"第七版，又以整版八分之一的篇幅登载"上海各界慰劳北伐将士大会电影界游艺跳舞大会"的广告，并打出"为国服务：男女明星担任游艺节目，男明星降格充西崽，女明星降格充舞女"的噱头。"申报第五张"第十九版，开始出现两则"专门选映名贵影片"影院的映片"预告"：第一则为南京影戏院，将映"明星影片公司著名出品"《山东马永贞》和"上海影戏公司著名出品"《传家宝》；第二则为杭州影戏院，将映"友联影片公司最新著名杰作"《儿女英雄》和"大中华百合影片公司最新出品"《古宫魔影》。

"申报本埠增刊"第二版"剧场消息"，登载"《电影月报》第三期出版"与"华剧新片《猛虎劫美记》中之斗剑"两则报道；与此同时，"申报本埠增刊"分类广告中，近六版的主要篇幅均为戏曲、戏法、魔术、跳舞与电影广告，第五、六版均为电影广告。统计下来，共有新中央影戏院、中央大戏院、百星大戏院、爱普庐影戏院、恩派亚戏院、卡德影戏院、万国大戏院、中华大戏院、世界大戏院、卡尔登影戏院、奥飞姆戏院、孔雀东华戏院、光陆大戏院、北京大戏院、上海大戏院、夏令配克大戏院、奥迪安大戏院、明星大戏院、中山大戏院、闸北大戏院、月宫影戏院、新爱伦大戏院、武昌大戏院、共和影戏院、城南通俗影戏院、小世界影戏场、大世界露天影戏场、永安公司天韵楼露天影戏场等28家电影放映场所，同日(夜)放映《再世姻缘》、《马振华》、《双剑侠》、《山东响马》、《海外奇缘》、《五女复仇》、《古宫魔影》、《洛阳桥》、《狸猫换太子》(后集)、《白芙蓉》(全集)等10部(集)中国影片和《女色迷人》、《战地鹃声》、《情魔》、《顽皮小姐》、《可怜虫》、《公子情深》、《民族血》、《最后之笑》、《铁血将军》、《如此巴黎》、《电机怪案》、《孀妇之蛊惑》、《风流副官》、《最后情果》、《泰山历险记》、《打英雄》、《快乐生活》、《冰崖夺艳》以及滑稽片等20部(种)外国影片。其中，新中央影戏院开映，高西平导演，林楚楚、董翩翩主演的16大本"哀感顽艳奇情警世巨片"以及上海大戏院开映，佛莱尼布雷所导演，格勒特嘉宝(Greta Garbo)主演的美国"浪漫香艳著

---

① 参见李道新：《民国报纸与中国早期电影的历史叙述》，《当代电影》2005年第6期，第30～31页。

名巨片”《女色迷人》分别占据中外影片广告的最大篇幅。

1928年6月5日的《中央日报》，设址上海望平街福州路95号，三张，售价大洋三分五。“第三张第二版”中“电影界”一栏，报道大中华百合公司王元龙导演影片《荒唐剑客》时拍摄“劫法场”一段的趣闻逸事。“第三张第一版”全为戏曲、跳舞和电影广告。总计有先施屋顶乐园、永安公司天韵楼、月宫影戏院、中央大戏院、新中央戏院、卡尔登影戏院、上海大戏院、北京大戏院、恩派亚戏院、百星大戏院、万国大戏院、卡德影戏院等12家电影放映场所，同日（夜）放映《再世姻缘》、《马振华》、《双剑侠》、《美人计》、《山东响马》、《海外奇缘》等六部中国影片和《铁血将军》、《战地鹃声》、《电机怪案》、《民族血》等四部外国影片。其中，先施屋顶乐园和永安公司天韵楼同时经营戏曲演出和露天电影，广告设计也最显眼。

1928年6月5日的《民国日报》，设址上海山东路202号，四张，售价大洋三分五。“第三张第二版”中“出版界消息”一栏，报道《电影月报》第三期出版；“第四张第一版”中“闲话”专栏报道“影事”两则：第一则为大中华百合公司王元龙导演《荒唐剑客》“劫法场”一段；第二则为明星公司导演张石川开拍“武侠巨片”《大侠复仇记》、郑正秋与程步高联合导演“侦探片”《黑衣女侠》的消息。“第三张第四版”主要登载戏曲演出和电影放映广告。总计有百星大戏院、中央大戏院、新中央戏院、武昌大戏院、永安公司天韵楼、先施屋顶花园、大世界露天影戏场、城南通俗大影戏院等八家电影放映场所，同日（夜）放映《再世姻缘》、《美人关》（后部）、《洛阳桥》等三部（集）中国影片和《民族血》、《铁血将军》、《泰山历险记》等三部外国影片。其中，主要放映外国影片的百星、中央、武昌大戏院的广告黑底白字，相对醒目。

1928年6月5日的《晨报》，设址北京宣武门外大街181号，两大张，售价大洋三分五。当日此报中缝处有一些中外影片放映广告。但在紧临头版报头一栏，即为真光剧场日夜开演“滑稽大家巴斯祁登（Buster Keaton）生平最新第一大杰作”《运动大王》的广告。值得注意的是，第二版登出“本报停刊启事：本报创刊倏届十稔，日处不满意环境之中，委曲求全，冀有所自献于社会，聊尽匹夫有责之义。乃为事实所限，所欲言者，既未及什一，而所言者，又未为各方所了解，徒求苟存，毫无意义，用是决自本日起停刊，与吾爱护本报之读者告别！”第五版、第六版下方为戏曲演出和电影放映广告。总计有真光剧场、中央电影院、平安电影院、青年会大堂、中华电影院等五家电影放映场所，同日（夜）放映《运动大王》、《孤城血泪》、《傻伙计》、《自由魂》、《天空飞侠》等五部外国影片。

1928年6月5日的《大公报》，设址天津日租界旭街对面，两张半，售价大洋三分六。第五版下半部主要是电影放映广告。共计有春和大戏院、天升电影院、平安电影院、新新电影院、皇宫电影院、明星电影院等六家电影放映场所，同日（夜）放映国产片《山东马永贞》和外国片《智女奇谋》、《不夜天》、《情战》、《虚度春宵》、《如意帽》等五部；并预告上海明星公司摄制，张石川、洪深导演，“世界第一社会爱情名剧”《少奶奶的扇子》及其他三部外国影片。第八版又有光明电影院放映美国“警世社会奇情杰作”《美人斗智记》与中原六楼花园开幕映演“京班大戏”和“中外电影”的预告。当日增刊“电影周刊”位居第九版、第十版。心冷编辑的“电影”周刊第22期登载各类文章7篇及图片2幅，计有铁阁译《战事影片之摄制》、罗诗白译《剪发声中之陆克》、LY 的《告评影诸君》、吉士的《明星小史·丽琳吉许》、冷皮的《陆克,贾波林,无胆英雄,及疵》、善柯的《明星的捧场信》、忆云的《影话》以及美国女明星露丝蜜勒和瑙门塔文在影片《茶花女》中的剧照。

二、电影海报

海报(poster),又名“招贴”或“宣传画”,属于户外广告的范畴,可用于各处街道、影剧院、展销会、商业闹市区、车站、机场、码头、公园等公共场所,在国外又称“瞬间的街头艺术”。海报的目的在于通过告知行人们确定的信息,以图引起人们相应的行动反应。电影海报又称为“电影宣传画”,是商业海报的一种,它随电影的发展而产生,是一种重要的电影宣传品。电影海报由文字、绘画、摄影等视觉艺术元素组成,并配以醒目的片名和主要演员、编剧、导演、摄影、美术、作曲等创作人员姓名及制片厂厂名,以鲜明、生动、准确的构图介绍影片的内容、表现影片的主题,张贴后产生直接的宣传效应。其目的是广而告之地把电影内容清楚、及时地告诉观众,吸引大批观众进入电影院去看电影。

上海是中国早期的电影重镇,与电影的商业性传播十分契合。因其优越的地理位置,19 世纪末、20 世纪初的上海作为西方列强的公共租界,是外国势力渗透中国的重要据点,也是中西不对等交流和交易的平台。在中国诸多城市中,上海的商业氛围最浓。以盈利为目的的电影当然首选在上海驻足,并顺利在上海落地生根。有资料记载,针对电影观众,不少电影放映者(这其中以外国人居多)是这样做广告的:

> 门口贴照片,贴广告,再雇几个中国西乐队的,穿上红红绿绿的制服,又在那吹吹打打,好像出大丧,又好像大减价,不伦不类,稀奇古怪,引起游客好奇。过来看个明白,原来新到电影,要见识见识,遂买票入场。①

这里的“贴照片”、“贴广告”就是中国早期电影广告的另一种重要形式——电影海报广告。

海报的首要功能是传达信息,优秀的招贴海报在实现其信息传递功能的同时还能为人们带来审美的愉悦感受。同其他招贴海报一样,电影海报也同时具有传递信息和审美怡情的功能。不同点在于,作为电影附属品的电影海报同时还具有记录时代的功能。

1. 传递信息

电影海报作为电影的广告,传递信息是它最基本的功能。早期的电影海报纯粹是为电影上映做广告宣传的。电影海报作为向观众传播电影信息的媒介,大多运用形象传达给观众该电影的基本信息,包括电影的获奖情况、叫座情况、演员阵容情况及画面构成情况等。海报多以剧中主人公的特写镜头或精彩画面为主图,配以简明扼要的文字,例如编剧、导演、主要演员的姓名等,以主题突出、形象精练、色彩强烈的艺术形式,达到传播信息的目的。例如 1917 年,美国派拉蒙影业公司的商

---

① 转引自程步高:《影坛旧忆》,中国电影出版社 1983 年版,第 87 页。

业影片《贪欲》进入中国，电影招贴的片名被译成中文，纸张尺寸也大，传递信息的功能十分突出。

2. 审美怡情

阿恩海姆在《艺术与视知觉》中指出："只要是属于美术类的视觉艺术，最主要的一环就是图样的造型，因为造型能够以给人带来愉快的形状，是奠定趣味的基础。"① 成功的电影海报具备内容与形式和谐统一的审美效果，能给人带来一种赏心悦目的快感并吸引公众的注意力。与其他招贴海报相同，这种通过形式美法则表现出来的美感，一旦与消费者的某种心理产生感应，就很容易产生感情上的共鸣。这有助于招贴最大程度地发挥其应有的良好效应。面对电影海报，人们的反应首先是感性的、直觉的，进而达到视觉的享受和情感的升华。所以，新颖别致、不落俗套、趣味横生的艺术形式是使人产生感官愉悦的必要前提。电影海报还能满足人们对影星的崇拜之情和对影片的喜爱之意。电影是一个光影交织的时间片段，是电影海报将这些光彩夺目的影星形象永久定格下来，让人们触手可及，像一帧帧老照片一样可以随时拿出品味、欣赏，并能通过海报回忆起整个影片的内容，产生无尽的联想。1934 年，《渔光曲》上映。该影片以现实的题材、动人的情节、通俗的手法和精炼的技巧，赢得了观众的热烈欢迎，在上海连映 84 天，创当时影片卖座最高纪录。影片的主题歌，也成为家喻户晓的流行歌曲之一。《渔光曲》电影海报的设计也非常成功，看到电影海报，就让观众想起发生在渔民徐福、徐妻以及一对孪生子女小猴、小猫身上的悲惨故事。

3. 记录时代

每部电影都是在特定的历史时期和社会环境下产生的，从一个侧面或一个角度反映了一段历史，那么电影海报自然就起到了记录这段历史的作用。每个阶段的电影海报都明显打上了那个时代的烙印，反映出那个历史时期的时代风貌。电影在中国已有一百多年的历史，电影海报则是百年电影史的最好见证。一张昔日的电影海报能够唤起许多对以往年代的美好回忆，也能达到感染人、鼓舞人、教育人的目的。

电影广告的繁荣说明了几个问题：一是电影已经成为了当时中国人精神愉悦的主要形式，电影成为了人们关注的文化中心；二是电影发展进入了繁荣期，不断翻新的电影需要市场，而市场又促进了电影艺术的翻新；三是电影与通俗小说、大众媒体的互动关系相当紧密，共同营造了 20 世纪二三十年代繁荣的大众文化气氛。

□□□ 思考延伸

1. 如何认识通俗小说与中国早期电影之间的关系？
2. 为什么中国早期电影特别看重对"鸳鸯蝴蝶派"小说的改编？
3. 电影广告、电影海报如何繁荣了 20 世纪 20 年代大众文化市场？

---

① 鲁道夫·阿恩海姆：《艺术与视知觉》，四川人民出版社 1998 年版，第 55 页。

第八讲 从《江湖奇侠传》到《火烧红莲寺》：一个电影改编的个案

中国电影诞生于20世纪初，20世纪20年代便已经与通俗小说合作，由通俗小说改编成的电影《玉梨魂》、《空谷兰》以及《碎琴楼》等影片，都受到了观众的喜爱。到了20年代末、30年代初，通俗小说与电影呈现出全面繁荣的状态。其中，由《江湖奇侠传》改编的《火烧红莲寺》最具代表性。《火烧红莲寺》使得中国电影掀起了一股“火烧……”热和武侠热，中国电影产业至此时初步形成。中国商业电影的繁荣反过来又对通俗小说产生了深远的影响。

通俗文学具有世俗性、故事性、本土性以及商业性的特点，在中国市民中具有广泛的影响和深厚的基础。通俗文学作家又是些“多面手”，他们活跃在当时文化艺术的各个领域，例如，包天笑写小说的同时，办过《时报》副刊，编过《小说时报》、《小说大观》、《小说画报》、《星期》等杂志，翻译过大量小说，担任过记者；严独鹤在《新闻报》副刊《快活林》担任主编，每天为其撰写一篇“谈话”，又在《红杂志》、《红玫瑰》上担任编辑，是《金刚钻报》的撰稿人；陆澹安除了写侦探小说以外，还担任了《侦探世界》、《金刚钻报》的编辑，为朱耀祥、赵稼秋改写《啼笑因缘》弹词，也担任过电影导演，是当时海上名角绿牡丹的文字师……只要是文化艺术，通俗文学作家似乎都有能力涉及。外国电影初引入中国时并不受中国人欢迎，也没有显示出独特的艺术魅力，所以，最初的中国电影只能顺应中国人艺术欣赏的习惯拍些应景之作，如京剧，人们对电影的印象与戏曲相连，也因此，电影又被称为“影戏”。20世纪20年代到30年代，借助通俗文学作家“多面手”的能力，将通俗小说改编为电影的剧本，这在中国电影发展史上具有划时代的意义。据统计，从1921年到1931年，中国各影片公司拍摄了共约650部故事片，其中绝大多数是由通俗文学作家参与制作，或者是根据畅销的通俗小说改编。当然，电影艺术对中国通俗小说的创作也产生了深远的影响。

20世纪二三十年代，几乎每一部引起轰动的电影均来自对通俗小说的改编，如根据包天笑同名小说改编的电影《一缕麻》、《空谷兰》，根据徐枕亚的同名小说改编的电影《玉梨魂》，根据张恨水的同名小说改编成的六集电影《啼笑因缘》等，均创造了一次又一次的票房神话。张恨水的《啼笑因缘》还曾引发了明星公司和大华公司之间的一场官司。相比较而言，此时通俗小说与电影改编最具代表性的个案还是根据《江湖奇侠传》改编的《火烧红莲寺》。

《江湖奇侠传》最初发表于《红杂志》第 22 期。作者平江不肖生原名向恺然(1890—1957)，名泰阶，又名逵，字凯元，湖南平江人。1914 年，向恺然以“平江不肖生”为笔名创作《留东外史》，出版之后，受到读者的热烈欢迎。后来世界书局创建，为了打开市场，世界书局老板沈知方请包天笑推荐作者。包天笑向沈知方推荐了向恺然。沈知方找到了已经蜗居一隅的向恺然，极力约请他为世界书局写小说，但要求不要再写《留东外史》一类的小说，而是要写“剑仙侠士之类的一流传奇小说”①，稿酬非常丰厚。向恺然一口答应，一是此时的向恺然正缺钱用；二是写剑仙侠士之类的小说对向恺然来说并不是什么难事，他自幼喜欢武术，是个“练家子”，第二次赴日本之后，有机会结交一些武术名家，精研武术，对江湖上的一些奇闻轶事也是十分关注，可以说叫他写剑仙侠士之类的小说是“正合我好”。他很快地就开始了《江湖奇侠传》的写作。小说于 1923 年开始在《红杂志》和改名以后的《红玫瑰》上连载 6 年，一直写到 1928 年，共连载了一百三十四回。《江湖奇侠传》以湖南平江、浏阳交界的居民在赵家坪争夺“水陆码头”的冲突为故事的主线，昆仑、崆峒两派参与争夺，从而带出了无数个紧张有趣的故事，情节离奇，内容曲折，从现实中的“江湖人物”到想象中的“怪力乱神”——“数千年前的死尸忽然现身石窟，一条辫线能抵挡数万利刃，顷刻之间身轻似燕走万里之远，将病人九蒸九焙其病竟愈，人之肉身能隔数十年竟不腐烂”。这些奇事吊足了读者的胃口，加上向恺然本人对武术的谙熟，江湖习俗、武林规矩、帮会门派都有所知晓，所以小说一经连载，即受到读者的热烈欢迎。小说还未连载完，1924 年，上海世界书局就将在《红杂志》上已经连载的部分内容编成 4 本单行本出版。

20 世纪 20 年代，中国武侠电影已经起步。1920 年，商务印书馆活动影戏部即拍摄了第一部武侠电影《车中盗》；1925 年，天一影片公司拍摄了《女侠李飞飞》；1927 年，天一影片公司根据小说《七侠五义》改编了电影《五鼠闹东京》，友联影片公司拍摄了《山东响马》，青年影片公司根据《水浒传》拍摄了《宋江》，新人影片公司拍摄了《方世玉打擂台》等等。这些电影虽然有好的票房收入，但并没有产生轰动的效果。明星公司导演张石川看到儿子痴迷《江湖奇侠传》，突然来了灵感，随即与郑正秋和周剑云商量，决定由郑正秋根据单行本中第八十回“游郊野中途逢贼秃，入佛寺半夜会淫魔”到第九十八回“红莲寺和尚述情由，浏阳县妖人说实话”等章回改编成电影剧本。一个月之后，也就是 1928 年 5 月 13 日，电影《火烧红莲寺》第一集出世了，在上海中央大戏院首映，引起了巨大的轰动。由于大受欢迎，从第二集开始，《火烧红莲寺》干脆抛弃平江不肖生的武侠原著《江湖奇侠传》，剧情更加天马行空——逃出红莲寺的知圆和尚联合崆峒派与昆仑派展开恶斗，双方剑仙各自施展绝技，钻天入地无所不能，胜负难分之下又互请高人，直杀得天昏地暗。这些情节引得上海的观众对影片如痴如醉，欲罢不能。茅盾在《封建的小市民文艺》中写道：“《火烧红莲寺》对于小市民层的魔力之大，只要你一到那开映这影片的影戏院

① 包天笑：《钏影楼回忆录》，(香港)大华出版社 1971 年版，第 384 页。

内就可以看到。叫好、拍掌，在那些影戏院里是不禁的；从头到尾，你是在狂热的包围中，而每逢影片中剑侠放飞剑互相斗争的时候，看客们的狂呼就如同作战一般，他们对红姑的飞降而喝彩，并不是因为那红姑是女明星胡蝶所扮演，而是因为那红姑是一个女剑侠，是《火烧红莲寺》的中心人物；他们对于影片的批评从来不会是某某明星扮演某某角色的表情那样好那样坏，他们是批评昆仑派如何、崆峒派如何的！在他们，影戏不复是'戏'，而是真实！如果说国产影片而有对于广大的群众感情起作用的，那就得首推《火烧红莲寺》了。"① 茅盾尽管是为批评《火烧红莲寺》而写，但所描述的观众的热烈景况却真实可信。《火烧红莲寺》的这把"火"，足足烧了十八集，电影一直持续拍了4年。这期间，由于越拍越怪诞，到第十一集时曾遭到了上海市电影检查委员会取缔，可是电影检查委员会的权力仍然敌不过观众巨大的热情，第十一集禁映后不久，第十二集却很快就上映了，第十二集与第十一集放映时隔仅两个月。《火烧红莲寺》对于中国电影发展产生了重要影响，一时间全国烧起了一场武侠片的"熊熊大火"，"火烧……"系列的影片纷纷上映。据统计，1928—1931年，上海约50家电影公司，共拍摄了400部左右的影片，其中武侠神怪片就有250部左右，约占全部出品的60%以上。② 《火烧红莲寺》为什么会如此红火呢？这里面的一些原因很值得总结和思考。

一是小说本身在读者中已经有了很好的口碑，为后来的电影产生轰动效应做了预热。1923年，《江湖奇侠传》在《红杂志》连载之初，世界书局就在《申报》上做广告，称平江不肖生就是"身怀绝技的剑侠"，书中的"剑仙侠客，都是他的师友"，书中"神怪的事实，都是他亲身经历的"，并称这部书是"实情实事"。把虚构的故事称为现实生活中真实存在的奇人奇事，读者难免带着一种猎奇的心理去读小说，更会将书中的红姑、柳迟、吕宣良、杨天池、笑道人，以及反面人物甘瘤子、智远、常德庆的故事当成平江不肖生生活中的真实故事去看。诚如张爱玲所说："中国观众最难应付的一点并不是低级趣味或是理解力差，而是他们太习惯于传奇。"③ 辫子兵器、身轻似燕、顷刻走万里之远的离奇武功以及死人复活、肉身几十年不腐、鱼解人言这样的奇异之事，加上书中极力推崇的锄强惩恶、扶危济困的侠义行为都充分满足了市民的好奇之心，也暗合了市民阶层对于"侠客"的心理期待。《江湖奇侠传》在"奇"上做足了工夫，一个又一个看上去似乎有些松散但故事情节却一环扣一环的离奇故事，在《红杂志》和《红玫瑰》上一期又一期地连载，满足了读者的阅读期待和阅读想象，加之世界书局出版了那些没有故事结局的单行本，组成了连环组合拳，使得《江湖奇侠传》一时间洛阳纸贵。这样的前期效应，远远胜过任何宏大的广告攻势。此时的读者对《江湖奇侠传》充满了无数的阅读想象，抓住这一时机将阅读想象转化成视觉图像，就是抓住最恰到好处的商业机会。《火烧红莲寺》根据小说选出最精彩的片段迅速改编，并在一个月内上映，借的就是《江湖奇侠传》的东风。

---

① 沈雁冰：《封建的小市民文艺》，载《东方杂志》第30卷第3号，1933年2月1日出版。

② 程季华：《中国电影发展史》，中国电影出版社1963年版，第133页。

③ 张爱玲：《〈太太万岁〉题记》，见金宏达、于青编：《张爱玲文集》，安徽文艺出版社1998年版，第686页。

二是充分发挥电影艺术的优势对小说进行了再创作。从《江湖奇侠传》到《火烧红莲寺》，郑正秋对平江不肖生的文学作品进行了从纸质文本到视觉图像的再创造。《火烧红莲寺》本身就是选取了《江湖奇侠传》最精彩的部分进行的改编，但这种改编，只在第一集。到了第二集，编剧者抛开原作，根据剧情自行创作，之后的每一集都会有新奇的事情发生，每一集都会有新看点。如第十一集出现了大蟒作祟，以舌幻变为天桥，欺骗民众，以满足其食欲；到了第十二集，一人化两、化三而四五，胡蝶一人分饰真假两红姑，而又生出一个专门对付真假两红姑的东方氏；第十四集广告上则大大地写着："人面猴出世。"这些向壁虚构的内容，用文字再怎么描述都没有画面来得真实，来得震撼，电影艺术的魅力在此充分发挥。为了取得更好的效果，明星公司在拍摄第十八集时，开发、使用了大量的电影特技，有些技术到今天还在电影制作中经常使用。《火烧红莲寺》的摄影师叫董克毅，有人称他为 20 世纪 20 年代的乔治·卢卡斯。① 在《火烧红莲寺》中，他创造出"接顶"法，把画在玻璃板上的红莲寺顶与没有寺顶的布景巧妙地拍在一起，构成完整的红莲寺辉煌建筑；还透过真实人物与卡通形象融合的办法表现"剑光斗法"，在银幕上将人任意放大和缩小，甚至完成"分身"的特效摄影技术。而他最有创意也是电影界使用时间最久的特技莫过于用钢丝的方法空中飞人，片中饰演红姑的胡蝶身着戏装，腰挂铁丝悬在空中，在巨型电扇吹出的大风的吹拂下，衣袂飘飘，摄影机镜头加上层薄纱，拍出来的光感朦朦胧胧。衬之以名山大川的背景，红姑向观众飞来，如神仙一般。从第三集开始，用人工在胶片上逐格填上色彩，使红姑全身衣服呈红色，这样的色彩在当时的黑白片中异常醒目。此外，还有剑侠腾云驾雾、隐身复现等特技摄影，放飞剑、斗掌风之类的动画特技也纷纷用到其中。可以想象，那些只是听说过却从未见过的中国观众看到如此"奇功"与"奇景"大概都目瞪口呆了，他们又怎么能不"叫好"、"拍掌"、"狂呼"、"喝彩"呢？《火烧红莲寺》让中国人真正地明白了什么叫视觉体验。20 世纪二三十年代，只有 3% 的中国民众接受过现代科学的教育，却有 95% 的民众相信"怪力乱神"的存在。《火烧红莲寺》播出之后的一段时间内，各大报、小报纷纷报道有人离家进入深山老林访仙学道，沈雁冰在《封建的小市民文艺》中也两度提及此事，在这种情况下，难怪上海市电影检查委员会要对其予以取缔了。这虽然是负面影响，但它一方面说明了神怪电影对民众的视觉及精神的冲击力之强，另一方面也说明了电影特技仿真水平之高。从这些方面看来，《火烧红莲寺》对《江湖奇侠传》的改编与拍摄，远远不是文本简单的影像呈现，从故事内容到表现技巧，从平面到立体，都进行了全方位的再创作，是借武侠小说的故事情节对电影艺术的全面提升。

《火烧红莲寺》对《江湖奇侠传》的成功改编以及持久之"热"，说明中国本土电影市场经过近十余年的摸索，最早起步的一批电影人已经初步掌握了商业片的经营与运作法则，中国国产电影已经进入了商业片时代。翻开 1930 年前后的报纸可以看到，过去看不到的国产片广告开始出现在《申报》和《新闻报》的第一版上，过去几个

---

① 乔治·卢卡斯与弗朗西斯·福特·科波拉、马丁·斯科塞斯、史蒂文·斯皮尔伯格合称好莱坞 20 世纪 80 年代四大导演，是好莱坞电影史上空前成功的两部系列电影"星球大战"系列和"印第安纳·琼斯"系列的创造者，在好莱坞被尊称为"电影魔术师"，擅长于利用特效把故事讲述得更完美。

月一次的电影广告现在几天就出现一次。这一时期，也是中国电影成长最快的时期，影戏院纷纷开业，如 1928 年开业的百星大戏院、大光明戏院，1929 年开业的福星戏院、巴黎大戏院、光陆大戏院，到了 1930 年，几乎每隔一个月就会有一家戏院诞生，如蓬莱大戏院、光华大戏院、南京大戏院、北京大戏院、明星大戏院、新光大戏院、福安大戏院……《火烧红莲寺》的连续拍摄就像不停添加的润滑剂滋润着中国电影快速发展。

电影这一独特的表演艺术越来越显示出魅力，反过来也不断地丰富着通俗小说的美学内涵，促进着通俗小说的发展。在现代中国，很多通俗文学作家都对电影有着强烈的兴趣。他们或者亲自参与电影制作，或者是当时著名的影评家，严独鹤、周瘦鹃、陆澹安、俞天愤等人对电影的相关技巧及特征、对影片优劣都发表了大量具体的讨论文字。耳濡目染中，电影的很多表现手法开始渗透到通俗小说的创作之中。例如张恨水在创作小说时，为了形象的生动，常常是对着镜子自我表演。他的《啼笑因缘》中那些表现人物性格的“小动作”写得那么传神，与他运用电影的“镜头感”就有很大关系。[①] 再如对于中国侦探小说，电影艺术的影响更为突出。侦探小说重于推理，其每一个细节都来不得半点马虎，中国传统小说中不太看重的场景描写，在侦探小说中就成了非常重要的一个内容。因为案件侦破过程中的很多谜底，就是依靠场景中遗留的蛛丝马迹得以解开。20 世纪 30 年代，程小青写了一篇《从“视而不见”到侦探小说》的文章，指出侦探小说能培养“精密的观察力”，喜欢侦探小说的人，也会像书中的主角一般，常常可以从普通的事物、行动、言语上，推测出案件的结局。读者的这种“观察”，也就是电影观众的“观看”。对于展现场景的真实性和神秘性，文字再怎么写也不如影像的“立照存真”。于是，利用电影手法写场景就成为了侦探小说作家的主要创作手段，从 20 世纪 20 年代的程小青、陆澹安、俞天愤到 40 年代的孙了红，莫不如此。为了寻求真实性，俞天愤甚至将小说情节拍成照片穿插到小说叙述中去，他认为电影依靠表情和动作才得以风行，侦探小说要想取得好的效果也应该有表情和动作。到了孙了红那里，除了场景的细致描述之外，电影的特写镜头已经被大量地运用，例如那只半夜摸人脖颈，冰冷而僵硬的带着锋利指甲的鬼手(《鬼手》)；大雨滂沱的夜晚，空旷的大厅中间，昏黄的手电筒光线下一具面带笑容的尸体(《蓝色响尾蛇》)；随着一阵焦枯味出现的一张浸满了鲜血的血纸人(《血纸人》)……特写镜头的运用使得孙了红的小说形象性特别强。孙了红屡次提及美国恐怖电影，从不讳言自己的创作深受其影响。

吸收电影艺术技巧创作小说最为娴熟的当数张爱玲。张爱玲生于 20 世纪 20 年代的上海，成长于中国电影快速发展的 30 年代，电影在她的生活中与柴米油盐一样不可缺少。电影的特写镜头与电影的空间感，成为张爱玲创作小说时最爱使用的手法。看张爱玲的小说，房间中的家具与陈设、房间外面的市声、人物脸上氤氲的表情、服装及饰物的颜色、复杂而隐匿的心理，都纤毫毕现。这些构成了张爱玲小说最亮丽、醒目的风景，也是读者目光所及之处最华丽的视觉盛宴：

---

① 张恨水：《我的小说过程》，见张占国、魏守忠编：《张恨水研究资料》，天津人民出版社 1986 年版，第 275 页。

玻璃窗上面，没来由开了小小的一朵霓虹灯的花——对过一家店面里反映过来的，绿心红瓣，是尼罗河祀神的莲花，又是法国王室的百合徽章……①

她的小说中不仅具有特写镜头和空间感，还有很多电影的剪辑手法穿插其中：

迎面高高竖起了下期预告的五彩广告牌，下面簇拥掩映着一些棕榈盆栽，立体式的圆座子，张灯结彩，堆得像个菊花山。上面涌现出一个剪出的巨大女像，女人含着眼泪。另有一个较小的悲剧人物，渺小得多的，在那广告底下徘徊着，是虞家茵，穿着黑大衣，乱纷纷的青丝发分两边披下来，脸色如同红灯映雪。她那种美看着仿佛就是年轻的缘故，然而实在是因为她那圆柔的脸上，眉目五官不知怎么的合在一起正如一切年青人的愿望，而一个心愿永远是年青的，一个心愿也总有一点可怜。她独自一个人的时候，小而秀的眼睛里便露出一种执着的悲苦的神气。为什么眼睛里有这样悲哀呢？她能够经过多少事呢？可是悲哀会来的，会来的。②

叙述语言中弥漫了支离破碎而又纤细敏感的神经，人物的形象塑造由一个个片段或一幅幅画面组成，张爱玲再将这些断片组合在一起，便串出了专属于张爱玲的人物造型模式。这种手法，恰恰就是电影的剪辑连缀手法。

□□□ 思考延伸

1.《火烧红莲寺》为什么从第二集开始就不再改编《江湖奇侠传》？
2. 20世纪30年代中国商业电影为什么能够如此繁荣？
3. 20世纪30年代中国商业电影的繁荣为通俗小说创作带来了哪些变化？

① 张爱玲：《金锁记》，见金宏达、于青编：《张爱玲文集》，安徽文艺出版社1998年版，第200页。
② 张爱玲：《多少恨》，见金宏达、于青编：《张爱玲文集》，安徽文艺出版社1998年版，第275页。

第九讲 《啼笑因缘》事件与张恨水的『引雅入俗』

20 世纪 30 年代，通俗文学的代表作品非《啼笑因缘》莫属。不仅在《新闻报》上一经连载即取得轰动，而且其单行本、改编的同名电影都在社会上产生了非常大的轰动。这种轰动效应的产生有多方面的原因，有编辑的策划与运作，有读者的参与，有版权问题的纠纷以及影视公司的有意为之等各种因素。这使得《啼笑因缘》成为一种非常典型的“文学事件”。张恨水在《啼笑因缘》中，也有意识地将新小说的写法融入通俗小说的创作，成功地在文学创作中“引雅入俗”。

20 世纪 30 年代中国新文学与通俗文学并行发展，各自的创作成就辉煌。通俗文学的最大收获当属张恨水的《啼笑因缘》。王德威先生提出“1931 年不妨称为张恨水年”，因为“《啼笑因缘》中的沈凤喜、何丽娜、关秀姑、樊家树间的恩怨情仇，牵动无数男女的心思”①。张恨水的《啼笑因缘》1930 年 3 月 17 日在《新闻报》的副刊《快活林》上一经连载，即赢得无数读者，报纸订阅量大大增加，读者纷纷给报馆写信，谈自己的读后感想。由于是首发于《新闻报》，没有单行本，很多读者收藏连载期间的报纸，并通过报纸发布启事，征求自己所缺失的报纸，有人意识到这里面的商机，也在报纸上登广告，愿意代为抄写《啼笑因缘》。《啼笑因缘》1930 年 11 月 30 日刚刚连载完，第二天《快活林》主编严独鹤就告知读者，“明星影片公司已决定摄制影片”，“《啼笑因缘》小说……排印将竣，约月内可以出版”。一个月不到，《啼笑因缘》单行本出版，以当时的印刷技术水平，这样的速度可算是神速。接下来，1931 年，明星公司、大华公司之间关于《啼笑因缘》的电影摄制权官司，又陆陆续续地拖了大半年。1932 年，由张石川导演，胡蝶、郑小秋主演，明星公司摄制的《啼笑因缘》正式与观众见面，掀起了又一轮“《啼笑因缘》热”。也就在“《啼笑因缘》热”方兴未艾之时，新文学界对这一现象展开了激烈的批评，瞿秋白的《鬼门关以外的战争》、《普洛大众文艺的现实问题》，沈雁冰的《封建的小市民文艺》，夏征农的《读〈啼笑因缘〉》，都直接对《啼笑因缘》予以批评，张恨水因了这部《啼笑因缘》，成为了

① 王德威：《文学的上海——一九三一》，见陈子善编：《夜上海》，经济日报出版社 2003 年版，第 261 页。

新文学的主要批评对象。阿英的《上海事变与鸳鸯蝴蝶派文艺》虽然未对《啼笑因缘》直接点名，却对张恨水充满一腔爱国热忱的《弯弓集》予以彻底否定，这篇著名的批判文章专门提及张恨水并对其偏颇的定位，显然是与此时的“《啼笑因缘》热”脱不了干系的。无论褒也好，贬也好，尽管张恨水本人非常低调，但从媒体到读者、从官司到文坛，所有与文学有关联之处，《啼笑因缘》一直是大家关注的焦点。假如这一时期的文坛和传媒界没有了这部《啼笑因缘》，一定会沉寂很多。从这个角度看来，《啼笑因缘》的意义，已经远远超出了这部作品本身，在新与旧、雅与俗，作者与编辑、读者之间，文学与媒体、市场之间，《啼笑因缘》已不仅仅是一部通俗小说，而是一个文学事件。

话说1929年，上海日报公会新闻记者东北视察团一行二十余人，从上海出发，走海上航线，考察易帜之后的新东北。归来走铁路，直达北平。到北平后，北平新闻界在中山公园的“来今雨轩”设宴款待，席上，张恨水致欢迎词，词意之恳挚，深深打动了时任《新闻报》副刊《快活林》主笔的严独鹤。此时，报界名宿钱芥尘也在座。严独鹤与钱芥尘谈到《快活林》上连载的《荒江女侠》行将结束，拟物色一新作。钱芥尘立即推荐因著《春明外史》、《金粉世家》而在读者中引起巨大轰动的张恨水。严独鹤读过张恨水早年在姚民哀所编的《小说霸王》上的作品，尽管只有短短几百字，却描写深刻，读来让人觉得隽永有味。此时张恨水的《天上人间》也曾在《上海画报》转载，严独鹤对他有一定的了解，当下一拍即合，口头约定张恨水为《快活林》写一部以小市民和小知识分子生活为题材的具有北方风味的小说，并特别强调给南方的读者创作的文字，一定要有“噱头”。严独鹤走后，张恨水反复推敲：这个故事，既不能太隐晦，又不能太明显，同时，既不能太抽象，又不能太具体。要雅俗共赏，骚人墨客不讨厌它，而不识字的老太太也可以听得懂，叫得上来。最终，在中山公园的假山上，张恨水开始了《啼笑因缘》的布局。当年11月前后，张恨水将稿子寄给严独鹤。见到稿子之后，严独鹤特意致信张恨水，再三地请他写两位侠客，因为此时的上海洋场小说，走的是两条路子，一条是肉感的，一条是武侠、神怪的。严独鹤担心《啼笑因缘》中若没有豪侠人物，会减少对读者的吸引力，而张恨水的祖父和父亲，恰恰精于技击之术。于是，张恨水以祖父和父亲为摹本，在第一回中，让关寿峰、关秀姑先于主角沈凤喜出了场。由于当时《新闻报》还在连载顾明道的《荒江女侠》，所以足足等了5个月，《啼笑因缘》才得以与读者见面。1930年3月16日，严独鹤在《快活林》“谈话”栏目隆重推出《啼笑因缘》，称张恨水对“长篇小说，尤擅胜场”，“久为爱读小说者所欢迎”，他的《啼笑因缘》，“兼有‘言情’、‘社会’、‘武侠’三者之长，材料很丰富，情节很曲折，而文字上描写的艺术，又极其神妙”，“预料必能得到读者的赞许”①。

读者的热烈反应超出了严独鹤所料，《啼笑因缘》连载两三回之后，《新闻报》的销量便直线上升。《快活林》版面上的商品广告一天多过一天，商家纷纷要求将商品广告登在靠近《啼笑因缘》的位置，有一天在《啼笑因缘》的上方不到半个版面的空间内，竟然登出了28个广告。同时，读者纷纷写信，或询问《啼笑因缘》中每个角色的情况，或提出情节中的疑问。在这种情况下，《新闻报》积极响应读者的热情，在

---

① 独鹤：《对阅者诸君的报告》，载《新闻报》副刊《快活林》1930年3月16日，第21版。

其另一个副刊《本埠附刊》上，开始刊登读者来信。有趣的是，由于张恨水忙于创作，无暇在报纸上对读者的疑问一一解答，却有一些读者通过阅读作品，看到这些疑问后，帮助张恨水予以解答。严独鹤看到商机，在《啼笑因缘》结束连载前夕与严谔声、徐耻痕成立了“三友书社”，早早就将《啼笑因缘》单行本的版权争取到手，并于单行本出版前在《快活林》上做宣传。为了出版一部小说而成立一个出版社，这在中国现代文学史上是非常罕见的。事实也证明了严独鹤敏锐的商业眼光，单行本出版两年之后，仅一个版本，严独鹤、严谔声、徐耻痕三人每人即获利万元以上。①据张恨水个人回忆，“除了国内，南洋各处私人盗印翻版的不算……该书前后超过二十版。第一版是一万部，第二版是一万五千部。以后各版有四五千部的，也有两、三千部的”②。

《啼笑因缘》诞生之时，恰逢中国有声电影刚刚起步，中国电影市场开始步入繁荣时期，大光明大戏院、南京大戏院、国泰电影院、大上海大戏院等一批电影院以其外观豪华、座位舒适、音响效果出色以及室内装修完备等特点，纷纷打出广告，招揽顾客。面对《啼笑因缘》巨大的读者市场，电影公司也紧紧抓住商机。明星公司很快向三友书社购买了《啼笑因缘》改编权，决意要将其拍成六集的电影，并且将张恨水从北京请到上海，与严独鹤一起参与剧本的改编。恰在此时，荣记广东大戏院、大华电影社也从《啼笑因缘》的热卖中看到了商机，纷纷采取行动。荣记广东大戏院先是将《啼笑因缘》排成戏剧准备上演，结果遭到明星公司指控，于是将《啼笑因缘》改成《成笑因缘》继续上演，结果明星公司仍不许可。大华电影社先是通过关系提前取得了摄制权，明星公司由于按照正常程序，在摄制权方面比大华电影社晚了一步。因此，明星公司与大华电影社、荣记广东大戏院开始了《啼笑因缘》改编权、电影摄制权之争，三家纷纷在报纸上发表声明，同时邀请当时上海最有名气的律师为之辩护。《啼笑因缘》的电影改编，为此耽搁了近一年之久。最后，由黄金荣、杜月笙出面，明星公司与大华电影社终于达成协议：大华电影社放弃摄制权，明星公司出资10万元赔偿大华电影社的损失。而这一年中，明星公司也下大力气，带演员到北京天桥进行实景拍摄，并且在广告方面极力宣传，吊足了观众的胃口。因此，影片一公映，社会上的反响也就可想而知了。

严独鹤之所以招揽《啼笑因缘》在《新闻报》上连载，目的就是为了增加报纸的发行量。然而，作品诞生后，所引发的一系列问题及所产生的社会影响，“受欢迎的程度持续十年而不坠”，这远远超出严独鹤的预期。《啼笑因缘》产生如此大的轰动有多方面的原因，这其中，有作者的功劳，有编者的功劳，有读者的功劳，有报馆的功劳，也有电影公司的功劳。当然，首功应该归张恨水。《啼笑因缘》是张恨水专为上海读者写的作品，所以在写作之初，他首先考虑的是上海读者的口味。作为中国第一批开埠的通商口岸，上海物质生活之充裕，在20世纪二三十年代，为中国其他任何地方望尘莫及：电灯、电报、电话、电车、自来水、汽车、香水、雪茄、高

---

① 刘少文：《大众媒体打造的神话——论张恨水的报人生活与报纸化文本》，中国社会科学出版社2006年版，第195页。

② 张恨水：《写作生涯回忆》，见张占国、魏守忠编：《张恨水研究资料》，天津人民出版社1986年版，第44页。

跟鞋、化妆品、饭店、俱乐部、咖啡馆、跑马场、回力球场、电影院……在物质与现代观念层面，“在20世纪30年代，上海已和世界最先进的都市同步了”①。或许就是由于在物质极大丰富的现代事物中浸淫日久，这一时期的上海人，对于上海之外的世界，有着令人惊讶的丰富想象和异乎寻常的好奇。翻开当时《申报》、《新闻报》的副刊，全国各地以及世界各国的时事政治、文坛通讯、人情风物、消闲娱乐方式……几乎充斥了每天的版面。上海人在这些异质文化中反复玩味，津津乐道。因此，《啼笑因缘》第一回的开篇，张恨水就在北方与南方的反差对比中突出了北平的情味：

> 相传几百年下来的北京而今改了北平，已失去那首善之区四个字的尊称，但是这里留下许多伟大的建筑，和很久的文化成绩，依旧值得留恋，尤其是气候之佳，是别的都市，花钱所买不到的。这里不像塞外那样苦寒，也不像江南那样苦热。三百六十日，除了少数日子刮风刮土而外，都是晴朗的天气。论到下雨，街道泥泞，房屋霉湿，日久不能出门一步，是南方人最苦恼的一件事。北平人遇到下雨，倒是一喜，这就因为一二十天，遇不到一场雨。一雨之后，马上就晴。云净天空，尘土不扬，满城的空气，格外新鲜。北平人家，和南方人是反比例，屋子尽管小，院子必定大。天井二字，是不通用的。因为家家院子大，就到处有树木。你在雨霁之后，到西山去向下一看旧京，楼台宫阙，都半藏半隐，夹在绿树丛里，就觉得北方下雨，是可欢迎的了。南方怕雨，又最怕的是黄梅天气。由旧历四月初以至五月中几乎天天是雨。可是北平呢？依然是晴天，而且这边的温度低。那个时候，刚刚是海棠开后，杨柳浓时，正是黄金时代。……因为如此，别处的人，都等到四月里，北平各处的树木绿遍了，然后前来游览。就在这个时候，有个很会游历的青年，他由上海到北京游历来了。②

张恨水用“失去那首善之区”来描述北平在当时的地位，在承认了上海的急速现代化使得北平略显逊色的同时，笔锋转而描述北平的“好”：好天气、好民居、好景致，还有就是北平悠久的文化底蕴——“伟大的建筑”和“很久的文化成绩”。“雨”、“庭院”、“树木”三个意象，是张恨水用来彰显反差的道具：“雨”对于南方，“街道泥泞”、“房屋霉湿”、“日久不能出门一步”，令“南方人最苦恼”，而对于北京人，“倒是一喜”——“尘土不扬”，空气新鲜。北平的“庭院”恰恰“和南方人是反比例”，“屋子”“小”，“院子”却“大”。“天井”在南方的民居建筑中，是特有的称谓，用来形容院子只有井口望天那般大，而在北平，“是不通用的”。因为院子大，于是树木多。而树木一多，春天里由清新的色彩错落而成的美景，便是烟雨江南望尘莫及的。就在这样一个时候，樊家树这个江南青年，在北平最美的季节，带着上海人的眼睛来看北平了。一个江南青年在北平的情感故事就此

---

① 李欧梵：《上海摩登——一种新都市文化在中国：1930—1945》，北京大学出版社2005年版，第7页。

② 恨水：《啼笑因缘（一）》“第一回 豪语感风尘倾囊买醉，哀音动弦索满座悲秋”，载《新闻报》副刊《快活林》1930年3月17日，第17版。

开场。接下来，从风物及人，上海与北平的文化反差也就在这个江南青年的情感经历中一层又一层地掀开。

传统章回小说观认为，“章”是长篇故事的自然情节单元，“回目”对本回内容具有提纲挈领的作用。长篇章回小说就是由这些情节组成的一个完整的艺术构思。①然而在现代报纸这一大众载体上，“回目”对每天登载内容的连缀功能要远远大于对本回整个内容的提纲挈领功能，它是作者预设的一条轨迹，保证了每天连载的内容都有相对独立的情节以引发读者的趣味，却最终能够沿着这条轨迹行进。读者在阅读过程中，只在第一次见到“回目”的时候会借助“回目”对故事的发展予以猜测，但在接下来的阅读中，关注的重点则停留在对每一天那些相对独立的情节的阅读中了。那些相对独立的情节，恰似一篇篇“短篇小说”，交代着一个个相对完整的内容，报载章回体小说至此时，每一“回目”似乎就是为了连缀一个个“短篇小说”而设置。也就是说，“回目”在小说中的作用不仅仅连缀了小说的主题，还与每天的一个个情节发生关系。我们来看《啼笑因缘》前八回的目录：

第一回　豪语感风尘倾囊买醉　哀音动弦索满座悲秋
第二回　绮席晤青衫多情待舞　蓬门访碧玉解语怜花
第三回　颠倒神思书中藏倩影　缠绵情话林外步朝曦
第四回　邂逅在穷途分金续命　相思成断梦把卷凝眸
第五回　颊有残脂风流嫌著迹　手加约指心事证无言
第六回　无意过香巢伤心致疾　多情证佛果俯首谈经
第七回　值得忘忧心头天上曲　未免遗憾局外画中人
第八回　谢舞有深心请看绣履　行歌增别恨拨断离弦

通过这些目录，可以看到一条非常清晰的故事脉络。每一回，都要在报纸上连载 10 天左右，如果没有这些“回目”，可能作者写着写着就远离了开始的构思。此时，“回目”已经成了作者写作的框架。自创作小说始，张恨水就特别地注重“回目”的撰写，并进行内涵的改革。这种改革，自他写作《春明外史》就开始了，到了《金粉世家》有所改进，而到了《啼笑因缘》，对于“回目”的运用，张恨水已经驾驭得很为娴熟。他有意将每回的故事内容在“回目”中有所体现，而不似旧小说那种只为了句式的美观。“回目”对于传统小说家，是一种文人情结的体现，而在张恨水这里，更多注意到了它的实用性。后来张恨水写《艺术之宫》时为了更清楚地说明故事内容，干脆就完全用白话写作“回目”。

此外，在小说连载过程中，读者和编辑也引领着《啼笑因缘》故事的走向。小说刊载到凤喜被刘德柱强占之后，刘德柱跪地求婚时，凤喜嫣然一笑。有一对读者夫妻，为凤喜到底是否虚荣而争论不休。偏偏这之后《啼笑因缘》连载了很多天，沈凤喜也没有出场。为了找到答案，这对读者夫妻来信询问严谔声，结果严谔声的回答是：“预知究竟如何，且看下文分解。”读者在严谔声这里找不到答案，当然要继续在《啼笑因缘》中找答案了。就在这个问题提出两天后，即 1930 年 9 月 1 日的《啼笑

① 陈美林、冯保善、李忠明：《章回小说史》，浙江古籍出版社 1998 年版。

因缘(一六六)》十五回中，很久没见的凤喜与家树就这样偶遇了：

> 及至那人走下车来，大家都吃一惊，原来不是赳赳武夫，也不是衣冠整肃的老爷，却是一个穿着浑身绮罗的青年女子。再仔细看时，那女子不是别人，正是凤喜。家树身子向上一站，两手按了桌子，啊了一声，瞪了眼睛，呆住了作声不得。凤喜下车之时，未曾向着这边看来。及至家树啊了一声，他抬头一看，也不知道和那四个护兵说了一句什么，立刻身子向后一缩，扶着车门，钻到车子里头去了。接着那四个护兵，也跟上车去，分两边站定，马上汽车呜的一声，就开走了。家树在凤喜未抬头之时，还未曾看得真切，不敢断定。及至看清楚了，凤喜身子猛然一转，他脚踏着车门下的踏板，穿的印花亮纱旗衫，衣褶掀动，一阵风过，飘荡起来。因衣襟飘荡，家树连带着看到他腿上的跳舞袜子。家树想起从前凤喜曾要求过买跳舞袜子，因为平常的也要八块钱一双，就不曾买，还劝了他一顿，以为不应该那样奢侈，而今他是如愿以偿了。在这样一凝想之间，喇叭呜呜声中，汽车已失所在了。①

尽管作者没有明言凤喜是否虚荣，但读者可以从凤喜的装扮和家树的心思中，看到些许痕迹。或许是张恨水有意与读者多兜两个圈子，到了1930年9月2日《啼笑因缘(一六七)》中，大家讨论凤喜的为人时，家树偏偏给她找了借口开脱：

> 世上的事，本来难说定。他一个弱女子，上上下下，用四个护兵看守着他，叫他有什么法子？设若他真和我们打招呼，不但他自己要发生危险，恐怕还不免连累着我们呢！②

围绕着凤喜是否虚荣的描写，是张恨水原来的构思还是张恨水根据读者反映受到的启发，我们很难推定。但是有一点是很明确的：报纸的即时性在给予张恨水创作以压力的同时，也给予了他难得的机遇——可以在第一时间了解读者的欲求，从而在与读者对话的过程中，有效牵引读者的好奇心。从这种意义上说，在《啼笑因缘》创作的过程中，读者同样参与了文本的创作。报纸连载这种创作模式，比传统意义上的单行本写作要开放得多，即以作家的一支笔，容纳了众多的声音——编辑、读者和作家自己的——并最终呈现在报纸副刊这一文学载体上，众声喧哗而归一，《啼笑因缘》能够产生如此效应应该在情理之中。

张恨水成名于《春明外史》，但是至《啼笑因缘》之前，他的影响力基本都在京津一带。《啼笑因缘》在上海的发表及其产生的轰动效应，使得张恨水蜚声南北。从《春明外史》到《啼笑因缘》，张恨水不仅完成了“北派”通俗小说进入上海的使命，更为重要的是，他完成了通俗小说“引雅入俗”的过程。他给中国通俗小说创作带来了三大变化：

第一，他使得人物形象在小说中逐步占据主导的地位。小说创作应该以人为中

---

① 恨水：《啼笑因缘(一六六)》第十五回，载《新闻报》副刊《快活林》1930年9月1日，第17版。
② 恨水：《啼笑因缘(一六七)》第十五回，载《新闻报》副刊《快活林》1930年9月2日，第17版。

心是新文学作家首先提出的。周作人1918年12月刊载于《新青年》的《人的文学》认为，一个健全的人应该有灵与肉两部分，灵与肉是人的两面，并不冲突，并认为小说创作应该是以人为中心。“五四”以来的新文学作家深受欧美和日本文学的影响，创作中力求表现“灵肉”完整合一的“人”。张恨水以前，通俗文学作家的小说一直以故事的情节为中心，人物形象模糊，尤其是全知创作视角使得小说人物难以展现心理活动，人物形象难免呆板。从《春明外史》到《金粉世家》再到《啼笑因缘》，张恨水小说中的人物形象和心理描写越来越生动，小说也越来越好看。这一点上，张恨水显然是受到新文学的影响，正如他自己所说，“到我写《啼笑因缘》时，我就有了写小说必须赶上时代的想法”①。

第二，张恨水的小说建立了说故事、写人物的创作模式，即建立故事情节围绕人物而展开的情节小说结构，这是张恨水的贡献。单纯写人物，没有一个生动的情节，不能吸引读者；单纯写故事，没有一个血肉丰满的人物，时间久了，读者难免会感觉乏味。写生动的人物，并以人物性格推动情节的发展，小说就会既生动又好看，张恨水以《啼笑因缘》证明了其创作实践的有效性。

第三，张恨水的小说在传统的章回小说语言风格中不留痕迹地糅入了现代元素，人物身份呈现出下移之态。从《春明外史》到《金粉世家》再到《啼笑因缘》，有一条十分鲜明的语言变革路径。这一语言变革，在女性身上体现得异常鲜明。从李冬青到冷清秋再到沈凤喜、关秀姑，从才女到平民再到鼓书艺人，人物言说方式日益接近市民语言，这种言说方式也使得小说人物离现实生活越来越近，“从遥远的过程，迂徐而踏实地走向现实主义道路”②。

张恨水的“引雅入俗”，恰恰是在中国传统文学和新文学之间搭起了一座桥梁。这一座桥梁既有现代性，也有着中国特色。

□□□ 思考延伸

1. 为什么说《啼笑因缘》的创作是一件“文学事件”？
2. 《啼笑因缘》成功的原因何在？
3. 在《啼笑因缘》中，张恨水是如何“引雅入俗”的？

---

① 张恨水：《我的创作和生活》，见魏绍昌编：《鸳鸯蝴蝶派研究资料》（上卷），上海文艺出版社1984年版，第254页。

② 《张恨水先生创作三十周年》，载重庆《新民报》1944年5月16日。转引自张伍：《忆父亲张恨水先生》，北京十月文艺出版社1995年版，第240页。

第十讲 雅俗的边缘与叠合：张爱玲、徐讦、无名氏

> 20世纪40年代，因为战争，新文学占据中国文坛主导地位的局面发生了重大变化，通俗文学浮上了水面。活跃在40年代的这批通俗文学作家可以视为通俗文学的新生代作家，其中以张爱玲、徐讦、无名氏的作品最有代表性。他们的小说不仅具有40年代中国通俗小说的特征，也代表了中国现代文学从雅俗对立到雅俗融合的发展趋向。

中国20世纪40年代是个社会急剧动荡、民族矛盾极其尖锐的时期，这一时期全国被划分为国统区、解放区、沦陷区和上海“孤岛”四个区域。40年代文学最显著的特征就是与战争和救亡主题有着紧密的联系。虽然不同区域的文学面貌各有其独特的基调与风貌，战争的冲击使得中国文坛的格局发生了根本性变化，各种倾向、流派、力量重新整合。原本创作启蒙文学的作家或直接投身于社会斗争，或逃亡避难，启蒙文学的主导地位因此下降。原本被看做非主流的文学有了发展的空间和机遇，使它们在新的文学格局中占据了日显重要的地位。上海沦陷区的张爱玲的小说和国统区的徐讦与无名氏的小说也就在这样的背景下风靡起来。

张爱玲（1920—1995），1920年9月30日出生于上海，系清朝达官显宦之后，原名张瑛。1939年考入香港大学，1944年与胡兰成结婚。1952年赴香港。1966年定居美国。1995年9月病逝于美国洛杉矶。20世纪40年代张爱玲开始文学创作，主要作品有散文集《流言》、散文与小说合集《张看》、中短篇小说集《传奇》、长篇小说《倾城之恋》、《半生缘》、《赤地之恋》等。晚年从事文学批评和《红楼梦》研究，著有《红楼梦魇》和《〈海上花列传〉评注》。张爱玲小说的代表作基本上是在20岁至25岁这一阶段完成。

张爱玲作为一位女性作家，她能真实感知女性在现代社会中的心态、生活的状况、精神的重负。如《金锁记》中曹七巧牺牲青春，嫁给残废无能的丈夫，有了金钱的她毫不幸福。反而因钱使人格变态，毁了自己，也毁了自己儿女的生活。《红玫瑰与白玫瑰》中的王娇蕊，平日虽惯于耍弄男人，但真正面对爱情，却是勇敢而富于行动力，相对她情人的猥琐回避，王娇蕊的爱显现了

无比的纯真。张爱玲一面对喧闹的风尘有着无比的好奇，一面又对这个世界的肮脏避之不及。她说这“生命是一袭华美的袍，爬满了虱子”①。因为了解浮华世界的虚假，所以她以改造过的言情小说体式、绚烂华美的文辞来呈现男女之间纠缠集结、伤痕累累的情路经历。张爱玲小说对女性心态的洞察、澄明的剖析和对都市生活的描述，都具有明显的现代特征。她的小说既是通俗的，又是雅致的；既有传统性，又具现代感；既是中国的，又是世界的。张爱玲熔传统古典小说、现代小说于一炉的，古今杂错、华洋杂错的小说文体对日后的港台文学影响很深，不可忽视。

徐讦(1908—1980)，1908年11月11日出生，浙江慈溪人，原名徐传琮。1933年北京大学哲学系毕业，转入该校心理学系读研究生。曾在林语堂所编的《论语》、《人世间》等刊物做编辑。1936年赴法国巴黎大学修读哲学，在此期间写下成名作《阿拉伯海的女神》和《鬼恋》等小说。一年后抗战爆发，他回到国内，陆续写下了《荒谬的英法海峡》、《吉普赛的诱惑》、《精神病患者的悲歌》等作品。1943年，长篇小说《风萧萧》发表，当年此书被列为“全国畅销书之首”，该年被称为“徐讦年”。徐讦1950年赴香港定居，到1980年去世。徐讦在香港30年中做过教师，坚持创作，办过刊物。1966年到1980年，台湾正中书局为他出齐了18册的《徐讦全集》。

徐讦应该算是文坛全才，小说、新诗、散文、戏剧样样都写，而且样样都精。司马长风甚至把他和鲁迅、郭沫若相比：“环顾中国文坛，像徐讦这样十八般武艺件件精通的全才作家，可以数得来的仅有鲁迅、郭沫若两人，而鲁迅只写过中篇和短篇小说，从未有长篇小说问世，而诗作也极少。郭沫若也没有长篇小说著作，他的作品除了古代史研究不算，无论诗、散文、小说、戏剧、批评都无法与徐讦的作品相比，也许在量的方面不相上下，但在质的方面，则相去不可以道里记。”②

徐讦的创作可以说是经历了一个由现实主义到浪漫主义再到悲观主义，最后导向宿命论和神秘主义的思想轨迹。他的创作因此也可分为三个时期：第一个时期为从1932年开始写小说到抗战爆发前创作《鬼恋》，可称为成名期；第二个时期为1937年从法国迁回上海，到1950年离开上海赴香港，称为创作的发展时期，这个阶段他的作品状态体现出了多样、复杂、不稳定的特征；最后一个时期是1950年到香港后的30年。③

徐讦小说的大众化和流行性，主要体现在他善于叙述具有奇幻、迷人、虚缈色彩的传奇或爱情故事，注重悬念的设置和情调的渲染。如《风萧萧》是多角恋爱与间谍战的混合型故事。《荒谬的英法海峡》是选择了一个虚构的情境，揭示留洋中国知识分子的心境。《鬼恋》写了扭曲变形的出世心理和充满神秘色彩的恋情。他的作品以揭示人物心灵世界为主，广泛运用了象征手法、梦境、荒诞的联想、时空大幅跳跃等现代小说的叙述语言。在徐讦的心目中，“小说是书斋的雅静与马路的繁闹融合的艺术”④。“书斋的雅静”体现出他对精英文学的追求，“马路的繁闹”则又传

---

① 张爱玲：《天才梦》，见《张爱玲散文全编》，浙江文艺出版社1992年版，第3页。
② 司马长风：《中国新文学史》(下册)，(香港)昭明出版社，1978年版，第121页。
③ 程亦骐：《徐讦小说创作的发展演变》，载《齐鲁学刊》1990年第3期，第106～114页。
④ 徐讦：《〈一朵小白花〉序》，见《门边文学》，(香港)朝天书业公司1972年版，第153页。

达出将品位较高的文学传向大众的写作理念。雅俗融合是他的小说创作观念，例如《风萧萧》，这本小说以男主人公“我”与代表不同利益集团的三位女间谍的情爱纠葛为故事内容，显然是写“马路的繁闹”。小说却侧重表露对生命态度的严肃探索精神，体现了人生历程中理想、信仰、爱情等永恒主题的相互冲突，这显然又是写“书斋的雅静”了。心理学的学术背景使得徐讦在小说创作时常常使用精神分析学对人性进行深入的追究和发掘，展示了小说角色心理层面的复杂性与丰富性，如《旧神》推论了女子犯罪源自于男子的罪恶；《精神病患者的悲歌》以心理演绎构成小说本体，心理分析细致入微地贯穿全文；《婚事》、《巫兰的噩运》通篇都是精神分析。徐讦是位多产的作家，他的创作共计有60余种，文类广泛，大多为精品。由于他后来长期定居香港，被公认为是对港台和东南亚华文文学起到重大影响的作家。

无名氏(1917—2002)，祖籍江苏扬州，出生于南京。兄弟五个，排行“夫”字辈，故称卜乃夫。二哥卜少夫曾任《中央日报》、《申报》总编辑和新闻天地社社长。幼弟卜幼夫曾任台湾杂志社社长。无名氏是位自学成才的作家，当年中学未毕业就只身北上旁听于北京大学。20岁时，他受聘为《扫荡报》的记者。1943年，26岁时，以“无名氏”为笔名发表了成名作《北极风情画》，轰动一时。《北极风情画》、《塔里的女人》两书极为畅销，多年来各销五百余版。《北极风情画》写的是波兰后裔奥蕾利亚爱上韩国军官林，林虽知不能长久待在西伯利亚的寄居地，可他无法抗拒爱的诱惑，和奥蕾利亚相恋，最后却又弃爱而去，导致了少女自杀。《塔里的女人》中南京医生兼提琴家罗圣提已是有妇之夫，却与名门女子黎薇坠入情网，两人后来无法在一起，终以悲剧收场。《无名氏研究》①一书中曾评论说，无名氏写这两本书的立意，是用一种新的媚俗手法来夺取广大的读者，向一些自命为拥有广大读者的成名文艺作家挑战。他也的确达到了这一目的，成为了继徐讦之后，浪漫爱情小说的畅销作家。无名氏的爱情小说，当然不仅仅是媚俗，它们蕴涵了作家深刻的文化反思，将男性与女性这两种不同生命形态追求的相异与冲撞在故事中铺展开来，有着生命探索的意味。抗战胜利后，无名氏致力于“无名氏书稿”的写作，共分六卷出版，分别名为《野兽、野兽、野兽》、《海艳》、《金色的蛇夜》、《死的岩层》、《开花在星云之外》、《创世纪大菩提》。这部小说分别以革命、爱情、罪恶、宗教、禅宗、乌托邦为主题，注重对人类生活形式的表现，尤其是对人类心灵世界的深入探索。全书写法多样，表达形式丰富，是介于诗体小说、哲理小说、散文小说之间的混合文体。

这三位作家的小说之所以能够流行与他们小说中的爱情主题有很大关系。他们的小说演奏的是多声部的爱情进行曲。徐讦是爱情理想主义者，他在写《鬼恋》时就给爱情定了位，即爱情是一种精神存在，它没有年龄的限制，没有性别的限制，甚至超凡脱俗地没有肉体的限制。到了20世纪40年代，他又将爱情提高到哲学和宗教的境界。《吉普赛的诱惑》将爱情的生命和吉普赛人的生活联系在一起，宣扬一种自由的精神：“吉普赛的生活专为培养永生的爱情的，而我们也终于将生活献给爱神。”《精神病患者的悲歌》将爱情进一步地纯化，从个人的私有性中剥离出来，泛化为具有奉献精神的爱心：“我要把海兰与白蒂赠我的爱献给人群，献给我的理想与事业。”爱情是一种自由，爱情是一种爱心，所以《风萧萧》中那位独身主义者能

① 卜少夫：《无名氏研究》，(台湾)新闻天地出版社1981年版。

在三位女性之间施展他的爱情，却又显得那么纯净："爱是我自己的想象，而没有一个人爱过我。她们爱的也只是自己的想象。"很显然，徐讦表现的爱情生活实际上有两重境界：一重是肉体的，也是世俗的，它往往走向悲剧；一重是精神的，也是纯净的，它从来是以胜利而告终。在这两重境界的反差对比之中，徐讦实际上是借爱情的壳写他的人生理想。他所勾画的精神境界与法国文学所表现出来的人文精神是相通的。如果将莫泊桑、纪德、梅里美等人的小说与徐讦的小说联系起来看，将会明显地看到徐讦小说所宣扬的自由精神和奉献精神的来源。他的作品骨子里弥漫着一股法兰西的"罗曼蒂克"精神，只不过作为一个文化的接受者，在他向自己的同胞宣扬时，作了相当精细的铺垫和"中国化"的阐述。

无名氏写爱情没有徐讦那么多的缥缈感，他以相当浓丽的笔调写了男女之恋的全过程。《北极风情画》和《塔里的女人》中的爱情生活无不写得惊心动魄、缠绵悱恻，爱情程式的演绎发挥到了淋漓尽致。无名氏小说中的爱情故事固然动人，但令读者悚然的还是他的忏悔意识。刻骨铭心的爱情却是刻骨铭心的痛苦，爱情的叙述者是背负着爱情十字架的苦行僧。陌生怪客和罗圣提叙述的那些迷人的爱情经历正是他们痛苦的根源。他们的叙述并不是为了心灵的净化，而是一种忏悔："在生活里面，你常常可以碰到一种不可抗拒的神秘阻力。这种阻力，你年轻时，还不显得怎么沉重，有时候，只要你咬一咬牙，摇一摇头，说一个不字，它似乎就退开了。但是随着你的年龄增加，额上皱纹加深，它一天一天变得强大起来。到了最后，你连摇头说个不字的勇气都没有了。"① "神秘阻力"不仅纠缠了小说主人公的一生，使他们万劫不复，还使他们像幽灵一般出现在雪后的华山之巅和月明的松林之间，在精神上和肉体上折磨自己。忏悔对象不是自我价值或社会和民众（如鲁迅的《野草》、巴金的《灭亡》等），而是自己的恋爱对象，忏悔有了更多的个人感情色彩。不仅是心灵上的忏悔，还有行动上的"自惩"，这里面有着浓重的俄罗斯知识精英们的"罪感"意识。陀思妥耶夫斯基、托尔斯泰、屠格涅夫等作家笔下的文化意识在此折射了出来。

对徐讦和无名氏所神圣化的爱，张爱玲是打问号的。《沉香屑·第一炉香》中葛薇龙终于嫁给了乔琪，然而出嫁了的薇龙等于是出卖了自己，小说写道："从此以后，薇龙这个人就等于卖给了梁太太和乔琪，整天忙着，不是替乔琪弄钱，就是替梁太太弄人。"如果说结了婚的薇龙失去了自我价值的话，小说的结尾就更有意味了：薇龙将自己与街头的妓女作了比较，得出了两者相同的结论，只不过"她们是不得已，我是自愿的"。这样的结论不仅是对女主人公的评述，而且是对女性的婚姻归宿的思考。同样的疑问和思考还出现在《倾城之恋》、《金锁记》等作品中。爱情不再是纯洁美好的化身，也不是受苦受难的象征，张爱玲在展示爱情生活的同时，还启发着读者思考这样的问题：究竟有没有爱情？因此，她描述的爱情是困惑的爱情，恍惚的爱情，这也许就是张爱玲常说的"苍凉"的意境吧。

"多声部"的爱情描写虽然也写社会生活，但不再强调社会与言情的冲突，而是强调主人公的情感在社会中的实现。它的深刻之处不是通过爱情的波折达到社会批判的目的，而是将爱情回归至人性和人情的层面上。无论是一见钟情、刻骨铭心、

① 无名氏：《北极风情画》，华夏出版社 1999 年版，第 151 页。

以身殉情，还是苍凉面对、真情忏悔、情义决断，他们的小说都给爱情作出了自由、独立的答案。自由和独立是爱情的灵魂，是爱情的生命，拘于世俗的规矩，爱情之花必然枯萎，这是作家们一致的意见。自由和独立是现代中国人文精神的核心内涵，所以，他们的小说虽然表现的生活并不广博，但在人性的挖掘上却有相当的深度。当然，各位作家追寻自由、独立的途径是不一样的：徐讦是一种升华，让爱情与自由、独立同在；无名氏是一种对比，让失去自由、独立的爱情之花快速地死去；张爱玲是一种疑问，她怀疑自由、独立的爱情之花是否存在。伴随着这些选择，小说弥漫着欢乐、痛苦、迷茫和忏悔等各种情绪。这些人生情绪正是现代人生的表现。爱情哲学、人生情绪和缠绵的故事融合在一起，决定了这些小说的风格确立在通俗性和雅致性、现代性和世俗性的交汇点上，也决定了小说的读者必将辐射社会各个阶层。

张爱玲小说《沉香屑·第一炉香》的开头有这样几句话：

> 请您寻出家传的霉绿斑斓的铜香炉，点上一炉沉香屑，听我说一段战前香港的故事，您这一炉沉香屑点完了，我的故事也该完了。①

显然，张爱玲是将写小说看做讲故事。其实，不仅是张爱玲，讲故事是他们几位作家共同的特点。讲故事的小说文本，其文本话语总是由情境话语与叙述话语两部分组成。他们小说的情境话语是传统型的，都有一个完整的故事情节，毫无例外地追求故事的传奇性：小说的中心情节离不开一段传奇的人生经历，这段人生经历的内核当然是刻骨铭心的婚恋生活（徐讦的《风萧萧》写了间谍的生活，但也只是一个壳）。小说的情节发展充满了偶然和突变：偶然的相遇或者突然的事变往往是男女主人公爱情生活的催化剂，常常造成一见钟情或者棒打鸳鸯。小说的环境常追求特异的气氛。徐讦和无名氏的小说展现的是新奇的境地和浪漫的场所：不是异国他乡，就是夜幕下的酒吧、饭店、赌场以及长满梧桐树的林荫大道和碧波荡漾的玄武湖畔。无名氏甚至将环境推到了绝地，在冰天雪地的西伯利亚和万仞悬崖的华山之巅说故事。他们追求的是小说环境陌生化的效果。张爱玲略有不同，她展现的是身边的世俗生活环境，在平常的日子中演绎婚恋生活的酸甜苦辣，追求的是小说环境的亲近感。无论是新奇的境地、浪漫的场所，还是世俗的生活，都是为了使故事的传奇性得到充分的发挥。这类情境话语在中国通俗小说中已成为固定的创作模式，他们只不过是对传统的一种延续。

值得探讨的是他们小说中的叙述话语，这是作家们的创造。中国传统小说受话本的影响很深，小说中的叙述话语和情境话语是分离的。几位作家采用改造的方式，让情境话语在叙述话语的框架内自由地发展。这种改造的方式通常以两种形式表现出来。一是以叙述话语作为故事的开头和结尾，故事的正文则以情境话语为主。开头、结尾的叙述话语采用什么形式不拘一格：徐讦比较喜欢用哲理性的语言，如《吉普赛的诱惑》；无名氏基本上是用一个小故事导入，他的《北极风情画》和《塔里的女人》均是如此；张爱玲喜欢构造一个凄美静穆的意境，除了前面所举的《沉香屑·

---

① 张爱玲：《沉香屑:第一炉香》，见《张爱玲作品集》，新疆人民出版社2006年版，第110页。

第一炉香》外，《沉香屑·第二炉香》、《金锁记》、《倾城之恋》等作品均有一个首尾呼应的颇有意味的意象。二是叙述者就是传奇故事中的一个人物，他所叙述的故事就是他本人的人生经历。这样的小说常常以第一人称出现（有些是有一个名字的第一人称）。这两种方式虽有形式上的不同，但实质是一样的，即：叙述话语均以强势的姿态出现在小说文本之中，同时又突出了情境话语的独立性和主体性。在第一种方式中，叙述话语只明确地出现在小说的开头和结尾，似乎并不影响小说正文的叙述，它的独立地位变成了情境话语的辅助地位，所担当的角色似乎只是作为小说正文的铺垫，或构造小说的悬念与总结人生的得失。这样，既保持了叙述话语在小说阅读中的权威性和引导性，又让情境话语“自由”地发展。在第二种方式中，叙述者既是故事的见证者，又是故事中人，他们的感情依附在小说人物身上，随着人物命运的悲欢离合一起起伏，叙述话语对小说的情境话语不但没有限制，反而成了情境话语起承转合的一种手段。更重要的是，叙述话语还给小说的感情起到了定调的作用，由于所定的基调就是这部小说所要表现的人生情绪和展现的艺术风格，因此，即使叙述话语略有偏离，读者不但原谅，反而给予信任。在张爱玲等三位作家的小说中，叙述者常常不知不觉地站出来对小说人物的所作所为评点几句，这些站出来给予“说法”的做法，虽然有损于情境话语的客观性，但是符合小说的基调，几句评点不但增强了读者的阅读兴趣，而且拓展了人生哲理的空间，读者不但认同，并且会得到某种启发。与传统小说中叙述话语和情境话语相脱离不一样，他们的小说发挥了叙述话语与情境话语的长处，并尽量使它们巧妙地融合在一起。

除对传统小说的叙述话语做了卓有成效的改造之外，他们的小说还吸收了现代表演艺术的特点，其中表现得最为突出的是徐讦和张爱玲。徐讦的小说有着明显的话剧艺术的痕迹，而张爱玲的小说有着更多的电影艺术的氛围。对叙述话语的改造和对现代表演艺术的吸收，实际上是从“时”、“空”两个角度重新整合中国小说传统的叙述结构。它的意义不仅仅是丰富了小说叙述话语的表现技巧，缓解了小说中传统的情境话语的僵硬，而且寻找到了一条既有传统小说特色，又有现代色彩的小说叙述模式。这样的叙述模式也许并不能为当时的文坛全部接受，但的确取得了明显的效果，它是写传奇故事的小说之所以“流行”的重要原因。

张爱玲等三位作家的小说应该说是中国文坛上第一次大规模地将爱情回归到感情的层面，第一次多角度地正面阐释爱情内涵的文学作品。题材是古老的，话题是永恒的，视角却是新颖的。正面阐释爱情带来的重要变化的标志是女性逐步成为了小说的情感中心。中国的爱情婚恋小说一以贯之的是男性话语，无论是正面还是反面，女性都是男性的理想形象，都处于被动状态。在张爱玲等三位作家的小说中，女性不仅是男性的赞美对象、崇拜对象、忏悔对象、分析对象，而且是爱情的抒发者和爱情故事波澜起伏的支配者。角色的变化使得女性的性格有了充分的展示，如罗拉的洒脱（徐讦《吉普赛的诱惑》）、海兰的博爱（徐讦《精神病患者的悲歌》）、奥蕾利亚的刚烈（无名氏《北极风情画》）、黎薇的矜持（无名氏《塔里的女人》）、曹七巧的尖刻（张爱玲《金锁记》）、白流苏的心计（张爱玲《倾城之恋》）。女性的性格如此集中地展现，在中国文学史上不多见。尤其值得称道的是，小说将性格的展现和人生命运紧密地结合在一起，性格就是命运，那些生动鲜活的女性形象奔向她们人生归宿的动力不是外在的，而是内在的，恰是她们自己。徐讦笔下的女性的性格无论是什么形态，都有一种宽阔的精神气质，这种精神气质最后总是将她们推向自由的境界。奥蕾利亚的刚烈和黎薇的矜持来自于爱情的滋润，一旦失去了爱情的滋润，刚烈就只能走向自杀，矜持就只能变成委琐。张爱玲小说中的不少人物似乎都有一个“无奈”的喜剧结局，她们的人生目的似乎都达到了，她们心灵上的美好似乎都消失了，这样的人生结局是她笔下人物的必然结果，因为她的那些个性各异的人物在算计着别人、算计着社会的同时，别人和社会也在算计着她。伴随着她们的人生命运故事的展开，女性的情爱心理得到了充分的展现。她们形态各异的择偶观以及爱情生活中的敏感、纤细、刚烈、脆弱、单纯、狡猾等女性最为隐秘的心灵和丰富生动的情感如此集中地表现出来，这在中国文学史上大概也是第一次。性格与命运，心理与感情，如此紧密地结合在一起，女性的“人”的形象也就树立起来了。

自五四新文学登上文坛以后，中国的文学就沿着两条平行的线索向前发展，一条是接受外国文学影响的新文学，一条是延续着传统文学发展而来的通俗文学。由于它们的美学内涵不同，前者被称为雅文学(这一名称并不科学,姑妄称之)，后者被称为通俗文学。20 世纪 40 年代的流行小说发出了这样一个信息：中国现代文学的雅、俗文学正在互相渗透，并趋向合流。40 年代的张爱玲、徐讦、无名氏是一批新崛起的青年作家，他们没有参加什么社团，远离文坛论争的中心，知识库存里也没有什么新文学的理论或通俗文学的传统，他们只是根据自己所认识并喜欢的美学观念进行小说创作。这些美学观念正是雅、俗文学经过十多年的检验而为中国读者所接受、所欢迎的一些美学内涵。时代造就了这批新作家，他们也创造了中国文学新的文体。

思考延伸

1. 张爱玲、徐讦、无名氏作品中女性形象的不同反映了三位作家什么样的人生观点？

2. 20 世纪 40 年代的小说创作受国外文学流派和观念的影响体现在哪几个主要方面？

3. 为什么说张爱玲等三位作家创造了雅俗共赏的小说文体？

第十一讲 20世纪40年代通俗文学的“东吴系”和“复旦系”

20世纪40年代，通俗文学在沦为“孤岛”的上海呈现出了再次繁荣，一批青年作家开始活跃于文坛，其中最引人注目的是“东吴系”和“复旦系”，他们的创作与二三十年代的通俗小说呈现出了非常大的不同。由于特殊的历史境遇，“东吴系”主要是女作家，她们的作品呈现出外柔内刚的特质，业余作家的身份使得她们能够在市场与女性性别之间找到一个恰当的契合点，使得她们的作品唯美而不媚俗。“复旦系”主要是男作家，他们则重在描写自然人性中的性爱生活，坚信性爱的力量能够解决一切社会问题，将其提升到无以复加的程度。

20世纪40年代，上海已经沦为“孤岛”。很多新文学作家在“抗战、救亡”的背景下，或去了大后方，或奔向前线，或流亡海外。即便有一部分新文学作家留在上海，迫于当时的高压政策，也无法施展拳脚。由于生活形态的一如既往，上海市民对于精神产品的需求以及敌伪政府对于通俗文学的相对宽容，使得通俗文学获得了难得的发展机遇。此时，前期停刊的杂志纷纷复刊，如《紫罗兰》、《小说月报》；一批新杂志创刊出版，如深受市民读者喜爱的“方型刊物”《万象》、《春秋》、《茶话》等；① 同时期连载于《申报》副刊《春秋》上的《秋海棠》，也引发了如30年代《啼笑因缘》般的轰动以及一系列的连锁反应。可以说，尽管是沦陷区，但前期的文化资本积累以及文化市场的充分发育，为此时的通俗小说提供了再次繁荣的条件和机遇。在这次通俗小说再度繁荣的历史境遇中，有两股年轻力量非常惹人注目，他们就是“东吴系”女作家和“复旦系”男作家。

“东吴系”女作家大多毕业于东吴大学或东吴附中，成员主要有施济美、汤雪华②、俞昭明、邢禾丽、郑家瑷、杨琇珍、程

---

① 由于这些刊物的开本是方型，所以被称为“方型刊物”。

② 其中只有汤雪华未上过东吴大学。但由于其寄父胡山源为东吴大学教师，其步入文坛以及发表的一系列作品都与胡山源有非常密切的关系，故也属于“东吴系”女作家的一员。汤雪华：《我的寄父胡山源》，见胡山源：《文坛管窥——和我有过往来的文人》，上海古籍出版社2000年版，第263页。

育真、陶岚影、叶枚珍等人。① 对于她们的作品，周瘦鹃曾在复刊后的《紫罗兰》杂志的“写在《紫罗兰》前头”里这样评价：“近来女作家人才辈出，正不输于男作家，她们的一支妙笔，真会生出一朵朵的花儿来，自大可不必再去描龙绣凤了。”② 1944 年，谭正璧编《当代女作家小说选》时，曾选了 16 位女作家的 16 篇作品，其中“东吴系”女作家的作品就有 6 篇。③ 由此可见她们在当时文坛中的影响力。

在评价这些作家的作品时，谭正璧称，“她们的作品既有一种柔婉的力，同时也可说是一种柔婉的风格”④。这种所谓的“柔婉”有两层含义：一是指女作家创作中流露出的感伤的基调；二是指这些女作家的小说创作中的散文美。《小说月报》、《紫罗兰》、《万象》、《春秋》和《幸福》分别是 20 世纪 40 年代发行量在上海首屈一指的杂志，同时也是“东吴系”女作家最重要的发表园地，共发表她们的创作 114 篇。感伤气质弥漫于这一派作家的大部分创作中，如施济美的《暖室里的蔷薇》、《圣琼娜的黄昏》(在收入文集时更名为《三年》)、《凤仪园》、《群莺乱飞》(在收入文集时更名为《十二金钗》)、《莫愁巷》、《嘉陵江上的秋天》，汤雪华的《红烧猪头和小蹄膀》、《墙门里的一天》，俞昭明的《小茉莉》、《古城之夜》，杨琇珍的《蓝色多瑙河》、《灯塔》、《庐山之雾》，邢禾丽的《歧途》、《瞑目》、《睡莲》，郑家瑷的《号角声里》、《霏微园的来宾》，程育真的《圣歌》，等等。感伤，一方面缘于这些作家的个人经历，如施济美的恋人俞允明在战火中丧生，她因此终身未嫁；俞昭明失去了最心爱的弟弟；汤雪华幼年失去了唯一的姐姐，后又备受肺病折磨；杨琇珍的恋人失踪；在战火中程育真全家曾到内地避难……另一方面，也是更重要的原因，缘于她们在成长过程中都深受中国古典文学的熏陶。中国古典文学的传统影响了她们的创作，正如胡云翼在《中国妇女与文学》中所言：

> 中国文学的变迁，总不外两种趋势，便是婉约和豪放。无论哪一种文体，都可概括在这两种作风里面；无论哪一时代的文学，总不能自外于这两种趋势的圈套。就这两种不同的风格讲，婉约文学又往往为文学的正宗，而豪放则被称为别派。并且实际上号称为别派的文学实在很少，中国文学的主潮，可以说是完全向着婉约方面的发展。⑤

文学与情感密不可分，而女性的特质，恰是细腻而富于感性。因此，当女性将自身的不幸托之于文学，其作品中的感伤情调，便成为一种自然的情感抒发。

至于“东吴系”女作家小说创作中的散文风格，翻开她们的作品，几乎触目皆

---

① 关于“东吴系”女作家名称的由来，很多论者都曾提及，如张曦《古典的余韵：东吴系女作家》，汤哲声《流行百年：中国流行小说经典》，张堂锜《寻找施济美——钩沉现代文学史上的东吴女作家群》。而胡山源《文坛管窥——和我有过往来的文人》以及汤雪华的回忆录《汤雪华自传之二 · 十年笔耕》更是详尽叙述了其名来由。

② 周瘦鹃：《写在紫罗兰前头》，载《紫罗兰》1943 年第 3 期。

③ 这 6 篇小说分别是：杨琇珍《庐山之雾》、程育真《音乐家的悲歌》、邢禾丽《上帝的信徒》、汤雪华《山乡》、施济美《小不点儿》、俞昭明《玄武湖之梦》。

④ 谭正璧：《当代女作家小说选 · 序言》，太平书局 1944 年版，第 8 页。

⑤ 转引自谭正璧：《中国女性的文学生活》，江苏广陵古籍刻印社 1998 年版，第 26～27 页。

是。施济美登上文坛的时间最早，创作的数量最多，① 在读者心目中的影响力最大，② 她的创作可为代表。在评价施济美的作品时，谭正璧虽然称她为“为创作而创作的纯文艺作家”③，但同时也大力称赞她的文学“优美到极点”，这种“优美”，恰是她小说中的散文美。尽管施济美的创作1946年后发生了转变，但这种散文美，却贯穿了施济美创作生命的始终，如她早期的作品《小不点儿》：

> 早秋天气，那矮矮的竹篱上，牵牛花开满了，淡白的，浅紫的，浓蓝的，一枝枝喇叭形的花朵……
>
> “为什么不种茑萝呢？”我冒冒失失的脱口而出。
>
> “茑萝？”她莫名其妙地瞅着我，又举手去播弄耳坠子。
>
> 真的，为什么一定要种茑萝？即使这竹篱上爬满了浅绿色的茑萝藤，开遍了细小的猩红的也是喇叭形的茑萝花；难道这戴着耳坠子的少妇还能回到她穿背带裙子的时日么？④

再看她发表于1947年的《群莺乱飞》(《十二金钗》)：

> 远处，一排一排的电线上，有几只麻雀，参差的歇着，苍烟暮霭里模糊的望过去，像五线谱上的音符，一曲冬天的歌——《除夕里的黄昏》，倘使在北风里弹奏起来，虽是短短的一节，也该有它独具的苍凉和悲情吧？苍凉悲情的，除夕的黄昏，这无声的短歌。这天寒岁暮的彷徨和不安，这莫名其妙的磨人的忧郁，好像这不仅是一年中的最后一天，并且也是故事中的末日，生命的终结，撕去这一天的日历，什么也都完了，即使没有完，也不过是无穷尽的空白，就像这窗外的天，说不上来是阴还是晴。然而，窗子外面的天，此刻是一点一点的暗下去了，黑下去了……她心里的天也一点一点的暗下去了，黑下去了……这稍纵即逝的除夕的黄昏，如同芳华迟暮的女人的憔悴的青春……⑤

这里，散文美已经成为施济美的创作气质和写作风格，而散文是除诗词之外最具有柔婉气质的文体，由此可见，谭正璧对“东吴系”女作家创作“柔婉”特质的评价十分客观。

但是，与以往女性文学的“柔婉”特质不同的是，“东吴系”女作家“柔婉”的真正含义是“外柔内刚，刚柔相济”。“东吴系”女作家的创作都处于20世纪40年代的上海沦陷区。在复杂动荡的时代背景中，与张爱玲的忧郁及苏青对欲望的张

---

① 胡山源：《文坛管窥——和我有过往来的文人》，上海古籍出版社2000年版，第108页。

② 1946年2月之前，《上海文化》杂志社对11所大学、中学、职业学校及部分校外知识青年共683人进行了调查，在“我最钦佩的一位作家”一项中，施济美以31票列巴金、郑振铎、茅盾之后，排名第四。

③ 由于《当代女作家小说选》编于1944年，而施济美小说的代表作大多出现于1946年前后，综观其此时期的创作，谭正璧的评价较为客观，这也恰与胡山源批评施济美“所写的题材”“一味以青年男女的情趣为主体”的观点一致。

④ 施济美：《小不点儿》，载《春秋》1943年第1卷第3期，第257～258页。

⑤ 施济美：《十二金钗》，见《小姐集》，人民文学出版社2007年版，第163～164页。

扬不同，她们大多数都秉持着积极、严肃的创作态度，追求真挚、执著的爱情，强调自我的完善和对社会的奉献。施济美之所以被称为“东吴系女作家的代表”，除其作品之外，还缘于她令人仰视的气节操守和高尚的精神追求。1942年施济美从大学毕业，此时上海交通已经中断，难以收到远在异地的父亲的接济，有人推荐学经济的施济美进入一家待遇优厚的保险公司。但当她了解到该公司有日本人的资本后，毅然拒绝，而是选择了收入较低的教师职业，甚至后来因秘密参加抗日活动而一度遭到日本宪兵队的搜捕。恋人俞允明去世后，为了不让俞允明的父母知道实情难过，施济美坚持以俞允明的口吻给其父母写信，并为此终身未嫁。“文化大革命”时期，曾任《幸福》杂志主编的沈寂被误认为是《桃花扇》的编剧而遭到揪斗，在自身难保的情况下，施济美挺身而出。1969年，在经历了无情的批判和摧残之后，不堪受辱的施济美在49岁生日的当天，连寿面也没有吃，上楼之后，以最决绝的方式——悬梁自尽，表达了自己对于时代的绝望和愤怒。施济美的一生，“是她自己笔下一个美丽而哀婉的悲剧故事”①，而这个悲剧，恰恰因为她的正直，因为她的民族气节，因为她对爱情的忠贞，因为她外表柔婉、内心刚毅的精神操守。施济美如此，其他“东吴系”女作家也大多如此。俞昭明在弟弟去世后，同施济美一道，在年迈的双亲面前封锁消息；直到双亲去世后她才步入婚礼殿堂。汤雪华母腹丧父，六岁丧母，未满十岁又失去了唯一的姐姐，后又疾病缠身，多舛的命运没有让汤雪华自怨自艾，反而给了她异常广阔的创作视野和一颗悲天悯人的心灵。可见，“东吴系”女作家的“柔婉”只是她们个人创作及生活风格的表象，“刚毅”才是她们最有质感的内里。她们的人生与创作，时时处处都充溢着刚柔相济的特质。

有研究者经过仔细梳理，根据她们的作品特色，将“东吴系”女作家分为“小姐派”和“平民派”。② “小姐派”作家长于言情，重于女性细腻情感的流露与抒发。因此，她们笔下的人物，无论是姓名、语言、生活方式还是情感，都具有浓浓的“小姐气”，诗意、伤感、唯美而浪漫，如施济美《凤仪园》中的冯太太姚应华、《悲剧与喜剧》中的蓝婷，郑家瑷《号角声里》中的裘莉、《霏微园的来宾》中的容淡微、容素菲，等等。单看名字，就是“小姐”。再看她们的生活和情感世界。《凤仪园》中的冯太太住的“听雨轩”是“一个清雅无比的书房，朝南的前窗外栽了芭蕉，朝北后窗的小院里种有翠竹，屋左通小客厅，屋右走出花瓶式的门，是荷花池，这时节已经莲叶田田了”。室内的陈设是“紫檀家具，中国字画，古式瓷器，月洞形的圆门，有流苏的帘幕，宫灯式样的绢制灯罩，色彩以富丽的鹅黄为主”。在家庭教师康平离去时，冯太太没有与他见面，却“放下帘子”，“站在窗口，‘凝眸处，从今又添一段新愁’”，“这一回，她到底哭了，流下她的眼泪”③。“平民派”则不然。无论是汤雪华《红烧猪蹄与小蹄膀》中的小蹄膀，俞昭明《黑芍药》中的黑芍药与神贼康八，还是邢禾丽《上帝的信徒》中的余小姐和季大娘，这些人物都鲜活地生活在市井之中。他们没有“小姐派”作家笔下人物优裕的生活条件和良好的教育背

① 沈寂：《施济美魂归何处》，见《风云人生》，上海书店出版社1998年版，第168页。

② 王羽在博士论文《“东吴系女作家”研究（1938—1949）》（华东师范大学，2007年）中认为，根据作品特色，“小姐派”应该包括施济美、杨琇珍、郑家瑷、程育真，“平民派”应该包括汤雪华、俞昭明、邢禾丽。

③ 施济美：《凤仪园》，选自柯灵主编：《施济美小说》，上海古籍出版社1997年版，第157~208页。

景，有的是琐屑的生活现实和生存的困境。但面对残酷的生活，这些底层人民又表现出了令人感动的坚韧和正直、善良。俞昭明《黑芍药》中的主人公黑芍药，一直保护着劫富济贫的神贼康八，并在康八被捉之后，信守照顾其妻女的承诺，与其妻女一道远走他乡。而汤雪华的题材更为广泛，老人、青年、儿童，社会上的工人、商人，家庭中的妇女……她的一系列作品中，都表演着“人造的饥荒，不必要的死亡，官场的黑暗，大家庭的淫靡，兵荒马乱所引起的灾祸，时代错误造成的悲剧，失恋后的变态心理病患者的趣事”①，无论是《红烧猪蹄与小蹄膀》、《郭老太爷的烦闷》，还是《墙门里的一天》，处处都洋溢着作家对底层百姓的深切同情，对剥削和压迫的抗议以及对社会上群丑的讽刺。她的创作也因此深受胡山源的肯定，认为在“东吴系”女作家中，汤雪华是“最优秀的”②。

20世纪40年代的“孤岛”上海，文化环境异常复杂。很多作家为了谋生，创作直接面向市场，作品中的商业目的非常明显。与当时享誉文坛的女作家张爱玲、潘柳黛、苏青等人不同，创作并不是“东吴系”女作家谋生的方式，她们都是“业余作家”。但作家身份是一把双刃剑。在她们生活的时代，报纸、期刊已经开始充斥于人们的生活，成为现代人获取信息的主要渠道。作家本来就是大众心中的明星，受人关注，而因了她们的女性身份，她们在杂志、报纸上发表文章，更使媒体看到了这种身份背后的商业意义。如果不能在媒体铺天盖地的舆论控制中保持一份独立和清醒，那么就会为媒体所操纵，难以保持创作的自由和灵魂的洁净。“东吴系”女作家大都有良好的家庭教育背景，施济美的父亲施肇夔曾在外交部工作，是顾维钧的得力助手，其母是名门闺秀，熟读诗词，又擅书法；俞昭明的父亲曾是一名书记官，后迁居苏州，俞昭明因而在吴地长大；程育真的父亲即程小青；即使不幸如汤雪华，在其成长经历中也一直深受寄父胡山源的照顾与教育。她们都接受过真正意义上的现代教育。她们多数“穿着入时，打扮漂亮，多数是秀发垂肩，风姿翩翩”，“举止大方，谈吐风雅”③。而她们所涉猎的领域也非常广泛，除了汤雪华未进入大学读书外，邢禾丽就读于东吴大学国文系，施济美和俞昭明都毕业于东吴大学经济系，郑家瑷曾先后就读于东吴大学国文系、英文系和圣约翰大学教育系，杨琇珍则毕业于东吴大学社会学系。此时距五四新文化运动已过去20多年，她们在接受系统的专业教育的同时，在文学领域内，也是中西兼顾。因此，在当时，“东吴系”女作家又被称为“小姐作家”④。

“业余作家”的身份，使“东吴系”女作家可以在创作中摆脱功利的目的，保持自我的姿态，坚持内心的理想。同时，这身份又使得她们可以通过媒体，除去自身的职业之外，多了一种与社会接触和交流的渠道，这又大大丰富了她们的创作实践。因此，她们的创作，在女性身份与媒体的商业性之间找到了一个非常好的契合点，职业女性和业余作家的双重身份使得她们跳出了张爱玲之类的柴米油盐，她们的创作并不功利。在她们的作品中，更多地体现出了对底层民众的深切关怀和个人

① 谭正璧：《当代女作家小说选·序言》，太平书局1944年版，第23页。
② 胡山源：《文坛管窥——和我有过往来的文人》，上海古籍出版社2000年版，第261页。
③ 汤雪华：《汤雪华自传之二·十年笔耕》，载《苏州杂志》1993年第2期。
④ 陶岚影：《闲话小姐作家》，载《春秋》1944年第8期。

在乱世中的情感迷茫。她们的写作尽管有自娱的成分，但是，与之前以及同时代的通俗小说作家不同的是，理想之焰在“东吴系”女作家的心中一直都不曾弥散，这理想之焰的松明火把一直给她们和读者的生命以温暖的烛照。

此时《小说月报》(后)①上也活跃着一批青年作家，这些作家大多是男性，主要来自于复旦大学，因此也可以称为“复旦系”。这些男性青年作家不写婚恋心理，而是写性爱生活。在他们的笔下，性爱具有超自然的力量，好像人类的一切活动都是围绕着性爱展开的。周楞枷的《山茶花》写一位貌若天仙的女招待始终坚持卖笑不卖身，但是在大敌当前之时，她却以自己的身体开了一个义卖会，“卖得金钱就捐献给国家，谁能够出最高的价格，我便把身体卖给谁”。他的另一篇小说《盗火者》写一个女子在她的爱人被捕之后突然觉醒过来，要“紧握着他所递给我的火炬，沿着道路奔向前去”。性爱不仅能救国，而且能革命，这样的性爱有着一圈耀眼的光环。性爱是革命的手段，更是赚钱的手段，刘春华的小说《四月的蔷薇》中的孙丽丽结了几次婚，居然就成了一个拥有十多万元的富婆。性爱也是最有趣味的游戏，心期的《奇迹》写了四位青年和两位姨太太隔窗谈恋爱；旅江的《艳遇》则写一位夜游青年不仅得到一位青年女性的身体，还赚了一笔钱。性爱的力量被这些小说家提高到了无以复加的地步，它能够解决人类社会的任何问题，同时也是任何力量无法阻挡的，不仅是日常生活中的普通大众如此，就是青衫孤灯的和尚、尼姑也是如此。《思凡》中的宏济法师要点化妓女姬娜，自己却跌入色的境界之中去了，在情欲煎熬下的宏济终于“毅然决然地离开了这相处四十一年头的古刹”。《秋夜中的传奇》中的女尼慧修“挡不住内心的欲望”，“毅然将右手的掌心向着烛杆刺去”，“但是佛法也阻不住欲焰的燃烧，终于一个下午在古春少爷的书房里彼此情不自禁地劈开了一切牵连，一同参拜了一次欢喜禅”。此时，这些青年作家有一个理论：“不在色情文学之是否害人，而在色情之如何界说；再彻底一点，不在色情之应否绝缘，而在色情之如何欣赏。”② 这是一个相当离奇，也相当有害的理论，它把色情文学的社会影响推向了读者，就好像读者吃了毒药，不追究下毒人的责任，反而责怪读者为什么要吃，这显然是不合常理的，但当时这些青年作家就是这么狡辩的。同时，这种理论也打开了色情小说的创作大门，各种性爱描写任意地穿插在各类小说之中，在他们的笔下，人都成了不能控制情欲的动物。这些为数不少的小说，给 20 世纪 40 年代的通俗小说带来了很不好的影响。

□□□ 思考延伸

1. 何为通俗文学的“东吴系”、“复旦系”?

2. “东吴系”女作家的作品呈现出了哪些不同特点?

3. 20 世纪 40 年代的社会环境与“东吴系”、“复旦系”青年作家的出现有什么关系?

---

① 20 世纪 40 年代流行的《小说月报》与民国初年的《小说月报》刊名相同，但编辑者和编辑风格均大不相同，为了便于区别，本书称之为《小说月报》(后)。

② 河鱼:《文艺的需要——关于所谓色情文学》，载《小说月报》1940 年第 3 期。

第十二讲 通俗小说的叙事策略与『红色经典』

“红色经典”是政治小说，却是将通俗小说叙事策略运用得最为娴熟的小说类型。“红色经典”之所以能唤起读者强烈的阅读兴趣，除了意识形态方面的因素外，还在于“红色经典”采用通俗化的叙事策略所带来的中国作风和中国气派。本讲主要说明“红色经典”为什么会选择通俗小说美学要素以及怎样展开通俗化叙事策略。

“红色经典”是一个约定俗成的称谓，指的是新中国成立前后以中国新民主主义革命斗争历史和新中国成立初期以社会主义改造运动为题材的、在当时产生过重大影响的一批“革命历史小说”，主要包括文学史上所谓的“三红一创，青山保林”，即1954年吴强的《红日》、1957年梁斌的《红旗谱》、1961年罗广斌和杨益言的《红岩》、1960年柳青的《创业史》、1958年杨沫的《青春之歌》、1960年周立波的《山乡巨变》、1954年杜鹏程的《保卫延安》和1957年曲波的《林海雪原》这8部长篇小说，加上丁玲的《太阳照在桑干河上》（1948年）和周立波的《暴风骤雨》（1948年），一共10部“红色正典”。另外，也包括这一时期其他一些影响较大的可称为“红色次典”的长篇小说。“次典”的说法是黄子平在《“灰阑”中的叙述》（上海文艺出版社2001年版）一书中提出的，可被称为“红色次典”的长篇小说大致有：马烽和西戎的《吕梁英雄传》（1949年）、袁静和孔厥的《新儿女英雄传》（1949年）、孙犁的《风云初记》（1951年）、知侠的《铁道游击队》（1954年）、李英儒的《野火春风斗古城》（1958年）、刘流的《烈火金刚》（1958年）、冯志的《敌后武工队》（1958年）、冯德英的《苦菜花》（1958年）、李晓明和韩安庆的《平原枪声》（1959年）等。

“红色经典”不是通俗小说，却是将通俗小说美学要素运用得极为娴熟的小说类型。“红色经典”实际上是政治意识形态的价值取向和传统通俗小说的文化美学的结合体。将“红色经典”放在这里论述主要是说明两个问题，一是说明“红色经典”的特点，二是说明通俗小说的美学特征是如何伸展到意识形态小说之中，从而说明通俗小说的美学特征具有普遍化的意义。

严格地说，“红色经典”是政治小说。“红色经典”创作的理论纲领是毛泽东1942年发表的《在延安文艺座谈会上的讲话》（以下简称《讲话》)。《讲话》集中阐述了五个方面的问题，即文艺为工农兵服务、文艺的普及与提高、党的文艺工作与统一战线、文艺批评的标准和文艺工作者的思想与立场，其核心是文艺要为工农兵服务和如何服好务的问题。这五个方面的问题都具有很强的政治要求，但是怎样将这些政治要求宣传到广大工农兵中去呢？通俗的手法就成为了必然途径。以周立波的《暴风骤雨》和丁玲的《太阳照在桑干河上》为例，可以看到“红色经典”的作家们是怎样完成政治要求和通俗美学“两结合”的过程。周立波在谈到《暴风骤雨》的创作时曾说：“毛主席在延安文艺座谈会讲话以后，新文艺的方向确定了，文艺的源泉明确的给指出来了，我早想写一点东西，可是因为对工农兵的生活和语言不熟不懂，想写也写不出来。”后来到了东北参加了土改运动，“天天跟农民和工农出身的干部一块儿生活和工作，我跟他们学到各种各样的活的知识和活的语言”①。和周立波一样，丁玲也是从国统区来到延安的作家，同样有从工农兵生活中吸取营养的过程。丁玲在毛泽东的《讲话》之后来到东北参加土地革命，她的《太阳照在桑干河上》便是此时生活的结晶。此时的中国工农兵熟悉的不是外国小说和中国“五四”以来的新小说，而是中国传统的通俗小说。中国的通俗小说就是中国传统文化重要的组成部分，其表现“不仅在于中国通俗小说的内容广泛涉及中国传统文化的各个方面，也不仅在于中国通俗小说的艺术表达方式具有鲜明的特色，体现着中国传统文化的个性，更主要的是中国通俗小说渗透在中国人千百年来的生活当中，发挥着潜移默化的作用”②。既然小说创作“要从工农兵生活中来”，通俗小说美学要素的活用就成为了这些作家与工农兵生活相结合的必要途径。从“红色经典”的作家构成来看，除了丁玲和周立波之外，杜鹏程、吴强、梁斌、柳青、孙犁、马烽、曲波等人几乎都有同样的生活经历。

“红色经典”作家从以下几方面开展通俗化叙事：

一、“章回体”形式的借鉴

章回体是中国古代长篇通俗小说的基本样式，它以分回标目、分章叙事、情节传奇、内容通俗、语言晓畅、模拟说话艺术为主要特征。章回体形式被“红色经典”作家拿来，尤其在传奇色彩比较浓厚的小说中加以采用。丁玲曾说：“作家要注意继承、发扬民族传统和中国气派。从体裁上说，章回小说就是中国小说的传统，《三国演义》、《水浒传》、《红楼梦》都是章回小说，我家的年轻人都喜欢看这些。我们要有志于写出今天的《三国演义》、《水浒传》来。”③“红色经典”小说《吕梁英雄传》、《烈火金刚》、《新儿女英雄传》、《林海雪原》、《铁道游击队》和《平原枪声》等都将“新酒”成功地装进了章回体这“旧瓶”中。

章回体的回目最初是单句，后来开始出现双句，再后来有了对仗工整的对句。从“红色经典”的回目设置看，《吕梁英雄传》和《烈火金刚》等采取了比较工整的对句形式，但每一回的字数并不完全统一。《吕梁英雄传》回目最短的是7个字相对，如“日本鬼兴兵作乱　康家寨全村遭劫”、“入虎穴活捉日寇　得胜利未打一

① 周立波：《〈暴风骤雨〉是怎样写的?》，《东北日报》1948年5月29日。

② 张赣生：《民国通俗小说论稿》，重庆出版社1991年版，第3页。

③ 丁玲：《丁玲谈文艺创作自由等问题》，《人民日报》1985年6月24日。

枪”等；最长的是9个字相对，如“参加‘自卫团’以真冒假　处死谍报员把假当真”、“父亲骗女儿恩绝义断　岳丈害女婿狗肺狼心”等。《烈火金钢》回目的对句最长的有10个字相对，如“毁公路老百姓暴风卷土　歼敌人八路军猛虎出山”；最短的也是7个字相对，如“史更新一弹突围　独眼龙两次逃命”等。而《林海雪原》、《新儿女英雄传》、《铁道游击队》和《平原枪声》等的回目则不追求工整和对仗，有的一个回目用两到三个字的词概括，如《林海雪原》的“血债”、“捉妖道”等，《新儿女英雄传》的“事变”、“共产党”等，《铁道游击队》的“出山”、“打冈村”等，《平原枪声》的“毒手”、“兄妹俩”等；有的回目是字数长短不一的一个单句，如《林海雪原》的“蘑菇老人神话奶头山”、“苦练武，滑雪飞山”等，《新儿女英雄传》的“鱼儿漏网了”，《铁道游击队》的“老洪飞车搞机枪”、“山里来了紧急命令”等，《平原枪声》的“夜走清扬江”等。总之，无论“红色经典”的回目设置是否工整，但都达到了让读者预知故事内容的目的，满足了读者的阅读期待，并在一定程度上引起了读者的阅读兴趣。

二、英雄传奇的情节模式

通俗小说擅长讲故事，传奇性的故事情节是最能体现通俗小说趣味性和娱乐功能的要素。“红色经典”的趣味性主要表现在英雄故事的传奇性上。以战争题材的小说为例，战争题材本身就很容易唤起读者的阅读兴趣：战争环境的惨烈和壮阔，枪林弹雨中两军对垒的紧张、刺激，英雄出生入死却终能化险为夷等，都使小说充满了悬念和吸引读者的魔力。在《红日》所描绘的三场壮阔的战役中，第一役是从失利的涟水战役写起的，凸显了战争的残酷和曲折，使读者一下子就处于紧张的阅读气氛里，并对后面的战役中我军如何反败为胜充满了好奇和期待。由于“红色经典”是战争题材为多，“历险探求”就成为了作家写传奇情节的常用手法。①“历险探求”的传奇故事最容易勾起读者的猎奇心和窥视欲，读者在一个个秘密和悬念的展开中将获得最大的阅读快感，而小说结局也在主人公历险后的成功中走向圆满和完整。像《林海雪原》、《铁道游击队》、《烈火金刚》等，被称为“历险探求传奇小说”。《林海雪原》的传奇性恐怕是“红色经典”小说中最突出、最引人入胜的了。仅有36人的小分队在白皑皑的林海雪原中神勇地剿灭一个又一个顽匪，传奇的故事中充满了惊险、紧张和刺激，尤其是孤胆英雄杨子荣只身闯入威虎山智斗匪徒的历险故事，不但在当时家喻户晓，就是在今天也成为影视争相改编的热点。《铁道游击队》这支由火车飞人组成的小队伍，在勇敢、机智地打击日军的过程中上演了一个个精彩的历险传奇故事，搬上银幕后，连同那首浪漫的插曲《微山湖》一起留在了人们的记忆中。《烈火金刚》曾被有的论者称作是抗战文学中最具传奇色彩的小说，和敌人拼刺刀的史更新、用大刀片砍杀敌人的丁尚武，还有进城买药的肖飞都是极富历险传奇色彩的英雄，后经评书家袁阔成等人改编成评书播讲，更是家喻户晓。

① 诺思罗普·弗莱说：“传奇一旦获得一种文学形式后，便往往暂且描写一系列次要的冒险事件，逐步导致一次水到渠成的重大险遇；这一重大险遇在开头时业已声明，等到它完成时故事便圆满收场。这一重大险遇便是赋予传奇以文学形式的成分，我们称之为‘历险探求’。”[加]诺思罗普·弗莱：《批评的解剖》，陈慧等译，百花文艺出版社2006年版，第269页。

《野火春风斗古城》讲述了曲折、传奇的敌后工作，从杨晓冬进城，汇合金环、银环姐妹和梁队长等同志，一次次地与敌人巧妙周旋，直到成功策反敌伪团长、奇袭敌伪司令部，等等。即使写大规模现代战争的作品，最出彩的也是那些历险传奇的情节，例如，《保卫延安》留给人们印象最深的还是周大勇及其连队的脱离大部队、沙漠迷路、打粮站等历险传奇故事。历险传奇的魅力就在于读者的阅读情绪会始终跟随着情节的发展而波澜起伏，难以平静。

三、侠义人物和小人物的塑造

《红旗谱》中朱老忠的形象深受读者喜爱，最能展现朱老忠英雄形象的是他粗犷、豪爽的性情和疾恶如仇、行侠仗义的复仇壮举。朱老忠身上具有传统英雄侠士的品质，如为了给朱老明治眼睛，他丝毫不吝惜自己的血汗钱；对严志和一家更是时时伸出援手，帮忙操办严家老母亲的丧事，卖自家的牛供严家小儿子江涛上学，千里迢迢去探望被捕入狱的严家大儿子运涛，等等。这些传统英雄侠士身上所具有的品质使人很容易联想到《水浒传》中那些重义轻财、疾恶如仇、团结互助的梁山好汉们。小说“确立了一个经典的民间传奇——中国式的恩怨情仇的叙事格局，确立了一个经典的传奇英雄的形象，那就是路打不平、刚烈血性的中华奇男儿”①。这一经典的民间传奇故事向上承接着《水浒传》的英雄传统，向下又迎合了读者的好奇心和欣赏趣味。《红岩》讲述的故事包括重庆中美合作所集中营的狱中斗争、重庆城内的学生运动和地下工作以及农村根据地的武装斗争。许云峰、江姐等英雄与敌人斗智斗勇的故事固然深入人心，但双枪老太婆周旋于警察局等传奇故事更加强烈地吸引了读者。同朱老忠一样，双枪老太婆也是一位疾恶如仇、侠肝义胆的英雄，她善使双枪，在与敌人斗争的过程中不屈不挠、胆识过人、智勇双全，在她身上既有革命者英勇、顽强的品质，作为女性，又蕴含着深沉、博大的母性情怀。《红岩》先后被改编成电影《烈火中永生》和豫剧《江姐》等，还有快板书《劫囚车》说的也是这个双枪老太婆的故事。参与修改《红岩》的张羽在《我与〈红岩〉》中谈到，关于双枪老太婆的描写，大幅度地删去了她的一次入城活动。因为三稿中有过多的传奇色彩、惊险场面，这可能把小说带入歧途，变成一部惊险小说，把读者的注意力引到曲折离奇的情节里去，冲淡了监狱斗争的艰苦性以及主要描写对象的性格特征，从而改变《红岩》早已确定的严肃主题，削弱作品的思想力量和意义，因而不宜过多使用此种手法。② 从中可以看出，即使是后来我们读到的修改后的小说文本，双枪老太婆所具有的传奇色彩仍然是其中的亮点之一，可见修改前的传奇色彩更加浓厚。

除了侠义人物外，小人物形象也是“红色经典”人物塑造的一个亮点。《暴风骤雨》中有个生动鲜活的小人物车把式老孙头，他是个替别人赶了二十多年大车的老一辈农民，他对马的感情在小说中是通过很多的细节描写体现的，其中有这样一段：“老孙头起来，跑到柴垛子边，担根棒子，撵上儿马，一手牵着它的嚼子，一手狠狠地抡起木棒子，棒子落到半空，却就扔在地上，他舍不得打。”③ 老孙头对马

---

① 戴锦华：《镜与世俗神话》，中国人民大学出版社 2004 年版，第 281 ~ 283 页。

② 张羽：《我与〈红岩〉》，《新文学史料》1987 年第 4 期。

③ 周立波：《暴风骤雨》，人民文学出版社 1977 年版。

爱恨交加的复杂心态其实也在某些方面反映了作家对这个人物的复杂感情。老孙头的形象在很多读者眼里是整部小说中最具个性色彩的人物典型。“老孙头这种人是农村里贫雇农阶级中的中间分子，是群众思想动态的代表人物”，因而也“成为《暴风骤雨》写人物写得最突出的一个”①。在他复杂的多重性格中既纠缠着根深蒂固的旧的落后思想，又有纯朴、善良，渴望翻身过上好日子的新思想的萌芽。因为符合人物的真实和生活的逻辑，老孙头身上很少有类型人物的平面化和脸谱化缺陷。显然，作家在塑造这个小人物的时候继承了古典文学喜剧人物的描写传统。周立波在《关于〈山乡巨变〉答记者问》中说：“中国的古典小说，如《水浒传》和《儒林外史》都是着重人物的刻画，而不注意通篇结构的。我读过这些小说，它们给了我一定的影响。”② 这种影响具体体现在人物语言的诙谐、幽默，以及由此带来的浓厚的民间味道和亲切、轻松的喜剧氛围。同正面英雄的传奇故事增添了文本的趣味性和可读性一样，老孙头这类来自底层的散发着民间智慧和滑稽的小人物也为小说的趣味性增色不少。周立波另一部长篇小说《山乡巨变》中小人物亭面糊的身上也有着老孙头的影子，小说将亭面糊放置在大量与吃喝有关的场景中，让他在这些民间的喜剧场面中充分展示他“酒面糊”的可爱和可笑。周立波曾经说，这个形象“并不是我周立波凭空臆造的，也不是坐在书房里想出来的，而是我从生活中找到的。亭面糊基本上是个生活原型。他的真名叫邓益亭，他是我交的一个知心朋友，还同我有点拐弯抹角的亲戚关系。1955 年，我带着家室，从北京回到益阳农村体验生活，就落脚在桃花仑的竹山湾，和邓益亭‘打’邻舍，同他合住一个小院。我和他相邻一年多，朝朝相见，夕夕相处，工余饭后坐在一起谈天，天南海北，社里家里，无话不谈，有话必说。他是个用牛的老把式，特别爱牛，有时即使骂牛，也能从骂声中体察到他对牛的爱。我常和他一道下田做工夫，他驭牛犁田，我搭田角，细细观察他用牛的架势，骂牛的神态，干累了就坐在田塍路上歇气扯谈。邓益亭爱喝两杯酒，我家里炒了点好菜，或是来了客人，就邀他过来喝一杯，他酒到嘴边，兴也来了，话也多了，酒醉面糊的性格，就展现出来。所以，我们搞写作的，要写好人物，首先要熟悉人物，注意观察能反映人物个性的细节和语言，使人物的形象在自己头脑中活起来，这样你的笔下才能生‘花’，写出来的人物才会有血有肉，跃然纸上”③。小人物的成功给小说增色不少，但作家也因此遭到了一些质疑，不过周立波始终坚持认为，“文艺作品要忠实于生活，不能任意拔高，一个从旧社会里走过来的农民，一夜的工夫，就能变为‘高、大、全’的英雄吗？尽管‘文革’中，有人给了我许多‘莫须有’的罪名，但我理直气壮，毫不屈服”④。与老孙头相比，亭面糊的性格被赋予了更多的喜剧色彩，显然作家也倾注了更多的笔墨和情感。

四、民俗场面的描述

世俗化的场面是通俗小说常用的故事背景，虽然“红色经典”小说的场面描写

① 蔡天心：《从〈暴风骤雨〉里看东北农村新人物底成长》，见《周立波研究资料》，湖南人民出版社 1983 年版，第 304 页。

② 周立波：《关于〈山乡巨变〉答记者问》，《人民文学》1958 年第 7 期。

③④ 曾瑞华：《在立波同志家里作客》，《三周研究》创刊号，2006 年 8 月 17 日。

多注重宏大、壮阔的一面，但也不乏世俗化场面的描摹，“大吃大喝”的饮宴场面就是其中一个比较重要的方面，因为饮宴本身就是世俗生活最基本的构成要素。当然，这一点在仅将吃喝看成是维系生命必需之物的英雄身上几乎没有体现，相反地，“红色经典”小说在小人物身上一定程度地保留了有关吃喝的世俗化描写。

《山乡巨变》中与吃喝有关的场面描写不少，并且这些场面又总是与亭面糊、菊咬筋、秋丝瓜、符贱庚等这些小人物相关联。亭面糊是个糊里糊涂、贪吃喝却又不失可爱的乡下老农。他的每一次出场仿佛总能和吃喝搭上关系，最有趣的一次是亭面糊喝酒误事的场面，小说第 21 节以“镜面”这种烈性的好酒为标题，用将近 20 页的篇幅绘声绘色地记述了故事的经过，成为小说中十分精彩的片段。亭面糊到落后分子龚子元家里，本来是要动员他入社的，结果反在龚子元的“盛情”款待下，“把劝他入社的任务丢到九霄云外了”。作者这样描写亭面糊在面对“吃喝”诱惑时的情态：“一听到酒，面糊心花都开了。他笑得合不拢嘴，眼角的皱纹挤得紧紧的。”亭面糊贪馋地望着玻璃酒瓶子和四样下酒菜（熏鸡、腊肉、炒黄豆、辣椒萝卜），“满心欢喜，但在外表上，竭力装作毫不在乎的样子”。几杯酒下肚后，打开话匣子滔滔滚滚地说个没完，就是没有一句与入社相关。回家的路上由于醉酒连人带烟袋滚下水田，弄得“脸上、手上、身上、脚上，净是泥浆子，好像泥牯牛一样”，十分狼狈。最后一节的“欢庆”中，亭面糊的欢庆方式自然更是离不开酒菜：当亭面糊上街为社里卖了红薯换来钱后，“忽然间，鼻子作怪，闻到一股他十分熟悉的醉人的香味”。吃喝的欲望被勾引起来之后，又忍不住进了饭铺子，先后要了八两老镜面酒，又要了一碟油炸黄豆和一碟薰舌子做下酒菜，虽然花的是公款，不过他吃得很“爽快”，因为他一边喝酒一边思索着以后可以从自己工分里扣除这八角酒菜钱，所以当儿子责怪他花公款吃喝，他还能颇“理直气壮”地辩白。最后还是盛妈卖了一只鸡还了公家的钱，并且剩下的一元多“打了几两酒回家，切了点烘腊，进贡给面糊”。虽然在“红色经典”小说书写的年代，饮宴场面在很大程度上被庄严、宏大的革命斗争场面遮蔽和消解，然而严肃的革命话语本身也存在世俗性的一面，这股在宏大主题遮蔽下的潜流，以一种顽强而有力的姿态给读者展示出民间最富魅力和韵味的世俗生活。

五、通俗化的民间语言

吴强在谈到《红日》的创作时说：“企图使人物的说话，能够适合人物的身份、水平、性格，运用生活里通行的语言，剔除其中的糟粕部分，求得既能表达思想感情，又能保持语言的纯洁、健康。”① 应该说，这是所有“红色经典”作家的共同追求。

周立波《山乡巨变》的语言生动、活泼，散发出一种清新的泥土味道，是民间语言成功运用的典型例子。小说中小人物亭面糊的形象和语言给人留下深刻的印象。亭面糊是一个既可气又好笑的农民，他在外面和气、恭顺，在家里却总要摆出家长的威严虚张声势地“发躁气，恶声恶气地骂人，也骂鸡和猪和牛”。他简直是不停嘴地挨个骂崽子崽女：“你来筑饭不筑，你这个鬼崽子？”“还不死得快来洗脚呀，没得用的家伙？”“我抽你一巡楠竹丫枝。”“要吃楠竹丫枝炒肉啵？”“我一烟壶脑

① 吴强：《写作〈红日〉的几点感受》，《文艺报》1958 年第 19 期。

壳挖死你。”“捶烂你的肉。”后来有一次，当已经是社里新会计的二崽摆出公事公办的派头，因亭面糊没有条子而驳回了他的借贷要求时，他为了保住家长的面子，也顾不得在大庭广众之下，就对儿子“破口痛骂”起来，完全没有了往日在外人面前的和气样子：“你这个鬼崽子……吃得油胀，变成了横眼畜生了，亲老子都不认得了。口口声声，要么子条子，真要抽巡条子了，没得用的鬼崽子。”亭面糊骂起牛来更是有趣得很：“你这个贼×的，老子没有睡，你倒想困了？我一家伙抽死你。”正如作者随后所发的议论一样：“他的这些动了肝火、或者根本没有认真生气的痛骂是禁不起科学分析的。他骂牛是贼养的，又称自己是牛的老子。”亭面糊虽然骂牛，也是爱惜牛的，下雨天还要给牛戴上草帽，生怕牛挨了雨淋会像人一样头痛，而牛也理解甚至喜欢亭面糊的这种特别的交流方式，以至于“听惯了面糊老倌的亲昵的痛骂，没有这个，好像是缺少了什么”。对人、对牲口的出口便骂，亭面糊有他自己的理论：“有些家伙，不骂不新鲜。”

此类语言不仅发生在父母打骂子女时，也表现在夫妻对话和吵嘴之中。《山乡巨变》中的菊咬筋由于是有名的看《三国》的角色，不仅对别人，就连对自己堂客说话也要“略施小计”。菊咬筋常常骂他的堂客是“没得用的黑猪子”、“蠢东西”、“蠢宝”，并以此来“控制她，压服她”，“久而久之，这些骂语，造成了一种条件反射的气氛。她好像觉得，自己真正有一点愚蠢，而他的确是聪明极了”。因此夫妻二人的对话总是充满了生趣，让人忍不住发笑。如菊咬筋与他的堂客因不想入社所作的对骂表演：（菊咬筋）“再提个离字，我把你打成肉酱。”（菊咬筋堂客）“我㑚你王家里祖宗三代。打了我，你会烂手烂脚，捞不到好死的，你会爸死，崽死，封门死绝，你这个遭红袍穿的，剁鲁刀子的。”副社长谢庆元因他堂客吃醋引发的两人之间的打骂虽然不是作戏，两人也是真的动怒甚至动刀，同样充满了喜剧性的色彩。当堂客质问他：“招引些么子烂草鞋到家里来？”谢庆元用一只手封住堂客双手道：“你发疯了，皮子痒了？”而堂客则边用嘴去咬丈夫的手边骂：“我跟你拼了，你这个短命鬼。”一时兴起的谢庆元操起菜刀要“结果你这猪婆子”！堂客则披头散发地一边奔跑，一边嘴里乱叫：“救命呀，不得了，反革命分子杀人了！”“你来，你来打吧，你这个恶鬼，捞不得好死的，剁鲁刀子的。”虽然这些对话中不乏“恶毒的诅咒”成分，但显然读者并不会认为这些诅咒的脏话有什么实际所指，这些话只是为了达到吵架的热闹效果而被随口倾泄出来，听的人和说的人都不必负任何责任，夫妻也不会为了这些表面上恶狠狠的脏话而反目成仇，相反，“更觉得夫妻和睦”。当庆儿娘当着外人面“手指头剜着朱老星的脸门子”高喉咙大嗓子地骂丈夫“成天价是脱了裤子放屁”时，朱老星“并不认为是什么侮辱”，反而“浑身越是觉得滋润”，并且“日子长了，听不见这种声音，看不见这样颜色，他就觉得过得清淡，没有意思了”。可以这样说，在毫无保留的言语宣泄和释放中，读者感受到的是源自民间的浓厚的生活气息和粗俗的热闹。

□□□ 思考延伸

1. 为什么“红色经典”要选择通俗化的叙事策略？

2. “红色经典”的通俗化叙事表现在哪些方面？

3. 为什么说通俗化叙事是中国读者最能接受的表现手段？

第十三讲

琼瑶小说与琼瑶现象

从20世纪60年代开始，琼瑶小说《窗外》的诞生就标志着琼瑶现象的出现。琼瑶现象纷繁复杂，主要指以琼瑶小说为核心，涉及小说出版热、影视剧热、明星热、流行歌曲热、音像产品热、时装饰物热等内容。近40年的时间里，琼瑶对台湾和大陆的通俗小说的阅读、写作和影视市场的繁荣产生了深远的影响。

从1963年出版《窗外》开始，琼瑶已创作了近百部爱情小说。这些小说不论在当时的台湾，还是在20世纪七八十年代的大陆，都掀起了巨大而长久的琼瑶热，在台湾和大陆影响了几代人的情感成长。

琼瑶现象本质上说是一种大众文化现象，包括琼瑶小说和它们的衍生物，以阅读热为中心，生发出一波又一波琼瑶小说出版热、影视剧热、明星热、流行歌曲热、音像产品热、时装饰物热等。艺术热逐步扩展，然后向生活的细微处渗透，许多年轻人尤其是女性对爱情的理想主义态度同琼瑶的爱情理想如出一辙，琼瑶式的恋爱模式及对白经常被套用，如最常见的“好好+……”句式。同时人们逐渐展开了对琼瑶小说热、影视剧热等文化现象的研究，不管褒贬如何，事实上，越来越多的研究成果被写进了教科书和研究专著，这表明越来越多的人承认并认可琼瑶小说及其衍生物的流行与存在。

事实上，从琼瑶小说到琼瑶现象并没有一个分明的界线，可以说第一部琼瑶小说进入大陆就标志着琼瑶现象的出现，只是一开始它的影响并未引起人们的重视，直到它的内涵越来越丰富，年轻人越来越狂热地迷恋她的小说，并迅速在全国蔓延之后，才引发了舆论对它们的声讨，不过最初的批评多来自道德角度，还不是很成熟。

琼瑶，原名陈喆，“琼瑶”是其笔名，[1]出生于四川成都，祖籍湖南衡阳，台湾著名言情小说家，自幼酷爱文学，感情细腻敏感而又不乏刚毅果敢，几十年来勤奋写作、艰苦创业，打拼出了

① 出自《诗经·卫风·木瓜》：“投我以木桃，报之以琼瑶。”

一个属于自己的琼瑶王国。1947 年 9 岁时，琼瑶在上海《大公报》儿童版发表第一篇小说《可怜的小青》，1949 年随家人迁往台湾，1954 年 16 岁时在台湾《晨光》杂志上发表用成人口吻写成的小说《云影》，1957 年毕业于台北第二女子中学，因数理化成绩不理想，两次参加高考却两度落榜，因落榜两次自杀未遂，高考失败的打击几乎让她丧失了生活的勇气。1959 年结婚，婚后开始写作，1963 年出版第一部自传体小说《窗外》，引发社会热议，扬名文坛。从此一发而不可收，以饱满的创作激情写作了近百部小说。她的小说大多被改编成电影，推出了大量明星，创作了大量影视插曲，在国内外拥有众多的观众。由于她的小说主要是表现爱情，她有了“爱情教母”的称誉，[①] 她的小说也被称为“爱情百科全书”。琼瑶创造了一个名副其实的琼瑶时代，对台湾和大陆的通俗小说的阅读、写作和影视市场的繁荣产生了深远的影响。

琼瑶在现实生活中是一个爱情至上主义者，她的感情经历也如同她的言情小说一样曲折坎坷而又不乏浪漫传奇色彩。琼瑶 1959 年结婚，育有一子，但婚后感情生活并不理想，1963 年出版的以师生恋经历为蓝本的小说《窗外》在家庭和社会上引起了轩然大波，而此时只有台北皇冠出版社的平鑫涛最支持她，他们因此而走近并燃起爱情的火花，此时平鑫涛已经结婚，并育有三个子女。1964 年琼瑶离婚，1979 年，在经历了近 17 年之久的等待与煎熬之后，琼瑶与平鑫涛终于步入了婚姻的殿堂。之后两个人取长补短，互相帮扶，在事业上取得了巨大的成功。可以说，如果没有平鑫涛当年的慧眼，默默无闻的琼瑶无法脱颖而出，反过来说，如果没有琼瑶，也不可能成就皇冠出版社后来的辉煌。琼瑶用她的行动践行了自己倡导的“爱情至上”誓言，正是她的这种感情经历对她的创作产生了巨大的影响。

小说中的那些情节和情感，其中闪烁着她的情感生活的影子和她的情爱思想。早期创作中，小说中的女主人公无意破坏他人的婚姻，她们只是为情所困，无力自拔，如《几度夕阳红》(1964 年)、《庭院深深》(1969 年)、《白狐》(1971 年)、《在水一方》(1975 年)等。后来琼瑶与平鑫涛发生了婚外恋，为之困苦不已，于是小说就成了她宣泄感情的重要途径，不断向人们表白并非所有的感情介入者都是坏人，她们也有她们的理由和无奈之处，爱情是不由自主的、难以自拔的，因为有爱，所以一切都会随之改变。所以这时期的琼瑶小说多苦情、悲情，总是有流不完的眼泪。1976 年之后的小说，琼瑶强调爱情与婚姻的统一性和完整性，这与琼瑶渐渐走出感情的阴霾，开始了新的生活有关，如《月朦胧鸟朦胧》(1976 年)中刘灵珊与韦鹏飞历经挫折和考验后终于幸福地走到一起，《雪珂》(1990 年)中雪珂因爱情和婚姻无法两全，在痛苦煎熬中选择自戕，最终婆婆和丈夫成全了她和亚蒙，让他们一家人再度团圆。2000 年前后，她的小说人物的个性和风貌发生明显变化，以《还珠格格》(1997 年)为代表，女主人公变得重视自我、个性张扬，苦涩滋味大大淡化。这和琼瑶进入老年后幸福、平静、开阔而又随心所欲的生活状态有关，从中可以看出一种自我突破的努力，小说一扫过去的苦情与泪水，充满了喜剧气氛，千回百转，终于迎来了美好的大结局。

1963 年，琼瑶的小说《窗外》先在台北皇冠出版社的杂志上发表，后由出版社发

---

① 王基国、余学芳：《爱情教母》，新疆人民出版社 2003 年版。

行单行本，自此拉开了琼瑶时代的大幕。1988 年琼瑶第一次回大陆探亲，1990 年正式授权花城出版社出版自己的全套作品。从版权的角度来看，已经在大陆风靡了十年的琼瑶小说基本上是盗版。尽管都是盗版书，先于琼瑶本人到达大陆的琼瑶小说的销售数量和阅读人数都是惊人的，虽然缺乏官方的权威统计数据，但在她最走红的时候，中学生、大学生和年轻主妇几乎人人都看过琼瑶的作品，读者完全可以以亿计。琼瑶电视剧播出时更是吸引了大量观众。可以毫不夸张地说，自 20 世纪 80 年代以来，她所拥有的读者和观众为其他许多作家难以匹敌。

琼瑶小说的特点非常突出，主要表现在以下方面：

首先，全方位借鉴传统诗词，营造浓郁的古典文化氛围。从一开始，这一点就得到了人们高度的肯定，也是她的小说被绝大多数人认可的最大优点。主要体现在以下几点：一是用古典诗词为小说命名。古典诗词往往统领全篇、点明旨意，有画龙点睛的效果，如《菟丝花》源自唐代李白的《古意》，“君为女萝草，妾作菟丝花”，暗示了雅筑一生依赖他人生活的人格本质，当失去依靠时就只能死去；《几度夕阳红》出自清代杨慎的《临江仙》，“是非成败转头空，青山依旧在，几度夕阳红”，似乎注定了李梦竹与何慕天只能在夕阳西下的晚年迎来美好的结局；《庭院深深》出自宋代欧阳修的《蝶恋花》，“庭院深深深几许？杨柳堆烟，帘幕无重数”，暗示了章含烟嫁入豪门后多舛难测的命运。二是人物的名字很富诗意。美好、诗意的名字使凡俗的爱情有了一丝脱俗仙气，为爱情点染了浪漫缤纷的色彩，女性有婉君、含烟、梦竹、雨薇、宛露、佩青、依萍；男性有霈文、慕天、尔康、家豪、卓生、梦轩、诗尧等。三是人物设置重视郎才女貌。这和中国古代郎才女貌的标准相统一，许多小说中的男性都是富有阳光的才俊，女性都是美得不可思议的美女，《在水一方》中杜小双擅长音乐，卢友文酷爱古诗，朱诗尧常以琴相伴；《几度夕阳红》中何慕天会作诗，杨明远善绘画。这些都是中国郎才女貌标准的复现。四是住处或书房、画室的命名通常也充满诗意。如《心有千千结》中的“风雨园”；《新月格格》中的“望月小筑”；《水云间》中的“水云间”，这些都给人以置身俗世之外的仙境之感。五是为影视剧创作的歌曲体现了作者很强的古文驾驭能力，她的小说改编成电影时，插曲基本上都是由她本人作词的，《梅花三弄》、《在水一方》、《婉君》、《我心已许》、《青青河边草》、《月朦胧鸟朦胧》、《梦的衣裳》、《我是一片云》、《几度夕阳红》、《情深深雨濛濛》、《还珠格格》等都脍炙人口，广为传唱。六是小说在展开的过程中非常注重意境的营造。经常出现如夕阳、杨柳、流水、白云、雾霭、雨雪、舟船等很具古典意蕴的意象，这些意象和缠绵的爱情相映衬，景美情更美。同时还穿插古诗词，如“爱到深处无怨尤”，“问世间情为何物，直教人生死相许”，“人生自是有情痴，此事不关风与月”，“山无陵，天地合，乃敢与君绝”等，成功地用诗风、诗韵营造了一个充满风花雪月的爱情童话世界。

其次，爱情至上主义，宣扬忠贞不渝、生死相许的纯洁爱情。琼瑶是一个相信爱情的人，也希望更多的人相信爱情的存在与力量。她的小说所提出的择偶标准不再是单纯地追求对象的金钱和社会地位，也不被对象的仪表和殷勤的举止迷惑（虽然她小说中男女主人公大多为俊男靓女），而是以感情作为择偶标准，支撑这样的感情的动力是个性，也就是人们所说的“心心相印”，是个性与个性的互相吸引，是个性与个性之间互相碰撞发出的火花，这样的感情来自于内心，而不是外在的因素，因此琼瑶的小说又被称为“纯情小说”。既然是纯情，她笔下的男女双方对爱情都非常执著，经常会有为对方终身不娶或终身不嫁的痴男怨女；既然是纯情，那些外在束缚(包括那张男女婚姻的结婚证书)常常被看做多余，她的小说中的主人公常常会有一些越轨的言行。不过，琼瑶小说中主人公的言行再怎么越轨都很少涉及性爱，这同样是纯情的价值取向所要求的。以性格为基础的感情表达热烈、纯洁，骨子里固守传统的同时又有着激情浪漫的时尚举止，对一心向往爱情的年轻人很有感染力。爱情至上主义的结果就是爱情纯粹化、理想化、戏剧化。它的优点在于肯定人性和生活中美好的一面，让人们相信人间自有真情在，它的问题在于过分强调情感的纯粹性，具有很强的主观色彩，脱离现实生活，麻痹了少男少女们未谙世事的心灵，使他们过于相信爱情的神奇和伟大，以至于很多人会生活在她制造的爱情幻觉里，有的年轻人由于不了解人世的复杂本质，一旦遭受感情挫折，就会引发严重的心理危机，甚至酿成感情悲剧，这也是琼瑶小说备受诟病的所在。

再次，三角甚至多角的恋爱关系，关系中女性常是中心，男性是执著的追求者，形成众星捧月的模式。她的小说中主要女性都很美，出众的外貌是她们能够赢得爱情的前提条件，小说中经常用“美得不可思议”、“美得不可理喻”这样的夸张字眼来形容她们的夺人之美。反映在影视剧中，琼瑶剧的女演员更是貌若仙人。琼瑶小说中男性当然都很帅，他们一般先被女孩子的美貌吸引，然后被女孩子的气质征服，于是就形成了“众男追一女”的格局。比如《婉君》中婉君受到伯健、仲康和叔豪三兄弟的爱慕与追求。《一帘幽梦》中紫菱被楚廉和费云帆钟情。《新月格格》中新月苦苦挣扎于努达海和骥远父子的感情之间。《雪珂》中雪珂成为罗志刚和亚蒙争夺的爱人。这种爱情格局一方面可以满足读者的爱情白日梦，因为在现实生活中并不是所有的女性都能同时获得数个男子的青睐，也不是每个女性都能成功地驾驭自己的感情，有时甚至还必须面对感情的失败，另一方面使得不少女性得到心理上的满足。琼瑶小说中女性永远占据着爱情的核心地位，对男性拥有巨大的吸引力，这也是琼瑶小说对女性读者产生巨大吸引力的重要原因。

最后，小说故事性非常强。情节曲折，悬念丛生，矛盾冲突不断，读来扣人心弦，这使琼瑶的创作与读者的欣赏之间总有一种潜在的默契。可以说，琼瑶小说的可读性充分满足了不同读者的阅读期待，她始终坚持通俗的讲述方式，阅读门槛较低，可以全民共读，同时总能不断调整，创作出适合人们口味的作品，这也是她赢得读者和观众的重要法宝。

琼瑶是一个重感情的唯美主义的通俗小说家，同样也是一个传统伦理道德的维护者。她对传统伦理道德的维护在热烈的爱情描述中悄悄地流露出来，滋润而温暖。

她的小说很少涉及性爱，严格遵守着“发乎情而止乎礼”的原则。对于男女之间的倾慕从来都是情之所至，而非纯粹肉欲的吸引，两情深处写得最多的就是拥吻，尺度永远在脖颈以上。对男女爱恋的描写从来都是刚柔并济，缠绵热烈又不乏节制，使性爱无形中得到升华与净化。她小说中的男女主人公虽有婚外情、同居、未婚先孕等现象，但绝不是放纵，更不是放荡，他们所有的行为都以婚姻为旨归。她小说中的所有恋爱都以结婚为目的，所有相爱的男女都坚信婚姻是爱情的延续，爱情是婚姻的前奏，婚姻是对爱人最重、最真挚的爱的诺言。情侣们为之奋斗、为之煎熬，都把婚姻当做感情最后的归属，他们全身心地投入，从不游戏感情。对婚姻的尊重本质上讲就是对中国“做人”道德的尊重。

琼瑶小说中的正反两类人物、两类事物的对比很强烈。对那些追求爱情、追求婚姻的男女，作家给予高度的同情、肯定或者赞扬，只要是真情所在，即使有些行为不妥，作家都给予容忍，但是对于那些感情随意、欲望无度的人，作家都给予强烈的抨击。琼瑶的小说中那些不恪守妇道的妻妾都会受到各种形式的惩罚。比如《烟雨濛濛》中雪姨开始一手遮天，但偷情之事败露之后，依萍的母亲终于苦尽甘来，回归了家庭，雪姨则被陆振华囚禁在地下室里，成为一个弃妇。《雪珂》中雪珂与亚蒙私奔未遂被抓了回来，嫁给志刚后备受欺辱和歧视。这无疑仍在强调：女子要恪守妇道隐忍驯服，否则吃苦受难就是咎由自取。赞美真善美，厌恶假恶丑，从而凸显她对忠贞爱情、真挚友情和温暖亲情的赞赏与肯定，对欺骗、虚伪、阴毒、刻薄等恶劣品质的无情挞伐。小说中情感欲望与伦理道德时常会发生冲突，冲突化解后最终又走向了对伦理道德的回归，琼瑶的是非标准骨子里还是中国“做人”的道德标准。

与小说受到追捧同步，琼瑶电影也创造了辉煌。1963 年《窗外》开创了琼瑶电影的风格，可以说几乎每一部小说都被她改编成了电影或电视剧，创造了一个又一个高收视率，比如 1985 年电视剧《几度夕阳红》在两岸均创下了高收视率。1987—1989 年，在大陆陆续推出《庭院深深》、《在水一方》、《海鸥飞处彩云飞》等电视剧，当时的中国，琼瑶无处不在。1990—1996 年，先后推出了《婉君》、《哑妻》、《三朵花》、《雪珂》、《青青河边草》、《梅花三弄》、《新月格格》、《一帘幽梦》等电视剧，其中《一帘幽梦》是从古装剧向现代时装剧的一个转型。1998 年《还珠格格》开创的另类风气迅速得到了观众的认可。2001 年《情深深雨濛濛》再创辉煌。琼瑶影视剧具有很强大的造星能力，主演琼瑶剧的演员无一例外地大红大紫，著名的有甄珍、林凤娇、林青霞、秦汉、刘雪华、归亚蕾、俞小凡、蒋勤勤、林心如、黄奕、金铭、赵薇、马伊琍、周杰、范冰冰、乐珈彤、苏有朋、古巨基等。

对琼瑶的小说也有负面的批评，这些负面批评主要集中在两个方面。

一是认为琼瑶小说内容粗浅甚至色情，缺乏深度，流于煽情、矫情，容易毒害青少年。从琼瑶小说出版之日起，对琼瑶小说的批评就开始了，甚至还有人称琼瑶小说为“公害”。① 需要指出的是，琼瑶小说中的确存在一些中国传统婚姻的遗迹，比如妻妾思想、女性隐忍受虐换取家庭的稳定等等。从客观上说，这些传统婚姻的痕迹与琼瑶幼时在封建大家庭中耳濡目染有很大关系，琼瑶幼时仍允许一夫多妻，她的祖父和外祖父都曾纳妾。主观上说，还是琼瑶所秉持的传统文化观念的表现，潜意识里对那些传统婚姻中男女不平等的现象并不反感，于是在小说中不自觉地流露出来。不过，总体上说，琼瑶不是要宣扬什么封建的婚姻制度，而是宣扬纯情。我们可以说她宣扬的纯情离现实太远，却不可以说她在毒害青少年。我们这个时代那么的功利化，宣扬一点爱情至上的思想有什么错吗？就算那些纯情是乌托邦，她的小说在某种程度上给人们提供一个可以逃避、宣泄、自我安慰与补偿的精神依托又有什么不好呢？其实琼瑶小说还是有很多现实警示的，她的小说一直不断提示爱

① 主要批评作品有李敖：《没有窗，哪有窗外》，台湾《文星》杂志 1965 年总第 93 期；曾心仪：《注意，“琼瑶公害”》，台湾《夏潮》杂志 1978 年第 4 卷第 3 期。

情与婚姻可能面临的困境。比如《窗外》师生恋的结果就是老师被贬到边远乡村小学去教书，而这次感情创伤也为女主人公的婚姻埋下了祸根。《我是一片云》中寡母对儿子恋情的干涉也很有代表性，但人们总是认为寡母的干涉是错误的，却忘了在现实生活中母亲对孩子婚恋选择的意见往往具有重要的影响力。爱情从来不是一帆风顺，波折起伏就是告诫读者应现实和冷静。

二是认为琼瑶小说模式化、雷同化。她的小说确实有模式、有雷同，大致上表现为：(1)痴情、苦情、怨情、悲情充斥，女主人公总是眼泪不断，哭戏也是琼瑶剧的重要环节。(2)男人永远高大英俊、体贴温存、有才华，女性永远貌美如花，小说中对女主人公的脸部描述最集中。(3)男女双方门第悬殊，男方经常是皇帝、贵族、豪门，女性多为小家碧玉，经常因为不得已的原因流落青楼欢场，然后双方因某种机缘而邂逅，从而演绎一段才子佳人的爱情故事。(4)虽然也有作品以悲剧结尾，但多数作品以大团圆结局。(5)二元对立、非此即彼的观念，不是好人就是坏人，不是善就是恶，不是崇高就是猥琐，这很容易导致人物形象的概念化。其实，只要是小说，都有模式化、雷同化的问题，只不过通俗小说表现得更鲜明而已。模式化、雷同化实际上是通俗小说的美学特征，试想一下，琼瑶小说没有这些模式化、雷同化，她的小说还存在吗？人们还要看她的小说吗？我们应该欣赏的是她如何调动自己的写作才能写活这些模式化、雷同化的故事情节，怎样为模式化、雷同化的故事情节增加活力，怎样使得这些模式化、雷同化的小说赢得读者长久不衰的追捧。

琼瑶小说和影视剧之所以盛行，一是由于时代的原因，二是由于情感的亲和。

20世纪70年代末80年代初，大陆的“文化大革命”刚刚结束，人们并不能公开、大胆地谈情说爱，当时流行的电影和歌曲仍有着明显的阶级斗争痕迹，文学创作仍有着很强的政治色彩，言情小说经常被认为是黄色书籍予以批判。长期的精神禁锢又使得中国大众的情感处于干涸的状态，迫切渴望享受丰富、轻松的精神生活，此时，作为一种精神产品，琼瑶小说进入大陆后迅速风靡也就成为必然。到了今日，琼瑶小说同样有着魅力。今天的文坛，人们看到的是私人化写作、下半身写作，不论雅俗，作品中没有乳和臀就不能诠释人物的内心、不能勾画人物的灵魂。文字中的男女可以没有感情就马上拥有床笫之欢，之后谁都不再认识谁。与今日性爱的赤裸狂放相比，琼瑶小说宣扬的爱情是多么的纯真。

琼瑶小说与影视剧始终以大众所关心的恋爱、婚姻为核心话题。在20世纪八九十年代，琼瑶小说与影视剧是少男少女的爱情启蒙读物。与琼瑶有关的影视剧创作、影视明星风格、流行歌曲、音像产品、时装饰物，包括具体的恋人形象与条件、恋爱约会模式和婚姻中的理想，都将爱情的玫瑰色渲染到极致，成为了年轻人模仿的榜样。对许多中老年女性而言，琼瑶小说与影视剧也是对她们浪漫爱情和婚姻温情缺失的一种有力补偿。琼瑶小说与影视剧中对感情生活的追求与质量的注重，唤醒了她们曾有的爱情、婚姻梦想，但现实难以改变，只有重温旧梦以求补偿。琼瑶式的爱情虽带有梦想的成分，却是人们心中爱情理想的具体外化，因为谁都要做梦。

2009年，琼瑶71岁，已经年过古稀，属于她的时代似乎已经过去了，但20世纪90年代至今，她从未自我们的视野中退出。1998年，小说《还珠格格》改编为同名电视剧，“小燕子”飓风席卷大陆。2001年，《烟雨濛濛》被改编成电视剧《情深深雨濛濛》在大陆推出，以悲壮沉郁的国恨家仇、曲折复杂的爱情、观众喜爱的明星阵容再一次创下了高收视率。2007 年 7 月，湖南卫视播放了独家制作的唯美爱情剧《又见一帘幽梦》，在开拍之前还举办了大型选秀活动“寻找紫菱”，掀起了新一轮的琼瑶热。音像行里充斥着各种盗版的琼瑶影视剧碟片；在网上，她的作品仍以全集、单部作品等形式作为经典被阅读，若在网上搜索，还有上百万条查询结果可供参阅。有传言说，琼瑶写完《还珠格格 3》就封笔，看来不太可能。以写作为生命的琼瑶如果停笔不写了，大概也就失去生活的动力了。她还会一如既往地写作，编织爱的绚梦。琼瑶小说和琼瑶现象也会长久影响下去，她宣扬的人类的本性感情，是扎根在人类活动的始终的。

□□□ 思考延伸

1. 怎样看待琼瑶小说所宣扬的纯情？
2. 如何评价现实生活中的琼瑶现象？
3. 为什么说琼瑶小说和琼瑶现象会长久影响下去？

第十四讲

金庸和金庸小说

香港的城市文化和金庸个人的生活经历造就了金庸小说特有的社会文化背景。对新小说和西方小说的接受使得他能够创造出全新的武侠小说，这是中国小说界的一次革命。金庸小说具有很强的文化意象、政治意象和生活意象，并衍生到电影、游戏、图画等各种艺术门类和语言，形成了“金庸文化”。

1955 年，32 岁的查良镛以“金庸”为笔名，开始创作他的第一部武侠小说《书剑恩仇录》。作品以“反清复明”为主题，以一个名叫陈家洛的书生侠客在国仇家恨、男女恋情与兄弟情谊中的纠结为线索，以《水浒传》为蓝本，在《新晚报》上连载，自此一发不可收拾。到 1972 年，金庸连载完《鹿鼎记》后封笔，17 年间，他创作了 15 部长、中、短篇武侠小说，计一千余万字。①

这一批武侠小说，先连载于香港地区的报刊，后进入新加坡、马来西亚等东南亚报刊。自 1972 年封笔后，金庸又将连载小说进行了数次修改，以图书的形式，先后结集在台湾与大陆出版，部分作品翻译成日文与英文，进入日本与美国的图书市场。一时间，全球华语世界，乐读金庸武侠小说作为娱乐消遣，金庸小说也成为流布最广的现当代华语文学作品。

随着电视、电影、网络等媒体勃兴，金庸武侠小说也被大量转制成电视剧、电影、网络游戏，大批网络小说也受到金庸小说影响，让金庸作品超出纯文本的领域，以“多媒体”的形式传播。金庸小说的故事、人物，以及观念、风格，随之成为正在兴起的华人“都市社会”的“成人的童话”，引起大批学者的注意，

① 这 15 部作品分别是：《书剑恩仇录》(1955 年)，首发连载于《新晚报》。《碧血剑》(1956 年)，首发连载于《香港商报》。《射雕英雄传》(1957—1959 年)，首发连载于《香港商报》。《神雕侠侣》(1959—1961 年)，首发连载于《明报》。《雪山飞狐》(1959 年)，首发连载于《新晚报》。《鸳鸯刀》(1961 年)，首发连载于《明报》。《白马啸西风》(1961 年)，首发连载于《明报》。《飞狐外传》(1960—1961 年)，首发连载于《武侠与历史》。《倚天屠龙记》(1961 年)，首发连载于《明报》。《连城诀》(1963 年)，首发连载于《东南亚周刊》。《天龙八部》(1963—1966 年)，首发连载于《明报》。《侠客行》(1965 年)，首发连载于《明报》。《笑傲江湖》(1967 年)，首发连载于《明报》。《越女剑》(1970 年)，首发连载于《明报》。《鹿鼎记》(1969—1972 年)，首发连载于《明报》。

形成蔚为可观的“金学”，令金庸由武侠小说领域进入文化领域，成为20世纪后半期与21世纪前期华语世界最具“现代性”的文化符号之一，在以不同的媒体形式娱乐读者的同时，也影响了读者的观念与心灵，影响到当代民族心理与审美风格的形成，与此同时，也令“武侠”成为当代最受欢迎的大众文化类型。

金庸本人也因为创作武侠小说的成就，一跃而成为文化名人，在出版领域取得成功后，他在文化、政治方面也产生了影响力，成为华语报刊数十年来备受关注的焦点人物。其名人与明星的效应，反过来又促进了其作品的流布与传播，打通了自“五四”以来精英文化与通俗文化分裂成为“两翼”的二元格局，令一种全新的都市文化，以平面媒体与新媒体为媒介、以都市为核心、以日渐庞大的市民读者与观众为主体得以合流，亦因此成为正在形成的中国都市文化的黏合剂与推动力。

1994年10月，北京大学授予金庸“名誉教授”称号，中国现代文学研究会会长严家炎致题为《一场静悄悄的文学革命》的贺词，以“中华文化的巨大之谜”、“武侠小说的高层次升华”、“以精英文化改造通俗文化的‘全能冠军’”、“新的文学革命”为小标题，对金庸小说给予肯定：“如果说五四文学革命使小说由受人轻视的‘闲书’而登上文学的神圣殿堂，那么，金庸的艺术实践又使近代武侠小说第一次进入文学的宫殿。这是另一场文学革命，是一场静悄悄地进行着的革命，金庸小说作为20世纪中华文化的一个奇迹，自当成为文学史上光彩的篇章。”①

这一场文学革命，经由新媒体与几代读者参与，在华语都市传播之后，已进而成为一场文化革命，它唤醒了以“武侠”、“江湖”、“侠客梦”这样的文化原型之中所蕴含的东方文明的生命力与创造力，让精英文化与草根文化、传统文化与现代文化、东方文化与西方文化在金庸文本之中得到汇合，以郭靖、杨过、萧峰、黄蓉、韦小宝等全新的典型人物，丰富了现当代文学的人物画廊，也极大地提升了汉语小说的叙事能力，形成金庸式的“白话”，在启蒙与救亡的主题上，在“白话”文的形成与创新上，在现代汉语叙事技巧的形成方面，都对“五四”传统进行了全面的回应。1994年10月，海南出版社出版由王一川等人主持编辑的《二十世纪中国文学大师文库》，将金庸列入“文学大师”之列。

一、金庸与香港城市

1840年，发生在英国政府与大清王朝之间的鸦片战争，令中国面向西方世界开放，开始近一二百年来的文明转型。鸦片战争的一个结果，就是在南海边造就了一个名叫香港的城市。当年中国的道光皇帝被迫承认治下的领土丧失了这个弹丸之地，当时他对这个岛屿一无所知，对整个事件困惑不已。在道光看来，夷人唯利是图，获取土地也非出自长远之见，“该夷性等羊犬，不值与之计较”②。到20世纪90年代，邓小平确立经济特区，与香港转口贸易呼应，更深地楔入世界潮流。至1997年香港租借期满，重回祖国怀抱，香港已由一个渔村变成依靠大陆，面向东亚与东南亚，与西方息息相关的金融、经济和文化之都。

1949年之后，香港成为面向西方世界的一个窗口。港英政府的官员、英资财

① 严家炎：《一场静悄悄的文学革命》，见《金庸小说论稿》，北京大学出版社1999年版，第213页。

② [英]弗兰克·韦尔什：《香港史》，王皖强、黄亚红译，中央编译出版社2007年版。

团、英国驻军是城市的统治者，由内地退守的国民党系的知识分子、士兵与其家属定居到这里。朝鲜战争爆发后，由后勤补给催生的转口贸易繁荣起来，又令大批的国内劳工偷渡过深圳河，进入香港。偷渡的人口在20世纪六七十年代，随着世界经济的景气与贸易的繁荣达到顶峰。最终，香港人口由开埠时的5 000人，发展到1949年的50万人，到2001年达670万人。在这个日新月异的城市里，西方和东方文化冲突与交融，不同的意识形态相交锋，上层社会与下层血汗劳工冲撞、整合，在以航运、房地产、金融等行业领头的经济腾飞之中，产生出李嘉诚式的一大批草根富豪。相对放松的经济、政治体制与言论环境，令香港独立在内地与台湾之外，成为一个文化、政治与经济的熔炉，成为第一个华语世界中的国际资本主义都市。

在这个城市里，聚集起来的白领与劳工阶层的文化需求，催生出丰富的文化产品。由内地来的知识分子，成为大批都市文化产品的制作者。与20世纪三四十年代崛起于上海的都市文化不同的是，香港的长期经济繁荣带来了社会阶层的发育与社会体系的日益完善。除报刊与电影等传媒之外，广播电视、网络等新媒体涌现，香港文化在当代西方文化语境与内地文化语境的交汇之下，有了更加充分的自觉，因此在文学、音乐、漫画、影视等各方面，以"市民性"、"故事性"、"娱乐性"为核心，进行了一场"文艺复兴"，创造出金庸、亦舒、张曼玉、刘德华、马荣成、王家卫、周星驰、BEYOND乐队等文化偶像。这种文化景象，与20世纪三四十年代产生出张爱玲、阮玲玉、周璇等文化偶像的上海比较，在某种意义上，香港的文化密码可谓承接与发扬旧上海而来。所以，香港绝非一般人提到的"文化沙漠"，香港文化的"先验性"、"先锋性"与"革命性"，影响着20世纪后半期华语世界的文化。当年《射雕英雄传》等粤语电视剧与《大话西游》等粤语电影、张国荣等的歌曲、马荣成等人的漫画作品，由南往北，以"粤语系"冲击"北方普通话系"的文化，正是20世纪八九十年代产生影响的文化事件。

金庸以武侠小说为核心的创作，就发生在这样一座城市里。1946年，在杭州任《东南日报》记者的金庸，考入苏州东吴大学学习国际法，希望能成为外交官。同年，进入上海《大公报》兼职。1948年，金庸被《大公报》派往香港，临时任国际电讯翻译。1950年，金庸赴北京外交部求职，因出身原因被拒。第二年，其父在浙江海宁被政府枪决。之后，金庸回到香港，办报纸、写剧本、拍电影、出版图书、举办实业、结婚生子。他一边写武侠小说，一边在他的《明报》上写社评，两者均产生轰动性的影响。事功已毕，年事已高的金庸坚持修改旧作，潜心学术，可谓隐于学、隐于书、隐于道。

出身名门，由乱世的江湖里四处学艺，折中在朝廷与庙堂之间，最后归隐。金庸"少年成长"与"流浪汉"式的武侠小说，正是他自己在以香港为核心的东亚生存成长环境中的心灵镜像。金庸的小说里结构出来的"魔教西来，天下五绝，少林寺、武当山与武林盟主并起，绿林、庙堂与江湖三足鼎立"的江湖图景，正是以香港为核心的华人都市的生存隐喻。他发明的"蛤蟆功"、"打狗棒法"、"降龙十八掌"、"九阴真经"、"九阳真经"、"北冥神功"等武功，也是当地市民由东西方文化里借鉴智慧，努力生存，打造新城的生命力的象征。

这一批珍贵的作品在香港面世之后，不同的媒介与不同文化类型的工作者加入，推波助澜地传播、推广金庸与金庸小说，极大地丰富与扩展了金庸小说的内涵与外延。金庸与香港的化合关系，颇似鲁迅与上海的化合关系。鲁迅因国恨与家仇，避居到上海，形成批判上海都市文化的一面。鲁迅以及鲁迅小说已不仅仅是作家以及作品，而成为一种"鲁迅现象"。金庸将批判与理想交汇到娱乐与消费，并借助多媒体的平台推广，而且意外地得到了东南亚、西欧等更为广阔的推广空间。同样，金庸以及金庸小说也不仅仅是作家以及作品，而成为一种"金庸现象"。

二、金庸与武侠革命

1923年初(金庸诞生之年)，平江不肖生(向恺然)的武侠小说《江湖奇侠传》始载于《红杂志》(后改名为《红玫瑰》)，小说将民间故事与武侠传奇整合到一起，构筑出以善恶为核心的"江湖世界"，小说连载至一百余回。8岁的金庸在海宁县龙山小学堂读到这部作品，除此之外，他还读过顾明道的《荒江女侠》，对还珠楼主(李寿民)风行于20世纪30年代的作品《蜀山剑侠传》亦有专心涉猎。

自晚清《三侠五义》等官府与捕快合作的侠义小说之后，民国武侠小说作家已经开始以"维新"的姿态，为新兴的市民阶层提供武侠小说。侠客在以善恶为核心的江湖事件里行侠仗义，行文以传统白话小说的章回体例编成长篇巨制的传奇，在这一传统的框架内，一些新的观念，如"爱国主义"、"婚姻自由"开始显现，侠客的面目得到了更新，江湖的门派体系得以创建，侠客们的武功也得以丰富。代表作家与代表作品有：平江不肖生的《江湖奇侠传》，由浏阳、平江两地农民争码头，引出昆仑、崆峒两派的斗法，将主题引向绿林与江湖，而不是与官府的"争江山"的斗争，江湖成为侠客自由活动的独立的时间与空间，将之由绿林与官府的附庸里解放出来。王度庐的《卧虎藏龙》，刻画出身名门又心向江湖的女侠玉娇龙的形象，她一心摆脱风俗旧习，追求爱情自由，结果让自己处于两难境地。这个近乎美国西部电影故事的武侠小说体现出"侠即自由"的新主题，后来得到了导演李安的垂青。还珠楼主的《蜀山剑侠传》则以超长的规模谈玄说异，在一个庞大的"修仙"故事的主题下，极尽想象与铺陈之能事。小说出现了"少年成长"与"武林争雄"等主题，还珠楼主的白话文字也流畅、华美，富于表现力。白羽的《十二金钱镖》等作品刻写江湖的铁血与武术的阳刚，张扬纯正而质朴的侠气。郑证因的《鹰爪王》着力描摹江湖帮会，以旧中国的黑社会为底子，与写实的武功结合在一起，刻画出现实的绿林世界。① 但民国武侠小说依旧是改良的侠义小说，作品依旧笼罩在旧的文体、旧的人物与旧的观念之下，无法对新文学实绩与西方文学的外来影响作出真正的回应。武侠小说获得"现代性"，是由金庸在香港、古龙在台北，分别以诸多作品来实现的。

金庸的第一部作品《书剑恩仇录》脱胎于家乡的民间传说，红花会群侠的设定近似《水浒传》等作品。除了体现传统侠义小说的特点之外，这部小说还有不少民国武侠小说的影子，有着更多的现代创新，因此这部小说可以看做中国新旧武侠小说的分野。金庸后续武侠小说的脉络，从中也可以窥见一二。《书剑恩仇录》确立起朝廷、江湖与绿林的三元格局，江湖不再是民间的"潜社会"，它承担起"反清复明"这样的政治任务。这种抵抗异族，为国、为民的"救亡"主题，在以后的《碧血

① 汤哲声：《流行百年——中国流行小说经典》，文化艺术出版社2004年版。

剑》、《射雕英雄传》、《天龙八部》、《鹿鼎记》等作品里都有出现，成为江湖事件的核心动力与侠客伦理的最高规范。《书剑恩仇录》刻画出陈家洛的“新侠客”形象，他不是李逵式的绿林好汉，不是宋江式的失意官吏、造反领袖，也不是燕青式的江湖浪子。他出身名门，心怀大志，承担着道德使命，也有宏伟的政治抱负，但是他在江湖中的遭遇与命运的离奇安排，又让他在爱情与事业上反复地徘徊，他带有贾宝玉、哈姆雷特这些新人物身上“多余人”的影子。陈家洛这个“启蒙式”的侠客，显然已被投射进文化人的理想与观念，也许还有经由抗日战争时期的大学里出来，欲学法律、办外交，报国无门，回到香港报界的青年时代的金庸的一点精神自传。在武术设定方面，陈家洛习得的“百花错拳”固然是民国武侠小说家生存状况的隐喻，陈家洛在古洞中悟到的“庖丁解牛拳法”，却打开了由传统的文化典籍里化生武功的“方便法门”，为以后“九阴真经”、“吸星大法”、“辟邪剑法”、“降龙十八拳”的诞生打开了通道。在江湖设定方面，由少林寺、武当山、红花会、回教诸雄，大致构成了一个稳定的江湖结构，这也是以后由无数山岳门派、西来魔教与中原正义联盟并立的江湖设定的原型。

《书剑恩仇录》完成之后第二年，金庸开始连载《射雕英雄传》，这是金庸 15 部小说之中的代表作品，其武侠小说“救亡”与“启蒙”的政治与文化主题得以进一步确立。《射雕英雄传》是以郭靖与杨康为主人公的少年成长小说，小说以郭靖在牛家村冰天雪地中的降生开始，以他走下华山，成为为国为民、武功高强，由心上人黄蓉陪伴的一代大侠结尾。推动整个故事发展的，一是寻找《武穆遗书》，二是寻找《九阴真经》。寻找《武穆遗书》是为了得到抗金与抗元的技术，是为救亡；寻找《九阴真经》却是要习得天下至高的武功，易筋炼形，改变身体，脱凡入圣，认识自我。所以走到华山的郭靖遇到了“我是谁”的问题，通过另外一条路径获得《九阴真经》的西毒欧阳锋，也深陷这个问题之中。天下五绝的设定，一方面建立起东西正邪冲突的江湖平衡结构，另一方面，以阴阳五行、儒、释、道等中国传统观念来设定人物与帮派，进一步确立起江湖的文化隐喻。继红花会之后，全真教这一组织的出现，也成为全文的核心基调与理念。在武功设定方面，由“九阴真经”到“打狗棒法”，再到“降龙十八掌”、“空明拳”、“弹指神通”、“双手互搏”等奇思妙想，都由传统的文化中演化出来，富于哲理。

所以，金庸将“政治”的主题引入了武侠小说，以“文化”为核心来建构江湖门派与武术体系，创造出以传统道德观念与新的人生使命相结合的“新侠客”，这些改变，将武侠小说由单纯的或写实、或蹈虚的江湖历险侠义小说之中解脱出来，令侠义小说有了更加丰厚的隐喻功能，成为以“少年成长”为主题的虚构的象征小说。而这种改变，显然是金庸在借鉴了新文学的成就，吸收了西方小说，特别是文艺复兴以来至 20 世纪初的现实主义小说成绩的基础上，改造、提升武侠小说，完成革命性的变化，让武侠小说最终变成一种设定齐全的、有意味的，具有身体与政治双重隐喻功能的类型小说。

《射雕英雄传》确立起金庸武侠小说的基本格局之后，金庸又以《侠客行》探讨哲理，以《雪山飞狐》探索故事，以《连城诀》探求欲望，以《天龙八部》探求佛学，以《笑傲江湖》探求权力，以《鹿鼎记》探求政治，皆以“政治主题”、“文化江湖”、“人性侠客”为核心，扩展武侠小说的新天地，塑造更多形象鲜明的侠客，终至炉火纯青，大匠天成。

这一批文本隐喻与象征的“金庸密码”，所蕴含的智慧、观念与情感，又恰恰能与20世纪八九十年代正在“现代化”与“城市化”进程中的中国读者所呼应，令金庸小说寓教于乐，风行天下。

三、金庸与故事创新

金庸以武侠小说延续了自《山海经》、《搜神记》、《唐传奇》、《西游记》以来中国小说象征与虚构的传统，并赋予这一传统以当代精神。同时，金庸融会中西，将中国武侠小说的叙事技术推向了巅峰。

民国武侠小说受中国传统小说影响很深，情节结构枝蔓丛生是其最大的缺陷。一个民族创造的叙事作品展现出来的叙事技巧，说到底，受到这个民族彼时彼地对生存的时间与空间认识的限制，受到社会形态与结构的束缚与激发。民国以后，西方文明与东方文明激荡，中国出现大大小小的城市，将中国式的乡镇农业社会改变成为以工商业为主体、以城市生活为主体的社会。社会形态的变化，势必引发小说情节结构方式的变化，民国通俗小说在传统小说的基础上进行改良，新文学在文字与观念上进行革新，但此时真正有叙事的自觉，让长篇小说出现“叙事革命”的作家并不多见。

金庸自小熟读中国古典小说，又熟读民国武侠小说，对中国传统小说的观念与叙事技术有足够的了解。1946年，他入东吴大学读国际法，英美法系的平衡与体系的观念，对他后来设定“平衡的江湖”具有启发。他到香港后，从事编剧与导演工作，阅读过莎士比亚、布莱希特等人的戏剧作品，对“戏剧冲突”有深入的研究。他英文很好，是狄更斯、哈代、大仲马等英、法小说家的读者，在阅读比较中，令他对中国的小说叙事技术有了深入的思考。他个人的文化、文学积累之路，使得他能够将民国小说家们依据19世纪西洋小说或近代西洋小说的改良变成了革命。他的小说结构的成就大致表现在以下四个方面：

一是将单线条的、全知全觉的单一叙事模式转变成多线条的、叙事角度受到限制的叙事模式，而又在这两种叙事模式间达到了平衡。以代表作《射雕英雄传》为例，他的“少年成长”的主题由郭靖与杨康分别承担，故事的脉络又分为抢《九阴真经》与找《武穆遗书》两途。当郭靖与杨康等人会聚之后，加入的新故事元素，又有东邪、西毒两支线索，再加入南疆与蒙古等故事，这样多条叙事脉络并行，就像几股绳索编织到一起，成为一个相对复杂的结构网络，并行不悖，互相生发，由小的冲突激发出大的冲突，最后归纳到“华山论剑”与“襄阳大战”，来解决“启蒙”与“救亡”两大主题。所以金庸将“简单故事”一变而为“复杂故事”，令故事能够化合出奇妙的吸引读者的能力。

二是对平衡性的追求。金庸作品的人物由单一的人物变为复杂的人物，达到人性的均衡；其江湖的设定，以朝廷、绿林、帮会、门派达到结构的均衡；其武功的设定也各有千秋，互相制约，得到力量与智慧的平衡。这些复杂的平衡，带来了情节冲突的无限丰富性。以《射雕英雄传》为例，东邪、西毒、南帝、北丐、中神通的设定，成为射雕故事的基础。这一套由“东南西北中”、“金木水火土”等中国文化与地理观念的设定，又加入了宗教文化因素的江湖、武术体系，已经成为自金庸之后武侠小说设定的基本模型。

三是戏剧化的冲突场景。《水浒传》等中国古典小说里也有冲突。鲁提辖拳打镇关西，将郑屠几拳打死在街头，然后扬长而去，积累成一人、一地、一事的故事单元，多个单元的累积，成为“鲁（智深）六回、武（松）十回式”的线性水浒故事。金庸借鉴莎士比亚式的西方戏剧的“三一律”，在线性的框架之下，以戏剧化的冲突产生出故事单元。以《射雕英雄传》为例，郭靖受伤到牛家村，与黄蓉在地下室里养伤，由地下室的墙壁孔洞里观看室外发生的事件，完颜洪烈、杨康、程迦瑶、陆冠英、傻姑、尹志平、欧阳克、黄药师、穆念慈、全真七子、梅超风等人物分批尽集于此，各色的人物以各种情感产生激烈冲突，地下室里的主人公命悬一线，千钧一发，这就是典型的戏剧冲突场景。这一场景，也成为武侠小说的“风雪小店”模式，构成武侠小说最基本的情节单元。

四是对中国民间故事类型的熟练化用。金庸对民间故事的了解与运用，近乎一个小说家天生的本能。在《连城诀》的后记里，他回忆了小时候听到的“乡下汉进城”的故事。在《射雕英雄传》桃花岛求亲一节，其故事原型就是一个“傻女婿求婚”的故事，在民间传说里，傻头傻脑的郭靖式的蠢女婿，一般都要打败欧阳克这样的小肚鸡肠的秀才，最后抱得美人归。金庸对这些民间故事的提炼与化用，令故事有了更深的文化意味，也令读者感到熟悉与亲切。

针对梁羽生对金庸作品的考据与批评，金庸曾撰文《一个“讲故事的人”的自白》作出回应。他自谦只是一个讲故事的人，只要求把故事讲得生动热闹，他之所以写武侠小说，只是当做一种娱乐，自娱之余，复以娱人而已。文中他很含蓄地对梁羽生的批评进行了辩驳。他说：“我以为武侠小说和京戏、评弹、舞蹈、音乐等等相同，主要作用是求赏心悦目，或是悦耳动听。武侠小说毕竟没有多大艺术价值，如果一定要提得高一点来说，那是求表达一种感情，刻画一种个性，描写人的生活、生命，或是政治思想、宗教意识、科学上的正误、道德上的是非等等，不必求统一或关联。”①

金庸自觉地让小说回归到“故事”与“娱乐”的本位。他研习古今中外的故事技巧，并将民间故事与精英文学中的故事技艺融为一体。

四、金庸与白话汉语

现代白话汉语的探求之路，是中国现代文学的重要特征。金庸并不有意写白话，以展示其新，也不刻意保留文言，以表示其雅。该白就白，该文就文，就像他笔下的令狐冲、杨过等侠客一样，不论出身，不论正邪，一心只问侠道之善恶，终得打通经脉，达到绝顶高手的境界。他创造了自己的一套话语系统：夹带着文言的白话表述。有人将金庸的文体称为“金氏白话”。

由于金庸小说的影响力，很多金氏词语成为了中国流行词汇。比如“论剑”一词，国内民间行业会议常称为“论剑”，取《射雕英雄传》之华山论剑。“论剑”时各方侠客前来比试剑法，争夺天下第一倒是其次，研习武道才是头等大事。与国外的“峰会”（summit）一词比较，有异曲同工之妙。又如，“打通任督二脉”是金庸

① 金庸：《一个“讲故事的人”的自白》，《海光文艺》1966 年第 4 期。

由传统的武术典籍里化用出来的一种说法，是指一般高手向绝顶高手进军，由量变到质变的关口，这个说法现在也常常被人使用。还有金庸作品中的“小龙女”、“韦小宝”、“黄蓉”、“郭靖”等人物，也经常活跃在现代人们的日常话语中。由作家创作出来的词语与意象进入现代汉语，影响最大的可能只有鲁迅与金庸二人。

□□□ 思考延伸

1. 金庸小说与香港城市文化的关系如何？
2. 为什么说金庸小说是一次中国小说的革命？
3. 金庸小说如何演变成“金庸文化”？

第十五讲 『后金庸时代』的武侠小说与武侠电影

金庸在武侠小说创作中的领头地位至今无人能撼动，所以，金庸之后的中国武侠小说创作只能称为“后金庸时代”。“后金庸时代”的武侠小说创作主要集中在香港和内地，“后金庸时代”一个重要的文化现象是武侠电影的风靡。

在现代武侠小说的世界中，金庸是一个文化昆仑一般的人物。在金庸之后的武侠小说写作，被归为“后金庸时代”的写作，这既是对于金庸小说成就的认同，同时也不免显现出后来者的内心焦虑。焦虑就是压力，压力会演化成动力。所以，“后金庸时代”的武侠小说写作就要面对着一个已经树立的标杆：能否把写作水平维持在金庸小说业已达到的水平线上？这里说的是水平，而不是写法，不是能否写得跟金庸“一样”的意思。本雅明说：“即使在最完美的艺术复制品中也会缺少一种成分：艺术品的即时即地性，即它在问世地点的独一无二性。”① 所谓“独一无二”，讲的就是不能模仿，也不必模仿。明确这一点认识，对理解和把握“后金庸时代”的武侠小说写作显然是有好处的。

另辟蹊径，寻找一条属于自己的写作道路，在事实上也成为“后金庸时代”武侠小说的主要创作思路。香港的温瑞安与黄易无疑是这一道路的践行者与代表人物。

温瑞安，马来西亚人，曾求学于台湾，后辗转抵达香港，成为香港武侠小说界的重要代表人物。温瑞安境遇坎坷，然而始终致力于华文文学写作，诗与散文均见记载，而在武侠小说领域著述尤甚。自20世纪70年代写作《四大名捕震关东》之后，温瑞安的武侠小说写作便如大潮汹涌，精彩纷呈。他的作品计有“四大名捕”系列、“神州奇侠”系列、“说英雄，谁是英雄”系列、“七大寇”系列、“游侠纳兰”系列、“白衣方振眉”系列等，未列入系列范畴的武侠小说作品还有很多。这些作品中，以“四大名捕”系列最广为读者所知。

“四大名捕”系列和“说英雄，谁是英雄”系列应该最能够体现“后金庸时代”的特征。金庸武侠小说给20世纪中国武侠

① ［德］本雅明：《机械复制时代的艺术作品》，张旭东译，中国城市出版社2002年版，第8页。

小说史带来的最有价值的东西，莫过于对传统文化的关注和探讨。在金庸小说中，儒家文化、道家文化、佛家文化被逐渐引入和表现，这样的宏大话语在武侠小说中的呈现，事实上是提升了武侠小说的品格，使武侠小说不再局限于复仇、寻宝的叙事模式中，而是成为现实生活的他者。在这种认识的基础上，我们就能够理解金庸小说在后期何以越发趋近现实生活了。“四大名捕”系列推出了无情、铁手、追命、冷血四位捕快，这是四位一流的武林高手，无情长于机关、暗器，铁手掌法出众，追命擅长轻功、腿法，冷血则尤工剑法。他们四人的师傅诸葛神侯自然不但功夫超一流，并且品格也是相当出色，同时更是皇帝最为信任的人。既是名捕，则故事自然要在侦破、推理上下工夫，于是，四人或联手，或独立，侦破了诸多案件，使诸多阴谋大白于天下。将侦破引入武侠，不是温瑞安的独创，在他之前，古龙的“陆小凤”系列等已经将这一模式运用到了炉火纯青的地步。但温瑞安与古龙又有不同，“陆小凤”系列中的侦破，其合法性与正当性基于陆小凤本人的正直的人品，而在“四大名捕”系列中，读者对于名捕们的支持，当然也会很大程度地源于名捕的品德，却又始终绕不过他们的“官员”身份。这样一来，名捕们获得了支持率，而他们背后的组织机构势必也获益不少。在金庸的《笑傲江湖》中，与官府合作的侠客还会受到武林的鄙视，而在温瑞安的小说中，捕快这种官府的成员则成了大侠中的大侠。表面看来，这当中存在太大的分歧，但其实不然，将“四大名捕”系列与“说英雄，谁是英雄”系列比照而读，更能体会其妙处。“说英雄，谁是英雄”系列中包含诸多名篇，如《温柔一刀》、《一怒拔剑》、《惊艳一枪》、《伤心小箭》等。在这些名篇中，温瑞安构筑了北宋开封城里的一个错综复杂的武林世界，在这个武林世界中，主要的组织机构是金风细雨楼和六分半堂，主要的英雄人物是苏梦忱、白愁飞、王小石，以及围绕这三人而存在的一干人等，他们为了权力、利益、女人而大打出手，时合时分，自然，这些也是一般武侠小说不可或缺的内容。但“说英雄，谁是英雄”系列的不一般之处，就在于小说总是在关键时刻停下来告诉读者，在这一世界背后还存在一双大手，大手在推动着或者阻碍着故事的进程，它的主人是当朝丞相蔡京。这样一来，小说中的个体，如王小石，其个人奋斗的历程或许令人赞叹与景仰，其人品之美也会令人顿生亲近之感，甚至是小说中经常大力渲染的兄弟情、知己义，往往也让人心动不已，但说到底，这些故事，终究只是发生在“棋子”身上的故事。温瑞安的“四大名捕”系列、“说英雄，谁是英雄”系列与香港的“古惑仔”系列电影具有大致类似的人物谱系，只不过，温瑞安指出，在这些生动的武林人物背后起决定性作用的是政治人物，而“古惑仔”则表明背后的力量是绅士，在一线打打杀杀的总不免为人所驱使。此类故事建构，是在《笑傲江湖》对正邪的追问、《连城诀》对人性的质疑、《鹿鼎记》对正统的解构基础上的进一步发展。在温瑞安这里，江湖与武林世界不再具有自足的性质，其有限性、其附属于更强大的力量的特点被明确地表达出来。这样的故事设置彰显出江湖、侠客与现实世界之间的隐秘而深刻的联系，使得武侠小说越发地摒弃“童话”的特性，而呈现出“小说”的气派。

黄易则代表着“后金庸时代”武侠小说趋近现实的另一种方向。黄易毕业于香港中文大学，创作颇多，但作为武侠小说被众人传诵的，有《寻秦记》、《大唐双龙传》、《边荒传说》、《覆雨翻云》、《破碎虚空》等几部。但即使是这几部，也并非全部都是严格意义上的单纯的武侠小说。《寻秦记》借电视连续剧的威力获得了极高的知名度，成为黄易小说的最著名作品。这部作品中有武侠的成分，项少龙对墨家剑法的钻研契合了武侠迷的阅读期待，他在不同时段与不同人物之间的功夫较量也使这部作品获得了武侠迷的认可。但《寻秦记》有区别于其他武侠小说的特征。《寻秦记》中的故事发生在先秦，但故事的主角项少龙却是一个21世纪的特种兵。如果我们承认阅读过程中有代入机制的存在，那么，项少龙在先秦打遍天下无敌手、让诸多美女竞折腰、独力缔造秦始皇的丰功伟绩，无疑会让现代读者在阅读过程中获得更多的快感。《寻秦记》之后“穿越小说”的大量出现和流行，从大的方面讲是证明了市场需求，从小的方面讲是印证了《寻秦记》所依托的这一读者心理的确凿存在。从这个意义上讲，黄易小说是对20世纪90年代大众文化兴起以来读者心理敏锐感知和准确把握的产品。如果明确了这一点，也就能够理解黄易小说中何以会大大方方地出现一夫多妻以及不少情色描写了。《大唐双龙传》从某种程度上说是对《寻秦记》的改写，也是对《鹿鼎记》的继承。虽然主角寇仲和徐子陵只是扬州城里的小混混，但种种机缘使得他们能够迅速积累功力，并参与到群雄争霸中，与李世民一起统一了大唐的天下。与《鹿鼎记》中的韦小宝相比较，这两位扬州混混的人生态度更为认真，他们只是有混混之名，全无混混之实，《大唐双龙传》因而失去了社会批判的锋芒，只剩下成长小说的励志功能了。《寻秦记》与《大唐双龙传》可以被看成是作家把握所处时代的大众文化心理的产物，只是，这当中所包含的心理机制远不如金庸小说那样沉重，或许沉重已经不是这个时代的主旋律了。

武侠小说的写作需要丰富的想象力，也需要对现实生活的洞察力。就台湾、香港的武侠小说而言，文化环境为想象力提供了更广阔的空间，但在1949年之后的大陆，武侠小说的写作是中断的，事实上，即使不中断，它也是不符合此时期的创作规范的。这一情况，自20世纪80年代之后得到逐步改观。尤其是金庸小说的引入，激发了人们的阅读兴趣，也因此重新开启了大陆的武侠小说写作历程。指认此后的大陆武侠小说写作为“后金庸时代”的武侠小说，是符合史实的。但也要看到大陆武侠小说写作所处环境的特殊性，以及写作的中断对后来者的影响，以同样的标准来要求温瑞安和大陆武侠小说作者，是有失公平的。

在金庸小说以大量盗版的形式流行于大陆的同时，大陆的武侠小说写作产生了发出自己声音的冲动。1983年，《今古传奇》杂志连载武侠小说《玉娇龙》，这部小说是对民国武侠名家王度庐所著《卧虎藏龙》的改写。因了这部小说，《今古传奇》的发行量由41万册飙升至273万册。这一方面说明读者热情的高涨，另一个方面，也不妨将其看做大陆武侠小说写作的复苏，尽管是以改写的方式。在此之后，大量大陆出产的武侠小说作品开始进入人们的视线。戊戟于1985年推出个人首部武侠小说《武林传奇》，此后又陆续出版《江湖传奇》、《神州传奇》、《奇侠传奇》等，虽与金庸等人的小说相比其情节不免重复与老套，但总算是20世纪80年代的大陆武侠小说写作开始迈出自己的步伐。沧浪客所作《一剑平江湖》产生了较大的影响，1995年，他曾凭此与金庸、梁羽生、温瑞安等人同获“中华武侠文学创作大奖”。独孤残红的创作量较大，他的“江湖四部”系列包含《沧桑江湖》、《嬉笑江湖》、《险恶江湖》、《寂寞江湖》四个部分，而这四个部分又各自引领数册，规模不同一般。此外，张宝瑞的《京都武林长卷》包括《醉鬼张三》、《太极奇侠传》等9部武侠小说，故事均发生在北京城内，有名有姓，有准确的年代，被称为纪实的武侠小说。虽然纪实小说本身会遭遇到理论难题，但张宝瑞小说中浓厚的京城文化色彩却是值得关注与学习的。以上作品，虽然在领一时风骚之后均已陷入沉寂，但其所表现出的大陆武侠小说作者的努力，却值得纪念。

大陆武侠小说写作的自发状态在进入21世纪之后告一段落，在作者、媒体与学界的共同努力下，一个自觉的新阶段开启。2001年《今古传奇·武侠版》的创刊是一个标志，它是大陆新武侠的起点，同时也意味着此前大陆武侠小说创作低迷的状态得到了一定程度的缓解。《今古传奇·武侠版》的创刊并不是孤立的，在它之后，还有2002年的《武侠故事》、《中华传奇·大武侠》(已于2004年停刊)和2004年的《新武侠》等杂志的创刊。韩云波认为，这“形成了武侠文学的再一次复兴”①。在此基础上，2004年，由韩云波与《今古传奇·武侠版》共同提出“21世纪大陆新武侠”的口号，显现着一个从理论到写作的自觉时代的来临。《今古传奇·武侠版》等期刊对于大陆新武侠的影响是直接的。武侠期刊大多有自己独立的编辑思想和审美倾向，不排除这些思想或者倾向与期刊的市场定位有密切的关系，但也应该看到，由于这些思想和倾向的存在，期刊上所发表的武侠小说作品在相当程度上是被规范的，而这些被规范的武侠小说作品构建了大陆新武侠的内质。当然，也不能忽视这些专门性的期刊可能会导致的一些问题。汤哲声说：“它(武侠小说杂志)使得杂志的读者专门化了，专门化的读者会造成杂志的单一风格。”②

武侠期刊并不是唯一推动大陆新武侠形成的媒体，网络也起到了极为重要的作用。网络对于大陆新武侠的影响首先在于它为武侠小说作者提供了一个发表的平台。“榕树下”、“清韵书院”、“九阳村”等是武侠小说发表较为集中的网站，这些网站具有相当的开放性，在这些网站上发表作品并没有过多的限制，正因为如此，它们吸引了很多的武侠小说写手。在大陆新武侠作家中，很多原本就是网络写手，他们往往先将自己的作品发表于网络，在网络中获得了一定的影响力，从而被期刊关注，因此列入大陆新武侠作家群。网络对于大陆新武侠的影响还在于它在武侠作品的形成过程中发挥了重要的作用。网络具有极强的互动性，许多武侠小说作者在网络发表作品的过程中得到了读者的关注，并因此获得了他们对于作品的意见，这意见不仅包括对于已发表部分的评价，也包括对于未发表部分的期望，这些意见也受到了作者的欢迎，并把它们落实到自己的创作中去，这在一定程度上影响了作品的最终面貌。

生产机制影响了或者说是推动了大陆新武侠的写作，其表现就是在《今古传奇·武侠版》等杂志的周围，聚集了一批年轻的武侠小说作家，如凤歌、小椴、沧月、步非烟等人。小椴是当下武侠小说作家中的佼佼者，他的《乱世英雄传》也获得了很好的评价。这部作品所描绘的江湖很有意义，这个江湖中力量错综复杂，剑客骆寒是正义力量的化身，此外，致力于抗金的淮上义军及其领导者也是传统阅读视野中的正方代表，他们的对立者则是袁老大和文翰林分别领导的介于江湖和庙堂之间又倾向于庙堂的势力。这个江湖的特殊之处就在于它将官方的力量纳入自身的范

① 韩云波：《论21世纪大陆新武侠》，《西南师范大学学报》(社会科学版)2004年第4期。
② 汤哲声：《大陆新武侠呼唤“后金庸时代”》，《西南大学学报》(社会科学版)2009年第5期。

畴，使得江湖争斗的最终结果与维持庙堂的利益平衡扯上了关系。从立意上讲，这部小说与温瑞安的“说英雄，谁是英雄”系列能够站在同一起跑线上。凤歌被视为大陆新武侠的领军人物之一，他的《昆仑》与《沧海》都得到了读者的高度关注。大体说来，《昆仑》写的是梁萧这个人的成长。成长小说当然不是一个全新的小说形式，但如何成长，还是有可发挥的余地。凤歌有科幻小说写作的底子，因而他的《昆仑》所关注的问题是宋元时期的中华科技文明发展存亡的问题，这使得《昆仑》具备了一定的文化深度，在中国现当代武侠小说史上，这样的写作显得大气。不过，《昆仑》还提供了一个话题，那就是它在历史观方面的暧昧立场。《昆仑》在历史方面引发讨论最多显然也最为读者所难以接受的是侠客梁萧竟然助元攻宋，尤其是《破城卷》中梁萧助元攻襄阳城一段，与金庸小说中所叙写的同一段众人皆知的故事在立场上是相反的。在某个层面上，这固然是一个关于大是大非的问题，但在《昆仑》中，它被设定为一个人的具体而感性的情感问题、良心问题。在民族大团结、大融合的今天，我们很难就其中的是是非非作出明确的决断，但《昆仑》用个体的感受来作为集体认识的对应这一面，无论如何，都是对时代空气深度感知的产物，从这个层面上说，《昆仑》目前能代表我们这个时代的武侠小说写作。

这里就又回到了“后金庸时代”的武侠小说该如何写作的话题。关于这个话题，从不同的角度可以提出不同的方案。不过，回顾金庸的武侠小说，往往也会发现它的愈发动人，关键在于我们总是能从中读出新的东西，读出能够和我们的现实、我们的生活、我们的心境相契合的东西。究其根本，应该是金庸小说对普遍人性、普世价值的审美呈现，同时也应该是和其所处的时代之间的紧密联系，应该是金庸对现实的深刻把握和巧妙展现。我们这个时代的武侠小说写作，从时间上来讲，已经是“后金庸时代”的武侠，但从气派上来讲，则可能更要钻研我们所处的现实社会，并且很“武侠”地将其呈现出来，这样，才可以成为“后金庸时代”的武侠，并进而取消“后金庸时代”的名号，成为一个并驾齐驱者。

“后金庸时代”的武侠电影为武侠小说的写作提供了一个很有意思的参照系。相对于文字，影像的适应范围当然要更广，因而也更应该去理解普罗大众，与他们交流。从武侠电影当中，可以发现智者对于大众文化的把握和提炼。这样的把握和提炼的成果，可以为武侠小说写作提供思路。

“后金庸时代”的武侠电影致力于对金庸小说的自由改编。徐克的《笑傲江湖三部曲》包括《笑傲江湖》、《东方不败》、《风云再起》。《笑傲江湖》选择许冠杰来饰演令狐冲，对比小说中的形象，许冠杰的幽默与可爱事实上已经使得令狐冲这个人物脱离我们的既定认识，使我们不再顽固地要求电影必须要忠实于原著。而《东方不败》中林青霞的扮相和激情四溢的表演，更是令人诧异与钦佩。事实上，徐克的《笑傲江湖三部曲》调用了诸多小说的情节设置与人物安排的资源，但显然这三部电影更出众之处就在于电影的创作主体在金庸小说基础上恣肆的个人发挥。细细推敲，三部电影中，《笑傲江湖》因令狐冲而阳光，《风云再起》因东方不败而阴郁，《东方不败》则介于两者之间，这三部电影构成了一个自足的体系，它们与金庸原著素不相连。一个细节是，在《风云再起》中，居然除了东方不败之外，还出现了顾长风和雪千寻这样两个极其重要的但在金庸小说中从未出现过的人物，但谁说这样就不可以呢？与之相匹敌的，是王家卫的《东邪西毒》。这部电影言之凿凿地称“原著”为金庸，但整部电影，除了欧阳锋、黄药师、洪七等人的姓名与外号跟原著能够一一对上号以外，其他便几乎毫无干系了。《东邪西毒》一如既往地带着王家卫的风格，选择每一个合适的时期对大大小小的事物阐释着具体而微的生活哲理，这一点，与香港的一些专栏小散文很相似，在王家卫的《重庆森林》等作品中也曾固执地体现。解读《东邪西毒》有很多路径，但其中最省事的一条，就是将欧阳锋所处的那个沙漠比做香港这一“东方之珠”的某一个角落，那么，影片中的人物的孤独、分裂、矛盾、误解在现实生活中、在现代城市生活中便能一一兑现。而这些，跟金庸的《射雕英雄传》确实是没有太大的关系。

与上面这种自由散漫的电影改编路径相对应的，是比较严谨的改编。李安的《卧虎藏龙》与上文提及的王度庐的原著《卧虎藏龙》相比较，虽然未必能做到亦步亦趋，但较之徐克、王家卫，却是严谨许多、本分许多。不过，这部由美国哥伦比亚公司投资、华人拍摄、获得奥斯卡金像奖的电影，其所受的肯定，与其是否忠于原著并无必然的关系。我们关心的一个问题是，武侠是很中国的东西，但何以《卧虎藏龙》能够得到全世界的喜爱？一部电影的成功，显然是多种因素合力的结果。但是，当李慕白在竹林深处自由而飘逸地飞越和停留的时候，这种中国式的武功吸引了诸多的目光，它代表着中国人对人类所共同面临的束缚提出的解决方案。这个束缚是具体的，也是抽象的，而中国人的解决方案既是形而下的，也是形而上的，归根到底，是文化的、是智慧的。《卧虎藏龙》为我们提供了两个关键词：普世价值、中国特色。

对世界、对人生的哲理性思考由上述两类武侠电影来共同承担，而更多的武侠电影则是在讲述着大众所感兴趣的轻松话题，从而承担起娱乐的功能。徐克的《新龙门客栈》从故事情节来说并无特别之处，太监专权、忠臣受累、侠客出手，这些便是故事的几乎全部内容。但《新龙门客栈》的优点，一是选用了大西北的风景作为故事发生地，边疆元素能够抓取观众的眼球；二是老板娘的泼辣与生动，为电影平添了生活趣味。徐克的“黄飞鸿”系列，使黄飞鸿这一很具有地域性的“广东十大杰出青年”能够成为神州大地妇孺皆知的人物，自然有其过人之处。不过，深究起来，两个方面的因素是不能忽视的：一个是李连杰的招式非常美观，体现出中华武术的魅力；一个是黄飞鸿的故事来自于民间，经民间反复地改编与传诵，当中包含了诸多适应大众喜好的元素，如黄飞鸿的徒弟鬼脚七等人的角色设置，如黄飞鸿与十三姨的爱情困局，更如黄飞鸿本人的性格优势和缺陷等，都能够由地方走向全国，获得大众的认同与青睐。至于成龙主演的若干电影，大多以幽默搞笑的方式，塑造一个功夫不高，但是毅力惊人，在“打不死”的境遇中制服对手的平民英雄形象。他在电影当中始终是以小人物的身份出场，但总是坚持不懈地努力，最终完成了那些看似不可能完成的任务。成龙的电影在武打场面上自然很有看头，但其根本，是着力于励志，这当然也有其讨巧的地方。

当然，也不能不提到一些制作者花了心思却吃力不讨好的武侠电影。徐克的《蜀山传》致力于特技制作，电影中的侠客们整日在天上飞来飞去，但目的不明确，动作不具体，故而不讨读者喜欢。大陆也有一些武侠大片，画面非常美丽，造型非常精致，但故事感不强。它们的存在提醒我们，民间的价值评判标准在很多时候是极有道理的，无论是武侠小说的写作者，还是武侠电影的创作者，立足当下，立足实地，无论如何都是非常有必要的。

“后金庸时代”的武侠电影作品诸多、流派诸多、方向诸多、此处所述，仅为其中之一角。但即使是这样的一角，也能够让我们从中找出一些规律性的东西。一个时代有一个时代的文学，一个时代也有一个时代的电影，当下的武侠电影，很多并不完全拘泥于前人所建构的范式，而是着力求新求变。这个新和变，既可以落实在作品的艺术形式上，也可以落实在作品的内容上。而就内容而言，还有什么能比我们的现实生活更生动、更丰富的呢?

周星驰在《功夫足球》的结尾描绘了一个神州大地人人皆为武林高手的美妙景象。这个景象当然是永远也不可能实现的，但它给了我们一个很好的启示，在“后金庸时代”，武侠小说的写作，或者是武侠电影的创作，如果能够把研究的重点和表现的重点放在大众身上，放在当下的大众所建构的社会与现实生活身上，将作品在一定程度上设置为现实的映像，或者设置为现实某一角落的充满意味的放大，这样的作品，大概是比较容易被接受，进而被传诵，并被认为是能代表我们这个时代的。

□□□ 思考延伸

1. “后金庸时代”的香港和内地主要有哪些代表作家及作品?
2. “后金庸时代”的武侠小说有哪些新的特点?
3. 武侠电影有哪些“规范动作”?

第十六讲

公安法制小说的三个时期

> 20世纪五六十年代，肃反、反特小说都带有明显的政治化背景，所塑造的人物形象都带有政治色彩，特别是公安刑侦人员，都被塑造成“高大全”式的英雄形象。到了新时期，公安法制小说中人性得到回归。20世纪80年代末和90年代的公安法制小说“政治化”、“英雄化”明显弱化，“去政治化”、“去英雄化”的倾向愈加明显，海岩的公安法制爱情题材小说充分体现了这一特点。

1949年以后，侦探小说发生了衍变，中国大陆侦探小说被称为公安法制小说。公安法制小说主要是表现公安、政法战线生活，主题涉及反贩毒、反走私、反造假、反枪支、反抢劫、反黑势力等一系列社会治安问题。侦探小说在西方是贵族小说，读者也以识字的贵族为多，而中国的公安法制小说是大众平民小说，阅读对象是普通老百姓。侦探小说表现了私人侦探、罪犯、警察三方面的关系，而公安法制小说则是公安(或边防战士)与罪犯(或国内反革命分子、国外特务等)的两极对抗。

公安法制小说是一种特有的文学现象，在1949年以后的各个时期，公安法制小说的创作都没有中断过，即使是“文化大革命”期间，其他类型的通俗小说几乎都没有了，公安法制小说却能始终繁荣地发展着。为什么公安法制小说这么绿色常青呢？这与它的时政性特点有很大关系。公安法制要求的是对外保证国家安全，对内保证社会稳定。国家安全和社会稳定是任何时期的统治阶层所追求的统治目标，只要公安法制小说不是挑战统治阶层，任何时期的统治阶层都需要公安法制小说为其增色。当然，如果仅仅是一种增色作用，那样的公安法制小说也就只剩下政治宣传的功能了。

在相当长的时期内，中国的公安法制小说也就是作为政治宣传的需要而存在着。从1949年到1966年“文化大革命”开始，中国公安法制小说的主题是肃反、反特。肃反要求的是国内的政治安全，反特要求的是国家的政治安全。这个时期的代表作品有：陆石、文达的《双铃马铃表》，木林、寒星的《407号图纸》，张志民的《登山不见人》和尾山的《第四者》等。为了增加特殊环境的神秘，作家们还会把肃反、反特的斗争选择在边境上，如白桦的《山间铃响马帮来》、《无铃的马帮》，公刘的《国境一条街》，史超的《擒匪记》，林予的《森林之歌》等。“文革”十年，中国公安法制小说的主题是反敌、反苏。反敌要求的是擒获那些破坏“文化大革命”成果的敌人，这些敌人既有隐藏得很深的阶级敌人，也有刚刚被打倒的“走资派”，例如伍兵的小说《严峻的日子》。反苏提醒着人们，苏联对我们国家的威胁，特别是1971年“珍宝岛事件”之后，反苏小说出现了一股创作的热潮，代表作有尚方的《斗熊》等。

由于政治宣传的创作目的非常明确，这些小说的政治使命感非常突出，它体现在两个方面：一是小说均围绕着国家安危、人民安全的重大事件展开，国境的安宁、国庆节的安乐、国家的机密、重要机构的安全等都是小说常用的题材；二是小说的主人公无论敌我，其行动的内驱力都不是为了自我，而是为了政治利益。

这类小说的结构比较单一，总是一个敌人企图破坏并制造了很多假象，公安战士拨开种种迷雾，捉住了敌人。小说在“藏”与“揭”、“逃”与“捕”之中完成。

小说人物有明显的脸谱化倾向。公安战士一般都是严肃认真、坚忍不拔，当然有时还有一些儿女情长；犯罪分子凶狠歹毒、阴险狡猾，且内心一定是十分虚弱。在形象塑造上，公安战士都是英雄形象，相貌堂堂、精神抖擞、智勇双全（如《一件杀人案》中的丁处长、《一件积案》中的陈飞）；敌人一般都长相猥琐，胖子、瘦子、瘸子、麻子、断指等等（如《“赌国王后”牌软糖》里的酒鬼徐彬）。最令人不可思议的是，知识分子往往被塑造成隐藏最深的罪犯，如《一件杀人案》中的袁横、《一件积案》中的吴济仁、《“赌国王后”牌软糖》中的李曼华、《国境一条街》中的唐殿选等。

为什么会出现这样的创作状态呢？主要原因有四点：

一是政治氛围。新的政权刚刚建立，巩固政权是当务之急，最适宜表现国家安全的小说当数公安法制小说，它责无旁贷地告诫人民必须警钟长鸣。1949年以后，国内政治斗争不断，土地改革、镇压反革命、“三反”、“五反”一直到“文化大革命”，每一次运动都会产生一批不同类型的敌人，地主分子、美蒋特务、反革命分子、“苏修”特务等，公安法制小说既是运动的宣传者，也是运动的记录者，充分表现出了小说的政治敏锐性。

二是小说模式。从历史渊源上说，公安法制小说从侦探小说发展而来，但是小说的模式已经发生了根本性的变化。公安法制小说中私人侦探消失了，探案中的个人利益和正反两极中的缓冲地带就消失了。公安法制人员代表着国家利益，国家利益的代表者形象怎么能不高大呢？力量怎么能不强大呢？他们与罪犯之间的关系当然只能是猎手与猎物之间的关系，狐狸再狡猾也斗不过好猎手。小说的故事情节只能是老鹰捉小鸡似的“藏”与“揭”、“逃”与“捕”的游戏。

三是苏联影响。20世纪50年代，苏联的侦探小说在中国很流行，其中阿达莫夫的《形形色色的案件》、别列耶夫的《水陆两栖人》、沃斯托柯夫和施美列夫的《追踪记》，以及影片《侦察员的功勋》等，都是中国人耳熟能详的作品。这些作品向中国人演绎着苏联版的公安法制小说。

四是作家队伍。面广、量大的公安法制小说大多数出自业余作家之手，他们大多数来自于公安工作的第一线，他们熟悉自己的生活，也熟悉自己的对手，但是他们在文学创作方面的修养明显不足。在时代的使命感和创作模式的潮流中，他们很难形成独特的创作风格。

回首历史，我们虽然可以发现这个时期的公安法制小说有不少遗憾之处，但是这些小说确实也激动了一代人、教育了一代人。

20世纪70年代末、80年代初，王亚平连续出版了《神圣的使命》、《刑警队长》等小说。从小说的主题上说，他的小说与当时的“伤痕小说”、“反思小说”一样，主题都是拨乱反正。拨乱要求的是对“文化大革命”的乱象进行整顿，反正要求的是对历史错案进行正本清源。从公安法制小说的角度看，这两部小说具有转折性的重要意义。其一，小说中对抗的双方不再是两个阵营中的阶级敌人，而是来自同一个阵营内部；其二，情节中心不再是国家和人民财产的安全，而是个人的冤假错案；其三，小说的结局并不是胜利的欢呼，而是更残酷斗争的开始。《神圣的使命》中王公伯在与帮派势力的坚韧斗争中终于揭开了省委书记秘书毒死案的原委，可是他自己也被撞成了昏迷，看来斗争还在继续。

20世纪80年代中期开始，中国文学开始摆脱政治性思维，向人性化拓展。同时，封闭式小说模式也被打破，融入世界文学的潮流成为了中国文学创作的发展方向。此时欧美、日本的很多侦探小说再次进入了人们的视野。不仅是《福尔摩斯探案集》这类传统型的侦探小说不断地被重印，第二次世界大战之后出现的欧美“硬汉派小说”、日本的社会推理小说更成为了中国市场上的畅销书。谢尔顿的《天使的愤怒》、《午夜情》，罗宾科克的《昏迷》、《狮身人面像》，杜伦马特的《诺言》，西默农的《玻璃笼子》，以及日本作家森村诚一、松本清张、水上勉等的作品在中国大陆非常走红。在这样的社会文化背景下，中国的公安法制小说开始朝两个方向发展：一是“去政治化、重生活化”；二是“去英雄化、重情节化”。

“去政治化、重生活化”主要是写民警的生活。代表作品当属1986年张卫华、张策的《警察生活录》。民警生活化描写在20世纪50年代的电影文学中也曾出现过，例如李天济的《今天我休息》就曾产生过广泛影响，但是歌颂社会主义的主题和喜剧的表现方式使得这种生活化的文学变成了欢乐颂。《警察生活录》的特点是将创作视角伸向了民警丰富的情感世界和复杂的心态之中，努力地写出一个民警真实的生活状态。这部小说集由6部中、短篇小说组成，其中《女民警的坎坷经历》特点最突出。小说告诉我们，女所长刘洁不仅是位工作勤恳、能力出众的优秀民警，而且是一个被卷入生活杂事圈子中的女人，夫妻矛盾、婆媳矛盾直接引发了工作矛盾，好胜心、责任心和痛苦、焦虑、煎熬等复杂的心态交织在一起，构成了一个很生活化的真实的女民警形象。20世纪80年代中后期，中国小说界“新写实小说”开始出现，重生活化的公安法制小说也可以看做是这些“新写实小说”的一个侧面。

“去英雄化、重情节化”主要写刑警的生活。这类小说明显地受到欧美小说的影响。欧美传统型侦探小说（如柯南·道尔的《福尔摩斯探案集》）的影响虽然还有余续（如英国作家克里斯蒂的小说），但在20世纪下半叶之后引领世界侦探小说创作潮流的是欧美的“硬汉派小说”和日本的社会推理小说。与传统型的侦探小说不同，“硬汉派小说”和社会推理小说不再是在生动、复杂的情节中塑造智勇双全的私人侦探形象、体现英雄情结，而是将侦破人物视为普通的人，他们大错不犯，小错不断；使命感缺失，责任心却很强；他们侦破案件的前提并不一定是他们个人的素质，往往是各种因素的综合推动，甚至是偶然因素导致案情水落石出。在这样的小说中，英雄没有了，小说的情节却加强了，因为人物以及人物的行为已经构成情节生动、紧张的一个部分；侦破的痕迹淡薄了，小说的内涵却丰富了，因为追寻证据的目的不仅仅是破案，而是要展示人与人的关系网和暴露事件的真相。从侦破构思的角度看，中国公安法制小说一直受着传统侦探小说的影响，这种影响一直延续到“文化大革命”中的那些手抄本，例如《一只绣花鞋》、《梅花党》等等。20世纪80年代后期，中国式的“硬汉派小说”出现了。代表作家是钟源与魏人，其中又以魏人的《刑警队长与杀人犯的内心独白》、《刑警队长的誓言》最具代表性。魏人这两部小说中的刑警队长都是普通的人，普通人的性格渗透到他们的个人生活和工作中去，造成了他们生活和工作上的双重紧张，加强了小说情节的生动和惊险。特别是小说主人公对一个刑警的生活提出了价值论的思考，就更有些哲学的意味了。在小说风格上，主人公幽默、调侃的自我打趣颇似“硬汉派小说”中的那些个人英雄的做派。

20世纪80年代以后，中国公安法制小说的发展方向使得此时小说特别注重塑造平民英雄。平民英雄的特点是，他们既是“平民”，也是“英雄”。说他们是平民，因为他们就存于我们身边，是具有人性的，是有血肉之躯的普通人，他们也有七情六欲，也会犯普通人常犯的错误；说他们是英雄，因为他们身上仍保持了传统的英雄主义，具有大义凛然、无私无畏、坚忍不拔的英雄特质，以及崇高的职业道德感和正义感。平民英雄的塑造使得人物描写也注重个性化。例如，陈铁军的《激情杀人》中对刑警边沿的性格描写是这样的：

> 对于吴医生这件案子，刑警边沿只有一句话的评语。这是他从前常说的一句口头禅，每当他愤怒、焦虑、烦躁的时候，就会不由自主脱口而出。后来大家都觉着老这么说有损公安人员形象，在领导和同志们的批评监督下，他渐渐克服了动不动就这么一说的毛病。但是只要话题牵涉到这案子，他总是忍不住一张嘴又将这话说了出来。他是这么说的：“我操他妈！”①

刑警边沿有粗口的毛病，这在以前的公安法制小说中是不能描写的，因为有损公安人员形象。但是，此时的小说创作中此类描写却很常见。这样的描写起到了一定效果，让人觉得人物更加真实可信。

20世纪80年代以后，世界侦探小说的创作开始向心灵化发展，小说中多重力量(不仅仅是正反两极)的较量，不再体现为案件破还是不破，甚至不再追究事件的对与错。侦探小说情节中的追与捕、刑侦对证中的问与答只是心灵交战的平台，国家和行政的力量基本退出，几乎是个人的智与力在一个平面上的搏杀。代表这股创作潮流的是欧洲的“犯罪小说”，其中瑞士作家杜仑马特的《诺言》最有代表性。这股创作潮流也很快地被中国作家所接受，出现了一批写心灵的小说。人的心灵是多层面的，情感、理智、责任、诺言等多维的角度决定着人的心灵的不同起伏。《傍晚敲门的女人》②这部作品中对人性的表现尤其是对罪犯的心理探索达到了一定的高

---

① 陈铁军：《激情杀人》，见任翔选编：《1980—2000饮鸩情人节》，中国文联出版社2002年版，第317页。

② 李迪：《傍晚敲门的女人》，《啄木鸟》1984年第4期。

度。案件围绕着是谁杀死王少怀经理展开。王少怀虽然在电子专业领域颇有成绩，在情场上也是个老手，公司医务室的女大夫欧阳云和女翻译金飞飞先后成了他的玩物。煤厂工人丁力暗恋着欧阳云，得知她被王少怀欺骗后义愤填膺，终于举起了报复的管叉。梁子作为一个预审员，在接到丁字街凶杀案的时候，首先排除无关人员，当“傍晚敲门的女人”这个线索越来越清晰起来以后，案件的主要嫌疑人欧阳云也就从卷宗后面走到了读者面前，从而拉开了心理战的序幕。这场心理战的演进一波三折，充分体现了新阶段公安法制小说的艺术魅力。在心理战的第一阶段，欧阳云采取沉默不语的态度，而梁子则步步紧逼，不失时机地侦查对方的突破口。心理战进入第二阶段，欧阳云的防御阵地在梁子的强烈攻势下土崩瓦解，不得不承认自己在案发的时间里到过现场，但她仍一口咬定王少怀不是她杀的。在心理战的第三阶段，欧阳云的态度发生了突变，歇斯底里地大喊着自己是杀人凶手。梁子觉察到欧阳云不顾一切想迅速了结此案的重要隐情——欧阳云可能出于对帮助自己而杀了王少怀的那个人的保护。通过推理，他理智地推翻了自己原先对于欧阳云的怀疑，让侦查从头开始，案件终于大白于天下。这部小说已经突破以前一般意义上的警察与罪犯关系。留给读者最为深刻的印象是侦探与嫌疑人之间的心理战，特别是侦查员梁子的非凡才智与善良品性。在与犯罪嫌疑人欧阳云 17 次的心理战过程中，梁子对她的每一句话、每一个眼神甚至每一瞬间的细微心理变化都做了细致的分析，终于在一封情书中找出了破绽，最终找到了真正的凶手丁力。小说在情节上安排了与侦查过程齐头并进的母狐“秃耳朵”的故事。这种叙事的铺张不仅营造了作品的艺术氛围，而且在一定程度上阐明了人性与兽性在本能上的一致，从而也成为梁子对欧阳云进行道德评判的借鉴。令读者叹服的是，这个故事的结局与案件的真相大白在小说结尾处重叠，母狐咬死自己以保护公狐不被人捕获，欧阳云在得知丁力被判处死刑后，亦自杀身亡。这个结局升华了作品的悲剧气氛，同时也体现了作家在公安法制小说领域里不懈的人性探索精神。

与《傍晚敲门的女人》一样，侧重于写人物心灵成为此时公安法制小说创作中的一股潮流。如张策的《无悔追踪》中的警察老肖追踪国民党特务冯静波 40 年之久，已经不是什么任务的要求，更不是敌我的立场，而是一种精神，一种对自己逻辑推导的论证；曹正文的《紫色的诱惑》中那个为了出国用隐私去敲诈他人的苏珊；巽浦的《错乱人生》①中那对导演母子；孙丽萌的《血象》中的田副市长父子；彭祖贻的《天堂梦旅》②中那个不知道自己是谁的曹桐生；于洪笙的《死亡期货》中的肿瘤科主任钟启炎；王振清的《坠向深渊》③中的总工徐仁杰等，小说均对这些人物进行了细致的心灵刻画。有些小说凭借着心理推断来论案情，例如陈铁军的《激情杀人》④中，吴医生的死因是小说的一条线索，而这条线索则用心理推断完成。吴医生是一个充满矛盾的人，直到死前都不知道他已经成为本案的重点嫌疑对象，正在面临着被揭露的危险。因此可以推断，他的死不是畏罪自杀，结束他生命的凶手完全是他自己

① 巽浦：《错乱人生》，群众出版社 1998 年版。
② 彭祖贻：《天堂梦旅》，群众出版社 1998 年版。
③ 王振清：《坠向深渊》，《法庭内外》2000 年第 5 期。
④ 陈铁军：《激情杀人》，见任翔选编：《1980—2000 饮鸩情人节》，中国文联出版社 2002 年版。

内心难以承受的强烈震惊、悔恨和内疚。人物内心深处独特的情感，特别是犯罪者的心路历程，正是特定环境下某种人性的体现。严肃的反思、冷峻的描述，笔触集中写尖锐矛盾下产生的犯罪现象及对犯罪行为、心理的剖析，说明了中国的公安法制小说虽然与世界侦探小说的创作潮流隔断了相当长的一段时间，一旦创作思维被打开，中国的公安法制小说就很快地跟上时代的步伐。不过这种创作的势头很快地被海岩的小说淹没了。

海岩的小说创作可以分为前、后两期。1985 年他创作的《便衣警察》在当时众多的公安法制小说中就显得相当突出。从写案转向写人，《便衣警察》与其他作品一起完成了中国公安法制小说的创作转型。具有特别贡献的是，《便衣警察》将写人与重大的时事政治问题结合在一起考虑，小说人物周志明也就被塑造成一个平凡英雄的形象。之后，海岩搁笔将近 10 年，从 20 世纪 90 年代中期开始，他陆续推出了《一场风花雪月的事》、《永不瞑目》、《玉观音》、《拿什么拯救你，我的爱人》、《河流如血》、《五星大饭店》等，与电视剧联袂而行，他的每一部作品都产生了广泛的影响。

与他的《便衣警察》相比较，海岩 20 世纪 90 年代的小说风格发生了根本性的改变。首先是英雄人物的塑造。公安法制小说就是要塑造英雄人物，这是小说的性质所决定的。90 年代海岩小说中的英雄人物已经没有周志明那样的理想主义色彩，甚至缺少起码的传统伦理道德的支撑，因此人物身上的使命感、社会责任感、正义批判感都很模糊。这些英雄人物都不是完人，根据既有的社会标准，他们身上缺点众多。杨瑞（《玉观音》）、肖童（《永不瞑目》）等人后来之所以成为英雄，其动力来自于个人的需求、个人的性格，甚至是个人的爱情。作家试图用个人化的色彩和生活化的举止来证明英雄人物的平凡和真实。其次是小说的叙事结构。侦破故事构成了小说的纵向结构，爱情故事构成了小说的横向结构，时尚故事构成了小说的风格面貌。以《拿什么拯救你，我的爱人》为例，它有着完整的侦探小说叙事模式。设谜：是谁将女工祝四萍奸杀于工地的工棚里？破谜：是龙小羽？还是张雄？说谜：龙小羽为什么杀了祝四萍。整个案件扑朔迷离、曲折多变，丝丝入扣，前后铺垫，作家的思路相当缜密。它是一部言情小说，有着惯常的言情小说的叙事模式：三角恋爱。韩丁、龙小羽这两个男人疯狂地爱着罗晶晶，可以为她活，也可以为她死；罗晶晶对这两个男人同样地爱恋与痴迷，为了他们可以奉献自己的一切。三位爱得你死我活的痴情男女有着不同的社会身份，于是这一场爱情故事就有了更多的感情内涵。与这个大的三角恋爱相比较的还有个小的三角恋爱，这是由张雄、祝四萍、龙小羽所构成的罪恶的三角恋爱。在这个三角恋爱中是财富的贪婪，是自私的占有，是个人的得失。这同样是一个时尚的故事。小说人物不是俊男就是靓女，他们或者掩人耳目私下偷情，或者在别墅、公寓里卿卿我我，或者在超市中疯狂购物，或者在网络上传递信息。追求的是如电的感觉，讲究的是一见钟情，冲动、任性、感情至上，小说之中弥漫着的是强烈的青春气息。独立起来看这三个故事，并不出色，事件的安排和情节的发展是通俗小说常见的模式。小说的突出之处在于将这三个故事糅合起来。于是，生死之谜之中就有了爱情的选择，感情的弥漫之中有了人生价值的探求，轻松浪漫之中有了严肃的逻辑推理，既愉快又痛苦，既轻快又沉重，不同维度的思考空间和多种内涵的情绪倾诉夹杂在一起，形成了这部作品的厚度，也形成了它与众不同的地方。王朔曾将海岩的小说形容为“披着狼皮的羊”,① 这样的评价相当准确。

海岩小说中的主角人物总是偏好于年轻人，男主人公必定有一个是家世显赫、衣食无忧、拥有美好前途的年轻人，他们容貌俊秀、性格单纯、感情专一，没有经历过人生的苦涩，他们除了演绎本身的角色还受感情的支配。海岩曾经说：“在我的小说里，主人公必须是年轻人。我首先是个写优美爱情故事的人，喜欢写最圆满的故事，所以我喜欢写年轻人。人连皱纹都没有，都是漂亮的孩子。美丽的爱情，纯洁的爱情。”②《永不瞑目》里的肖童、《拿什么拯救你,我的爱人》里的韩丁、《玉观音》里的杨瑞、《平淡生活》里的凌信诚以及《深牢大狱》里的刘川都是这样的完美形象。男主人公总体上都呈现出了固定、单一的性格。海岩所试图打造的偶像类型比较固定，即对爱全情投入的痴情型男子。海岩笔下的女主人公和男性角色相比，有了正如他自己所希望的更典型、更真实的特征，性格更为丰满。海岩在塑造女主人公时，体现出他的现实主义创作倾向，体现出对人生的变迁和人性的复杂多面性的揭示。这些女主人公，一般都具有不平凡的经历和复杂的性格。以《玉观音》中的安心为例。安心是一个复杂的人物形象，也是海岩最满意的女性形象之一。她的性格里有爱冒险、喜欢刺激的一面，这从她选择缉毒作为自己的职业，选择最危险的南德作为自己的工作地点可见一斑。从她与毛杰的一段意外的激情经历，同样也可以看出这个女子内心中的激情勃发的力量。可以说，这是一个生命力量充沛的女子，是一个注定充满故事的女子。最后她离开了杨瑞，离开了互相厮守的小家庭，重新返回缉毒的前线。在经历过那么多意外与波折，经历过颠沛流离和亲人的死亡以后，世俗男欢女爱已经无法战胜内心的巨大悲情，无法救赎她自认为有罪孽的心。善良而坚韧的她这时更像那一枚玉观音，心中已有佛境。隐姓埋名进行缉毒，已经成为了某种意义上的普度众生，更是为了度化自己。

海岩的小说显然是20世纪90年代以来中国大众文化盛行的直接产物，表现着平凡人的生活、好看的故事，给人以精神的愉悦。大众文化要求小说创作的大众化，连一直崇尚英雄、崇尚使命感和描述重大题材的公安法制小说都发生了如此的变化，可见在中国盛行的大众文化潮流的强大。海岩的小说有如此的影响力显然与影视剧的推动有很大关系。影视剧扩大了他小说的影响力，也使得他的创作越来越剧本化，特别是他的后期有些小说是可以作为剧本来读的，例如《你的生命如此多情》等。

海岩式小说流行的同时，社会批判式的公安法制小说的创作还是有人坚守着，蓝玛是代表性作家。1992年，蓝玛首次推出了“侦探桑楚”系列侦探小说五部；1994年，他又推出了“侦探桑楚”系列侦探小说六部。他小说中的追捕对象不仅仅是社会破坏分子，还有更多的腐败官员，从中显示出作家社会批判的敏感性。在创作风格上，他还保持着传统侦探小说的风格，塑造了一个幽默而充满智慧的小老头侦探形象：桑楚。当然，他只能是一个官方侦探。

在通俗小说的系列之中，公安法制小说是最“政治化”的小说，“政治化”是

① 王朔：《与其当披着狼皮的羊不如直接当羊》，见海岩：《我笔下的七宗罪》，文化艺术出版社2002年版，第57页。

② 海岩：《我笔下的七宗罪》，文化艺术出版社2002年版，第199页。

其重要的美学特征，取消了公安法制小说的“政治性”，小说存在的思想价值就会消失，所以“海岩之路”并不值得提倡。小说的表现方式可以多种多样，但是作家还是需要文学创作方式的创新，所以“蓝玛坚守”也不值得推崇。中国公安法制小说最需要的是独立的政治思考和深刻的文化思考，而不是随着社会政治气氛变化着自我的价值取向；最需要的是具有中国特色的表现手法，就如欧美具有“硬汉派小说”、日本具有社会推理小说一样，而不仅仅是跟在别人后面的花样翻新。

□□□ 思考延伸

1. 为什么说中国公安法制小说一直能够平稳地发展？

2. 为什么说“海岩之路”不值得提倡，“蓝玛坚守”也不值得推崇？

3. 苏联的除奸反特小说、西欧的悬念派侦探小说、日本的社会推理小说、欧美的“硬汉派小说”等对中国公安法制小说产生了哪些影响？

第十七讲 谍战小说

> 21世纪初，谍战小说的蓬勃发展体现了一种文化类型的发展势头。市场需求、主流文化推动以及大众传媒的有效推广使谍战小说的阅读和创作都不断掀起高潮。在多种合力的推动下，谍战小说的文本也呈现出多种元素融合的特征。创作者们尝试着把现代技巧和传统模式连接起来，并在提高文本文学性的同时有意识地与读者互动，把畅销性也纳入其中。而意识形态作为谍战小说的本质属性不会消失，它以一种更加柔性、更加包容的姿态潜伏在文本中，然而无论是作者还是读者，都开始慢慢转向关注人性、关注权力争斗之下的间谍人生。

什么是谍战小说？这是首先需要解决的问题。以隐蔽战线为题材的小说名目繁多，但缺乏一个明确的界定。有的仍然沿用传统的反特小说、公安法制小说予以分类，有的采用较新的特情文学、国安文学、间谍小说来称谓，都不十分贴切。特务，是特定时期的历史称谓，现在“我国《刑法》把间谍、特务并列在同一条文中，对它们的定罪量刑也没有任何不同，刻意去区别二者并没有太多的实际意义，因而《国家安全法》将间谍、特务统称为间谍，这意味着，特务的用语今后将不再是法律用语，也不再会有‘特务组织’、‘间谍组织’同时并存的现象”[①]。所以“反特”作为特殊的历史名词，应该退出历史舞台了。公安法制小说是以公安战线的题材为主要内容的，也有学者将涉及国家安全的斗争故事归入其中。在高洞平等学者著述的《中国当代公安文学史稿》中是这样定义公安文学的：“1949年建国以来表现国家安全、公共安全、公众安全和社会安定领域内斗争生活的文学作品，可以称之为‘当代公安题材文学’。在这里‘公安’一词主要不是作为一种职业，一种工作而出现的，它主要指公共安全、公众安全以及国家安全等含义。”[②]显然这个“公安”的含义非常宽泛，以

① 李敏、陈传荣：《我国法律中的间谍罪及有关问题》，《法学杂志》1994年第5期，第15页。

② 高洞平、张子宏、于奎潮：《中国当代公安文学史稿》，群众出版社1993年版，第4页。

此定义为前提的话，谍战小说可以算是独特的分支。但是公安文学的特征并不完全适用于谍战小说，比如公安人员的身份是公开的，而间谍的身份是必须要保密的，这种秘密性决定了谍战小说与公安文学在诸多叙事要素上的差别。至于特情小说，主要是由于“特情”一词缺乏共同的社会认知，容易造成误解。目前比较流行的间谍小说这种称谓，主要是跟从西方的习惯。谍战小说作为现代通俗文学的一种类型，起源于西方，第二次世界大战时期传入中国。从题材上来说，谍战小说也就是西方的间谍小说，两者都存在畅销文学的基本特征，在取材和叙事上异曲同工。不过鉴于中西方文化的巨大差异，两者体现出不同特质。间谍小说以间谍主人公的经历为主要线索，战争只是叙述背景，作者意在塑造英雄，显示超人能力。而谍战小说的两个关键词就是间谍和争斗，两者同等重要，故事情节均围绕着这两个关键词展开。在间谍执行任务和敌对双方明争暗斗两条线索之下，将信任、背叛、忠诚、荣誉、欲望、情感等众多故事要素穿插其中，编织成意蕴丰富的小说文本。在中国谍战题材的文本叙事中，间谍和隐蔽战争都是非常重要的两大要素，并且“谍战”的所指具有社会默认的理所当然的通俗意义，所以在这个层面上，不管是学界还是大众对谍战小说的内容存在着一种默契的认同，因此称为谍战小说更为合适。

间谍小说①以英、美两国的创作为主，早在20世纪初就出现了许多以间谍活动为背景的作品，比如康拉德的《间谍》。但是真正意义上的间谍小说不仅仅是题材的类似，也在故事情节、人物设置等方面存在着一定的模式化。黄禄善在《美国通俗小说史》中指出：“把间谍活动当成一种创作素材，当成一种表达特定主题思想的手段，因此不是严格意义上的间谍小说。只有到了第一次世界大战前夕，随着西方世界内部的军事、政治斗争加剧，各国之间的间谍活动变得十分频繁，有关间谍和间谍活动的文学描写才逐步发展成为一种有着固定模式的独立小说类型，也即间谍小说。”② 比如英国小说家厄斯金·查尔德斯的《沙滩之谜》，讲述了两个英国间谍在探听德国海防情报中险象丛生的故事，被称为西方第一部真正的间谍小说。

按此标准来看，中国并没有真正意义上的间谍小说，但间谍题材的作品却并不少见。早在抗战时期，陈铨创作的话剧《野玫瑰》就讲述了北平沦陷区的间谍如何与伪政府进行斗争。这部四幕话剧剧本于1941年6月至8月在《文史杂志》上连载，随后的公演引起了观众观看的热潮，而根据剧本改编的电影《天字第一号》也赢得了高票房。1943年，另一部关于间谍的小说也引起了极大的轰动，这即是徐讦的《风萧萧》，该小说讲述了在上海沦陷区，中、美、日三方情报人员之间惊心动魄的较量。这本小说成为当年畅销书之首，而1943年也被称为“徐讦年”，其风靡程度由此可见一斑。谍战小说紧跟时代的步伐，在20世纪五六十年代呈现出坚决的革命性风潮。不管是人物还是故事，都是一种非黑即白的利落感，鲜明的爱恨情仇呈现出复杂阶级斗争下的单纯情感。到了70年代，谍战小说以手抄本的形式出现在人们的视野中，比如《一只绣花鞋》，这种紧张、刺激、神秘的故事与它的流传形式一样动

① 涉及西方的相关作品时，本书还是尊重学界的一贯说法，称为“间谍小说”。因此，为了方便理解和简化论述语言，下文凡是提到谍战小说均是指中国的作品，而提到间谍小说均是指西方的作品。特在此说明，下文不再赘述。

② 黄禄善：《美国通俗小说史》，译林出版社2003年版，第504页。

人心魄，在禁锢下的阅读比开放时期的阅读为读者带来更大的快感。沉浸在谍战小说中的紧张感与现实中随时可能被发现的紧张感相重合，导致了双重的阅读快感。进入 80 年代，整个社会发生巨大的变化，人们的关注点也产生了根本性的转变。文学风格转为写实，由此出现了一批描写当时公安战线工作的作品，在这时商业间谍初露端倪。到了 90 年代后期，大批新的谍战小说涌现出来，但是其中一个很重要的问题是描写当下谍战活动的作品少，以抗战和解放战争为背景的作品空前增多。这种现象从影视界大量翻拍经典谍战作品也可以看得出来。比如《夜幕下的哈尔滨》、《保密局的枪声》、《梅花档案》等，都是根据七八十年代非常火爆的小说和影视剧又进行加工后重新推向市场。2000 年以后，谍战片在荧屏上突然火爆起来，甚至超越了一直霸占主导市场的武侠片和言情剧，《暗算》、《潜伏》的热播带动了同名小说的畅销，也推动了当下谍战小说的创作，不管是在书店还是文学网站的连载榜上，谍战类作品成了新的宠儿。

2008 年麦家的小说《暗算》获茅盾文学奖，一石激起千层浪，再次引发关于畅销性和文学性的争议。麦家和他的谍战小说系列一度被推到了雅俗文学争论的风口浪尖之上。文学奖的桂冠导致了学界的争议，这种争议反而更加提高了《暗算》的知名度，读者纷纷购买一睹为快。从相得益彰到口诛笔伐，从分道扬镳到暧昧难明，雅和俗的交锋伏隐在整个近现代和当代文学的发展史中，而《暗算》的背后则是国人 60 年以来坚持不变的对谍战题材作品的情有独钟。谍战小说为什么会在 2000 年以后形成了创作和消费的双重热潮？它究竟有何魅力呢？究其原因，主要有以下几个方面：

一、传奇与科学并存

人们对于神秘事物的探究冲动来源于天性，即好奇。为了满足读者的需要，小说类型在不断地蜕变、发展。在 20 世纪末、21 世纪初的一段时间里，以网络传播为最初的平台，各类型的通俗小说一波紧随一波袭来，先后出现了武侠热、玄幻热、穿越热、盗墓热、悬疑热等，谍战热潮也混迹其中，这些小说类型的共有特点就是“奇”。可以说，传奇是通俗文学从古到今吸引读者的不二法门。谍战小说的传奇性是由作为小说主要内容的情报工作的特殊性质决定的，作品通过讲述主人公异于常人的能力和出人意料的经历，满足大众的猎奇心理。谍战小说的传奇性具体表现在人物和故事两个方面。前者是为了突出主人公的性格魅力，后者以故事的传奇引人入胜。

在麦家小说《解密》的开始，作者相继抛出了容氏家族一系列的传奇：老黎黎创办了第一所数学堂，开风气之先收女生入学；容幼英拥有惊人的数学能力和语言天赋，她在留学期间学会了 8 门外语，创造了牛顿数学桥的新纪录，参与第一架飞机的制造，最后却死于难产；容幼英的儿子大头鬼居然是十足的恶霸，败光了祖业，死于非命；无名女子自称怀了大头鬼的孩子，重演容幼英的悲剧难产而死，留下一个儿子大头虫。容氏家族复杂、隐秘的历史牵引着读者的窥视欲，就在人们以为这又是一部传统的家族兴衰史时，小说主人公终于出场，作者笔锋一转开始讲述他在数学方面的惊人天赋，与希伊斯的亲密情感，创造了数学棋，获得美国大学的奖学金，因病未能成行等等，小说一直在缓缓的语调中平铺直叙容金珍的成长史。在读者就要确定这是个人成长小说时，作者再度转换视角，容金珍进入特别单位 701 破译密码，不断创造出破译界的奇迹，成为701人人仰慕的英雄。但是这样一个光芒万丈的英雄居然折毁在一个普通的盗窃行为上。整部小说犹如精彩纷呈却又不合路数的艺术表演，更似一首文词简单却富含深蕴的古典律诗。如果说首联是刀马旦耍花枪，颔联则变成了泼辣爽利的刘三姐，颈联是温情脉脉的校园民谣，尾联有可能安排离经叛道的西方摇滚。作者在叙事结构上不按常理出牌，一系列的传奇事件高低参差，在起承转合的叙述中包裹着真实与虚构奔涌而来，让读者眼花缭乱、目不暇接。内容和策略的联姻，激发了小说文本新的审美特性。

谍战小说中还融合了大量的中国传统元素，这是因为古老的文化本身就隐藏着许多神秘莫测的因子，千年的历史以一种神奇的诱惑性吸引着新时代的读者。中华功夫是谍战小说里的重要元素，《暗杀》中的繁茂把百炼利器——绕指柔使得出神入化；《狼烟北平》里的徐金戈出生于武术之乡河北沧州，是从小习武的练家子。最神奇的是《特工之王》中的龚破夭，作者花了大量笔墨描述龚破夭的一身好功夫。他自幼跟世外高人习得八卦迷踪术、逍遥腿、八卦火龙掌、形意拳等功夫，在跟日本人的战斗中始终处于不败之地。更难能可贵的是，作者在武术中融入了庄子的思想，用传统文化衬托武术功底，更显底蕴深厚。在《暗杀》一书中，周易、八卦、梅花术等玄虚之事隐藏在复杂争斗的背后，如一只神秘的推手在无形中掌控时局。书中提到周家大宅突然闹鬼，老三繁茂拿着周家大宅夜里惊现的巫蛊之物去请教萧道人，萧道人解卦说：

> 一为巽上坎下，水风井；一为坎下兑上，泽水困。井、困二象字面上都不好。但是，我不知道画这两个卦象之人所占卜的事由。故而也只能就表面而言。那几个蝌蚪文字，我倒能解，大意是：凶岁之年，大灾将至，作祟之时，恰逢甲子。避者生，当者死。无可解脱。①

作者借用周易的玄虚引起读者的好奇，又以占卜的卦象为下文埋了伏笔，在虚虚实实、亦真亦幻之间撩拨着读者的好奇心。

谍战小说的创作还有一个新的特点，就是科学精神的体现。比如在麦家最为著名的三部小说《暗算》、《解密》、《风声》中，都翔实地介绍了莫尔斯密码以及紫密、黑密等在密码界如雷贯耳的破译事件，用小说化的语言向读者普及了密码知识，相当于一本另类的军事密码教科书。除了这些专业化的知识，由于密码工作是以数学原理为基础的，麦家在《解密》中还提到了许多数学史上的著名典故，比如牛顿桥，还有数学家对实业的重要影响，像容金珍的奶奶容幼英就是当年帮助莱特兄弟把飞机送上天空的数学家之一。另外，由于高科技的发展，谍战工具也更为先进，有些作品也用到了很多专业化的名词，比如微型激光脉冲发射器、激光探测声音接收器、传感振动器、克隆语音麦克、高频无线电协调器等。有些作品着力描写间谍工具的新奇，比如在《梵高密码之谜》中，飞机在正常行驶时突然发生了一起匪夷所思的爆炸，原来是恐怖分子利用纳米炸弹把云层中的雷电引入了飞机。在这些文学作品中融入数学、电子、生物等科学知识，不仅需要作者具备深厚的专业造诣、广博的知

---

① 陈建波：《暗杀》，长征出版社2007年版，第15页。

识层面，还需要有精妙的构思和适当的文学想象。利用专有名词的陌生化达到恰如其分的美学效果，并且不至于给不同专业的读者理解作品造成障碍，这其中的分寸拿捏颇费思量。然而在由谍战小说改编的众多影视剧中，小说中的这些科学精神却并没有得到继承。我们可以看到比原著更戏剧化的故事情节，更丰满的人物塑造，甚至更为扣人心弦的惊险动作，但是小说中最考量作家技巧的理性与感性的巧妙融合却无法借由荧屏传达出来。大众传媒要用最通俗易解的表达方式将内容传递给受众，而小说有其他形式所无法替代的独特审美，这当然也是由不同艺术表现形式的内在本质决定的。

谍战小说中理性内容的丰富，其实源于整个社会多元化的发展。在小说中加入更多专业的元素，让消费者在享受传奇故事所带来的阅读快感的同时，增长知识、扩大视野、寓教于乐，这也从另一方面体现了文学的教育意义。特别在当下高品质的青少年读物紧缺的状态下，优秀的谍战小说不但可以增强青少年的国家荣誉感，帮助他们树立健康向上的世界观和人生观，更能够激发他们在文学、科学等领域的兴趣，对他们的健康成长有良好的推动作用。然而目前的谍战小说良莠不齐，大部分作品还是在集中描写惊险故事、传奇人物，有些甚至过分渲染恐怖和色情场面以吸引眼球，显然不适合普遍推广。

二、互动性与快乐阅读

在很多的谍战小说中，作者都非常注重与读者的互动，专门设置了一些桥段吸引读者参与其中。在《战谍》这部小说中，作者巧妙地以密码诗为楔子，引起读者参与的兴趣。读者在阅读到这个部分时，一般都会在好奇心的驱使下开始演算，不自觉地跟随作者的安排进行试验，看能否得出谜底。

> "万水千山也隔不断我对你和风儿的思念，事情发展到今天这一步，都是我一个人的错，备受贫穷折磨的我为了荣华富贵而抛弃了你们，只盼你能重新为风儿找到一个更好的后妈，欠你们的已太多，东西我一样也没带走，风儿长大后千万别告诉他有我这么一个不尽责任的母亲。"
>
> 这段文字是正文中的一名日本间谍，在国统区通过电信局公用电台发出的一份加了密的军事情报，看你能不能像小说里人称"中统之花"的女少将处长刘茜一样，破译出隐藏在其中的暗语密码。①

破解的过程也就是作者与读者互动的过程。通过密码诗激发读者对破译的兴趣，然后又安排一段没有谜底的密码来让读者竞猜，并告知答案就在文中，邀请读者继续参与。这时，悬念就一直贯穿整个阅读过程。作者在最后几章才揭晓第二段密码的谜底，就是把每句话的第一字连起来，"万事都备，只欠东风"。这样的例子不胜枚举，还包括以案中案形式出现的推理题，都是引导读者开动脑筋的楔子。对于不喜欢动脑子的读者，这部分情节也不会影响阅读质量，作者会在适当的时刻揭晓谜底，延缓的过程则增加了阅读的紧迫感和急切感。

---

① 陈雨涵：《战谍》，海天出版社 2009 年版，第 2～3 页。

当下的大众文学或者说通俗小说以大量复制模式化的故事来制造阅读快感，满足了当代人的空虚、寂寞和对感官刺激的追求，这正是对当下社会的默契反映。工作中的压迫感和紧张感要求在其外的一切形式中得到释放，不需要费力思考的娱乐阅读成为受欢迎的方式。由百花洲文艺出版社出版的《潜伏》，在其选题策划上方就标有“快乐阅读”的主题词。谍战小说把吃饭、喝酒、玩乐等生活化的部分融入惊险的故事当中，使读者紧绷的神经稍作休息，在阅读中体会到消遣的乐趣。《暗杀》这部小说多次描写海陵城内的美食，借厨子的口向读者们介绍了江南的几样名吃。比如小说中提到海陵城最有特色的饭馆是扬州富春茶社老板的侄子开的，而在扬州真有此家百年老店，以干丝、灌汤包等早茶而闻名。小说中周家老二繁盛去丈母娘家吃饭，厨师有意露一手做了西湖醋鱼：

> 他将一条白马湖产的上品鲤鱼洗刷干净，用两只硕大的油锅过油。只见那遍体裹挂淀粉的鱼儿在这边油锅中氽过，顿时脆黄。翻过身来在旁边锅中又是一氽，双面俱已变色。但是鱼眼依旧圆睁，嘴儿张合不已。厨子忙又在小灶上用白糖、上汤、尖椒、冬菇、红油、青葱急火翻炒，最后烹以恒顺白醋，酸香的辣味顿时弥漫屋中，将红油酸辣咸香的红汁兜底浇在鱼身上。鱼香、汁香相互辉映，正是西湖楼外楼招牌菜宋嫂醋鱼的正宗做法。①

作者在书中详细讲述了这道菜的做法，对于喜欢烹饪的读者来说完全可以依葫芦画瓢。至于书中提到的杭州西湖楼外楼，早已经成为外地游客到杭州游玩时的重要景点，而西湖醋鱼、东坡肉已经成为了杭州的城市名片。小说利用读者的心理印象，再加上独特的加工创作，成功地用“吃”打动了一片受众。

除此之外，谍战小说中的民俗语言非常丰富，生动地展现了地域文化，《狼烟北平》是这方面的典型。这部小说围绕北京城，讲述了从抗战到新中国成立前这段时间发生的故事，战争的背后是一幅老北京的民俗风情画，字里行间洋溢着浓厚的北京文化特有的气息。比如北京人的耍贫逗乐：“日本兵又怎么着？个儿头还没三块豆腐干高呢，收拾他们咱一只手都够使，谁怵谁啊。”“把丫日本皇上抓回来，再做一大号鸟笼子给这孙子装进去，蒙一布帘儿往天桥这儿一搁，谁想掀帘儿瞜一眼，对不起您哪，掏钱吧，一毛钱一位……”② 这部小说对老北京的地域文化进行了深入的解读，包括老北京人的生活习惯：养鸟、玩虫、熬鹰、斗蛐蛐、听京戏，就连拉车的人都能说京戏，《打渔杀家》、《四郎探母》、《坐宫》随口就来。老北京人爱讲排场，没落的八旗子弟再穷也端着架子，喝口茶水也有讲究。书中描写了北京穷人吃瞪眼食儿的情景，还有天津混混争地盘的手段竟然是互相比自残。另外小说中的歇后语特别多，像“捋着胡子做摇篮——装孙子”、“耗子钻进风箱——两头受气”、“雷公打绿豆——专拣小的欺”、“灶王爷贴腿肚子上——走哪儿都是家”、“光腚坐板凳——有板有眼”、“叫花子养兔子——人穷嘴碎”等等，这些生动、形象的比喻赢得了读者的会心微笑，增加了读者的阅读乐趣。

---

① 陈建波：《暗杀》，长征出版社 2007 年版，第 72 页。

② 都梁：《狼烟北平》，河南文艺出版社 2008 年版，第 20 页。

三、影视、网络交互影响

现代大众传媒的出现对通俗小说产生了重要的影响，“80年代以后，随着电视的普及，影视剧对通俗小说的影响越发凸显出来。明显的事实是：一部影视剧的热播，往往带动一部通俗小说的热销；一位作家的作品被不断地改编为影视剧”①。根据《暗算》改编的同名电视剧播出后，马上引发了收视狂潮，在多家电视台的收视率中都高居榜首。借着《暗算》的东风，麦家的另一部谍战小说《风声》，更以上百万元的改编权卖给了影视公司。该影片云集了众多影视明星，作为向国庆60周年献礼的大片于2009年9月底上映，上线三周票房高达2.2亿元，主角李冰冰更是凭借出色的演出荣膺金马奖影后。影视剧的热映不仅扩大了麦家和作品的知名度，更带来了直接的经济效益。据麦家本人透露，《暗算》至今已发行了六十多万册，《风声》在签售会上一天卖到一千多本，大众传媒的力量果然不容小觑。

随着现代化技术的进步、计算机的普及，网络成为大众传播的重要领域和前瞻舞台，网络文学引领着新世纪通俗文学的新样式。目前很多新出版的小说都源于网络创作，先在网站上发表，得到网友的热捧后结集出版，这首先拥有了市场的保证。网络作家靠点击率吃饭，分的章目越多，赚得的点击率就越多。所以，基本上所有的网络小说在出版为纸质作品后，我们都会看到这种情况：一部作品不过400页，却分成了100多章，基本上三四页一章。每一章字数寥寥，容量却不少。作者不但要交代新的故事走向、情节进展，还要为下一章节留有伏笔，这样的结果就是篇幅不长，情节却异常曲折，文学性差。当然这也是由网站的运营机制造成的。首先由作家提交一部分作品给网站参考是否符合签约条件，签约以后，作品的前几万字以免费阅读吸引读者，当作品人气达到一定程度，网站就开始“锁文”。所谓的“锁文”就是设置阅读限制，读者需要购买阅读权限，通常是一千字几分钱，看完一篇几十万字的小说也不过十几块钱。但是如果点击数过万次的话，网站的收入是很可观的。网站和作者的分成在签约时就已明确，有些网站是把钱全部转给作者，留取作品的出版权，而有些是按比例抽成。由此看来，网站和作者绑定成为商业上的共同体，他们的目标一致，就是从读者口袋里赚钱。

有些大的公司还会收购网站，通过捧红作者，操作排行榜来操作畅销书。目前，网络读书频道已经成为大众接触图书的重要平台。这不仅是由于其拥有海量的信息，还因为网络图书可以方便、快捷地查找、储存、携带，可以免费阅读，或者收费很少，这些都是吸引大众的有效手段。在这些读书网站上，谍战小说是非常火爆的一种类型。比如在专门发布军事类信息的铁血社区，间谍和谍战等作品比比皆是，很多都在网站上连载等待出版，或者已经出版。在“搜狐读书”的原创频道中，编辑们策划了一个“优秀军事小说展”的主题，主要分为抗日题材、特种兵生涯、特工谍影、龙之怒吼四个部分。在特工谍影中展出了40本小说，这些作品大多是2005年到2008年之间创作的，在搜狐读书频道进行网上连载，有些作品已经两三年没有更新，而有些作品已经完结出版，甚至开始准备续集。网络连载小说就是如此，也

---

① 汤哲声：《大众传媒与中国现代通俗小说创作》，《西南师范大学学报》（人文社会科学版）2004年第5期。

许明天完结，也许永远不会完结。另外，在2008年4月，多家传媒共同筹划的谍战题材征文大赛在起点中文网上盛大开幕，“导演柳云龙、著名影视策划人杨健、著名影评人尚可等联手起点举办”成为大赛的重要看点。网页上展示着225部主要参赛小说，重点推荐12部，都已经进入VIP“锁文”之列。在这个网页上还有多个版块，分别是谍战谜俱乐部、谍战作家个人空间、各种评论性文章，以及根据小说改编的影视剧的剧照……这个比赛高调地向大众宣布了当下谍战小说创作与阅读的草根性和互动性，成功地宣传了多家媒体的产品，体现了传播媒介交叉合作、同生共荣的发展方向。

如果按照故事发生的时间背景对当下的谍战小说进行分类，基本可以分为两大类：历史谍战小说、现实谍战小说。前者主要是指战争时期的间谍活动和新中国成立后的反特斗争，而后者主要以改革开放之后的国安战线斗争为取材来源。通过收集资料发现，将近80%的谍战小说都是以1937年至1949年为主要叙事时间，以抗日战争和解放战争时期的间谍活动为主要描写对象。这类小说的代表作家有麦家(《暗算》、《解密》、《风声》、《让蒙面人说话》)，都梁(《狼烟北平》)，陈建波(《暗杀》、《乱花》)，龙一(《潜伏》、《代号》)，石钟山(《特务037》、《地下地上》)等。作者以真实的历史事件作为小说的叙述背景，不仅要有深厚的文化底蕴，还必须掌握翔实的历史资料，这对作者消化史料和写作的功力都是一个考验。然而史料同时也是谍战小说创作的桎梏。尽管历史谍战题材作品一直深受大众的喜爱，但是随着近几年历史谍战小说的批量化生产，影视片狂轰滥炸式的宣传，大众已经审美疲劳，小说素材的陈旧性必然会导致谍战小说的式微。而反映当下国家情报斗争的作品寥寥无几，质量上乘的更不多见，主要代表作家有栖阳逐剑(《梵高密码之谜》)、刘猛(《冰是睡着的水》)等。然而新生代作家明显笔力不足，像刘猛的《冰是睡着的水》，浓重的感情戏份冲淡了谍战的紧张和惊险，其叙事更像是20世纪80年代风靡一时的《便衣警察》，带有海岩式的抒情。而诸如《国家安全》、《我在黑暗中》等网络小说，叙事上漏洞百出，人物刻画单薄，仅靠惊险、刺激的故事情节叠加来吸引读者，艺术价值不高。要想摆脱这种困境，谍战小说作家必须关注当前的社会动向，从新问题中发现有价值的要素。比如前不久出现的“力拓案”等商业谍战案件，不但牵出了国家安全方面的各种问题，更在一定程度上促进了国家《保密法》的重新修订。在现代社会中，经济已经成为一个国家的支柱，关于商业间谍的素材或许将会成为谍战小说未来创作的主要方面。

冷战结束后，间谍活动并没有停止，反而更为活跃，要在和平相处的状态下窃取对方的机要情报，更加需要在秘密中存活的间谍出面解决。新的世界格局决定了短期内不会发生类似于两次世界大战那样的大规模厮杀，但是小范围的战争似乎从来没有在地球上停止过。在这些战争背后，有无数的暗地争斗随时上演。2010年巴勒斯坦伊斯兰抵抗运动军事组织领导人马巴胡赫在迪拜被12名训练有素的特工暗杀，矛头直指以色列情报机构摩萨德。这起备受关注的暗杀事件犹如导火索再次点燃了巴以间的仇恨火焰，同时也把充满神秘的间谍人员推到了台前。在战争中，间谍起到了“奇兵”的作用，一名间谍有可能左右一场战争的胜负。而在和平时期，要在遵守国际法律和公约的情况下窃得他国机密、保护本国利益，更需要游离于道德之外的间谍人员执行任务。在和平与发展成为世纪主题时，仍然有争斗、冲突在时时刻刻地发生。这是因为人与人之间的争斗自古有之，不管是人类还是动物，弱肉强食的现象一直存在。强者利用生理的优势占用优质的食物和环境，从而获得更好的生存质量，弱小的群体在斗争的过程中被慢慢消灭。每个种族都不能逃脱达尔文的进化论，这种进化促使生物的本能反应就是争夺生存资源，从这个角度来说斗争是永远不会停止的。人性中的贪婪和欲望，使战争成为人类不能摆脱的桎梏。间谍作为战争中最隐秘的一群人，活着没有掌声，死后难留墓碑。尽管他们发挥着巨大的能量，尽管有时候一个情报可以挽救整个民族，但是间谍只是权力斗争中的一枚棋子，其人生注定是悲剧的。

思考延伸

1. 在21世纪之初，谍战小说出现创作与消费双重高峰的深层原因是什么？
2. 谍战小说创作的瓶颈是什么？如何摆脱这种局限性？
3. 中国谍战小说与西方间谍小说有什么异同？

第十八讲 悬疑小说

中国大陆的悬疑小说其实是欧美“黑色悬念小说”在中国大陆的本土化，网络是它产生和赖以发展的土壤，它在当下如此受欢迎与人们阅读需求的休闲化、消遣化有密切联系。大陆悬疑小说是中西合璧的小说体式，它在主题、表现方式、美学追求上深受西方推理小说鼻祖爱伦·坡的影响，小说中运用了心理学对读者进行心理干涉，同时具有东方神秘、含蓄的美学特征，包含中国传统的道德批判。

2003年，丹·布朗的《达·芬奇密码》使得悬疑小说进入大众的视域，事实上在此之前，大陆已经出现了零星的悬疑小说，比如蔡骏2001年在网络上开始连载的小说《病毒》。确切地说，《达·芬奇密码》引发了中国大陆关于悬疑小说的创作和阅读热潮，且这热潮时过数年仍不衰。越来越多的人加入悬疑小说的写作行列，在新浪、腾讯等门户网站的阅读专区都开设了专栏，出版商更是以高频率不断推出新的单行本甚至丛书。

顾名思义，悬疑小说是以悬而未解的事件推进故事情节的一种小说形式，整篇小说由悬疑而起，故事在解疑的过程中进展，直到结束。悬疑本身具备恐惧的效果，悬念可以激起读者的好奇和欲望，另一方面，把隐含读者和真实读者隔离开。在悬疑小说中，作者运用悬念来强化审美距离，使得读者为下一个情节做好心理准备：下文中将会发生什么？要么相信，要么做一个解谜人，自己来分析，解开谜团。悬疑小说充分利用了读者的好奇，使得阅读期待提到最高点，作者对于故事主人公所处环境及经历的描写使读者参与进来，读者们在作者精心布局的悬念系统中欲罢不能。中国大陆的悬疑小说其实是欧美“黑色悬念小说”在中国大陆的本土化。欧美“黑色悬念小说”是在硬派私人侦探小说基础上发展起来的一类通俗小说。它成型于20世纪40年代，在50年代和60年代最为流行，“其最大特色是充满紧张的悬念”，“关注的重点不是侦探破案和惩治罪犯，而是剖析案件发生的扑朔迷离背景和犯罪的心理状态，作品的叙事角度也不是依据犯罪事实的调查人——侦探，而是依据与神秘事件有关的某个当事人或案犯本身"①。

本来中国没有悬疑这个词语，在《辞海》、《词源》中只能查到"悬念"一词。对于悬念的解释"在情节进展的关键处，有意制造一些激发欣赏者兴趣和紧张心情的未知数或细节，而将详情留在后面交代"②。通俗地说，它是在故事发展中只亮开谜面，藏起谜底，在适当的时候再予以点破，使读者的期待心理得到满足，这正是我们对于悬疑的定义。"悬念终将水落石出，它注重的是过程。层层悬念构成了复杂、曲折的情节，层层破解构成了惊险、生动的传奇。小说的阅读过程实际上是一次精神愉悦的过程(愉悦不仅仅是高兴和激动,还包括紧张和恐惧)。"③

悬疑小说家蔡骏认为，悬疑的本质有三点："未知、命运、人性。"④ 相对于世界的无穷，人类的认识总是有限的，我们永远都不可能完全了解世界，总有一些还未探索到的领域。人类可以不断地发掘，却永远都无法完全解决。也正因为如此，人类得以不断地进步，科学可以不断地昌明。未知即是悬疑。每个人的命运都是未知的，承认命运的不可预知性并不是说人们对此无能为力，人的力量在于尽力去完成自己想要完成的内容。人虽然无法摆脱天命，但人自身同样也可以成为胜利者。另外，悬疑要表达什么？我们是否该如此深入地揭露人性中的恶？我们觉得这是必要的，揭露恶，是因为恶的客观存在。但是，面对恶，我们并不是无能为力的，人绝不是本能的俘虏。正因为揭示了恶，我们才能更清楚地看清恶与我们的本来面目，尽量避免恶的发生，以善来代替恶。善与恶正如我们祖先所说的阴与阳，不过是同一个运动世界中的两个互相依存的部分，是一枚硬币的两面。只有揭露恶、认识我们自己，我们才能发现另一面的善，这是我们通向善途的必经之路。

悬疑小说产生于当下不是偶然的，从文学社会学的视角看，任何一部文学作品，或是一种文学类型的产生都是和时代文化思想特点有所关联的，具体来说，悬疑小说之所以在此时的中国形成，有以下几点原因：

第一，西方悬疑小说的影响。在欧美国家，悬疑小说已经是一种成熟的小说形式，形成了数量稳定的创作和阅读团体，是类型小说中不可或缺的一种。而由于后现代社会的到来，经济和文化的全球一体化，西方悬疑小说和悬疑剧传入中国，对于中国的读者来说，这是一种全新的阅读体验，一时间趋之者众，有需求就有了悬疑小说创作的发展，这就造就了悬疑小说的创作热潮。丹·布朗的《达·芬奇密码》可以作为悬疑小说热潮兴起的标志，因为在此之前的悬疑小说并未得到如此众多的关注，除蔡骏的小说《病毒》之外，没有更多优秀的作品出现。2003 年，电影《达·芬奇密码》热映，读者纷纷关注其文本，进而关注其他的悬疑小说，这时悬疑小说才真正进入了大家的阅读视野。

第二，后现代社会人们对于文学的消遣性需求的注重。生活在后现代社会中的读者，对世界的认识不再简单地苟同于上一代表述世界的方式，在消解了宏大叙事的基础上，他们更多地喜欢关注当下、关注自身。在他们看来，阅读和创作是一种

---

① 黄禄善：《美国通俗小说史》，译林出版社 2003 年版，第 365 页。

② 《辞海》，上海辞书出版社 2010 年版，第 2158 页。

③ 汤哲声、李为小主编：《中国悬疑小说年选》，江苏文艺出版社 2007 年版。

④ 宋燕：《蔡骏——在沉睡的大社会里的挣扎》，《燕赵都市报》2007 年 8 月 5 日。

日常生活的趣味选择，即一种个人喜好的生活态度。在后现代社会，人们所承受的压力和焦虑达到了有史以来的最高点，而文学阅读成为一种宣泄压力的重要方式，大众文化的蓬勃发展证明了现代社会中的人们所需要的是轻松的、休闲的、以缓解压力为首要目的的文学作品。思想性不再是人们对于文学作品的最重要的需求点。悬疑小说正是在这种环境下应运而生的。从悬疑小说的内容和其对读者的影响来说，其最主要的功能就是消遣性，它是让读者愉快、消磨时光、忘记现实的文学作品，它的目的在于娱乐。它迎合了现代社会大众的阅读需求。

第三，网络对于悬疑小说创作的诱导和推动作用。网络是当今人们工作、生活、休闲必不可少的工具，网络对于悬疑小说的推动作用是毋庸置疑的。网络是悬疑小说的温床，正是网络成就了悬疑小说。网络化为悬疑小说热潮的出现提供了技术上的支撑。悬疑小说置身于一个高度数字化、信息化的时代，它的主要载体是网络，其中，比较重要的小说连载网站有“新浪读书”、“起点中文网”、“天涯”、“晋江文学网”等。悬疑小说是网络上最流行的文学样式之一，由于网络写作的即兴化、交互性、共时空性，悬疑小说的创作形成了以几何级数成倍增长的量化写作风格。只要是会写字的，都可以上网去写悬疑小说。这些网络草根阶层的作者，往往一写就是超长篇，每部作品篇幅都以数百万字计，作品则更是多到无法计数。在悬疑小说的发展初期，绝大多数作品都是先在网络连载，受到关注和好评后再出版，这是新的悬疑小说创作者们所选择的出版之路。因为出版社是以销售盈利为目的的，所有出版商都希望出版有销路、受读者欢迎的图书，在网络上的关注度成了出版商预测这本书值不值得策划出版的标准之一，这是网络出现之前的时代所没有过的情况。

悬疑小说发展初期，涌现出许多知名作者，如蔡骏、鬼谷女、庄秦、大袖遮天、麦洁、七根胡、一枚糖果等。当网络连载达到一定的点击率，就引起了各大出版商的关注，广西人民出版社、接力出版社、重庆出版社都争相策划和出版此类图书。这些现象标志着中国悬疑小说作为一个崭新的创作流派已经崛起。

从作品的题材看，可以将悬疑小说分为超自然悬疑和现实型悬疑两类。

超自然悬疑小说含有超自然内容，会出现鬼魂寻找活人报仇等情节，整篇作品笼罩在阴森诡异的气氛当中。中国古有“志怪小说”的传统。如东晋干宝之《搜神记》、清代袁枚之《子不语》及纪昀之笔记小说《阅微草堂笔记》等，多有神鬼怪异故事，蒲松龄之《聊斋志异》自然是又一大著。另外，稍有差异的“神魔小说”如《封神榜》、《西游记》等大体也可归入此类。鲁迅先生在《中国小说史略》中说：“中国本信巫，秦汉以来，神仙之说盛行，汉末又大畅巫风，而鬼道愈炽；会小乘佛教亦入中土，渐见流传。凡此，皆张皇鬼神，称道灵异，故自晋讫隋，特多鬼神志怪之书。”① 可见，中国志怪小说，巫、神、鬼、宗教等皆是动因。不仅如此，中国的志怪小说，尤其是神魔小说，其是非判断、善恶用心亦十分明显。受传统文化影响，在悬疑小说里，有时作者为了营造扣人心弦的故事情节而借助鬼魂。如在《猫眼》中，住进古宅的雨儿透过房门上的猫眼看到有女人在空房间镜子前梳头发、穿着带有血迹的白裙翩然起舞，午夜时分有人在客厅举行舞会，而那些人的装束是几十年前的。这一切不得不让人怀疑是房间空了太久，寄居了鬼魂等“不干净”的东西。

---

① 鲁迅：《中国小说史略》，《鲁迅全集》第9卷，人民文学出版社1987年版，第43页。

而故事最后终于还是打破迷信思想，告诉读者，这一切都是因为猫眼，那猫眼含有一种放射性的物质，可以影响人的脑电波，经常透过猫眼看东西，就会产生幻觉。

通常作者只是把当时的状况描述出来，但是读者却会以为是遇到了鬼魂。当然，这种效果是作者有意而为之。如在《死亡邀请》里，一封奇怪的黑色邀请信寄到了岳清等6个人的家中。午夜12点，他们被带到了一个孤岛。在上岸之时，岳清见到水下有一具妙龄少女的尸体，受到惊吓晕倒，醒来尸体就不见了，周围众人都声称根本没什么女尸。在之后的岛上生活期间，岳清无意闯入一间暗室，发现里面停放了几十具干尸，其中一具面色红润的就是上岸时所见。看到这里，读者一般都会认为是鬼魂。作者一直保持悬念，让读者跟他一起寻找事情的真相，最后才知道是活人利用尸体来吓人。

现实型悬疑小说指偏重推理分析的悬疑小说，作品没有用过多的笔墨去渲染恐怖、诡异的气氛，而把离奇的情节作为推进故事发展、引发读者好奇的主要手段，运用缜密的推理分析来进行解疑。比如蔡骏的《夜半笛声》和《地狱的第十九层》、老家阁楼的《最后的欢愉》、周德东的《门》等作品，故事以现实社会为背景，增强了作品的真实性，使得读者能够更加真切地体会作品主人公所处的困境，仿佛身临其境。

在对于悬疑小说题材进行考察的过程中，我们发现，现实型悬疑小说日渐增多，而包含怪力乱神的鬼故事越来越少，究其原因，是因为无论作者还是读者，都认为鬼故事远离了现代生活，缺乏真实感，不能有身临其境的感觉。

追溯中国悬疑小说的发展历程可看到，这一流派的迅速崛起既是爱伦·坡的新一轮传播所获得的最丰厚的馈赠，也是悬念文学影响下的标志性成果。这一创作群体与爱伦·坡之间存在着事实上的联系，如新浪网选出的十位最受读者欢迎的悬疑小说家在接受媒体采访时，大都谈到自己阅读过英国的哥特式小说和美国的悬疑、侦探、推理小说作品，尤其对爱伦·坡等人的小说感兴趣，其作品也表现了对爱伦·坡创作理念的承袭。国内第一个悬疑小说创作团体就叫黑猫悬疑社，这是一个由作家自发组成的团体，从名称就可以看出与爱伦·坡有着密切的关系。要知道，爱伦·坡的著名作品就是《黑猫》。而从黑猫悬疑社的作品来看，无疑带着深深的爱伦·坡烙印。具体来说，爱伦·坡对于悬疑小说的影响主要体现在主题、表现方式、美学追求三个方面。

悬疑小说虽然是个舶来品，但是一定不能脱离中国文化而独立存在和发展，中国作家本身受着传统文化的熏陶和影响，自然会在作品中展现出来，这也就必定形成中国特色的悬疑小说，同时这也是中国悬疑小说能够得到进一步发展的前提。外国悬疑小说中有明显的受哥特小说影响的痕迹，那么，在中国悬疑小说中的中国元素是什么呢？在作品中又是如何展现的呢？

中国民俗、民间文化成为了中国悬疑小说作家常用的“中国化”元素。中国民俗文化(民间文学等)极其丰富、复杂。在生存的压力和与大自然的争斗中，民众会产生出一套神灵崇拜观念，这些观念涉及天文、地理、神魔鬼怪，涉及各种巫术、禁忌、祭祀。这样的神灵崇拜观念构成了民众的原始文化。民众的原始文化具有极强的时空穿透力。其中，属于原始思维创造出来的民间信仰文化与重虚构、想象的文学创作有着特殊的联系。民间信仰作为人类文明之初一种弥漫四野、盛极一时的现象，作为一种原始人的思维方式和审美习惯，已经穿越历史时空，沉淀在人们的意识、潜意识里，即使是现代的文明人也难逃民间信仰文化的魔力，谈神论鬼、祭天祀祖等依然是现代人生活里常见的现象。

民间信仰文化对现代作家的人生态度、艺术观念以及文学作品的主题内涵、人物性格、情节设置等方面产生了较大的影响；民间信仰文化在现代文学的美学形态，如原型、仪式、象征、意境、特色语言的形成等方面的影响也受到关注。挖掘这些现象，是在用现代性的眼光去审视这一古老文化的新价值：一方面，民间信仰与神秘文化(如迷信等)存在天然的血缘关系，理应受到具备极高科学理性素养的现代作家的质疑和批判；另一方面，民间信仰作为现代文学的表现对象之一，隐含了作家对其在文学作品中的意象、氛围、叙事功能等的选择与判断，尤其是对作家的思维结构、审美趣向的形成也起到了重要的作用。

生死轮回、阴阳交错、灵魂附体、神怪显灵等等是中国悬疑小说常用的手法，有些小说还写了很多民间传说和禁忌，例如，在中国吊死是一种并不罕见却又笼罩着神秘色彩的死法，吊死鬼要“求代”，就是哄骗另一个人吊死以获得自己的解脱，这在国外是极少见的。周德东在此基础上创作了一个非常典型的心理悬疑故事——《吊》。荒僻的野外，被无意识反复提及的“吊”、无端落下的石头、偶然发现吊在树上的人体、被误触的禁忌等都是典型的悬疑小说的基本元素，而灵异氛围的成功营造，让这个故事具有了特殊的东方神秘色彩。

由于中国的很多原始文化都是通过戏曲表现出来(例如傩戏)，戏曲中的人物脸谱、服饰、道具、曲调都有了特殊的标志和特殊的含义(例如黑白无常的装扮等)。将那些戏曲中特殊的标志和含义融进小说之中，就能给小说带来神秘性和本土性，也就成为了中国悬疑小说作家的常用手法。最有代表性的作品如《幽灵客栈》，作者用一套戏装作为贯穿故事始终的线索，并且大胆地虚构了一种地方戏曲——“子夜歌”。虽然我们永远都不可能听到这种戏的唱段、看到这种戏的演出，但作者生动、逼真、神秘、恐怖的描写让读者永远不会忘记那种服饰、那种唱腔和隐藏其中的那个人。

现阶段的大陆悬疑小说也有其无法遮蔽的缺陷。首先，格局不够大气，小说情节还是局限在小我之中，围绕着主人公展开一件件命案，人物来来去去也就三五个，相对于国外悬疑小说动辄牵扯到哲学、宗教、政治而言，大陆悬疑小说难免显得小家子气。当然，这与悬疑小说创作者的文史基础相对薄弱有关，他们基本都是半路出家，从业余网络写手转为专职创作人员，甚至有些作者至今还是业余创作，他们之中很多都是理工科出身，即使有的对文化、宗教、地理等知识感兴趣，了解得也比较有限。但是不论如何，若要开创悬疑小说的新阶段，应该尽量摆脱作者自身素质与商业环境的限制，创作出更多具有艺术价值的作品。除了在广度上拓展外，更应该在深度上做文章，将东方文化更好地融入作品之中，努力变成一种文化载体。抛开悬疑小说所带来的写作者与阅读者的双重快感，悬疑小说更应该努力在快感文化与艺术之间找到一个契合点，这样，才有可能达到双方面的和谐、统一。其次，对于人性的挖掘深度不够是当下悬疑小说的重要不足。从唐诗、宋词开始，再到《红楼梦》、《金瓶梅》、《聊斋志异》，充满人情、关注人性的文学作品才能拥有强大生命力。中国的悬疑小说作家想象力都很丰富，但是想象力只是一种灵感。灵感是写作的源泉，但只有灵感是写不出好作品的，还需要作者给予灵感丰富的内涵。

作品的内涵，文化是一个方面，人性更为重要。中国当代悬疑小说作家一般都注重对人的情感层面的描述，却很少能深入到人的心理层面加以分析，特别是人在不同的环境、条件、背景下的善恶选择和光明与阴暗的转换。对人的深层心理的分析需要的不仅仅是文学修养，还需要哲学层面上的思考。

当代大陆悬疑小说方才结束了学步阶段，还有很多地方有待完善。但也应看到，在悬疑小说作家中已出现了一批有个性的、成绩卓著的作家，其中蔡骏、那多、上官午夜具有代表性。

蔡骏，男，上海人。小时梦想成为国家地理绘图员，后来又与美术学院擦肩而过。因为离不开母语的土壤，遂认定汉语是地球上最美的语言，誓以汉语写出世界上最好的小说。自称“灵感的宠儿”，依靠上帝赐予的灵感吃饭，常常担心脑子被各种突如其来的灵感撑破。

蔡骏曾说过他喜欢历史，经常在自己的小说中融入历史元素，小说中有许多人物都是历史上真实存在过的，还配有真实的细节，使得小说的真实性增强。蔡骏小说中经常出现历史上的真实事件，比如伦敦泰晤士河畔，国会广场上屹立百年的大本钟在格林尼治时间 2005 年 5 月 27 日 10 点 07 分毫无预兆地突然停摆。而在小说《旋转门》中，就在这个时刻，留学英国的春雨与恋人高玄擦肩而过，在发现高玄完全丧失记忆后又亲眼目睹他遭遇一场车祸；春雨正抱紧高玄躲过飞车，自己却卷入银行劫案，中枪卧倒街头；没有撞车巨响，没有子弹呼啸，春雨和高玄登上同一节地铁车厢，却因为分别来自不同时间，即使重逢，也终将永别……大本钟停摆是真实发生的，那它与另外几件事情有什么联系呢？这种巧妙的时间平行关系，引得读者无限好奇。

阅读蔡骏的小说，在感受恐惧的同时，读者也在感受人性的善、恶、美、丑和人性的坚强。直到结尾，揭开谜团，战胜恐惧和丑恶。恐惧并不可怕，可怕的是人性的丑恶。在《地狱的第十九层》中，女大学生春雨因为收到一条“你知道地狱的第十九层是什么？”的手机短信，本以为是一个有趣的游戏，却渐渐沉湎其中不能自拔，鬼使神差地坠入一场噩梦般的寻找地狱真相的不归路。小说情节扑朔迷离，险象环生。小说最后将谜底落在一幅有关十九层地狱的壁画之中。而地狱的第十九层最终的谜底与其说是爱，不如说是占有，游戏的始作俑者高玄一生追求的不过是贪婪、嫉妒、自私和疯狂的悲剧。

蔡骏的小说有一种特有的魅力，这种魅力不仅来自他天马行空般的想象力、简练的文字、游刃有余的技巧，更是来自于他的小说所折射出的强烈个人色彩。小说中有历史的迷阵，感情的迷阵，还有人心的迷阵。

那多，男，原名赵延，上海人。那多曾经是一名国家公务员，后来跳槽到了媒体，成为一名记者。当他对记者这项工作感到不自由时，就辞职在家一心写作。从《那多手记》到《百年诅咒》、《甲骨碎》，那多的悬疑小说愈写愈好，愈写愈娴熟。从弗洛伊德的内心力量实验、茨威格的剧本诅咒再到巫师头骨的秘密，那多以流畅的文笔驾轻就熟地讲述着这段百年往事、文化谜踪，让读者在神魂颠倒的同时，忍不住惊叹历史上诸多不可思议的神秘现象。

那多最具特色的作品就是《那多手记》了，由 11 部小说组成：《凶心人》、《坏种子》、《铁牛重现》、《幽灵旗》、《神的密码》、《过年》、《亡者永生》、《返祖》、《暗影三十八万》、《变形人》、《纸婴》。这个系列的作品总是从一条真实的新闻开始，进而引发一个好看的悬疑故事，由此一段让读者朋友真假难辨的阅读体验就此开始。

由于《那多手记》系列含有科幻、悬疑、灵异等因素，很容易给人带来不真实的感觉。如果悬疑小说让人一看就知道是假的，那这部小说就失败了。而作者以引用新闻的方式很巧妙地把这类小说本质上的缺点掩盖掉了。如《凶心人》里提到的幻术，原本就是虚幻无比的能力，但是那多依然做到了让读者信以为真，让读者有一种“假作真时真亦假，真作假时假亦真”的感觉，这不能不说是一种成功。

另外，写悬疑小说的作家往往会陷入一个僵局，有时会写出连自己都解释不了的情节，每当遇到这样的困境，多数的作家往往会把事件归因为鬼魅作祟。虽然这样的写作手法是很多作家和读者普遍接受的，但这样的手段似乎已然落入俗套了。世上有没有鬼魅是科学所无法解释的，可是世上那么多神奇莫测的超自然现象难道就是靠这种异类的能力造成的？鬼魅害人的传说和恐怖故事也不少，却没有在新闻里听说哪桩命案是鬼害人的——结果总是因为“人”的因素而造成如此纷繁杂乱的恩怨是非。若是在小说里掺杂了太多的鬼魅，小说充其量也只能算是普通的鬼故事，与真正意义上的悬疑小说是有区别的。《那多手记》系列小说就是一种与鬼魅绝缘的悬疑小说，每一本的故事虽然情节离奇，但作家总是能够凭借自己超人的想象力来解释每一件令人匪夷所思的灵异事件。这也是一位优秀的悬疑小说家所应当具备的素质——透过每一桩神秘事件总能看到背后所隐藏的真相。《那多手记》试图用科学理论来解释一些超自然现象。大众普遍把科学和灵异划为两个阵营，在我们看来，它们之间的区别无非是人类的认识有多少罢了。当人类处于无知状态的时候，会把很多现象看做灵异或者是超自然，比起我们的祖先，我们对世界的认识有所增多，但也许未知的还更多。一切所谓超自然，本就是自然的一部分。

那多的小说中含有很多对于民间神秘力量的自我诠释，根据那多本人所说，他相信有一些神秘事件是真正存在的。他的小说涉及各种神秘能力，比如《幽灵旗》里的催眠术和《凶心人》里的幻术。《幽灵旗》通过一张照片开始层层推进。从三层楼找到旗子，又从旗子找到三位怪人，然后是盗墓、自杀、催眠、暗示……有趣的是，主人公所盗之墓，墓主居然是曹操，还出现了曹操的后辈。《凶心人》里的神秘幻术为小说蒙上了一层诡异色彩，同时小说在人生出路的寻找上很见功力。

读那多的小说，在一系列缜密的推理中往往给人带来多重的悬念，正是因为其中引人入胜的悬念让读者一捧起书本便欲罢不能。每一则平淡无奇的新闻事件背后隐藏着怎样的谜题？而种种诡异的神秘现象又为什么引发了如此纷繁杂乱的迷案？揭示真相前，那多总是通过严密的、抽丝剥茧般的推理，让读者在感受阅读快感的同时也提高了对身边事物的认识——毕竟《那多手记》是一套带有科幻性质的悬疑小说，既然有其科幻性，总要让读者打破对世界的原有认识，而产生对自身、对世界乃至对宇宙重新的思考。

上官午夜，女，江西瑞昌人。上官午夜的独特之处在于她的语言和美学风格，不同于其他男性作者追求干净利落的描写，她偏重于瑰丽的词汇和哥特式恐怖氛围的营造：

天上没有星星，那轮如镰刀般的残月也躲到云层后面去了。夜，黑得有些不正常。……四周太寂静了，连动物的呼吸声都听不到，也没有一丝风，一切都像死了一样。这样的征兆让人感到危险而不安。黑暗中，好似有无数双眼睛隐藏在树林深处，窥探着这个不速之客。这些眼睛，肯定不是人的。①

无人居住的神秘鬼屋、电视里突然播出的极其真实的杀人录像、国外经典恐怖电影的死亡手法、借尸还魂的遭遇等都运用得驾轻就熟。另外，女性作家创作的悬疑小说一般少不了爱情的贯穿，甚至爱情会成为主导小说发展和变化的主线。上官午夜的作品中，每当案件陷入走投无路的时候，爱情便会使女主角的思路柳暗花明。古小烟与她的男友罗天的关系几乎主宰着侦破的整个进程，爱让她坚持，爱也让她变得聪明，爱让她战胜所有困惑，爱最后也让他们生死相依。除了爱情，还有友情、亲情。《天蝎森林》直面现代社会人心深处善与恶的演变，让读者跟随主人公穿梭于现代都市与天蝎森林，一同小心翼翼地冒险，一同感受最凄凉的怨恨、最心碎的杀戮，还有最温暖的情感。无论是友情、亲情、爱情，在这里都有可能成为一场阴谋的缘起，成为砥砺人性的磨石。如在《第十三层空间》里，一张彩票可以让原本纯净的同学情谊发生畸变。

悬疑小说走过的近十年，从读者到学界都对其褒贬不一，但不可否认的是，悬疑小说生存下来了，而且一直在发展。大陆悬疑小说发展到现在，写作的范围正在扩大，从单纯模仿西方，到融入民族文化，再到现在的发展个人特色，大陆悬疑小说事实上已经取得了很大的进步，也逐步走出网络空间，走入更多大众的视野。西方悬疑小说大多数是侦探类的小说，更偏重纯智性的推理，但是其写作思维和手法并不适合中国市场，所以在引进的作品中真正被中国市场认可的少之又少。大陆悬疑小说的作者们已经意识到这一点，开始主动在作品中融入古典诗词、戏剧及民俗文化元素，使悬疑小说有了中国的特色、中国的风格，每一年都有佳作出现，这说明作为类型小说不可或缺的一种，悬疑小说已经获得了继续成长的生命力。

□□□ 思考延伸

1. 什么是悬疑小说？这类小说有哪些文本特征？
2. 悬疑小说产生在当代中国文坛的原因有哪些？
3. 当下大陆悬疑小说创作的不足之处在哪里？

① 上官午夜：《天劫》，国际文化出版公司2009年版，第15页。

第十九讲 生态小说

生态小说的内容大多揭露人类为了经济利益大肆屠杀动物、掠夺和破坏自然资源的行为，其特点表现为：从生态平衡的角度，塑造出充满人性的动物；在小说中重新审视人和动物及大自然的关系，同时展现出人与动物、人与大自然的和谐相处。

随着环境保护理念的普及，生态问题越来越被人们重视，中国当代通俗小说出现了一种新的类型小说：生态小说。生态小说披露了人类对动物的屠杀、对自然资源的掠夺和破坏的行径，要求人们在经济建设与环境保护的矛盾冲突中保护生态，宣扬一种人兽和谐、天人合一的文化观念。近些年来，比较畅销的生态小说有姜戎的《狼图腾》和杨志军的《藏獒》，其他作品还有郭雪波的《狐啸》、《沙狐》、《银狐》、《狼孩》，哲夫的《猎地》、《猎天》、《黑血》、《毒吻》、《极乐》，杜光辉的《哦,我的可可西里》，杨志军的《环湖崩溃》，亦秋的《潮涨时分》，张炜的《怀念黑潭中的黑鱼》，贾平凹的《怀念狼》等。

《狼图腾》主要通过一个下放蒙古草原的北京知青陈阵的视角，来探索草原狼与人类的关系以及与大自然的关系。狼吃牲畜，吃黄羊、黄鼠、旱獭等动物可以控制草原上动物的数量；草原上动物的数量控制住了，草原的草皮承载量就控制住了；草皮的承载量控制住了，草原也就保住了，就不会沙化了；草原不沙化，草原上的生命才能生生不息。也正因为有狼，草原上的牧民才英勇善战，草原上的马才跑得快。

《藏獒》讲述了“父亲”汉扎西在藏獒的帮助下，几经波折，成功地解救了七个孩子的故事。七个孩子从上阿妈草原来到西结古草原，由于两个草原的人们世代结仇，他们被西结古草原上的人追捕，藏獒冈日森格带领汉扎西等人追寻并解救他们。西藏草原上的藏獒体型高大、英勇善战，经常保护人和家畜，使之免遭狼、豹等动物的伤害，它们是人类忠实的朋友。

这两部小说都很畅销，读者读到的不仅仅是神奇、曲折的故事情节，还有更多的文化思考，具体表现在以下方面：

一、动物们令人尊敬的品格

文学作品通常“以人为中心”，认为人类为世间万物的主宰，把人置于动物及大自然之上。而在生态小说中，人和动物都是大自然中的一员，在生态系统中，无论是人、动物还是植物都是平等的。因此，在生态小说中，人们对动物有了重新的认识，这些动物都有自己的行为准则，有些动物甚至表现出了比人还要高贵的品格。

在《狼外婆》、《狼和小羊》和《狼和三只小猪》等传统的故事里，狼是凶狠、奸诈的，它们总是欺负弱者，残害生命。而小说《狼图腾》中对狼的描写，使人对狼有了重新的认识。狼固然威胁人类的生命和财产安全，但有时狼比人还要高明，狼身上有很多值得人类学习的地方。

狼的智慧让人自叹不如。小说《狼图腾》的一开始，毕利格老人带陈阵去观看狼群围猎黄羊。黄羊的奔跑速度非常快，草原上四蹄的动物没有能跑得过它们的，狼跑不过黄羊，但能抓住它们。狼抓黄羊是有计划、有步骤的，先选好打围的地点，要选草多的地方。在冬天的额仑草原上，下雪天，只有备用草场上还有没被雪盖住的草，黄羊会来这里，这只有草原狼王知道。狼打围有着足够的耐心，选好埋伏地点，忍耐住饥饿和风的吹刮，静静地等待最佳战机，否则一旦被黄羊发现，到嘴的黄羊肉就跑掉了。等黄羊吃饱喝足，肚子鼓鼓囊囊的，跑也跑不快了，这时再去围攻。狼从三面将黄羊往雪窝子里逼，黄羊们慌不择路，狼王故意放走一部分逃得快的黄羊，这就是狼的高明之处，不赶尽杀绝，留着来年再吃。一部分埋在雪窝子里的黄羊被留在雪地这个天然的冰箱里，来年开春的时候还可以吃。一次围猎下来，不但现在的食物有了，来年春天的食物也有了，让人不得不佩服狼的智慧。

狼团结，组织纪律性强。在小说《狼图腾》中，狼很团结，狼在夏天也捕猎黄羊，而且捕猎很多，自己吃不完，就留给狼群里的“老弱病残”吃；如果还吃不完，就留下来招待草原上“沾亲带故”的其他的狼。“狼想着别的狼，别的狼也想着它，狼群才抱团；狼群抱团，打起仗来才厉害。有时候狼王一声嗥，能调来上百条狼集体打仗。……原来草原上也有老虎，后来全让狼群赶跑了。狼可比人顾家，比人团结。”① 在毕利格老人带领大家围猎狼群的战斗中，狼虽然处于包围圈中，“但仍然没有失去理智，它们不像那些拼一个够本，拼两个就赚一个的莽汉，而是尽可能多地杀伤围场中的主力——猎狗。狼群三五成组，互相配合，下口极快极狠，一口咬透，口口见血。几条大狼巨狼还使出了蒙古狼极其残酷的战法：以轻伤换重伤，以重伤换敌命，故意露出非要害处让大狗咬住，然后置自己伤口于不顾，而猛攻狠咬狗的喉咙和肚子。”② 结果，狼倒下的极少，而狗却被咬得渐渐退出战斗。从中可以看到狼在战斗时不但凶猛，而且还知道团体协作的重要性。

狼也有“自由”、“独立”和“尊严”。《狼图腾》中的主人公陈阵掏狼窝留下了一只小狼养着，他像养小狗那样养着它，甚至比养小狗花的精力还要多，自己舍不得吃的东西都弄给它吃。尽管这只狼是在很小的时候被带回来的，但它从小就表现出了狼的特性。小狼的眼睛还没全睁开，就知道装死逃跑；它在吃母狗奶的时候，吃得肚皮撑得都快破了，还不肯松口；它吃饭的时候谁也不能碰，谁碰就咬谁，包括陈阵；一旦吃饱，被放在地上，它立即逃跑，向远离蒙古包、人、狗、牲畜的远

---

① 姜戎：《狼图腾》，长江文艺出版社 2004 年版，第 157 页。
② 姜戎：《狼图腾》，长江文艺出版社 2004 年版，第 119 页。

方跑。“熊可牵，虎可牵，狮可牵，大象也可牵。蒙古草原狼，不可牵。”① 迁往秋季草场的时候，小狼已经长大了，不再是抱着就能走了，但它怎么也不肯走。尽管平时陈阵多次训练牵着它走，但它长大后一直是它牵着陈阵走，被拉急了，它就咬人。后来陈阵把它牵在马车后面，它还是不肯跟着马车走，不愿被牵着走，宁愿承受疼痛一直在地上拖着。对此作者认为，狼拒绝被牵，是它与狮、虎、熊、象等动物，以及与大部分人的根本界限。拒绝服从，拒绝被牵，是作为一条真正的蒙古草原狼的绝对准则，即便是这只从未受过狼群教导的小狼，它也坚守着这个神圣不可侵犯的自由、独立和尊严。

小说《藏獒》中的藏獒最大的特点就是对人类忠诚。藏獒对人类，比任何其他的动物对人类都要忠诚，尤其是对自己的主人和对自己的恩人，藏獒绝对比人还要知道什么是知恩图报。“父亲”汉扎西是小说中的主人公，冈日森格是藏獒中的主角，这两个主角结缘于七个上阿妈的孩子，汉扎西救了冈日森格，并帮助冈日森格救了七个上阿妈的孩子。冈日森格原来是只很出色的猎狗，为给旧主人报仇，它咬死了甲巴多，在草原上到处流浪，躲避追捕。七个上阿妈的孩子是流浪在上阿妈草原上的孤儿，他们救了冈日森格，所以，这七个孩子是冈日森格的恩人，也是它的新主人。由于西结古草原上的人和上阿妈草原上的人世代为仇，所以当七个上阿妈的孩子在西结古草原上一出现，就遭到了西结古草原人的追捕。冈日森格为了救这七个孩子，经历了重重困难，并受了重伤。它伤病初愈，就去苦苦寻找这七个孩子，自己的力量有限，就向人类——汉扎西求助，凭着自己的智慧、勇敢、坚持不懈的精神和打斗的实力，最终成功解救出七个上阿妈的孩子。藏獒就是这样一种为了主人不畏艰难险阻，哪怕失去生命也在所不辞的动物。“藏獒的生存意义永远超越着包括食物在内的任何功利目的，它们和狼群搏杀和陌生人搏杀和一切野兽搏杀完全不是为了吃掉它们和他们，甚至根本与自己的生存以及温饱没有任何关系，而是为了对人类(确切地说是主人)的忠诚和仗义，是为了帐房和领地的安全，就跟一个国家的军队那样。”②

藏獒把职守看得比生命重要。当汉人李尼玛和梅朵拉姆第一次出现在荒野的时候，獒王虎头雪獒就嗅到了危险的信号，就带领它的伙伴一直尾随着二人，保护他们。但陷入爱情的两人丝毫不知道危险即将来临，反而嫌獒王它们碍事。即使人类不理解，獒王它们也坚持跟随保护。按说李尼玛和梅朵拉姆都是汉人，獒王这些领地狗完全可以不管不顾，但对于獒王它们而言，只要是西结古草原上生活的人，不管是富贵的头人还是贫穷的牧民，不管是藏民还是汉人，它们都要确保他们的安全，这就是领地狗的职责，在它们看来这比什么都重要。如果不能成功解救人们于危难之中，那就是它们的耻辱。所以一公两母三只金钱豹怀着对人类的仇恨向李尼玛和梅朵拉姆扑去的时候，獒王它们一跃而起，击溃了这三只金钱豹。成功解救了两个人后，獒王它们就走了，救人却不求任何回报。藏獒在生前保护人类的生命和财产，即使死后也要忠于职守，保护牧民和牲畜。在狗瘟肆虐的年代，得了病的藏獒为了不把病传染给人类和牲畜，会选择远远地离开，来到昂拉雪山。死后的尸体会被狼

① 姜戎：《狼图腾》，长江文艺出版社 2004 年版，第 321 页。
② 杨志军：《藏獒》，人民文学出版社 2005 年版，第 64 页。

吃掉，这样还能把病传染给狼，狼吃了也会死去，狼死了，就不能祸害牧民的羊群了。“藏獒就是这样一种猛兽：把职守看得比生命更重要。永远不想着自己，只想着使命；不想着得到，只想着付出；不想着受恩，只想着忠诚。它们是品德高尚的畜生，是人和一切动物无可挑剔的楷模。”①

草原上的藏獒尤其具有“自尊”、“自强”的品格，这种品格在白狮子嘎保森格身上得到充分体现。它是一只大牧狗，有丰富的搏杀经验，多次成功杀死狼等野兽，它聪明善战，具有领袖风范，它一直都野心勃勃，希望自己有朝一日能够成为西结古草原上的獒王。它不但自己自尊、自强，在遇到野兽时勇敢杀敌，而且它还能顾及别人的自尊。有一次捕杀三只狼，它完全有能力杀死所有的狼，但它没有这么做，而是帮助别的狗，让别的狗也有成功的机会。自尊、自强是藏獒的天性，但一旦失去自尊，很多性情高傲的藏獒都会找个远离人群的地方，孤独终生。白狮子嘎保森格为了争夺自己的孩子嘎嘎，与冈日森格有一场厮杀，强手对强手，厮杀很激烈，但最终因冈日森格略胜一筹，白狮子嘎保森格惨遭失败。心高气傲的它受不了这种打击和耻辱，失败后默默离开，准备到远离人群和牲畜的地方，舔舐自己身体和心灵的伤口，孤独地度过余生。獒王虎头雪獒闻讯，带着众领地狗赶来帮助它，自尊心极强的它更不能忍受这种怜悯和施舍，尤其是它视为对手的獒王的帮助。彻底失去自尊的白狮子嘎保森格最终选择了跳崖身亡。

草原上的藏獒有很多祖先遗传下来的行为准则，就像人类的道德一样，它们一直坚守这些规则，哪怕因此吃了亏也不违背。规则之一：“男不跟女斗”。冈日森格一到西结古草原就遭到了当地藏獒的围堵，在与獒王虎头雪獒的对峙中，由于人类巴俄秋珠的干预，那日和果日两只狮头母獒被使唤上战场撕咬冈日森格，这让冈日森格不知所措。如果按照实力，这两只母獒根本不是它的对手，但“男不跟女斗”的祖上规则让冈日森格一动也不能动，它不能反击，尽管被咬得遍体鳞伤。规则之二：“主人一对一打斗，狗不上去帮忙”。七个上阿妈的孩子来到视他们为仇家的西结古草原，按照草原上的规矩，他们必须和七个西结古的孩子一对一打斗，如果他们赢了，就可以安全地离开西结古草原；如果他们输了，他们的双手就都要被砍下。激烈的斗争开始了，他们采用的是传统的摔跤，按照规则，这时藏獒们只能在一旁观战，不能加入战斗，只有主人命令时它们才能出动，所以各家的藏獒都没有出动，都在一边静静地观看，大家都能坚守规则。

二、重新审视人和动物、人和大自然的关系

1. 破坏与依赖并存

生态小说控诉了人类对大自然的破坏，呈现了人类对动物的赶尽杀绝及对大自然的大肆掠夺。人类往往以为自己是大自然的主宰，对自己的母亲——大自然无休止地索取，对大自然的资源过度地掠夺，对其他生物赶尽杀绝。例如姜戎的《狼图腾》中，以包顺贵为首的一伙人，打着革命的幌子，在草原上大开杀戒，只要是能吃的或能换来钱的动物，无不被他们赶尽杀绝。新草场选定不久，从包顺贵老家来的民工就陆续迁来，这些民工的纷至沓来打乱了草原的平静。他们这些贪得无厌的

---

① 杨志军：《藏獒》，人民文学出版社2005年版，第47页。

人大肆破坏、掠夺草原上的一切，给草原带来了灾难。新草场犹如一盆宝地，这盆宝地刚打开，农区来的人们便蜂拥而入。他们随意在草原上盖房子，把绿色的草滩变成了烂泥塘；他们在草原上垦地种菜，破坏草原的植被；草原人视为萨满神鸟的大天鹅也成为他们猎杀的目标，吃天鹅肉、掏天鹅蛋；名贵的芍药被他们挖得干干净净，拿去卖钱了；偌大的一个獭子山，额仑人世世代代打獭子的地方，硬是被他们弄成了一座空山。又如杜光辉的《哦，我的可可西里》中的王勇刚，在可可西里猎杀动物，开采金矿，破坏环境，大发不义之财。

大自然的资源有限，而人的贪欲无限，人类对大自然的过度开发，让自然界的不少资源逐渐枯竭，一些物种也在逐渐消失。正如《狼图腾》中的额仑草原一样，随着大量流民的入住，额仑草原上的物种日渐稀少。植物花卉能卖钱的，就扒去卖，扒光为止，如芍药；能吃的动物，不管是天上飞的、地上跑的，还是水里游的，都打来吃，吃不了就卖，比如獭子、狼、天鹅等。几十年后，额仑草原快被沙漠吞没了，草原沙化严重，以前常见的动物再也见不到了，"大命"快没了，"小命"也存活不了。

面对人类的掠夺和破坏，大自然并不是毫无还手之力，大自然会以其特有的方式对人类进行报复和反击。2007 年的初夏，养育了一代又一代人的太湖蓝藻泛滥，美丽的太湖变成了臭水湖，蓝藻的暴发归根结底是因为湖中大量的工业废水为其提供了充足的养分，促进其大肆繁殖。2003 年的"非典"尚历历在目，禽流感还没有结束，而甲型 H1N1 流感又向人类袭来，这些传染病的频频出现与人类破坏和污染环境有着直接的关系。大气臭氧层的破坏、草原土地沙化和环境污染等问题多年来一直在困扰着人类。"迄今为止发生的自然生态问题，直接同人的生产方式和生活方式相关，归根结底是人性自身的危机。正是由于人自己不能正确认识和处理与自然的关系，不能认识和处理个人与环境的关系，才放任物质主义横流，才对大自然勒索无度，才只顾个人和眼前利益。"①

无论是人还是动物都只是自然界的一部分，人类的生存和发展必须依靠大自然。翻开人类的生存发展史，就是一部与大自然作斗争的历史，这里的斗争不是你死我活的斗争，而是渺小的人类如何在大自然优胜劣汰的竞争中生存发展下去的斗争。人类的发展要依靠大自然，大自然为人类提供了生存必需的水、空气和阳光，为人类提供了各种各样的能源，如石油、煤炭、天然气等。尽管随着人类文明的进步，人类曾提出要与大自然作斗争，要征服大自然。但不管人类的科技有多发达，在强大的大自然面前，人类有时还是显得无能为力，比如农业，还是要"靠天吃饭"，水灾、旱灾等自然灾害还在影响着农业的收成，每年都给农业生产带来很大的损失。2008 年冬天的那场大雪，令交通一度瘫痪，让许许多多的人滞留在车站，回不了家。而汶川大地震毫无征兆地袭来，地动山摇的一瞬间，生灵涂炭，家园尽毁。人类一直在探索大自然的规律，努力破解大自然的奥秘，并开始反思和大自然的关系。人类意识到不能一味地向大自然索取，并开始努力改善与大自然的关系，比如提倡保护环境、保护动物、退耕还林等。

2. 人与动物、人与自然要和谐相处

---

① 曾永成：《文艺的绿色之思：文艺生态学引论》，人民文学出版社 2000 年版，第 332 页。

在这些生态小说中，人与动物、人与自然充满冲突与斗争。同时，人与动物、人与自然也能和谐共处，天人合一。尤其是小说《狼图腾》和《藏獒》，除了呈现人类对动物的残害和对大自然的破坏，更多展现和呼吁的是人与动物、与自然的和谐相处。

“天人合一”的思想在中国古代哲学中就有所体现。老子认为：“人法地，地法天，天法‘道’，‘道’法自然。”其中的意思就是要按自然规律办事，不能违反自然法则。庄子在《天道》中认为，如果一个人了解“天乐”，他活着的时候是顺应自然的，死后也是与外物融为一体的。儒家倡导“仁”的思想，孟子认为：“尽其心者，知其性也。知其性，则知天矣。存其心，养其性，所以事天也。”这里的“天”指的是“天命”，这是一种崇尚朴素的顺应自然的思想观念，要人保存善心，培养天赋的本性，就是为了正确对待天命。这里的本性也就是我们所说的人性。他还认为：“莫非命也，顺受其正。是故知命者不立乎岩墙之下。”接受吉凶祸福，就是顺应正常的天命，懂得天命的人是不会站在倾斜要倒的墙壁下面，这句话更是强调了要顺应自然，人只有懂得自然，顺应自然，才能与自然更好地相互依存。

《狼图腾》中认为，“天兽人草合一”，草原上的草和草原是大命，人和其他的动物都是小命，小命要靠大命才能活命。草虽是大命，但草的命又是极其脆弱的，草的根很浅，长在薄薄的土地上，很容易就被夺去生命，草原上的草没了，草原人就失去了家园，这就是大命没了，小命也就没了的道理。正因为明白了这个道理，草原人才能生生不息。在草原上，牧种、牧群的数量都是有一定比例的，羊是草原上的主要经济来源，草原人根据草场的好坏决定羊群的数量，决不多养，因为草原人知道，如果超负荷放牧，草场就会被破坏，草场一旦被破坏，几年都恢复不过来，如果一直这样下去，草原就变成沙漠了。马也是草原上的大忌，尽管牧民的放牧生活需要马，但牧民也从不多养，因为马对草皮的破坏力很大，马蹄所经处，草皮都被连根踢起，马尿也会烧坏草皮。在《狼图腾》中的额仑草原上，老鼠的品种很多，数量也很多，它们在草原上到处都是，平时以草为生。它们很令人讨厌，无孔不入，侵入蒙古包，偷吃食物，咬坏东西。它们破坏草原，一年下来，一窝鼠吃掉的草比一只大羊吃掉的草还要多，它们专挑好草和草籽吃。老鼠的繁殖能力也特别强，它们在草原上刨坑打洞，破坏草皮。如果没有狼群这样的天敌，额仑草原早就被老鼠、旱獭等动物吃光掏空，变成一片荒漠了。

其实蒙古人的“天兽人草合一”思想和汉人的“天人合一”思想是一个道理，“‘天人合一’的思想，始终有一个核心理念，一种非常朴素的和谐理念——自然界不是人类的对立面，天地自然是我们的衣食父母，天地万物是我们的亲戚朋友，人与自然天生具有亲和性而非敌对性”①。即便是可恶的老鼠，也能为狼提供大量的食物，让狼不用去袭击人类的羊群。因此，从这个意义上说，自然界的万事万物之间都有着千丝万缕的联系，它们一环扣一环，缺一不可，天人（包括兽、草）之间的关系和谐了，生态也就平衡了，如果其中的任何一环出现问题，那么势必会影响整个生态的平衡。

“自然是崇高的，自然的崇高就在于它伟大的力量和它的不可战胜性。人也是

---

① 刘文良：《范畴与方法：生态批评论》，人民出版社2009年版，第10页。

崇高的，人的崇高在于他是有智慧、有情感的。自然的崇高与人的崇高并非两种对立的崇高，而是可以有机结合的。将自然的崇高与人的崇高相契合就意味着，人的崇高不应以征服自然为判断标准，而应该以人保护自然、实现人在与自然和谐相处中的价值为标志。"① 人作为自然界的人，应该和自然环境和谐相处，应该和自然界中的万物和谐相处。

人与动物、人与自然的和谐相处在《狼图腾》中体现为人与狼的和谐相处。在普通人的眼里，人和狼处于敌对的状态，因为狼吃人，吃人放牧的羊群、马群等牲畜，狼给人们的生命和财产带来威胁，而人也打狼。但是如果把两者放在整个草原大的生态系统中，就会发现，狼和人之间的关系并不像汉人包顺贵认识的那么简单。一方面，狼的存在可以使许多危害草原的小动物的数量得到控制，比如旱獭、野兔、老鼠、黄羊等等，这些动物以草为生，而且繁殖能力特别强，对草原危害极大。狼吃掉这些动物，就帮助人类保护了草原，而草原是草原人赖以生存的根本。另一方面，狼的存在让草原上的人时时保持防狼的警惕，使草原人的生活紧张而有活力，这也体现了"生于忧患，死于安乐"的思想。在与狼的长期斗争中，草原人练就了一身的好本事，学习了战胜狼的军事才能，锻炼了强健的体魄。草原上不仅男人英勇善战，而且女人和孩子也很勇敢。在小说的第一部分，狼半夜袭击毕利格老人家的羊群，毕利格老人家的儿媳妇嘎斯迈为了保护羊群，徒手拉狼尾，掰狼的尾骨，终究一个人的力量有限，她让知青陈阵来帮忙，陈阵却因为害怕不敢上前，这时，她九岁的儿子巴雅尔闻声赶来，拽住狼腿，帮助嘎斯迈把一只大狼从羊群中拔出来。事后，陈阵也觉得很惭愧，自己一个大男人却不如草原上的女人和孩子。所以将狼置于草原的大环境中来看，狼应该是人类生态环境中不可或缺的"对手"。这与汉族人的观点截然不同。汉族是农耕民族，农耕生活是一种定居的生活，因此汉族人喜欢安逸的生活，狼带来的动荡而紧张的生活是汉族人不能接受的，所以汉族人拒绝狼出现在自己的生活中，而是要把狼打尽杀绝。小说中的包顺贵为了消灭狼，甚至请来部队的射击高手，带上先进的武器，开上军用汽车来打狼，这种现代化的打狼手法让狼无处可逃，这种不尊重自然的做法让狼在草原人的视线中失去踪影。原来在草原上经常碰到的狼，现在人们偶尔碰到，都被当做新闻一样稀罕了。这些违背自然规律、破坏大自然的做法最后给草原带来了灾难，在作者的笔下，现在的额仑草原生态系统被破坏了，直接的结果就是草原被破坏，草原上的草不多了，草原上有许多地方再也不长草了。

现在，人们逐步认识到曾经犯过的错误，越来越重视生态的保护和重建，越来越重视与大自然的和谐相处。在《藏獒》中，人与自然界和谐相处的典范就是人和藏獒的和谐相处。在西藏的草原上，"父亲"汉扎西和几只藏獒结下了深厚的感情，大藏獒冈日森格和他素不相识，可是他还多次救了它，甚至连伤害他的大黑獒那日他都能不计前嫌地相救，尤其是对待恶魔一样的饮血王党项罗刹，他也要相救，他这种真心对待动物、不求回报的行为赢得了藏獒的忠诚对待，也赢得了藏民的心。在西藏草原上，不仅汉扎西与藏獒和谐相处，草原上的牧民、僧侣等都和藏獒保持着这种亲密和谐的关系，在草原人眼里，藏獒是朋友，是家人。藏獒能帮助牧民保

① 刘文良：《范畴与方法：生态批评论》，人民出版社 2009 年版，第 93 页。

护牲畜，看守门户，以免遭狼等野兽的袭击，在人遇到危险的时候，藏獒也能出手相救，保护人们。而草原人对藏獒也是真诚爱护，西结古寺每天派专人喂养领地狗，连一些流浪的小孩得到了别人给的食物也要分给藏獒吃。

生态小说发展至今，取得了一定的艺术成就，但还存在着一些缺陷，具体有：题材内容多有雷同，曾有多篇小说以狼为题材，引起过分的“狼”热；写作手法单一，大多采用纪实性的写法，缺乏想象力；缺乏深层次的思考，“基本停留在问题暴露批判的表象层，停留在危机的展示上，超越的部分薄弱，对因生态危机可能透视出来的丰盈的现实启示与文化意蕴缺乏深思”①。

思考延伸

1. 生态小说与中国传统的“天人合一”观念有什么联系？

2. 除了表现人和动物、人和自然的和谐相处之外，生态小说还应该在哪些方面取得突破？

3. 为什么人们越来越重视生态的健康和健全？

① 雷鸣：《当代生态小说的审美迷津》，《文艺争鸣》2008年第8期，第40页。

第二十讲

从『身体写作』到『身体展示』

卫慧、棉棉们的“身体写作”，是“痛并快乐”地消费着身体与性；木子美、竹影青瞳的“身体写作”沦为纯粹欲望化的宣泄，则会引发精神危机，最终走向虚无与溃败。如果说“身体写作”是文字上对裸露女性身体的某种想象，那么图片、视频则是直接的女性“身体展示”。最初的“身体展示”是一个时代的“先驱”，是个人自信力的表现；从芙蓉姐姐S型身体的展示开始，大众媒体关注的范围由以前的公众化变得越来越私密化；“身体展示”过度商业化，会把迎合男性的欲望作为标准，并且变成消费时代欲望的符号。

“身体写作”一词，最初来源与西方女性主义批评提出的“女性写作”有关。法国当代女性主义批评家埃莱娜·西苏、露丝·伊利加莱是主张身体写作理论的代表。为了使女性从父权制度的束缚中得到解脱，她们认为，首先要解放的便是女性的身体，使它真正属于女性自身。为此，她们提倡一种记录女性欲望的“女性写作”或“女性表达”。这种女性身体写作理论的建构，是对女性身份与本质的重新观照，是与菲勒斯(phallus)背景下等级森严的二元对立结构的颠覆紧密相连的。因为女性在男权文化的压抑中，没有自己的话语权，只有自己的身体可以依凭，可以去写，这是无以替代的，女性通过对自己女性之躯的书写，争得一份女性自己的话语权。所以西苏认为，“我写妇女：妇女必须写妇女”①。因此，女性身体写作的一个基本主张便是女性自己写自己，以颠覆传统男性作家文本中被扭曲的女性形象。“她通过身体将自己的想法物质化了，她用自己的肉体表达自己的思想。”②

在这一理论的影响下，加之女性作家数量增加，女性的文化层次和素养的提高，女性独立人格、个人情感的自由度、独立思考精神的增强，女性参与社会活动的范围和领域的拓展，使得女性有更多的机会和能力对“生活”表达自己的感受，“身体写作”

---

① ［法］埃莱娜·西苏：《美杜莎的笑声》，黄晓虹译，见张京媛：《当代女性主义文学批评》，北京大学出版社1992年版，第190页。

② ［法］埃莱娜·西苏：《美杜莎的笑声》，黄晓虹译，见张京媛：《当代女性主义文学批评》，北京大学出版社1992年版，第195页。

在中国得到了发展。20 世纪 90 年代出现了卫慧、棉棉、木子美、竹影青瞳的“身体写作”，这种书写是伴随着中国经济转型逐步深入、市场经济逐步确立、商业化时代全面到来而展开的，换句话说，这种“身体写作”已成为商业化市场运作的重要卖点。卫慧、棉棉们的“身体写作”总与时装、名牌手表、毒品、酒精、香水等小资情调有关，与前卫、开放的性有关。卫慧《上海宝贝》中的倪可、马当娜、朱砂等女性，每天都以一种优越的姿态精心修饰打扮，去参加宴会、举办沙龙、交际应酬、会见情人，裸露着光洁的肌肤在月光下跳舞，露天游泳，用着各种名牌的化妆品，穿着典雅的衣服不无优越感。在这里，卫慧似乎告诉人们，在消费的商业时代里，女性的身体可以被物化成时装、名牌手表、酒精、香水，成为男人的消费品。正如波伏娃所说，“她成为时装的奴隶，时装的目的不是将她揭示为一个独立的个人，而是为了割断她与超越性的联系，使她成为满足男性欲望的猎物”①。用通俗流行的商业化外表，讲一个沉重的故事，是卫慧的聪明之处。20 世纪 90 年代，“婚外恋”是个流行语，卫慧则将其推演到“恋外性”。生活另类的倪可在中国传统男人天天(象征着婚姻和家庭,是不可缺少的)和德国人马克(象征着爱情和性,充满着激情和浪漫)两个男人之间周旋，恋情和家庭让她心灵感到温暖，欲望和情性让她生命更加鲜活。倪可的行为旨在说明，完整的女性，恋情和家庭不能少，欲望和情性、婚姻也不能少，心灵的温软和情欲的满足缺少一样都不是健全的女性。棉棉的《糖》中的青春女孩过着昼伏夜行的生活，白天睡觉，傍晚出去购物，夜晚则全身心投入到地下酒吧和舞厅，尽情地享受着劲舞、派对、爵士乐、性高潮、大麻、同性恋、酗酒等带来的疯狂的瞬间巅峰体验。同时，情与欲的虚无、泛化，以歇斯底里的方式痛苦地表达出来。“用身体检阅男人，用皮肤写作”（棉棉语），这样的创作宣言与实践，在惊世骇俗的表象下掩饰不住内心的追求、冲动、无奈与仓皇。这样的描写在其他一些都市小说中也常可看到，但是卫慧和棉棉都强调她们是从女性的视角写女性，写只有女性才能体会到、感悟到的人生体验。从性别写作中表现文本的独特性，并以此而骄傲，是女性“身体写作”作家们的一个潜在心理。

卫慧、棉棉们的小说张扬着女性生命本能的冲动与文化规范及道德禁忌之间的矛盾和冲突，但是到了木子美和竹影青瞳那里，这种状况大为改变。

2003 年 6 月，木子美的《遗情书》现身于博客中文网，同年 8 月，因作品中描写的真实的性体验而迅速走红。文本主要自我暴露与 65 个男人的一夜情或多夜情，风格大胆露骨。半年后，竹影青瞳又在天涯博客上蹿红。竹影青瞳成名的秘诀是“情色叙事”，如《做一个彻底的人尽可夫的婊子》、《淫荡到底》此类。卫慧、棉棉等的文本，与木子美等人的文本有着明显的区别。在前者，身体不是目的，而是手段，不仅仅是感官的一种宣泄，文本之中还有理性思考。木子美们如果说有什么特别之处的话，那就是把女性的身体作为一种商品在消费社会里开发到了极致，“身体写作”到了她们那里，就走到了穷途末路。木子美所炫耀的与多个男子发生的性爱关系，并将这些性爱关系记录下来，大概是任何一个稍微有点文学基础的失足妇女都能做到的事情。

女性“身体写作”本来是女性主义的一种表现，在性别平等的前提下，一些女

① ［法］西蒙娜·德·波伏娃：《第二性》，陶铁柱译，中国书籍出版社 1998 年版。

性作家提出，通过女性性别的独特性显示女性应有的社会地位，这样的诉求和表现有着丰富的社会内容和文化内涵。既然是女性的“身体写作”，当然不可避免地要涉及女性的生理体验、心理体验、身体欲望和性，但是女性的“身体写作”绝不等于是写女性身体，正如英国当代女性主义批评家罗瑟琳·科渥德批评的那样，“如果一本书将妇女的体验放在中心地位就认为它具有女性主义的兴趣，这将陷入极大的误区”①。从这个意义上说，这个时期那些打着女性主义的招牌写作的所谓“身体写作”与女性主义实际上没有什么关系。

不过，有一点很值得肯定，那就是这些作品通过大量炒作引起了人们广泛的关注，她们的作品都上升为20世纪末的一种文化现象。当人们总结这一段中国文化、文学思潮的时候，大概都会论述到她们的作品。如果仔细分析她们的炒作，就会发现这一次炒作大概是中国当代文化第一次运用网络媒体而进行的成功案例。之前中国当代文化、文学的热点几乎都是靠纸质媒体的运作。纸质媒体往往与精英文化联系在一起，更多的是哲学与政治的思考；网络媒体往往与大众文化联系在一起，更多的是愉悦性和对社会的评判。美女作家的照片不断刷新、女性身体的隐秘性、女人欲望的自白，引起了大众的关注，网上点击率飙升，她们的作品在相当长的一段时期处在争议的风口浪尖。再加上屡次遭到官方禁书，这些作家及作品就更有名了，她们的知名度以及关注度是其他很多作家难以相比的。

如果说卫慧、棉棉、木子美和竹影青瞳的“身体写作”还仅仅停留在对女性身体的想象的话，那么广告、杂志、影视、互联网等大众媒介传播的图片、视频则是直接的女性身体展示。身体展示最早来源于西方对女性身体审美标准的探讨，20世纪60年代起，女性身段的线条美在西方备受重视，人们订立身体的美学角度愈见苛求，圆润肥胖的身体被视为不健康、愚钝，只有纤瘦的身体和结实的肌肉才得到认同。而泳装的转变亦以身体为依归，比基尼因变成三角形的遮羞布而获得青睐，女性似乎愈来愈喜爱展示自己的身体了。20世纪泳装的变迁与女权运动息息相关，在欧美大部分国家给予女性平等的社会地位及投票权后，女性可自由地从事更多户外活动，借此摆脱以往强加在她们身上的种种规范。女性时装在这个时代掀起了大革命，泳装除了更方便女性进行海浴外，也显示了女性不可同日而语的地位和投入社会的积极性。

中国女性对身体的展示始于20世纪80年代。不过，中国女性的身体展示有个发展过程，最初是新写实主义画展中的那些裸体模特。由于绘画还是一种精英化的艺术，这些裸体画面只限于小众欣赏。到了20世纪80年代后期，随着影视媒体和网络媒体逐步地大众化，女性的身体展示逐步走向大众。开始时还小心翼翼，画面上就露那么一点，观众却趋之若骛。例如自称中国第一部限制级电影的《寡妇村》，就那么一点裸露镜头却轰动一时。进入21世纪以后，女性身体高调地进入大众的视野。电影中的裸露镜头前所未有地被放大，与《满城尽带黄金甲》里的裸露胸脯和《色·戒》、《颐和园》、《苹果》等电影里的性爱镜头比较而言，《寡妇村》里的那一点儿童不宜的裸露镜头实在是太封闭了。有意思的是，随着这些裸露镜头跃入人们

① [英]罗瑟琳·科渥德：《妇女小说是女性主义小说吗?》，王华之译，见张京媛：《当代女性主义文学批评》，北京大学出版社1992年版。

的眼帘，这些电影和演员都很走红，这就大大刺激了那些草根阶层。草根阶层不可能做电影演员，但是却可以上网络，于是就有了芙蓉姐姐壮硕的 S 型造型和凤姐深思的蹙眉。在榜样的刺激下，各种身体展示也就成为了时尚，当下网络媒体中各种“门”此起彼伏，不断地刺激着人们的眼球。

是什么原因造成了当下中国如此多的身体展示呢？

首先是中国社会道德底线变得越来越宽容，宽容的理由多种多样，有草根心态，有艺术标准，也有道德标准。尽管芙蓉姐姐的造型和凤姐的形象并不美，可是网络评价却不低，相当多的人认为她们是自信、是励志。有人留言，芙蓉姐姐的 S 型“身体展示”可以被模仿，但不会有第二个人与她独特的经历和个性雷同。① 网络红人“最牛征婚女”罗玉凤（网上称“凤姐”）所展示的身体，也只是一个个头矮小、门牙略有外突的普通得不能再普通的女孩，但她的征婚语录上自称懂诗画、会弹琴，精通古汉语，“9 岁起博览群书，20 岁达到顶峰，智商前 300 年及后 300 年无人能及……”谁都可以看出凤姐语言中的夸大，但是人们都能容忍，因为人们在这些夸大的言辞中看到了她的自信。此时的她们是一种情绪的象征，激发出来的是那些边缘化的草根阶层隐藏在心底的那点自尊。又如，在黄桷坪首届艺术节上，《东方神女山鬼系列》画册让参观者震撼不已。引起争议的起因是，担任东方神女的裸体模特是画家李壮平的亲生女儿李勤。从中国传统的伦理上说，让自己的女儿做裸体模特更是让人接受不了。可是国内的大多数评论却很正面，认为这就是艺术，油画真的很唯美，无法让人产生淫邪的念头。另外，大众媒体的越来越私密化，也给大众的道德空间留下了越来越大的宽容度。在电影院里看画面，公共空间是一个影院；在客厅中看电视，公共空间是一个家庭；在电脑前看网络，就是一种个人化行为。既然是个人化行为，只要不影响别人，道德底线也就剩下自律了。那些在众人共处的公共空间中的难以被接受的画面也就理所当然地流传了起来。

其次是越来越疯狂的商业炒作。2009 年的妇女节当天，广州地铁小北站 B 入口位置，8 名单身年轻女子当街脱衣征婚，引起在场的公众鼓掌声、口号声、尖叫声不断。有人提出疑问，这么年轻貌美、身材苗条的女子能愁嫁吗？难道是婚姻介绍公司的炒作策划？用“身体展示”来进行炒作，无疑能吸引公众的眼球，这类炒作似乎越来越流行，越是敏感的地方越要暴露，越是不能出卖的隐私越要出卖。在网络上，这样的炒作越加疯狂，“兽兽门”事件、“北影门”事件层出不穷。影视明星等公众人物的私生活也通过娱乐小报发布。偷拍在大众道德面前是阴暗的，公众对其真实性也还心存疑虑，传闻与真实并存的暧昧的小道消息，还受到道德和舆论的监管。但是在商业炒作的大背景下，让人们越来越认为影视明星与那些“狗仔队”实在是不可分离。

---

① 芙蓉姐姐能够一炮走红，成为网络狂欢中的一道盛宴，而后来者如芙蓉哥哥、天仙妹妹、菊花姐姐（妹妹）、凤姐等却不能居其上，其原因有两点：首先，芙蓉姐姐的身体展示较早，这个壮硕的 S 型身体本身就有争议，芙蓉姐姐说这是“火爆得让男人流鼻血的身体”，一些公众从传统的审美眼光来看认为不一定美，但这种争议却能吸引更多的网民点击、品评。所以芙蓉姐姐本身就是一个成功的网络营销案例。其次，芙蓉姐姐能够用文化外壳来包装自己，她最初成名是在北京大学和清华大学的校园，这里本身就是很有文化的地方，她在广告中，曾捧着一本《唐诗三百首》击退歹徒。她曾三次参加高考，三次考北京大学和清华大学的研究生却落榜，她要使这些经历变得有价值，所以在网络上时常还说上一些自信和励志的话语。

怎样评价这些“身体展示”呢？

“身体展示”是时代变化、社会进步的一个标志。中国进入宋代以后，女性就难登大雅之堂，甚至在公共场合都难以露面，即使戏台上的戏曲表演也是男扮女装。正因为这样，进入现代社会之后，女性的解放一直被看做社会解放的重要内容。女性解放当然绝不仅仅是“身体展示”，但是“身体展示”确实是女性解放的重要方面。当身体都难以展示，又谈何女性解放呢？身心从来就联系在一起。当然，任何一种展示都有一个标准，如果显现的是自信、是美丽、是情感，是给我们这个世界增添色彩，这样的女性“身体展示”就应该给予肯定。如果只是一种诱惑，甚至是一种挑逗，这样的女性“身体展示”就应该摒弃。

“身体展示”是大众文化消费时代的正常文化现象，其中透露出的是一种大众消费倾向。毫无疑问，在大众文化中，广告、流行出版物、电视、电影等，为大众提供了大量风格化的女性躯体形象。这些女性的“身体展示”，大多体现出大众消费的价值判断和审美趣味。她们按照他人（主要是男人）的观看来塑造自己被观看的形象，她们突出的是女性身体的许多特征部位，如眼睛、嘴唇、胸部、腿部等，其表情或妩媚、或娇嗔、或性感，使其女性特征更醒目。“秀色可餐”就是一种文化消费，只要是大众文化就必不可少。那么这些主要迎合男性标准的女性“身体展示”是否就是对女性的不尊重呢？也许并不是，因为“裸露”的“被看”与“窥视”的“看”从来就是互相迎合着，“裸露”和“窥视”都是满足消费时代的各种欲望。伊格尔顿曾说，“肉体中存在反抗权力的事物”①。在女性的身上，不再承担着反抗权力，或对庄重与正统的消解等深刻主题，她们只是用时尚的身体愉悦大众，用游戏的身体制造快乐。因为有消费市场，所以，“裸露”的女性们与消费相结合，就成为资本运作的一部分。

“身体展示”是商业社会的必然结果。但自从芙蓉姐姐的S型身材照片在水木清华论坛一夜走红之后，各种与女性美的展示不一定有关系的另一种“身体展示”纷至沓来，“艳照门”、重庆“护士门”、“兽兽门”等各种“门”事件层出不穷，这些“门”事件，主要是明星或普通民众的私人裸体照或性爱视频被恶意地散布在网络上，引起网络上的热议。这些炒作泥沙俱下，其中有很多是肮脏，甚至是丑恶的形象。应该认识到，这就是商业社会中的商业行为，说明在商业社会中身体也可以作为某种炒作的资源，而且能够获得营销成功。“身体展示”不但是商业社会的炒作资源，还是商业社会运作的一种动力。在媒体发达的商业社会，“身体炒作”必须要通过大众传媒的参与来实现。大众传媒特别是互联网由于网页停留时间不长，刷新得很快，所以炒作内容一定要求新、求奇。“身体展示”炒作效应的存活期有限，身体炒作者们要不断更新其炒作策略，而其行为也越来越激烈。从这个意义上来说，“身体展示”的炒作主角面临的是一种挑战——为了继续炒作，你就得对身体进行更深刻、更多样的贩卖，否则你就会被传媒抛弃。尽管女性美的标准随着时尚不断变迁，但女性身体作为大众消费的商品以及带来的商业性“策划”也许将难以改变。

---

① ［英］特里·伊格尔顿：《美学意识形态》，王杰等译，广西师范大学出版社1997年版，第17页。

□□□ 思考延伸

1. 谈谈你对“美女作家”、“下半身写作”、“妓女文学”、“遗情书”等流行词汇的看法。

2. “身体写作”会不会引发精神危机？谈谈你的认识。

3. 结合绘画(包括彩绘)、摄影、时装表演、影视、广告等大众文化元素，谈谈“身体展示”的利弊。

第二十一讲 科幻小说的发展历程和『中国特色』

西方科幻小说的发展已经有了近200年的历史，而中国科幻小说的发展不过百年。中国不同时期的科幻小说有着不同的价值取向。与西方科幻小说创作相比，中国科幻小说作家的想象力和创作视野都还有差距，这与中国的社会环境有很大关系。但是在台湾地区，中国的科幻小说创作有着新的气象。

科幻小说(science fiction)是近代工业革命之后，随资本主义生产的快速发展和现代科技的高度进步而出现的小说类型。它源于英国，随即在西方文学界被接受，而后成熟于美国。在经历了萌芽期、黄金期①、“新浪潮”运动②以及“赛伯朋克”(cyberpunk)③等不同阶段，科幻小说的创作在西方世界始终保持兴盛的发展趋势。科幻小说一词最初出现在雨果·根斯巴克主编的《科学奇异故事》杂志第一期。《大英百科辞典》(1964年版)对科幻小说的定义为：科幻小说是处理未来的科学发现中产生的人间的戏剧、斗争、冒险的小说。但科幻小说这一文类的概念始终处于动态，而非静止的状态。随着时代的发展和进步，科幻小说的定义也一直在不断发展变化。但总的来说，人们对科幻小说有两个基本认识：科幻小说应该是围绕科学知识的扩大及其产生的各种各样的后果这一中心展开的；它同时也应该从想象的意义和智力的意义上具有冒险探索的性质。

从1818年英国的玛丽·雪莱创作了世界公认的第一部科幻小说《弗兰肯斯坦》算起，西方科幻小说的发展已经有了近200年的历史。而中国科幻小说的发展不过百年。中国的科幻小说出现在晚清时期。甲午战争失败，社会政局风云剧变，国家危机四伏。有识之士纷纷将目光投向西方先进的科学技术，希望学夷之长，安国定邦。科幻小说被裹挟在这股学科技的时代浪潮中，当做宣传科学知识的有益工具，迅速介绍到中国。

① 20世纪30年代到60年代，是科幻小说的黄金时代。

② 20世纪60年代中期到70年代中期，是“新浪潮”时期，即“新浪潮”运动，指对传统科幻小说的反动。

③ “赛伯朋克”时期在“新浪潮”时期后，从某种意义上说，是对“新浪潮”运动的颠覆。

最早译介到中国的科幻小说是1900年陈绎如、薛绍微翻译的《八十日环游记》，它改编自法国著名科幻小说家凡尔纳的《环游地球八十天》。值得注意的是，薛绍微在译文的序言里概括了科幻小说的三大特点，这是目前为止可查证到的最早的对科幻小说的评论。这三大特点是：（1）“若福格者，……游览以赢虚布蒜，如月绕地，如星经天，蚁磨旋周，无虑凿空博望，乌轮返舍，奚翅挥戈鲁阳。”这里指的是小说记述的奇闻异事，能够开阔读者的视野，拓展读者的思维，有利于创新精神的培养。（2）“凡此艰难，胥关智力，全凭忠信，利涉波涛。”译者是说小说推崇诚信求实的品质，倡导勇于奋进，不畏险阻，应具冒险精神。（3）“虽太史辅轩，殆不过是，极风人旨趣，复何以加。”译者告知读者，可从小说中体会异域民俗、民风。①

其后，科幻小说译作有：1902年，卢藉东译《海底旅行》②；1903年，包天笑译了日本押川春浪的《千年后之世界》和法国迦尔威尼的《铁世界》，鲁迅译美国查理士·培伦的《月界旅行》和英国威男的《地底旅行》等；1905年，周桂笙译《窃贼俱乐部》，鲁迅译米国（美国）路易斯托仑的《造人术》等。据统计，在1901年至1910年，中国译介发行的科幻小说总数大约在一百部以上。

社会精英们对这一文类很是赞扬。鲁迅在《〈月界旅行〉辨言》中写道：“导中国人群以力行，必自科幻小说始。”③ 对于当时科幻小说的译者而言，他们希望借科幻小说的形式来“开启民智，救亡图存”，希望小说中普及性的科学思想能触动麻木不仁的群众的神经，振奋民族精神，特别是培养青少年积极进取的心态。这种观点与当时用小说“新民”的时代要求相一致，科幻小说被看做是具有奇特想象力的改造社会的工具。正因为上述广为接受的观点，大量西方科幻小说被源源不断地引介进来。

随着国外科幻小说的进一步翻译，晚清中国知识分子很快开始了中国本土化的科幻小说创作。1904年，荒江钓叟的《月球殖民地小说》描绘了乘风御球而行的历险和移居月球的构想；1905年，徐念慈的《新法螺先生谭》中主人公灵肉分离，两者自由自在地驰骋于无限宇宙；1906年，吴趼人的《新石头记》里贾宝玉历经数十个轮回又踏入凡尘，面对一个光怪陆离的社会。总的来说，晚清时期的中国本土科幻小说表现出的是对科学的推崇，并以此引发对强大中国的幻想，其中承载了浓厚的忧患意识和富国强兵的愿望。

可是，进入民国之后，中国的科幻小说创作并不繁荣，一直到20世纪40年代末，数得上的中国科幻小说也就是叶劲风的《十年后的中国》、老舍的《猫城记》、徐卓呆的《万能术》、顾均正的《和平的梦》等。社会的剧烈动荡使得此时的中国人首要的需求是生存，而不是畅想，就是屈指可数的这几部科幻小说，也大多写怎样有一个安宁的环境或者是怎样利用神奇的手段活下去。

1949年以后，中国大陆的科幻小说大致可分为三个阶段：第一阶段是1949年以后到20世纪70年代末期，这一阶段可称为“少儿科普期”；第二阶段是70年代

---

① 房朱力士：《八十日环游记·序二》，见《中国近代文学大系·翻译文学集二》，上海书店出版社1991年版。

② ［英］萧鲁士：《海底旅行》，南海卢藉东译意，东越红溪生润文，载《新小说》1902年1号～1903年6号。

③ 陈平原、夏晓虹：《二十世纪中国小说理论资料》（1897—1916），北京大学出版社1989年版，第51页。

末期到80年代末期，这一阶段可称为“爱国强国期”；第三阶段是80年代末期到现在，这一阶段可称为“人性探索期”。

1950年，天津知识出版社出版了张然的《梦游太阳系》，这是20世纪中国科幻小说创作历程中的重要转折点。这部标明“新少年读物”的科幻小说开了中国少儿科普型科幻小说的先河。这以后的20多年里，中国科幻小说创作时断时续，时急时缓，基本上是这种创作思路的反复。科幻小说作家肖建亨对这样的创作思路作了形象的概括：“无论哪一篇作品，总逃脱不了这么一关：白发苍苍的老教授，或戴着眼镜的年轻工程师，或者是一位无事不晓、无事不知的老爷爷给孩子们上起课来了。于是误会——然后谜底终于揭开；奇遇——然后来个参观；或者干脆就是一个从头到尾的参观记——一个毫无知识的‘小傻瓜’，或是一位对样样都表示好奇的记者，和一个无事不晓的老教授一问一答地讲起科学来了。参观记、误会法、揭开谜底的办法，就成了我们大家都想躲开，但却无法躲开的创作套子。”①

为什么就躲不开这样的创作套子呢？可以从两个方面分析：

一方面是时代的要求。1949年以后，中国科幻小说的发展有两个波段相当明显。20世纪50年代末至60年代初是第一个波段，新中国的很多科幻小说都发表在这个时期。此时之所以能出现一系列的科幻小说，与1955年《人民日报》发表的社论《大量创作、出版、发行少年儿童读物》及中共中央发出“向科学进军”的号召是分不开的。1978年中央召开全国科学大会，在欢呼“科学的春天”到来的社会环境中，科幻小说迎来了创作的第二个波段。可以看到，1949年以后中国大陆科幻小说创作的潮起潮落，根本动力不是科幻小说特有的魅力，而是时代的需要。在相当长的时期内，中国大陆的各类小说创作都与时代的需求紧密相连，但是表现在科幻小说身上尤其突出。

另一方面，与长期以来中国科幻小说的“科普观”有很大关系。这是更深层的原因。这20多年的科幻小说创作几乎一律是少儿科普作品。不是说科幻小说不能创作少儿科普作品，科幻小说创作少儿科普作品的确是其长项。但是，当科幻小说完全与少儿科普作品等同起来，而这类少儿科普作品又以传授科学知识为主要目的，这是对科幻小说发展的极大束缚。处于这种状态下的科幻小说强调的是少儿科普观：科学进步总是和美好的生活联系在一起，作品一律是科学畅想曲；人生观念总是一片灿烂，不是充满幻想的天真烂漫，就是满腹知识的循循善诱；情节的构思和故事的编造只有一个目的，就是将作家心目中的“科学知识”有效地传递给小读者。结果，造成作品的文学性淡薄，难以深刻地反映社会现实。

1978年，童恩正在《人民文学》上发表了《珊瑚岛上的死光》，小说获“1978年全国优秀短篇小说创作奖”。这篇小说的创作思路是晚清以来中国科幻小说创作的延续，人物形象并不生动，马太教授、布莱恩、陈天虹还是些类型化的人物。但是这篇小说对中国大陆科幻小说的发展具有重要的意义：它使得中国大陆的科幻小说创作从20多年来的少儿科普的模式中摆脱出来，使得科幻小说再次与“成人”联系了起来，与中国科幻小说的“爱国强国”传统连接了起来。随后该小说被拍成了

① 肖建亨：《试谈我国科学幻想小说的发展——兼论我国科学幻想小说的一些争论》，见黄伊主编：《论科学幻想小说》，科学普及出版社1981年版，第24页。

电影，影响就更大了。之后，一批“爱国强国”的科幻小说出现在文坛，代表作品有郑文光的《飞向人座马》、王晓达的《波》、金涛的《月光岛》等。

在“爱国强国”逐步取代“少儿科普”成为中国大陆科幻小说创作主流的同时，一场科幻小说的姓“科”还是姓“文”的大讨论也在20世纪70年代末展开了。作为科学文艺重要文类的科幻小说是一种文学作品。这个问题本没有什么异议，就像武侠小说不是武侠，侦探小说不是侦探一样，其角色和定位是相当明确的。但是它触及长期以来的“少儿科普”创作思维，于是在文坛上引起了争论。争论并没有什么结论，但是显示出了中国科幻小说的创作正在发生变革，尽管这样的变革显得相当缓慢。

20世纪80年代中国的科幻小说可谓是“惨淡经营”，全国只有四川的《科学文艺》和上海的《少年科学》还有“科幻小说”的专栏。这种局面一直到20世纪90年代一批新生代的科幻小说作家出现才得以打破。这批新生代的科幻小说作家主要有吴岩、星河、杨鹏、韩松、王晋康、刘慈欣等，还有偶一涉足于科幻小说的毕淑敏。

这批新生代作家最引人注目的突破是打破了中国科幻小说惯有的“少儿科普”和“爱国强国”的思维，他们将科幻小说与人类的终极关怀联系了起来。他们的小说除了从科学的原理中阐述人类的潜能和本能之外，还将人类的这些潜能和本能与某种力量对抗起来，在悲剧之中展示人性的伟大，代表作有王晋康的《天火》、《生命之歌》等作品。人与大自然既是征服与被征服的关系，也是认识与被认识的互相协调关系。仅仅依靠某些理念，人并不一定能胜天。这批新生代作家的科幻小说展示了一个新的自然观，代表作有刘慈欣的《地火》、杨鹏的《恐龙少年》等作品。这批新生代作家与高科技日新月异的发展同时成长，对高科技的描述自然成为他们小说的主要题材，其中，电脑和互联网是故事描述的主要对象。在很多写网络的小说中，星河的《决斗在网络》、吴岩的《鼠标垫》最为出色。中国有着悠久的文化传统和众多优秀的文学作品，借传统文学作品的“壳”展开现代科学想象也就成为了这些新生代作家常用的创作手段。韩松的《春到梁山》、潘海天的《偃师传说》、何夕的《盘古》、苏学军的《远古的星辰》等作品均是这些借“壳”想象的佳作。

与大陆的科幻小说创作相比较，台湾地区的科幻小说创作有着更大的成就。一般认为，1968年9月，张晓凤在《征信新闻》上发表的《潘渡娜》是台湾科幻小说的起点。在此以前虽有赵滋蕃所写的《科学故事丛书》，也只是介绍科学知识的常识书。在张晓凤发表《潘渡娜》以后，1968年10月，张系国的《超人列传》在《纯文学》杂志上发表；1969年，黄海出版了科幻小说集《一〇一〇一年》。这些作家开辟了台湾科幻小说创作的新天地。

从1975年开始到20世纪90年代初，是台湾科幻小说创作的高峰期，具体表现在：第一，《明日世界》、《宇宙科学》、《少年科学》、《新生副刊》、《明道文艺》、《幼狮文艺》、《宇宙光》等杂志开辟专栏刊登科幻小说，在数量上保证了科幻小说的创作。1978年美国经典科幻电影《星际大战》和《第三类接触》在台湾上映，1980年倪匡的25部科幻小说由远景出版社出齐，这些电影和小说对台湾的科幻小说创作更是一种强有力的推动，台湾的科幻小说创作也是高潮迭起。第二，为了保证科幻小说的创作质量，从1984年到1989年，《中国时报》连续举办了6届科幻小说征文，评奖后加以出版。第三，1991年举办了首届“世界华人科幻艺术奖”，奖项有科幻短篇小说奖和科幻漫画奖两种。

20世纪90年代以后，台湾的科幻小说创作走向了衰退，其中一个重要的标志就是以张系国为主导的《幻象》杂志的停刊。这本创刊于1990年的科幻小说专门杂志几乎集中了台湾科幻小说创作的所有作家，可是只办了八期就由于销路不好而停刊了。虽然张系国将其转移到网络上去，但科幻小说创作的颓势已经显露出来。

台湾的科幻小说有相当多作品是属于“宇宙探险”类型，代表作家是黄海，其代表作品有《一〇一〇一年》、《新世纪之旅》、《银河迷航记》等。这些小说都是从物理层面上的时空观念论述和评析道德层面上的人类生活，以科学论证、神奇之旅、人性批判而吸引读者，很像美国那些科幻灾难性影片。“宇宙探险”还是属于19世纪以来传统科幻小说创作的延续。20世纪60年代以来，美、英等国开展了科幻小说的“新浪潮”运动，开始将科幻小说向人道、人性等更深层次的思考空间开拓，更加关注人类的生存状态。人口膨胀、环境污染、能源危机、基因变异等各类困扰当今人类发展的问题往往成为作家展开科学想象和思考社会现实的主要创作题材。张晓风的《潘渡娜》就是这个时期世界科幻小说的转向在台湾的表现。张晓风的小说实际上提出了一个人类生存的问题：人类的发展是否就要向科学性那样做到完美无缺呢？小说告诉我们并不一定。小说中的那个无性繁殖人潘渡娜从形象到行为无可指责，科学家却在其面前精神崩溃，潘渡娜也在“究竟缺少什么”的自责中死去。人类最好的生存环境，就是一切依据自然规律办事，科学发展也许给人类的发展带来害处。这是张晓风小说中的答案，也是英、美科幻小说“新浪潮”所要倾诉的理念。台湾专门创作科幻小说的作家并不多，他们往往在创作社会小说的同时兼作科幻小说，例如黄凡等人在创作社会小说方面取得的成就也许更高。正因为这样，这些作家笔下的科幻小说社会性、时代感都很强烈。黄凡的《皮哥的三号酒杯》在幻想的神奇中批判社会的势利和人心的沦丧，同时也透露出工商业蓬勃发展的时代气氛。

1982年，台湾作家开始进行科幻小说理论的探索。这一年，《联合报》举办了科幻小说座谈会，提出“中国科幻小说”的观念。理论倡导者们提出从中国传统文学中培养出“中国科幻小说”的方向，的确是很有价值的创作思路，问题是怎样使传统的文化与现代的人文精神和现代科学技术交融起来。从台湾作家的创作实践中看，他们是作了很好的努力。

在台湾的科幻小说作家中，张系国是一位很有成就的作家。他从20世纪70年代开始进行小说创作，主要作品有《皮牧师正传》、《棋王》、《昨日之怒》、《黄河之水》、《香蕉船》、《不朽者》、《孔子之死》等众多作品。科幻小说以1980年结集出版的《星云组曲》最有名，除此以外，还有《城》三部曲。

《星云组曲》一共收录了10部小说，它们是《归》、《望子成龙》、《岂有此理》、《翦梦奇缘》、《铜像城》、《青春泉》、《翻译绝唱》、《倾城之恋》、《玩偶之家》、《归》。这部作品集既体现了西方及台湾科幻小说的特色，又有张系国科幻小说创作的个人特色，代表着台湾科幻小说的创作成就。

张系国小说的特色在于他不是写科技给人类带来什么“幸福生活”，而是对科技的发达造成人性的衰退表示深深的忧虑。张系国显然对人类自私、虚伪的劣根性深恶痛绝。《玩偶之家》中的人之所以沦为了机器人的宠物，是由于他们的劣根性。在《翦梦奇缘》中，他之所以反对那些“反天视联盟”，是因为这些人打着恢复人类本性之名，行争名夺利之实。张系国甚至要求将这些自私、虚伪的物种逐出星球。在《翻译绝唱》中，那些盖文族人为了满足自己的欲望竟去吞吃自己的同胞，此为自私；明明是自私残暴的民族，却把自己打扮成爱好和平的民族，此为虚伪。对于这样的民族，张系国给予了他们全体气化灭族的处分。

更能体现他小说特点的是“中国味”，其中写得最精彩的作品是《望子成龙》。小说辐射出来的各种层面都是从对中国传统文化观念的剖析中产生。奇巧的构思与中国世俗意识相融合，构成了一部中国式的科幻小说。在中国传统文化中，来世和转生同样是影响很大的世俗观念，体现着人对永生欲望的追求和满足，可以精神延续，音容永驻；这种观念也包含着道德律，要求现世的人积善积德、祈求善报。张系国根据来世和转生的内涵，在《青春泉》、《翻译绝唱》等小说中创造了“转世中心”，并展开对生命、青春、爱情等人生问题的思考。文学题材的民族化是此类文学体裁是否成熟的重要标志，特别是对科幻小说这样的舶来品来说，民族化就显得特别重要。

香港是一个商业气氛十分浓厚的社会，出现在其中的科幻小说发生了基因变异。一种追求商业价值的科幻小说在这里诞生，那就是奇幻型的科幻小说。说它是“奇幻型”，是指小说中的幻想达到了离奇的状态；还称它为“科幻小说”，是由于它还披着一件“科学”的外衣。香港的奇幻型科幻小说的代表作家是倪匡。

倪匡最初创作武侠小说，后以“卫斯理”为笔名创作科幻小说。从人物角度上说，倪匡的科幻小说分为三个系列：卫斯理系列、原振侠系列、其他人物系列，以卫斯理系列最有名。卫斯理系列开始创作于20世纪60年代初，第一部小说为《钻石花》。经过30多年的创作，以卫斯理为人物的小说、散文、随笔达到100多部(篇)。

倪匡的科幻小说根本就不顾及作品中有多少科学的成分，那些枯燥的科学原理在作者看来可能还会影响小说的趣味性。科学在他的小说中只是想象的代名词，他只是依据故事情节创作出一些科学的因子，并凭借着这些科学因子大胆地、充分地发挥想象。其想象空间有两个延伸点：一个是纵向型，它往往将过去、现在、未来连成一线；一个是横向型，它往往在人类社会之外，开辟一个充满超验色彩的灵异世界。纵横交错，使得他的小说有了特定的表现空间；前因后果，使得他的小说情节有了很强的神秘性。这两个延伸点使他的小说体现出奇幻的色彩。这样的小说有其优点，那就是小说悬念丛生，情节完整、流畅，有很强的可读性。但是缺点也相当明显，那就是当所谓的“科学”根据无力或无法解释那些疯狂的想象时，小说的故事情节也就沦为了荒诞。由于是为“稻粱谋”，倪匡的小说创作得极快。小说质量良莠不齐，学术界从各自的价值标准出发对他的小说评价也高低不等。不管怎么评价，倪匡确实为中国的科幻小说创作提供了另一种思维。

严格地说，那些正宗的科幻小说在香港并不多见，也没有形成什么气候。当然，这些正宗的科幻小说在香港也不是无迹可寻。在倪匡、黄易的奇幻型科幻小说盛行之时，1987年至1988年，杜渐在《商报》上开辟了“怪书怪谈”专栏，推广正宗的科幻小说。之后，他编辑了一套《世界科幻文坛大观》，向香港读者介绍什么是正宗的科幻小说。20世纪90年代初，杜渐、李伟才、黄景亨、潘昭强等人协力创办《科学及科幻丛刊》。李伟才还编撰了《超人的孤寂》，夹叙夹议地介绍了一些世界科幻小说的经典之作，并阐述自己的科幻小说创作观念。然而，除了这些介绍和评价之外，香港至今就没有一个正宗的科幻小说创作大家，也没有一本刊登正宗科幻小说的杂志，与红红火火的奇幻型科幻小说相比，这些正宗的科幻小说的声音实在是太弱小了。

由于当今的人们更加关心自我的生存状态，更多地思考人类的生存价值，再加上影视剧的煽动，科幻小说创作在当今世界显得十分红火。相比较之下，中国的科幻小说创作明显滞后。分析中国科幻小说创作滞后的原因是多方面的，其中两点十分明显：一是科幻小说创作的土壤不够丰腴。在一个占有自然而不是与自然相协调的物质时代，科幻小说只能被看做与现实相脱离的梦想。二是缺乏产生重大影响力的作家及作品。没有引人注目的作家及作品，就难以吸引主流媒体的关注，也就只能处于边缘化的状态。

□□□ 思考延伸

1. 中国晚清时期的科幻小说为什么充满了“强国梦”？
2. 台湾地区的科幻小说创作有什么特点？
3. 中国科幻小说创作的现状与世界科幻小说的发展趋向有什么差距？

第二十二讲

网络小说：创作方式与创作观念的划时代变革

网络小说是随着网络的出现而兴盛的一种新兴的小说体裁。由于网络的特点，网络小说无论在运行机制、话语方式还是审美特征等方面，都与传统小说有着很大的差异，可以说网络小说的出现是一场传统小说创作方式与创作观念的划时代变革。

网络小说是一种新兴的小说体裁，它以电脑网络为载体和传播方式，与一般小说相比，网络小说的语言更加口语化，除了文字外，还往往穿插表意符号，具有鲜明的网络语言特征。网络小说有广义和狭义之分。广义的网络小说包括所有在网络上发布和传播的小说，如将已经存在的小说作品通过人工输入或电子扫描等方式发布到网络上。狭义的网络小说指由网络写手创作的、在网上首次发布的网络原创小说。这里所论的是狭义的网络小说。

中文网络文学开始于20世纪90年代初期，最早出现在海外华人创立的网络文学刊物中。1991年，中国留美学生王笑飞创办海外中文诗歌通讯网，1994年2月，方舟子等人创办了第一份中文网络文学刊物《新语丝》，1995年3月，诗阳和鲁鸣等人创办中文网络诗刊《橄榄树》，发表的文章多抒写对祖国和家乡的思念之情。中国大陆网络文学起步稍晚，1994年中国大陆正式加入国际互联网，获得“.cn”的域名。1995年8月，中国大陆首家互联网BBS(电子公告板系统)——水木清华BBS建立，随后各大学纷纷响应，早期的网络文学作品多出现于此。网络小说真正兴起并迅速走红，是在1998年到1999年。1998年3月22日，台湾写手痞子蔡的小说《第一次的亲密接触》开始在BBS上连续发布，到5月29日连载结束，历时两个月零八天，这是第一部真正意义上的网络畅销小说，它的出现引起极大轰动，其受追捧的热浪，从台湾开始，迅速蔓延到整个华语网络。1998年9月，繁体字版的纸质《第一次的亲密接触》出版，发行量超过30万册；1999年11月，简体字版发行，当时的发行量超过50万册，名列大陆畅销书排行榜首位。痞子蔡，本名蔡智恒，是台湾成功大学水利工程研究所的博士。小说讲述了一个发生在网络上的凄美的爱情故事，大学研究生痞子蔡在网络上邂逅了昵称为“轻舞飞扬”的美丽女孩，互生好感，见面后两人相知相爱，无奈轻舞飞扬身患绝症，注定了这场产生于虚拟网络的恋情将是短暂而凄美的结局。早期的网络小说多以网恋为题材，虽然《第一次的亲密接触》在艺术上暴露出很多缺憾，但它的确是里程碑式的网络小说作品，它开创了“幽默网语＋感伤爱情”的网络小说写作模式，引来众多后继网络写手的模仿，一时间，《第二次的亲密接触》、《无数次亲密接触》纷纷出现。

很快，网络小说创作在中国大陆出现了“五匹黑马”：邢育森、宁财神、俞白眉、李寻欢和安妮宝贝。其中邢育森、宁财神和李寻欢被称为“网络三驾马车”。工科博士毕业的邢育森从1997年开始网络写作，《网上自有颜如玉》是他的网络小说处女作，发布后被到处转载。1997年，邢育森以“涅槃”的署名在BBS上发布了小说《活得像个人样》，这是其成名作，也是早期中短篇网络小说的代表性作品。这部小说写了一个网虫“活得像个人样”的网络生活和“活得不像个人样”的现实生活。该小说在网上走红后，1998年发表在纸质媒体《天涯》杂志的第6期上，署名为“佚名”。2000年，小说在台湾成集出版，后被台湾一家公司买下版权拍成电视剧。《柔人》是邢育森的另一篇代表性作品，小说逐渐摆脱网恋题材模式，有一定的现实性和深度。宁财神，原名陈万宁，1998年开始网络写作，主要小说作品有《无数次亲密接触》、《缘分的天空》、《假装纯情》、《卤煮男女》和《聊天室泡妞不完全手册》等。2000年后他淡出网络写作，开始剧本创作。俞白眉，1998年开始网络写作，流传较广的网文有《网络论剑之刀剖周星驰篇》、《网络论剑之大梦先觉篇》等。学经济出身的李寻欢，原名路金波，是榕树下网站的主编，1998年开始网络写作，主要作品有短篇小说《数字英雄》、《一线情缘》，中篇小说《迷失在网络中的爱情》、《边缘游戏》和长篇小说《虚构》等。写于2002年的《粉墨谢场》是其告别作，他带着对网络生活的怀疑以及对真正文学的敬畏之心，宣告李寻欢“死”了。安妮宝贝，本名励婕，曾任职银行、广告公司、网络公司、出版社和杂志社，1998年开始网络写作，以城市游离者的生存和生活状态为主要题材，主要小说作品有《告别薇安》、《七年》和《七月和安生》等，以“辞藻阴郁艳丽，行文飘忽诡异”的独特风格闻名于网络，2001年安妮宝贝离开网络，自称要做一个始终严肃写作的自由作家。

如果说以“网络三驾马车”为代表的第一代网络写手开启了大陆网络小说的先河，那么以今何在和王小山等人为代表的第二代网络写手则掀起了网络小说写作的第二波浪潮。今何在，原名曾雨，从厦门大学毕业后，曾在广东东莞一家电脑游戏公司做游戏策划，并为游戏写一些背景小说。2000年，今何在的长篇小说《悟空传》在新浪网“金庸客栈”论坛上连载发布，各大网站的BBS争相转载，一时间吸引了无数网民的眼球。《悟空传》获榕树下网站举办的“第二届网络原创文学奖”的“最佳小说奖”和“最佳人气小说奖”两项大奖，有“网络第一书”的美誉。随后，《唐僧传》、《天蓬传》和《沙僧日记》等《悟空传》的模制品出现。2001年4月，《悟空传》由光明日报出版社出版，热销图书市场。2002年3月，中国电影集团公司购买了《悟空传》的影视及动画的全部改编权，《悟空传》的动画电影、动画电视剧及真人电影将陆续献映。《悟空传》受《西游记》和《大话西游》的影响，但又不是二者的简单复制，里面充满了美丽的幻想与作家对生命的感悟。王小山曾供职于多家媒体，目前在《体育画报》担任中文版首席记者兼主笔，同时在《新京报》和《南方都市报》开设专栏，代表作有《这个杀手不太冷》、《大话明星》和《亲爱的死鬼》等，开创了网络黑通社（黑色幽默通讯社）写作风格。此外，心有些乱的《秋风十二夜》、《拒绝》、《绝色》，沙子的《我不是一粒沙子》、《轻功是怎样炼成的》，南琛的《太监》和宁肯的《岩画》等，均是此时较有影响的网络小说。

2002年，慕容雪村的长篇小说《成都，今夜请将我遗忘》在网络上引起巨大轰动，网络小说的第三波热浪由此掀起。慕容雪村，学法律出身，2002年开始专职写作，是个神秘的网络写手。2003年创作的《天堂向左，深圳往右》是《成都，今夜请将我遗忘》的姊妹篇。慕容雪村曾获"2003年中国新锐年度网络风云人物"称号。慕容雪村的小说多以现代都市为背景，表现都市中芸芸众生灰暗的生存现实，揭示出在欲望和生活重压下人性的扭曲与变形，具有浓厚的都市文学风格。"如果问我想在小说中表达什么，我想写对人性、对生活的质疑"，这是慕容雪村的自我告白，这种质疑人性和生活的写作态度始终贯穿于他的小说中。慕容雪村也是"2008年度小说家"的提名作家，近作《原谅我红尘颠倒》被认为是2008年度最好的小说之一。在第三波浪潮中，还有一些网络小说引人瞩目，如何员外的《毕业那天我们一起失恋》、菊开那夜的《空城》等。

2003年，网络玄幻武侠小说自萧鼎的《诛仙》开始流行。萧鼎，原名张戬，大学学的是工商管理专业。据说小时候看还珠楼主的《蜀山剑侠传》时，留下了"人物情感比较苍白"的印象，这是促使他写作《诛仙》的一个原因。《诛仙》是一部最早连载于幻剑书盟网站上的网络玄幻武侠小说，小说将中国古典文化和新兴的魔幻潮流很好地融合在一起，发布后引起极大轰动，获得了"后金庸武侠圣经"的极高赞誉。小说通过普通少年张小凡在机缘巧合之下得高僧传授真法"大梵般若"的传奇经历，对"何为正道"这一命题发起追问和思考，情节起伏跌宕，人物形象丰满，和《小兵传奇》、《飘邈之旅》一起被称为"网络三大奇书"。2005年5月《诛仙》出版，带动了沧月的《血薇》、《护花铃》等一系列武侠小说的热销，2005年也因此被称为"奇幻小说年"。但总体来看，网络武侠小说在网下的出版并不如想象中那么火爆，这也说明网络小说热开始降温。

2006年网络小说的主题词是恐怖和灵异，具有代表性的作品是2006年1月网络写手天下霸唱在天涯网站发表的《鬼吹灯》。天下霸唱，本名张牧野，学美术出身，目前和朋友合伙经营一家金融投资公司。《鬼吹灯》包含了现实、虚构、盗墓和探险等众多元素，讲述了盗墓者摸金校尉的一系列诡异经历。同年9月，《鬼吹灯》的第一本实体书《精绝古城》出版，12月登上了全国各大畅销书排行榜。2007年6月，《鬼吹灯》第一部《精绝古城》的漫画版完成，并先后被韩国、日本等国引进。同年8月，华映公司购买了《鬼吹灯》的影视改编权。2008年4月，《鬼吹灯》的大结局《巫峡棺山》出版，再掀销售热潮。2008年9月，盛大集团开发的《鬼吹灯 On Line》网络游戏正式投人运营。《鬼吹灯》之所以受到追捧，原因很简单，一是新奇，读者没有接触过；二是悬念，读者猜不到情节。可见，如果写手抓住了网友的阅读心理，那他就将在浩渺的网络小说中脱颖而出。

网络写作不同于纸质媒体的写作，因此，网络小说有着不同于传统小说的特征。

一、即时性与交互性

传统小说的写作是作者的个体行为，一般在写作前就有了整体构思。传统小说在与读者见面之前，要经过构思—写作—投稿—编辑—印刷出版等一系列程序，而且一旦作品发表，就和作者没什么关系了，褒贬任由人去评说，不会对原作产生一丝一毫的影响。而网络小说在写作和接受层面都具有即时性和交互性的特点。网络小说的写作更像一种集体行为，作者是随写随发帖的，读者也是随读随跟帖反馈的，甚至有时作者与读者同时在线交流，共同决定人物的命运与故事结构。慕容雪村曾经说，他在写《成都,今夜请将我遗忘》时从头至尾没有一份提纲，情节发展是临时想出来的，但他在前面做了很多的铺垫，后面的故事就有了很多种发展的可能性。小说第一次发布了两集，反响一般，但是很快地，点击率迅速飙升，读者纷纷跟帖评说，有的网友在跟帖中发布自己改写的版本。回想当初，慕容雪村本来是抱着一颗平常心和玩的心态写的，“对网络上的批评或者赞美，我很少回应”，可随着读者日渐升温的参与热情，慕容雪村的心态发生了变化，“看到这么多网友关注，我很受鼓舞，觉得很有成就感。这种鼓舞到了后期就变成了压力，写的时候患得患失。有些网友在预测情节发展，如果恰好被人猜中我的构思，我就要另起炉灶，进行情节重构，这很痛苦”①。

将网络小说的即时性和互动性特点发挥得淋漓尽致的大概要数网络接龙小说了。自 1999 年 1 月开始，新浪网和《中华工商时报》联合举办了为期一年的《网上跑过斑点狗》小说接龙活动，由邱华栋、李冯等作家和读者网友共同完成。此外，中文网络文学、花脸道、亿接龙和当当网等网站都开展过小说接龙活动。2001 年，人民文学出版社出版了中篇小说《风中玫瑰》，这是一部保留了 BBS 公告板原汁原味的网络小说，出版时既有网络上《风中玫瑰》的主帖，也有网友的跟帖。作者风中玫瑰(原名唐敏)深有感触地回忆当时连载的情景：“《风中玫瑰》最大的特点，就是作者与读者现场参与互动的效果，读者不是等待着读一部完整的作品，而是与作者完成一个‘帖子’的写作过程，真是同生共死的交情啊。”能够成为“我国第一部仿 BBS 读本小说”的作者，风中玫瑰由衷地表达了自己的感激之情，她说：“崭新的互联网时代，为我们提供了无限的空间，众多爱好写作的普通网民在 BBS 上毫无拘束地写作，无意间突破了传统文学出版的局限……所有这一切，远远超出了我的梦想。我知道，我能拥有着今天的这一切，是飞速发展着的互联网时代才能为我们这些最普通的人带来机会，我为我能生活在这个时代而感到幸运。”②风中玫瑰和慕容雪村两位著名网络写手的感言正表明了网络小说即时性和交互性特点的一体两面，即网络小说即时性和交互性的模式一方面使小说能博采众长，博得更多读者的喜欢和接受；但同时作者的写作主体性也在这种互动中受到限制，甚至对读者做无奈的让步和妥协。

二、语言的口语化与丰富性

传统小说十分注重语言的锤炼，书面化、整齐化和富有内涵等是其重要特征，相比之下，网络小说的语言则更追求口语化、简洁性和丰富性。可以说，“真正能将网络文学和纸面文学区别开来的是网话文学。它对于文学这种古老的文艺形式来说是一场真正的艺术语言载体上的革命性变革。这种变革表现在‘超文本’这种艺

① 李俊凌：《慕容雪村：神秘的网络文学青年》，《上海文学报》2005 年 8 月 25 日。
② 风中玫瑰：《〈风中玫瑰〉是这样绽放的》，《都市文化报》2001 年 5 月 31 日。

术语言形式上，网话文学的高级形态应当是一种超文本的多媒体语言，在网话文学文本中，作者将有可能充分地利用计算机多媒体技术，将各种图片、声音、动画组合在一起，网话文学就此应当是一种超级多媒体语言艺术；同时，网话文学语言还可能是一种多向链接语言，在一个母本中链接着不同的子本，这样的文本能给读者提供更为广阔的欣赏视野”①。网络小说语言为营造通俗晓畅、诙谐轻松的效果，多使用片段化短句拼接的方式，并在文字中穿插使用英文、拼音、特殊的网络符号和图像等，充满调侃和戏谑。以《第一次的亲密接触》为例，小说的开头是这样写的：

跟她是在网路上认识的。
怎么开始的？我也记不清楚了，好像是因为我的一个 plan 吧！
那个 plan 是这么写的：
“如果我有一千万，我就能买一栋房子。
我有一千万吗？没有。
所以我仍然没有房子。
如果我有翅膀，我就能飞。
我有翅膀吗？没有。
所以我也没办法飞。
如果把整个太平洋的水倒出，也浇不熄我对你爱情的火焰。
整个太平洋的水全部倒得出吗？不行。
所以我并不爱你。”②

新奇独特的网络语言风格，让众多网友记住了这段经典的开场白。再如小说写痞子蔡和轻舞飞扬见面前的一段网上对话：

“好久不见了……你好吗？……”
“痞子……你又吃错药了……我们才分别 3 个小时而已丫！……：）……”
“古人有‘一日不见，如隔三秋’之叹……如果真是这样的话……”
“那我们大概有 3×365/8≈137 天没见……当然可以算很久了……”
“呵：……）痞子……那你想我吗？……”
“A. 想，B. 当然想，C. 不想才怪，D. 想死了，E. 以上皆是。The answer is E……”
“如何想法呢？……”
“A. 望穿秋水不见伊人来，B. 长相思，摧心肝，C. 相思泪，成水灾，D. 牛骨骰子镶红豆——刻骨相思，E. 以上皆是……The answer is still E……”
“呵呵……：）……”
看来她真的也累了……
虽然“呵”是笑声，但此时我却觉得她在打“呵”欠……

---

① 葛红兵：《新生的可能》，见《轻快的柔板》，花山文艺出版社 2002 年版，第 78 页。
② 蔡智恒：《第一次亲密接触》，知识出版社 1999 年版。

"痞子……我们会'见光死'吗？……"①

在这段生动有趣的对话中，文字、数字、标点、符号、英文等齐上阵，带给读者极大的阅读快感，被后起的网络写手竞相模仿，很快形成一个约定俗成的套式。这一套式将被一再地复制，最终若被用得厌烦了，就会被新创造的网络话语样式替换和淘汰。网络语言率真感性、诙谐灵动，让人耳目一新，给稍显沉闷、严整规范的传统小说语言带来一定程度的冲击，对此作家徐坤深有感触："网络在线书写就是越简洁越好，越出其不意越好，写出来的话，越不像个话的样子越好。一段时间网上聊天游玩之后，我发现自己忽然之间对传统写作发生了憎恨，恨那些约定俗成的、僵死呆板的语法，恨那些苦心经营出来的词和句子，恨它们的冗长、无趣、中规中矩。整个对汉语的感觉都不对头了。我一心想颠覆和推翻既定的、我在日常工作中所必须运用的那些理论框架和书写模式，恨不能将它们全都变成双方一看就懂的、每句话的长度最多不超过十个汉字的网络语言。"② 但同时网络小说语言具有散乱化、平面化和游戏化等缺陷，也有庸俗化甚至低俗化的倾向，比如有些网络小说的题目，为了吸引眼球，获取更高的点击率而媚俗，如《我爱上那个坐怀不乱的女子》、《我是个贱人》、《镜子里，你的裸体很美》等。拼接式的网络语言固然时尚多姿，适当使用倒也无妨，但如果通篇如此，则不免给人插科打诨之感，在产生阅读快感的同时也容易产生阅读障碍和审美疲劳。

三、游戏性与狂欢化

网络小说的题材多涉及网恋、搞笑、武侠、鬼故事和玄幻等，写手们的写作目的主要是情感的宣泄和娱乐游戏，自娱也娱他，正像葛红兵所论的："我始终相信文学在终极上是游戏的，从理想的角度讲，它不是出于义务，也不应出于义愤；不是为了宣告，也不是为了呼号，而仅仅是出于人之作为一个人，他的先天的表达的欲望、解释的欲望、展布的欲望。"③ 宁财神就曾这样描述他的写作初衷："以前我们哥几个曾经探讨过这个问题，就是说咱们是为了什么而写，最后得出结论：为了满足自己的表现欲而写、为写而写、为了练打字而写、为了骗取美眉的欢心而写，当然，最可心儿的目的，是为了那些个在网上度过的美丽而绵长的夜晚而写，只是该换个名字，叫记录。"④ 因此，和传统文学创作的严肃和庄重相比，网络小说更具游戏性和狂欢化。

"无厘头"风格的流行正说明了这一点。"无厘头"来源于粤方言，相当于普通话里的"无来头"，由于粤方言中"厘"字和"来"字的发音差不多，而被写成"无厘头"，意思是一个人的言行毫无意义，莫名其妙。根据《新华新词语词典》的解释，"无厘头"是故意将一些毫无联系的事物现象等进行莫名其妙的组合串联或歪曲，以达到搞笑或讽刺目的的方式。⑤ 开创"无厘头"先河的是周星驰主演的电影

---

① 蔡智恒：《第一次亲密接触》，知识出版社 1999 年版。
② 徐坤：《网络是个什么东西》，《作家》2000 年第 5 期。
③ 葛红兵：《自由的文字嬉戏》，见 http://www.rongshu.com。
④ 吴过：《藏身网络侃江湖——网路访宁财神》，《互联网周刊》1999 年第 36 期。
⑤ 参见《新华新词语词典》，商务印书馆 2003 年版。

《大话西游》。今何在的《悟空传》就是一部“无厘头”风格的网络小说，小说以大话的方式将经典名著又游戏了一把，比如孙悟空的名字是这样得来的：“菩提长叹一口气，每个字咬得清清楚楚道：‘你像个猢狲，不如便姓孙吧。鸿蒙初辟原无姓，打破顽冥须悟空，你便叫做孙——悟——空吧。’”唐僧的告白像顺口溜一样：“我要这天，再遮不住我眼；要这地，再埋不了我心；要这众生，都明白我意；要那诸佛，都烟消云散！”另一部网络小说《沙僧日记》是《悟空传》的模仿之作，小说追求的就是“快乐不要命，搞笑无厘头”。网络小说对名著肆无忌惮的大话和戏说行为，让一些人无法接受，认为这是对名著的不尊重，也容易让没读过名著的人产生混淆和误解，这种担忧不无道理。持包容态度的人认为，这种做法看起来带有游戏的心态，态度似乎不够端正，但是也挺可爱，而且读者在读了比较轻松的戏说版后，反而会引发他们阅读原版的兴趣，从这个角度而言，“变脸”也是让名著走近普通大众的一种方式，不必一概看成是对名著的亵渎而加以排斥甚至封杀。① 实际上，“无厘头”的游戏做法体现出后现代文化及时行乐，消解深度和意义，蔑视和颠覆正统与崇高等特点，其背后有着深刻的社会背景和文化内涵，表现出对传统和既定秩序的质疑和反叛。

网络小说的评论也具有浓厚的狂欢化色彩。网络写手们可以尽情地宣泄自己的情绪，网络写作的匿名性也保证了写手想写什么就写什么，爱怎么写就怎么写，网络小说的评论者们也拥有同样的自由和权力。传统的纸面批评往往充斥着太多艰深晦涩的理论术语，别说普通的大众读者，就连很多专业人士看了也是云里雾里，不明所以。而网评则截然不同，网评采取跟帖的方式，无需长篇宏论，有时一个字就表明一种态度，如“顶”和“踩”等，生动活泼、简洁明了。跟帖中不乏真知灼见，让写手和读者都大受裨益。但由于网评队伍鱼龙混杂，跟帖又往往是心血来潮，缺乏理性和节制，一些网评要么是“爱你没商量”，大肆吹捧；要么是“毁你没商量”，极尽诋毁谩骂之能事。经常会看到这样的情形，“拍砖”和“反拍砖”各占山头，互相攻击，火药味十足，还有无聊起哄“灌水”的，让人眼花缭乱，无法辨识。安妮宝贝曾将网络小说写作形象地比喻成“在水中”的写作，不断地写，不断地消失。网评也是如此，不断地跟帖，不断地被新帖淹没。无限自由的表达将网络写作领入众声喧哗的狂欢时代。

网络文学在争议声中已经走过了十几年的历程，昔日的网络小说先锋们如今多数已经从网上走到了网下，走上传统的写作和出版路线。对此，曾对网络文学寄予了很大希望的陈村曾感慨地说：“我对网络文学曾经寄予很大的期望。可现在的网络文学，开始令我反思。如果都把到网下去出版传统的书籍作为网络文学的最高成就，作为写手资格、夸耀的执照，那么，还有什么网络文学呢？它的自由，它的随意，它的不功利，已经被污染了。虽然我很理解这样的变化，但是，终究不是我希望看到的。网络文学已经过了它最好的时期。老子说的赤子之心的时期，消失得太快了！”② 虽然这种惋惜和忧虑的心态很容易理解，且具有一定的普遍性，但它也从另一个侧面证明了网络写作的生命力，网络写手们的华丽转身也将给新起的网络写

① 姜小玲：《视线：是非难断“水煮”四大名著》，《西安晚报》2004 年 12 月 10 日。

② 傅小平：《陈村：网络文学最好的时期已过去》，《文学报》2004 年 10 月 28 日。

手们以希望和鼓舞，毕竟无论是传统文学还是网络文学，最后的旨归都是“文学”。“一份统计资料表明，在世界范围内，互联网网站的平均寿命只有八天。今日网络空间已到处漂流着废弃的幽灵网站。那么，网络文学似乎应该是最典型的消费文学，它似乎应该比电影更为纯粹地成为‘一次过’文化，成为通俗文化的范本。于是网络文学，便成了一种悖论式生存：网络，即时性消费的此刻；文学，作为最古老的艺术，先在地指向着永恒。”① 即时性和永恒性是一对矛盾，但正是这种矛盾性为文学提供了更多元的发展可能。

网络小说还能走多远？网络小说还有很长的路要走。要走得好，需要多方力量的共同支持，除了要继续给予网络写作以扶持和宽容的态度外，网络写手应该拥有一个良好的心态，就像著名网络写手李寻欢在一次名为“网络写手究竟要不要成为传统作家”的研讨会上所表达的那样：文学要经过残酷的训练，这就是传统作家和网络作家态度上最大的区别。传统作家可能会把文学创作当做一个很严肃的东西去钻研、去修改；而我们的创作很多都是在线写作，写完了就发出去。我对创作的态度就像我的名字一样，是寻找一种快乐，而水平的差异则是一个相对次要的东西。我始终把文学当做业余爱好，完全凭兴趣去做它，至于能不能成为一个传统作家，得到了当然也好，我也不拒绝名利，但作为本身来说，我不去追求。另外，网络写作专业作家和评论家的介入也很重要，如作家周洁茹的小说《小妖的网》被称为“国内第一部职业作家创作的长篇网络小说”，刘醒龙等知名作家也开始了网上写作，这都将在一定程度上提升网络小说的质量。文学评论家也纷纷评说网络文学，这些都将有利于网络小说写作逐渐走向规范和理性。

□□□ 思考延伸

1. 中国网络小说的发展历程是怎样的？主要的代表作家和作品有哪些？
2. 与传统小说相比，网络小说有哪些特征？
3. 如何看待网络小说的发展趋势？

---

① 戴锦华：《网络文学?》，《莽原》2000 年第 3 期。

第二十三讲

玄幻小说

> 20世纪90年代末，得益于时代的适宜机遇，随着新兴网络传播媒介的出现，受武侠小说、科幻小说、中国古代神话、传奇和西方奇幻小说等不同文类创作的启发和滋养，中国玄幻小说创作在几年之内迅速崛起，成为网络文学的主流。它的主要特征为故事性强，具本土文化元素，有幻想性，语言通俗易懂。

20世纪90年代末，玄幻小说这种新文类开始在网络上传播和流行。2003年，“玄幻文学”已经成为网络上的关键词之一。据谷歌和百度公布的数据显示，2004年，玄幻小说《小兵传奇》是唯一入选十大中文搜索关键词的文学相关词语，它在网上的搜索率超过了2004年的任何一本书。新浪网2004年的热词榜中，《小兵传奇》也位列十大热门小说榜首。2005年，萧鼎创作的《诛仙》点击率突破3 000万大关，而各类相关的搜索网页多达265 000项。同年出版的玄幻作品《昆仑》、《搜神记》、《幻域》、《诛仙》等也稳居2005年畅销书榜首，在图书市场不甚景气的今天，创造了惊人销量，2005年甚至被出版业称为“玄幻元年”。2006年，玄幻小说风行之潮步步高涨，《诛仙》、《飘渺之旅》、《小兵传奇》等作品依然高居年度百度“十大网络小说”排行榜，《鬼吹灯》以600万的点击率出尽风头。

玄幻小说何以能在短时间里迅速崛起，创造了震撼文坛的阅读奇迹和出版界的销量奇迹呢？这一另类的、新型的文学样式凭借了什么样的特质与优势，能够“横空出世”，创造其他文类无力企及的“盛世”呢？作为一种新兴的小说文体，玄幻小说骤然间成为一股不可抗拒的网络文学力量，在文化逻辑和文学逻辑上是有一种必然联系的。

1996年，以朱学恒为代表的一些译者开始译介国外著名奇幻文学作品，《龙枪》系列、《魔戒》系列、《哈利·波特》系列和《银河英雄传》等作品进入中国。这些外国大众文艺新形式的大量涌入和多种大众娱乐形式的普及，为新文类的出现提供了足够的异类思维想象元素和无限的想象空间。玄幻文学在国内的发源也因此有了适宜萌芽的土壤。

20世纪90年代以来，随着互联网在中国的普及，文学也因网络媒体的巨大影响而产生了前所未有的改变。原本不被出版界看好的玄幻小说，正得益于网络的传播，迅速蹿红，成为网络文学的宠儿。因为有了适宜玄幻文学茁壮成长的时代土壤和可供其“无障碍”传播的网络平台，这一新兴的文类才有了被广泛接受的前提条件。

玄幻小说是在武侠小说文体演变过程中衍生并兴起的一种新型的纯娱乐故事文本。它的创作深受武侠小说、科幻小说、神话小说、传奇和西方奇幻小说文体和手法的影响。

玄幻小说是从黄易的“玄异武侠”脱胎而出的。武侠小说一直是中国通俗文学中最重要的样式之一。自唐代以来，此小说文体经历了不断的变迁。20 世纪 60 年代至 70 年代，中国现代武侠小说创作达到顶峰，以金庸、梁羽生、古龙等为代表。80 年代，武侠小说创作处于萧条状态。90 年代，武侠小说有一定规模的“中兴”，以温瑞安等为代表。同时，90 年代迅速壮大的数字化媒体，给武侠小说文体“突变”提供了契机。传统武侠小说在新的传播媒介中改变了文体风格，改变了内涵。这场武侠小说文体变革的关键性人物是黄易，他借鉴了科幻小说和魔幻小说，“自觉地把‘幻’作为武侠文体的一条创新之路，向远古追寻是魔幻，向未来拓展是科幻，科幻加魔幻则是玄幻”①。这样，国内网络上开始流行了一种新的文类形式，即玄幻小说。叶永烈曾解释过此词的来源，他说，“‘玄幻小说’一词，据他所知，出自中国香港。他所见到的最早的玄幻小说，是 1988 年香港“聚贤馆”出版的黄易的《月魔》。出版商赵善琪先生在序言中写道：“一个集玄学、科学和文学于一身的崭新品种宣告诞生了。这个小说品种我们称之为‘玄幻’小说。”② 这是玄幻小说这一新文类名词的首次出现。孔庆东在《通俗文学十五讲》中也提到“黄易发明了一种‘玄幻小说’”③。

玄幻小说因为从武侠小说转变而来，所以一般包含中国式养性、炼气功夫的描写。这种来自于武侠小说的特征，将中国玄幻小说与西方同类型小说明显地区分开来。在文体构造上，玄幻小说常借用武侠小说的叙事技巧。如武侠小说作家对江湖世界的想象方式和想象格局，成为玄幻小说作家展开进一步想象的基础；武侠小说中对武艺较量的描写已发展到人的精神境界层面的较量，有了玄学化的特征。这种对中国功夫超越限制的想象，以让生命的面貌由世俗纷扰和未知宿命中得到净化为目的，玄幻小说的作者也围绕这一点来阐明自己设定的虚拟世界中的人生观点。如黄易小说《破碎虚空》中，主人公传鹰以追求天道为最终目标，对俗世纷扰仅是以“局外人”身份旁观。以后的玄幻小说作家以此为榜样，脱离了传统道德束缚，提升了武侠哲学思考层次，借用传奇的生命方式来求索生命本质意义，实现个体生命存在价值的最大化，如《星辰变》、《七界传说》等。

科幻小说是影响玄幻小说写作的另一重要方面。从《星球大战》开始的科幻小说已存在异度空间的想象。这些关于世界文明重构和宇宙星球间的战争等主题都具有宏伟的气概，同时小说中关于局部细节的描述也不失生活情趣。这样，读者很容易

---

① 韩云波：《论 90 年代“后金庸”新武侠小说文体实验》，《重庆大学学报》2005 年第 4 期，第 73 页。
② 叶永烈：《奇幻热、玄幻热与科幻文学》，《中华读书报》2005 年 7 月 27 日，第 14 版。
③ 范伯群、孔庆东主编：《通俗文学十五讲》，北京大学出版社 2008 年版。

进入预设的情境，产生共鸣。玄幻小说作家也借鉴了此种写作手法。科幻小说中对涉及异力奇人的现象，总设法以科学知识来解释，使人们认为小说中一切怪异现象于科学角度有存在的可能性。玄幻小说发扬了这一特点，用现代科学观念来阐释中国功夫的深刻内涵，并且赋予了合乎情理的逻辑推理。

西方奇幻小说有关魔法、精灵、矮人、巫师等源自西方文化传统的描写对中国人而言是一个完全新奇的想象空间。接触这种与本土文化截然不同的异域文明，同样对玄幻小说创作是种思维的开拓和想象力的激发。中国传统文化中已有的神话、传奇作品富于浪漫和奇幻色彩，更为玄幻作品的创作提供了从开天辟地到诸神战争的无尽素材。如《诛仙》直接利用《山海经》中的神话故事；《星辰变》则借用神话背景，把故事空间从人间延伸到神界、魔界以至其他另类的世界；《搜神记》以晋代干宝的《搜神记》为题，在上古洪荒的背景下，描绘了一个异彩纷呈的古代神话世界。

得益于时代造就的适宜机遇，随着新兴网络传播媒介的出现，受武侠小说、科幻小说、中国古代神话、传奇和西方奇幻小说等不同文类创作的启发和滋养，中国玄幻小说创作在几年之内迅速崛起，成为网络文学的主流，也成为被出版商看好的新文类。每当热门玄幻系列小说推出纸质图书，就会引起该书的热购潮，并在短期内快速登上各大书店的畅销榜。如《搜神记》在网络点击率达上亿次后，由港台地区首先推出纸质版，而后贝塔斯曼集团和辽宁教育出版社联合在大陆推出简体中文版，成为2005年的畅销书。网站经营商和出版商的联手合作，促进了玄幻小说的阅读流行。同时，玄幻小说的有关想象、武侠、情爱的娱乐元素又切合大众日常娱乐的需要。用动漫、游戏的方式以视觉和声觉等形式再现作品的传奇历险，很受读者尤其是青少年受众的青睐。如《大唐双龙传》就有同名的漫画作品和游戏产品；《搜神记》有以此为背景的网络游戏和同名的动画连续剧。这样，玄幻小说成为其他娱乐产品的素材资源，但无形中，玄幻小说的风格和创作又受到如游戏、漫画这类娱乐产品的影响，给文本增添了一种别样的魅力，使其有了更强的吸引力。

就这样，玄幻小说的风格与特征在各种各样因素的影响下形成，突出表现在以下几个方面：

第一，故事性。玄幻小说是典型的故事小说，它以作者的叙述为推进故事发展的主要方式。如《寻秦记》中的项少龙是在半强迫的命令之下成为时空转移的实验品。他找嬴政助其大业，是为了能返回现代。故事中各重要环节的转折、情节的继续推进基本上依靠作者的叙述。其他玄幻小说《小兵传奇》、《风月大陆》、《异人傲世录》等都属同一类型。同时，曲折多变的戏剧冲突构成了故事发展的主线。如《幻域》中两位王子之间情感纠葛的故事，就贯穿了大大小小的冲突、转折，构成了故事发展的主线。这种风格在其他玄幻小说中表现得也很突出。玄幻小说的故事展开多是以客观时间而非心理时间为顺序。如《奇侠》、《风月大陆》、《幻域》等都是按主人公的成长过程来叙述故事，少见时空交错和心理潜意识等描写。这种线性时间的安排增强了阅读的流畅性，减轻了读者的阅读负担，符合网络阅读的特征。

第二，本土化的文化特征。玄幻小说在内容上以上古或古代社会为背景，在风格上模仿神话故事或志怪小说，在主题上延承现代武侠小说的特点。如黄易的《大唐双龙传》以隋末唐初为时间段，描绘了寇仲和徐子陵二位少年英雄的传奇经历。《悟空传》对经典的《西游记》进行了模仿，颠覆了中国传统小说人物的单维特征，令人物的形象更丰满，叙事更生动。

第三，幻想性。玄幻小说的幻想性是其最重要的特征之一。首先，它有时空的幻想性。如《缥渺之旅》中李强靠着法力回到古代；《小兵传奇》中讲述的是未来宇宙之事；《异界之风流大法师》里，现实世界主人公的肉体遭毁灭，他的灵魂却穿越到一个陌生世界，无拘无束，不断突破极限。玄幻小说的时空既可倒流又能飞跃，主人公具备了穿梭于任一时空的超能力。另外，因为时空的幻想性，取材空间被无限延展，古往今来任一背景都可以在玄幻小说中得到展现和利用，如当今的科技社会、远古的战场、神域魔界、未来之域等等。于是人类历史上流传下来的相关神话、传奇理所当然地成为玄幻小说取材的另一资源，这对主要以情节和形式见长的通俗小说极为重要，为其提供了确定人物形象、设立故事背景、选择叙事方式的更多可能性。其次，玄幻小说中有对超能力的幻想性。《异人傲世录》中的科恩、《大唐双龙传》中的徐子陵、《诛仙》中的张小凡等等，个个智勇无双，远远超出寻常人所能企及的水平，也无法以科学的标准来衡量评判。

第四，写作语言通俗易懂。网络小说读者的阅读水平呈金字塔形分布，塔尖是有较高阅读水平的读者，人数较少；塔底是阅读水平较低的读者，数量很大。这种网络阅读的特征，决定了玄幻小说作家必须使用通俗易懂的语言。因为他们小说的发布首先是在网络，读者接受与否是小说生存的关键，读者数目多，小说才有续发的机会，反之就是停发的结果。

迄今为止，学术界对玄幻小说还没有一个确切的定义，各家的主要观点有：(1)玄幻小说多数以中国某一古代历史时期或超时空为背景，融合幻想、神话、武侠、励志、爱情等多重因素进行创作，通常带有中国传统文化的特色。① (2)人们把那一种有别于人类现实生存世界的时空中幻想、构造种种特异生命体验的传奇类小说文体称为玄幻小说。② (3)玄幻小说所涵盖的类型大致与英语的“fantasy”是较为接近的，意指混合奇幻、科幻、武侠等多重要素的中文幻想小说。③ (4)所谓玄幻小说，又称奇幻文学，它的架构或取自武侠小说，或引入西式魔幻题材，佐之以修仙、道术、魔法、幻想和神话等超自然元素，不受现实的科学逻辑约束，是武侠小说或科幻小说的变种。④ (5)凡是区别于现实的，具有某种寓言性质、游戏性质的小说，即为玄幻小说。⑤

目前，中国玄幻小说的代表作家主要有黄易、萧潜、萧鼎、血红、唐家三少、我吃西红柿等。萧潜(本名刘晓强)的代表作有《缥渺之旅》、《超级进化》、《歧天路》等。《飘渺之旅》被称为网络玄幻小说中修真类作品的奠基之作，不夸张地说，它开创了一个修真类小说的时代，建立了修真类小说的基本体系，和《诛仙》、《小兵传奇》一起被誉为“网络三大奇书”。修真类小说的基本体系是这部书的最成功之处，其基本体系如下：

---

① 盖博：《中国玄幻小说热潮现象的多元解析》，《出版科学》2006年第5期。

② 陈奇佳：《虚拟时空的传奇——论网络玄幻小说》，《江苏行政学院学报》2006年第3期，第125页。

③ 吴子林：《玄幻小说的文化面相》，《重庆三峡学院学报》2007年第4期。

④ 戴婧婷：《玄幻小说:80后的速食读本》，《中国新闻周刊》2006年第1期。

⑤ 黄孝阳：《漫谈中国奇幻》，见 http://blog. sina. com. cn/s/blog _ 49918a10010003wg. html ~ type = v5 _ one&label = rela _ prevarticle。

其一，地点设定为修真界、凡间界、魔界、仙界、佛界、冥界。

其二，修行等级设定为修真者、修佛者、修魔者、魔。

其三，种族设定为人、仙、佛、魔、神、兽。

其四，修真境界设定为旋照、开光、融合、心动、灵寂、元婴、出窍、分神、合体、渡劫、大乘，每种都有上下之别。

萧鼎(本名张戬)的代表作有《诛仙》、《暗黑之路》等。《诛仙》被认为是仙侠小说的成功作品，被誉为华语玄幻文学的巅峰之作，有天马行空的想象和雄健恢宏的叙事。从选自第26集第7章中的一段文字，可以欣赏到他的写作风格。

沉默的静谧中，古老的同天峰，整座的山脉，竟是缓缓颤抖起来。一声低沉的长啸，从通天峰后山迸发而出，逐渐拔高，转为激昂清越，声裂金石直冲云霄。在啸声中，一道巨大的毫光冲天而起，如被禁锢了千年万年的巨龙，轰然跃出，驰骋九天，呼风唤雨而来，狂风呼啸，天地变色，群山尽数低头，无数人手中的法宝兵刃，全都开始微微自行颤抖起来。

"诛仙……诛仙……那是诛仙啊!"

忽地，一阵带着惊喜的呼喊，在玉清殿前响起，青云门残存的弟子中，就算是身负重伤的，也仿佛完全忘却了痛苦。纷纷挣扎着站起看去，那璀璨而壮观的光柱，通天贯地，不可一世，仿佛就是他们心中无与伦比的骄傲与寄托!

诛仙!

被血色红芒遮住的天，顿时被这股突如其来的光辉逼了开去，璀璨的光芒翱翔于九天之下，飞驰而来，在通天峰的上空，霍然迸发，放射出万丈光芒，如炙热的太阳落入人间，将所有的黑暗尽数驱离。那光辉深处，一个身影缓缓显露出来，只是那光辉实在太过灿烂，竟不能看清他的容颜，只是在光影闪烁之间，人们分明清楚地看到，那个人影的手中缓缓举起了一把古剑。

诛仙古剑!

瞬间，玉清殿上爆发出一阵震天般的呼喊欢呼声，文敏与宋大仁都是热泪盈眶，只有陆雪琪，忽地身子摇晃了一下，面上露出不可置信的神情。只是此刻人人眼望天际，无人发现她的异样。天际之上的那个身影，虽然融在光辉之中若隐若现看不清楚，但那轮廓影子却早已经深深镂刻在她的心中，死也不会忘却，又怎会认不出来?①

血红(本名刘炜)，成名极早，超人气玄幻小说作家，被众多网络读者誉为"网络写手第一人"，以超快的写作速度和强大的情节控制能力著称，文风独特，极易辨认，作品主角通常都带有独特的市井流氓气息，著有《升龙道》、《邪风曲》、《神魔》等作品。在他以往的各部作品中，《升龙道》当为巅峰之作。独特的风格，加上流畅、刺激的情节，并配以东方修真和西方魔幻背景下的斗争设定，始一发布，便造成极大轰动，稳稳占据点击榜首位长达数月之久，屡屡突破订阅记录。直至发表完结，以超过1 000万次的点击、200万次的推荐成为当之无愧的第一书，并直接促

① 萧鼎:《诛仙》，见 http://www.qidian.com/Book/2019.aspx。

成了起点中文网在业界的龙头地位，素有“升龙一出，谁与争锋”的说法。

我吃西红柿(本名朱洪志)的代表作有《星辰变》、《寸芒》，“起点”专栏的白金作家。在网络小说界中被广大作者、读者流传的“小白文”，便是起源于我吃西红柿的作品。“小白文”是指语言浅白，情节单调、雷同，人物角色僵硬的小说。一本小说的阅读难度极低，也就决定了小说的潜在读者数量大。我吃西红柿正是用浅白的语言，重复、单调的情节，成功地争取到了大多数的读者。比如《寸芒》第1集第1章的故事开头，就能体现出“小白文”的特征：

> 2013年的9月18日夜22:15的上海郊区。
>
> 夜晚的上海依旧是那么的吸引人，就仿佛处于朦胧中的美女，让你想要靠近，想要揭开她那神秘面纱！不过这是在郊区，却是比市中心宁静许多。
>
> 一白色的身影在人行道中飘然而行，这是一个年轻人，岁数在20岁左右，相貌还算比较帅气，不过那一头随意飘散在肩头的长发显得有点标新立异，也有着点点懒散，可是却对女孩有着莫名的吸引力，然而最吸引人的却是他那双眼睛，明亮的眼睛，灿若星辰的眼睛。
>
> 一位穿着红色小背心的漂亮女孩愣愣地看着从她身旁走过的青年，不禁为青年的气质所吸引。
>
> 青年看了一眼女孩，嘴角逸出一丝无奈地苦笑：“看来进入那《星极三境》第一层心境——‘欢灵之境’也不是十分美好的事情！不过……”青年脸上却突然露出一丝微笑，伸出了操在口袋中的右手，那是一吸引人的手，在黑夜之中，那右手不经意间，流转着淡淡的奇异的光芒，一缕冰冷的刀光在他的手指间闪过……
>
> 《星极三境》是青年那从来都未见过面的父亲留下的一册古老的秘籍，其中没有内功修炼秘诀，只有那神奇的飞刀技巧，飞刀技巧只是基础，这《星极三境》重要的是心境修为，当飞刀技巧完全掌握的时候，完全精通的时候，心境修为到了，也便自然达到其中一个境界。
>
> 《星极三境》第一层境界正是“欢灵之境”，青年如今已经达到了此等境界！而这册秘籍的最后有着书写者的名字——李寻欢。
>
> 青年只知道古代有一武林高手叫李寻欢，却是不知李寻欢天资纵横，破天荒地仅仅用一百余年，便以飞刀入道，破碎虚空，白日飞升！这《星极三境》正是李寻欢当年最基础的修炼秘诀……
>
> 行走之间，青年来到了一栋别墅外。
>
> 这是一栋极为常见的别墅，在这片静谧的郊区之中，这样的别墅没有一千，也有八百。青年随意地拿出一串钥匙，打开房门，直接进入其中。
>
> 此时从别墅外走过的几个女孩看到帅气的青年，其中一个粉红色衣服的女孩眼睛不禁一亮，道：“啊，好帅啊，这栋别墅似乎也要近千万的吧！我决定了我以后一定要找一个这样的男孩！”
>
> 旁边一个紫衣女孩笑道：“别做梦了，还是好好努力工作吧，上海这帅气有钱的男孩还是不少的，不过你想找，却是很难找到，不过你不找的话，说不定什么时候你就能遇到你的白马王子呢！”

不过她们也知道，这样的事情，也只是她们的幻想而已。不过仍然有无数的女孩为钓一金龟婿拼命地打扮自己，希望哪天自己成为那童话中的“灰姑娘”！①

玄幻小说作为一种新兴的文类，出现的时间极短，没有什么理论上的指导。有评论指出，这类作品缺乏凝重的文化感和历史感，人物形象的塑造有单一脸谱化的不足；因为篇幅过长，结构显得松散、拖沓；语言使用过于口语化。但跳出精英文学的框架，用通俗文学的标准来看玄幻小说，可以说，消除历史感与凝重感，是为了拉近与读者的距离；以情节制胜，满足了普通民众的期待；生活化的语言契合玄幻小说于网络流行的实际，因为网络阅读要求的是流畅、易懂、能吸引大众眼球的语言。

当然，我们要正视玄幻小说创作存在的种种不足，如逻辑的漏洞、缺少深度、模式化等问题。玄幻小说的创作还只是刚刚开始，我们不仅要给予它足够的发展空间和接纳的胸怀，更应在它的发展之路上奉献一份思考和关注。

思考延伸

1. 目前中国玄幻小说应当在哪几个方面寻求突破？
2. 中国玄幻小说的创作能够成为一个影响文学发展的潮流吗？为什么？
3. 当代中国玄幻小说有哪些代表作家和作品？

① 我吃西红柿：《寸芒》，见 http://www.77shu.com/Html/Book/174/63322/2446530.shtml。

第二十四讲 穿越小说

新历史小说这一面目模糊的创作思潮自20世纪80年代中期出现在中国文坛后，对历史的叙事由重写实嬗变为模糊化；穿越小说是21世纪初继玄幻小说、轻松历史读物、盗墓小说之后的又一种文学样式。新历史小说和穿越小说的出现，使旧历史小说和革命历史小说的宏大叙事变成了平民叙事，由以前努力再现和还原历史发展到解构历史。但在解构历史的过程中，它们在对历史真实性的态度、叙事角度、时空观念等方面又有具体的差异。

中国历史从来就是中国作家取之不尽的创作素材。在作家们对中国历史颠来倒去的重新组合中，一些新的小说流派产生了。20世纪80年代后期，新历史小说出现了；20世纪90年代，出现了帝王历史小说；21世纪初，穿越小说在各大文学网站和图书市场风力颇盛。穿越小说即“穿越时空小说”，它同样与历史有关，可以称之为“架空历史小说”。穿越小说的情节通常是描述一个当代青年遭逢变故，在机缘巧合下进入古代，以在场的方式参与、见证了种种众所周知又知之不详的历史事件。穿越小说最早可溯至清末民初，有两部小说不得不提，一本是吴趼人的《新石头记》，另一本是陈冷的《新西游记》。《新石头记》讲的是古代人贾宝玉和林黛玉穿越时空出国，领略现代西洋文明；《新西游记》讲的是唐僧师徒四人到上海，在上海的物质文明面前显得非常愚笨。这两部小说都是采用古代人穿越到现代的故事模式，而这种故事模式，正反映了当时国人渴望实现富国强民之梦。当代穿越小说在2003年初露头角，2007年便已经达到巅峰，出现众多写手，主要受到女学生和女白领的追捧。其中代表性的作品有金子的《梦回大清》、李歆的《独步天下》、波波的《绾青丝》、桐华的《步步惊心》、晓月听风的《清宫､晴空､净空》、之之的《望天》以及被作家出版社以百万元高价签下的“四大穿越奇书”——海飘雪的《木槿花西月锦绣》、天夕的《鸾:我的前半生,我的后半生》、夜安的《迷途》和晓月听风的《末世朱颜》。21世纪初的穿越小说是现代人按照自己对历史的理解，对于历史作出的带有个性的想象。

穿越小说都与历史元素有关，历史在其文本中的作用是一致的——仅仅是一种符号和背景。穿越小说解构着传统的历史小说与革命历史小说，但在解构的过程中，各部穿越小说之间又有区别。主要表现在以下几个方面：

一、想象历史

穿越小说尽管也解构历史，但这种解构不是对历史本体的质疑，无意于质疑历史的真实性，也不对历史价值立场加以否定，其实质是想象历史。穿越小说所表现的历史，是作者心目中的历史，或者说历史已成为他们心灵休憩的场所。作品中很多历史人物、历史事件、历史场景都是按他们自己对历史的想象来设计的。就拿《美人殇》中的历史人物董卓来说。在《三国演义》中，董卓是一个欺天罔地、灭国弑君、秽乱宫禁、残害生灵、狼戾不仁、罪恶充积、上欺天子、下虐生灵、罪恶贯盈、人神共愤的家伙。而在《美人殇》中，董卓摇身一变，变成了能屈能伸、重情重义的汉子，虽心性凉薄、手段毒辣，却也是为了在冷漠的乱世存活。作者更是煞费苦心，甚至将董卓所有的恶行都归因于为了保护想要保护的人。有了这顶光环，董卓的任何行为都变得合理、悲壮甚至感人。又如《独步天下》中褚英骄傲、深情的形象。历史上的他为人张狂、独断、专横、霸道，很不得人心。但是作者给他的一切行为都找了个为爱情的理由，把他的形象完全颠覆了过来。我们会发现，作者所写的那个董卓与褚英形象是他们心目中理想的形象，这种历史想象的目的，也仅仅是让人们从千篇一律的文章之外，找到一点新鲜的感觉而已。这种想象服从于两个原则：一是要起到一般言情小说的娱乐作用；二是要反映现代人需要减压的特殊心理，它要让现代人借着穿越的形式完成一场离奇的“白日梦”。现代人的梦为什么要放到古代去实现？因为社会的发展越来越快，人们的生活节奏不断加快，竞争日趋激烈，人们徘徊在工作和家庭之间，承受着各种压力，常常使他们处于莫名的紧张状态。很多人在冒险开拓新生活的时候，有雄心壮志却又害怕失败，不敢轻易尝试，就此放手又心有不甘。在现实生活中，他们畏首畏尾，矛盾着，挣扎着，找不到实现梦想的出路。于是，他们梦想找一个陌生却又能被自己掌控的地方，重新来过。未来，本身就是未知，无法预料，不在自己的能力范围之内；过去，发生过的事已经记载在册，为我们所熟知，而我们本身所掌握的技能也比过去时代的人强，在过去实现自己的梦想最有可能。看着书中另一个自己在另一个时空的成功，是对在现实中无法成功的心理补偿。所以，穿越小说基本上都是穿越回古代而不是穿越到未来，即使穿越回古代，大多也是穿越到我们熟知的朝代，而不是侏罗纪时代。

这种历史想象是热播历史剧与历史小说影响现代人的结果。历史剧的热播，反映了目前社会的一种整体氛围，那就是现代人对本土、对历史的一种“回归情结”，也就是人们对神秘历史的探索，对历史名人的好奇，对重大历史事件的关注等等。自20世纪90年代以来，一批帝王历史小说成为了畅销书，并被拍成电视剧热播，这些帝王历史小说一个最大的特点就是：突破了历史作为社会既定的大众认可，重新诠释着历史人物和历史事件。正是这些热播历史剧与历史小说带给现代人无穷尽的想象，使他们穿越了时空，经历传奇的遭遇并体验着两个时空文化的碰撞。《梦回大清》的作者金子依靠想象力让普通上班族蔷薇穿越回古代（身份为镶黄旗户部侍郎英禄的女儿雅拉尔塔·茗薇），这种穿越实质为现代人对历史的带有个性化的想象。

这种历史想象还是一种亚文化的体现。现代人，特别是现代青年人，不愿按历史教科书去解读历史，或者说不愿去接受主流文化给他们既定的历史模式。例如《梦回大清》中的四阿哥形象，就与传统历史叙事中的形象存在很大差异。

一时间，只有四爷的冰凉与火热包围着我，脑子里晕晕的，什么也想不起来。“你是我的，只是我的”四爷喃喃地在说些什么……①

四爷的嘴角硬得如同一条线，额上的青筋突突地跳着，眼中一阵发狠、一阵软弱，终是叹了一口气，轻轻地将我抱进怀里：“算了”哑哑的两个字轻轻地飘了出来，却重重地砸在我的心上，我下意识地紧拥了四爷一下，四爷腰身一硬，转而更用力地拥住了我。②

四阿哥(即后来的雍正皇帝)是一位十分复杂的历史人物，关于他的争议集中于两点：一是继位之谜；二是铁腕统治。就是这样一位毁誉参半，甚至毁大于誉的雍正皇帝，也能表达出最强烈的爱，尽管简短却很真挚。作者金子想象中的四阿哥是一位外表内敛、内心情深的男人，这样的男人表现出的爱情，绝不亚于琼瑶笔下男主人公的爱情深度。

二、“青春叙事”

无论是新历史小说还是帝王历史小说都是消解正史，书写作家个人心中的历史，具有新的历史意识。与新历史小说的“私人叙事”不同的是，穿越小说对历史宏大叙事解构的策略是采用“青春叙事”。“青春叙事”是青年人在日复一日单调而快节奏的生活压力下的一种释放和表达，这种释放和表达是心理的内在需求，是现代人情感的独特阐释。穿越小说中的“青春叙事”主要体现在文本中大量运用诙谐幽默、机智风趣的青春流行元素。如不少小说都会称呼古人为“同志”③，例如称康熙为“老康同志”。这样一个称呼，很容易让人产生联想：抗战时期，康熙皇帝在漫天炮火中，身着八路军军服……让人忍俊不禁。还有作者常常运用一些与现代社会相关的比喻，造成幽默的效果。如《独步天下》中写明朝士兵的军纪松散，“熙熙攘攘地你推我挤，热闹得像逛菜市场”，“乱哄哄地像是小学生从学校放学，虽然有排队，然而约束力和自制力却是奇差无比”④。

因为穿越小说最大的作者群与读者群是现代年轻女性，所以作者在“青春叙事”时，未忘记使用现代女性的思辨方式，让现代文化与历史文化相碰撞，现代女青年可以在历史人物面前尽情展示她们的生存智慧，并可惬意地体味现代人在历史面前的优越性。譬如《梦回大清》中，茗薇与四福晋关于女人地位的对话就很能体现现代女性在古人面前的生存智慧：

---

① 金子：《梦回大清》，朝华出版社 2007 年版，第 115 页。

② 金子：《梦回大清》，朝华出版社 2007 年版，第 292 页。

③ “同志”一语最早见于东汉时许慎所著《说文解字》，“同志为友”。但是“同志”作为称谓，最早出现在辛亥革命时期的革命组织内部，以后才被广泛接受、运用。

④ 李歆：《独步天下》，内蒙古文艺出版社 2007 年版，第 221 页。

“男人的事儿咱们女人不懂，都说兄弟如手足，妻子如衣服，这衣服不穿也罢了，女人对他们而言，也不过如此，是不是?”四福晋面带笑意却目光炯炯然地看住了我，我用手指揉了揉耳边的翡翠坠子，若有所思地说：“是呀，所以我早就决定做胤祥的裤子了。”

“什么……”四福晋一愣，不明所以地看着我。我呵呵一笑：“衣服可以不穿，裤子总不能不穿吧。”①

四福晋认为“女人如衣服”，衣服是经常可以换的，女人的地位是从属的，这是封建时代的女性地位观。同时，也是在警示茗薇，若想跟了四阿哥，命运就如衣服一样。茗薇四两拨千斤，以“决定做胤祥的裤子”回之。寥寥数语，恰如其分，拿捏得当，不但轻松化解了女人之战针锋相对所带来的尴尬，而且茗薇的这一番无意于四阿哥的委婉表白调节了氛围。读者在虚惊一场后，深深为茗薇的娟秀灵慧所折服。茗薇的女性地位观显然是现代人的女性地位观，即女性不是男性的附属，而是互补的、对等的、必不可少地存在于男性面前，茗薇思辨时拥有的智慧显然来自于现代女性比古人优越的生存智慧。

三、时空的交错

将历史重新组合是新历史小说和帝王历史小说历史创新的共同手法。虚拟的历史时间、空间，在小说的文本中起到的只是背景作用，为的是把小说中的人物和事件定格在已过去的某个时空中而已。在穿越小说里，更多看到的是时空的交错，主要体现在两个方面：一方面，时空转换，主人公在不同时空自由穿越，既可以灵魂穿越，也可以身体穿越。粗略统计一下，三国、唐朝、宋朝、清朝是穿越最多的，因为这几个时期为青年人所熟知。特别是清朝，甚至还形成了一个固定的称谓“清穿”，其中又以写雍正的居多，如欣情的《梧桐锁清秋》、蓉蓉的《水晶帘卷近秋河》、沧海月明的《尘世羁》等。写十三阿哥胤祥的也不少，如《梦回大清》、《红牡丹》等。写八阿哥胤禩的如《瑶华》、《绝梦瑶》等。这些小说的作者被读者亲切地称为“四爷党”、“十三爷党”和“八爷党”。另一方面，在时空转换的同时，文本注入不同时代的流行元素，特别是现代社会的生存与竞争技能，让主人公在古代社会生活起来游刃有余。如波波的《绾青丝》中，女主角穿越后误入青楼，却把流行的现代歌舞搬出来，让从未看过现代歌舞的古人们为之着迷，从此女主角一举成名，英俊潇洒的公子少爷们也都围着她转；犬犬的《第一皇妃》中，女主角利用现代医疗技术妙手回春，得到皇帝的重视；《木槿花西月锦绣》的女主角虽在古代生活着，却有着前世当白领训练出来的精明头脑，所以在皇宫生活得如鱼得水，穿越后，由一个王府的洗衣丫头很快就变成了皇后；《绾青丝》中的卡门，穿越回古代后，一开始作为艳妓不被人接受，但她的卡通绒毛玩具、旗袍、吉他、火锅等无一不刺激着古代人的感官享受；《穿越成为霸道少爷的小丫头》中，现代少女艾小萌穿越成富家二少爷王梓枫的通房丫头小叶，小叶的现代女性思想、独立人格意识及坚忍不拔的精神越来越吸引王梓枫，逐渐改变了王梓枫的爱情观。如果说这种时空转换仅是现代人穿越到古

① 金子:《梦回大清》，朝华出版社 2007 年版，第 174 页。

代变成了具有现代思维的古代人，那么同一个人的前世与今生都能出现在古代，更是令人称奇。如《鸾:我的前半生,我的后半生》中的女主角在前半生中穿越到苏麻喇姑身上，和康熙发生缠绵的爱情。在后半生中，以自己的本来面目出现在康熙面前，同样赢得康熙的爱怜。穿越小说的这种时空交错可以给读者带来新奇感和刺激。时空穿梭也成为一些热播影视剧(如电影《时间机器》、《大话西游》,电视剧《魔幻手机》等)很大的卖点。

穿越题材小说的创作者是民间大众，而非精英。他们来自社会上各行各业，基本不是专业作家，也很少接受正规写作训练。他们在很大程度上代表了草根阶层的原创风格。穿越小说的代表作家主要有以下几位：

席绢，台湾言情小说作家，其作品被称为“冰淇淋”文学，同样以穿越小说起步。20 世纪 90 年代初，以穿越小说《交错时光的爱恋》出道，风靡两岸，成为新生代的偶像。其作品构思独特，风格清新，穿越小说使她成为言情界领军人物。

阿越，著名网络历史小说《新宋》的作者，从事火车头电器检修工作，湖南师范大学历史系研究生毕业。他的创作动机有点不可思议：因为考研试卷中一道宋代历史题目没有做出来，于是恶补宋史，兼而写作。阿越文风平实、细腻，注重考证，真实感强，与其他同类小说相比有质的飞跃。其代表作品《新宋》，分为《十字》、《权柄》、《燕云》三部。正如作者所说，要通过《新宋》向读者展示一个更真实的幻想世界。作为历史小说来讲，这是非常重要的一个方面。因为，它首先是以历史环境为背景的小说，作者必须作出巨大努力，处处小心考证，尽量处理好每一个细节。在这部作品中，石越来到古代，带去了座钟这样一种技术。那么，关于座钟的各个方面，甚至价格，都要写得清清楚楚。作者为一个定价三百贯的座钟作了一个注：“北宋的三百贯，相当于王安石一个月的俸禄，相当于一个知县十个月的俸禄，相当于一个低等厢军约九年的俸禄，所以这个时代，座钟主要是一种奢侈品，但是一个普通的座钟，对于俸禄收入丰厚的官员与地主富商来说，完全可以购买。沈括所买的著名的梦溪园圃，花了三百贯。当时的士大夫阶层，苏轼时常穷困，但是也经常有余力用五百贯来购买宅第。所以对于座钟，上层阶级有足够的购买力。”① 值得一提的是，《新宋·十字》的末页附上了《地理志》，详细介绍了宋、辽、西夏、高丽、西州回鹘、黑汗、大理、交趾、吐蕃诸部简史，及自然地理、人口、国都、行政区划、政治、经济、文化、新闻出版等资料。精确的历史考证成了这部作品最大的亮点，也是作者的心力所在。

小逍主，原名姚莉，职业是一名记者。她的《写作随感》令人玩味：“写作本身就是一个孤独的过程，却因为有着感情的纠葛、故事的发展、文字的创造而变得充实愉快起来。我喜欢沉浸在自己的写作世界中，享受着故事中的喜悦和哀愁，用自己的语言编织出自己所喜欢的故事，描绘那些真挚的情感。”② 从其出版的作品《穿越只为遇见你》、《胭脂扫蛾眉》中，可以充分感受到作者孤芳自赏、怡然自得的天性和写作的充实感。因为喜欢而投入，于是作者笔下的人物无不生机盎然，妙趣横生。在《穿越只为遇见你》中，21 世纪的姚遥因为车祸穿越到了夜月国宰相家千金身

① 阿越：《新宋·十字》，花山文艺出版社 2008 年版，第 230 页。
② 小逍主：《青花瓷》，新世界出版社 2008 年版，第 1 页。

上，成了大小姐李遥，而且还多了个英俊潇洒的哥哥李祁轩，一段穿越时空的兄妹恋就此展开，再加上一个英俊伟岸的皇子楚君衡，三角恋关系让他们的生活波澜四起……李遥离家出走到鹿文书院，竟然碰到了冰山帅哥路无翎，并且同睡一张床，更可气的是楼千翼还夹在中间吃醋，杀手突然出现，一时间鸡飞狗跳……时尚元素诸如爱情、武侠、宫廷政变的加盟，加上作者对反转、悬疑技巧的运用，使得整部穿越小说读来高潮迭起、别有洞天。

几境尘，中国大陆北方人，已出版作品《巧婢奇缘》(上、下两部)。《巧婢奇缘》描写25世纪中华帝国最为高等的侍女学校的优秀毕业生才刚刚参加工作，就因死于非命而使灵魂穿越回了古代，成为了一名普通却绝对不平凡的丫鬟。帮着夫人夺宠，收灵兽作宠物，甚至去江湖上掀起点风浪，连女鬼也认来当了姐妹……滋润的生活，开心的伙伴，轰轰烈烈的事业，赚钱是王道啊！还有最不可缺少的，自然就是要拐个听话的小老公，结伴携游天下，羡煞旁人。作者在语境和用词上的冲击和碰撞，自然地形成了自己独特的叙述方式。这样的叙述给读者带来一种陌生化效果，充满新鲜感。主人公说着文言文的同时，却用着现代人的思维逻辑，还不时地蹦出现代词汇：

> 我听声抬起了头，泪眼汪汪哭道："芳儿姐姐！"众人大喜，叫道："好了！""好个头啊！你们刚才那么多人说是让人去找芳儿姐，刚才也有人跟她打招呼，我能不认识嘛?!"我暗自感慨几句，又拉了下身旁喜由的衣袖道："喜由姐姐，我脑子里什么都记不起了，只记得你们都对我很好。"
>
> 然后一副悲切的表情。心道："TMD好倒霉，怎么这么幸运的事也让自己赶上了?！死了也能还魂，还是在这种难民营，还是古代！"①

思维和语言的交相辉映，造成了读者视觉上的冲击，这是穿越小说文本自身所独有的现象，这一特点促成了穿越题材的广泛流行。

金子，生于四川大凉山，成长于重庆，毕业于四川美术学院油画系。曾从事教师、编辑、设计师等职业，厌倦一成不变的职业生活，后辞职开始自由写作。出版了长篇小说《月光下的单人床》、《时间灰烬》。其作品《玫瑰花精》曾获新浪原创文学大赛二等奖。自从金子在网络上推出《梦回大清》之后，这部带有幻想色彩的作品引领着网络小说开始热衷于穿越历史，其后，《梦回大明》、《梦回大唐》之类的作品层出不穷。

以上穿越小说的作者基本都不是文学科班出身，几乎都是业余写手。他们因"无心插柳"而步入穿越题材小说创作，开始是出于好玩或者爱好而上网发帖，当他们的帖子得到众多网友的点击和好评，直至被出版商发现后，他们才慢慢转入专业或是半专业的写手行列。这些作者大都处于青春年华，年轻人的活力让他们的作品也富有青春气息，比如几境尘的《巧婢奇缘》、海飘雪的《木槿花西月锦绣》、小道主的《穿越只为遇见你》等都是描写年轻的少男少女之间的故事，有激情，也有困惑与梦想。所以，穿越题材小说大受年轻网友的追捧也就不足为奇了。

---

① 几境尘：《巧婢奇缘》(上)，朝华出版社2007年版，第9页。

穿越小说虽然留下了一些有影响的作品，但是从其自身发展情况来说，它的前景并不乐观。起初，穿越小说给人们带来了新奇的感觉，让人们在闲暇时度过了愉快的时光，它瞬时拥有了相当数量的读者。但由于作者自身条件的限制(仅限于青年人的阅历和经验)，穿越小说并没能保持住它新奇的特色，加上跟风现象、抄袭现象，使得穿越小说的质量有所下降，社会上对这类小说也有了不满的反应。为了迎合读者的口味、社会的评论，不少写手对这类小说进行了生硬的改动，不但没有拯救这类小说，反而使小说失去了原来的味道，越发不伦不类起来。如对于“穿越”章节的处理，刚开始的穿越小说往往靠媒介(玉佩、翡翠等)，或是跳楼身死，或是在梦中，尚在人的接受范围之内。如《寻秦记》中项少龙被一台用来做时空实验的时光机送回了古代；《穿越时空的爱恋》中主人公借助于游梦仙枕开始穿越之旅；《梦回大清》中蔷薇在游故宫时睡着了，穿越回清朝。但穿越小说的创作越往后越荒谬，不考虑读者的接受程度，甚至连打个喷嚏都能穿越，千奇百怪，让人啼笑皆非，总之只要穿越过去就行了，令小说的可信度和真实感愈发不着边际，小说质量也大大下降。此外，还有青少年对穿越小说的痴迷，经常被“这样的穿越什么时候会发生在我的身上”之类的问题困扰，这些消极影响也不容忽视。总之，穿越小说一窝蜂走红，题材撞车、跟风严重、类型单一、新奇度急剧下降，看一部觉得新鲜，看多了就容易产生审美疲劳，所以穿越小说的发展正慢慢走向式微。但不管怎么说，穿越小说的盛行，曾让我们注意到了隐藏其后的现代人的心理，乃至整个社会的心理。

□□□ 思考延伸

1. 你认为新历史小说与穿越小说各自处于什么样的文学史地位?

2. 新历史小说作家为什么对传统历史与革命历史持怀疑的态度?

3. 有人说穿越小说让青年女性沉溺其中，不能自拔。你怎样看待穿越小说对现代青年，特别是青年女读者的影响?

第二十五讲

博客现象：全民写作的众声喧嚣

> 博客是网络的新生事物，是一种“零进入壁垒”的网上个人出版方式。博客的出现对传统文学产生了巨大的冲击，与传统文学及网络文学相比，博客文学呈现出大众性、自我性、交互性和狂欢性等特点。博客文学是当代大众文化中的一个重要现象。

博客，从英语单词 blog 翻译而来，blog 是 weblog 的简称。weblog 由 web 和 log 两个词组合而成。log 原意是“航海日志”，后指任何类型的流水记录。blog 是“网络日志”之意，简称网志。blogger 是指撰写 blog 的人或者撰写 blog 这种行为，也常被翻译成“博客”。因而，中文“博客”一词，既可作为名词，分别指代 blog(网志)和 blogger(撰写网志的人)；也可作为动词，意思为撰写网志这种行为。

博客是网络的新生事物，因此对其定义至今没有定论。以下观点从不同角度解释了博客：(1)博客是互联网上最新的发展潮流，是继 E-mail、BBS、ICQ(IM)之后，出现的第四种网络交流方式。(2)博客是一个按照时间顺序摆列的集合，集合中的元素是被公开发布，并能够通过互联网被访问到的独立的思想泡泡，博客中的每条内容是博客们当时在想什么的思想快照。(3)博客代表着“新闻媒体 3.0”：旧媒体(old media)—新媒体(new media)—自媒体(we media)。(4)博客是以超级链接为武器的网络日记。(5)博客是每周 7 天，每天 24 小时运转的言论网站，这种网站以其率真、野性、无保留、富于思想而奇怪的方式提供无拘无束的言论。(6)博客是媒体的开放源代码运动。

目前比较严谨和全面的“博客”定义是：“一种表达个人思想的网络链接，内容按照时间顺序排列，并且不断更新的出版方式。”“一个 blog 就是一个网页，它通常是由简短且经常更新的 post 所构成；这些张贴的文章都按照年份和日期排列。blog 的内容和目的有很大的不同，从对其他网站的超级链接和评论，有关公司、个人、构想的新闻到日记、照片、诗歌、散文，甚至科幻小说的发表或张贴都有。许多 blogs 是个人心中所想之事情的发表，其他也有非个人的 blogs，那是一群人基于某个特定主题或共同利益领域的集体创作。blog 好像是对网络传达的实时信息。撰写这些 weblog 或 blog 的人就叫做 blogger 或 blog writer。”①

对于博客的真正源头，目前还没有定论。“全球博客第一人”仍为不解之谜。一种观点认为，博客的最早形式是 1994 年 1 月贾斯廷·霍尔(Justin Hall)开办的个人网页，他在上面公开发布自己对吸毒、性等私密话题的体验。第二种观点认为，1998 年杰西·詹姆斯·加勒特(Jesse James Garrett)发表的网络旅行日记是博客兴起的导火索。第三种观点，也是更多人认同的观点，认为博客的源头是一家名叫 Pyra 的小软件公司，公司的三个创办人编写了一个软件，以博客方式保持彼此的沟通与协同。1999 年 8 月，他们在网上免费发布了 Blogger 软件。② 博客受到广泛关注和追捧始自 2001 年震惊世界的“9·11”事件，一时间，人们纷纷在自己的博客上发表对这一恐怖事件的看法，博客不仅成为人们发表言论的个人空间，也成为交流和讨论的互动平台。

2001 年底，美国新闻传播学教授吉尔摩在清华大学演讲，将 blog 概念引入中国，“博客”这一中文词汇就是王俊秀根据 blog 的英文发音翻译过来的。博客在中国兴起和传播是从 2002 年开始的，因此这一年也被称为“博客元年”。2002 年 8 月，方兴东和王俊秀创办了博客中国网(www.blogchina.com)，这是国内第一家中文博客网站。2002 年 12 月，“首届博客现象研讨会”举办，包括国务院新闻办公室等在内的政府机关和各大媒体与相关学者参与了研讨，标志着博客这一新生事物不仅在民间大行其道，也得到了政府和主流媒体的关注与接受。2003 年 6 月，网名为“木子美”的女子在博客上贴出了题为《遗情书》的系列博文，因大胆的隐私暴露和赤裸的情欲描写在网络上掀起了威力非凡的“木子美冲击波”，据统计，同年 11 月 11 日一天的访问量就达到了 117 318 人次，博客中国网一度瘫痪，创下历史之最。③“木子美现象”对博客的迅速蔓延起到了推波助澜的作用。2004 年，网易、Tom 等门户网站相继推出博客托管服务。2005 年 1 月，博客中国网并购了博客动力(www.blogdriver.com)，并于 7 月更名为博客网(www.bokee.com)。2005 年 9 月，新浪网推出博客业务，随后引来徐静蕾、余秋雨等大批名人加入，影响迅速扩大。至今，博客的热度依然持续不退。

互联网的迅速发展和互联网知识的普及，使网络用户数量呈几何级数增加，众多门户网站纷纷推出博客服务。博客是一种“零进入壁垒”的网上个人出版方式，对于广大互联网用户来说，博客的低技术门槛为他们参与博客写作提供了很大的便利。“零进入”即零编辑、零技术、零成本与零形式。也就是说，博客在使用上几乎不需要任何技能，不需要注册域名，不需要租用服务器空间，不需要许多软件工具，不需要网页制作知识，其“傻瓜化”的文本数字平台，操作起来非常简便。④同时，博客给博客写作者和博客读者提供了一个自由表达的平台，他们可以自由自在、随心所欲地发布观点、发表文学作品等，不需要通过任何形式的审查。

博客崛起与迅速发展的另一个重要原因在于，博客能满足年轻人追求时尚和现

---

① 罗皓菱：《网络时代的麦哲伦——博客现象分析》，《文化研究》2005 年第 5 期。

② 雅龙：《博客迎来 10 周年：全球博客第一人仍为不解之谜》，见南海网 2007 年 3 月 22 日，http://www.hinews.cn/news/system/2007/03/22/010089599.shtml。

③ 方兴东：《从百度搜索数量看“木子美冲击波”的威力》，见 http://tech.tom.com/sd/boke1.html。

④ 欧阳文风等：《博客文学论》，中国文史出版社 2008 年版，第 8 页。

代人渴望交流的心理需求。开博客写作是一件很时尚的事，除名人博客外，目前开博客的以年轻人为主，猎奇和赶时髦是年轻人的普遍心理，再加上他们接受新生事物快，具有一定的电脑与网络知识，自然就成了博客写作的主体。写博客还能在很大程度上缓解现代人的孤独感和因快节奏生活所带来的压力。科学家们早已认识到，人们可以通过表达性写作(expressive writing)减压。所谓表达性写作，是指人们对自己的经历、思想和感情的描述。而博客，无疑是互联网情境下的一种表达性写作。博客的兴起可能正是基于某种自我治疗的需要。表达性写作除了是一种心理压力的调节机制外，还可以调整人们的生理机能。研究表明，这种写作可以改善记忆力和睡眠，可以催生艾滋病人免疫细胞的活动并控制病毒的扩散速度，甚至能够加速术后恢复。难怪有论者将博客看做是“释放情感、缓解伤痛的新窗口”①。虽然不能说博客包治百病，但可以肯定的是，博客这种“自媒体”的出现，不仅是互联网技术进步的产物，同时，博客自由自在的属性与游戏、娱乐的功能也满足了现代人的心理需求。

“今天你博了吗”已经成为网络时代新的流行语。博客文学实际上是博客写作的一种类型。博客文学的出现意味着众声喧嚣的全民写作时代已经到来。和网络文学初起时所遭到的众多非议相比，人们对博客文学的出现似乎给予了更多的理解和宽容，尽管各方对博客文学褒贬不一，但不可否认的是，“博客文学已经成为中国当代文学的一个新品种，它是中国当代文学中一个崭新的、打通雅俗的大众文体”②。

什么是博客文学呢？成立于2006年的博客文学联谊会是这样定义博客文学的：“‘博客文学’是网络孕育出来的大众文学与平民文学。因为它的最大特点是写作者可以在虚拟空间中随时随地地自由发表自己的独立见解，使写作真正成为了一项大众皆可参与的精神交流的互动领域。同时，作为一种更迅捷、真实，也更具个性的写作方式，‘博客文学’也的确具备了许多传统文学写作所没有的魅力。它的生活化特征、写实性品格、非教益性倾向、自我记录、图文音乐的参与和个人媒体的载体形式等对传统的文学观念构成了巨大的冲击。”③ 这显然不是一个有着严谨内涵和外延的概念，但它是基于博客文学倡导者们自身对博客文学的文体定位、价值认同以及特征与影响等多方因素综合得出的，因此至今仍有借鉴作用。

但同时也应该看到，这一定义具有极强的自我宣言性，对博客文学的负面因素缺乏应有的认识，颇多溢美之词使这一概念难免失之偏颇。为了更客观、更全面地认识博客文学，我们需要首先弄清一个问题：是否所有的博客写作都能被称为博客文学？显然不是，只有那些具有文学性的博客写作才能被称为博客文学。文学性是文学的本质属性，文学性是“使特定的作品成为文学作品的东西”。④ 因此，博客写作中那些文字优美、情感真挚，具有一定思想性、审美性和趣味性的部分，我们称

① 韩丽霞：《博客：释放情感、缓解伤痛新窗口》，《信息网络》2008年第6期。

② 孔庆东：《博客，当代文学的新文体》，《文艺争鸣》2007年第4期。

③ 《博客文学联谊会宣言》，见 http://blog.sina.com.cn/s/blog_47436075010002by.html。

④ [英]特伦斯·霍克斯：《结构主义和符号学》，瞿铁鹏译，上海译文出版社1987年版，第60页。“文学性”是罗曼·雅各布森于1921年提出的文学命题，后成为俄国形式主义学派的核心理论之一。“文学性”指的是文学文本有别于其他文本的独特的本质特征，这种独特的本质特征就蕴含在文学作品的语言层面，并通过对日常语言进行“有系统的破坏”来实现的。

之为博客文学。当然，在博客文学这个大范畴下，由于写作者在阅历、思想修养和文字功底等诸多方面都存在很大的差异，因此博客文学也有品质高下之别。

和传统文学、网络文学相比，博客文学呈现出如下特征：

第一，全民性。博客文学是基于网络技术的大众文学和平民文学，和传统文学作者多有着明确的体制内身份不同，博客文学的作者来自各行各业，难以归类，是一种非职业化和非专业化的大众写作行为，呈现出一种全民狂欢的写作态势。被称为“网络第一写手”的李寻欢曾说：“在过去的文化体制里，文学是属于专业作家、编辑、评论家们的事情，他们创作，发表，评论，津津有味，却不知不觉离‘普通人’越来越远。”① 实际上，有了博客之后，尤其是博客吸引了一大批写作名人的参与后，博主的大军中就既有体制外的普通人，也有体制内的专业作者。而那些文化名人们，在走下“神坛”后，他们昔日高高在上的地位也在发生着悄然的变化。余华就曾这样描述：“我们之所以还保留‘作家’一词，就是因为他们凭借着专门从事写作的专业化和传统的名望优势，是博客群体中的名人，但是也仅仅是名人而已了。”② 孔庆东将博客文学的草根性提升到更高的认识层面：“草根姿态，恰恰是现代知识分子实现‘与民众相结合’的关键，过去鲁迅和毛泽东时代所一再呼唤的文艺大众化问题，在新的时代出现了新的解决方式。”③ 博客拉近了名人和普通人的距离，名人神秘感消失的最终结果，自然是博客的写作者们都成了平等的普通人。不仅博客的写作主体呈现出全民性，博主人数的庞大和急遽上升的态势也说明了博客的全民性和大众化。

第二，自我性。博客的本意是个人的网络日志，这决定了博客文学具有很强的自我性，不以赚取稿费为目的。无论是内心情感的宣泄，还是发布对某一问题或事件的看法，都是一种自我的展示和个性的张扬，写什么和怎么写都是自由灵活、随心所欲的，套用一句流行的广告语，叫“我的地盘我做主”。和传统文学相比，“它不像传统写作那样依靠作品的出版和发行实现社会的最终认可，因而不仅摆脱了资金和物质基础的困扰，更重要的是绕过了意识形态和审查制度的干涉，加上署名的虚拟性和隐秘性，使写作者实现了真正的畅所欲言”④。和先前的网络文学比起来，“博客文学只是张贴在自己的博客里，并不主动寻求读者的认同，绝大多数博客都是封闭的，并不对外围读者开放，即使是开放的博客，也不追求读者的数量”⑤。葛红兵的这番评论说出了早期博客文学与网络文学的不同。但应该注意到，随着博客文学的发展，博主们的写作心态也在发生着变化。事实是，“他们中的部分人同时进出传统媒体，力争让自己的新形态文学文体贴近传统文学的审美规范，力争得到传统文学的认可和支持”⑥。据调查，关注自己博客点击率的用户达到30%，⑦ 可

① 李寻欢：《我的网络文学观》，见 http://www.qingyun.com/column/wlwenxue/dy07.htm。

② 余华：《从“余华博客”看博客对文学生态的改变》，《南方人物周刊》2006年第9期。

③ 孔庆东：《博客，当代文学的新文体》，《文艺争鸣》2007年第4期。

④ 赵宪章：《文体与形式》，人民文学出版社2004年版，第43页。

⑤ 《博客出书：博客商业化的一个信号》，《郑州晚报》2006年1月13日。

⑥ 刘海涛：《文学新形态与文学博客群》，《学术研究》2006年第3期，第127页。

⑦ 中国互联网信息中心：《2006年中国博客调查报告》，见 http://www.cnnic.cn/html/Dir/2006/09/25/4176.htm。

见，博客文学的写作虽然具有很强的自我性，但不完全是自说自话。面对潜在的读者，他们还是渴望得到回应和认可。

第三，交互性。博客文学是一种交互式的写作方式，有人也将博客写作称为集体写作，这种写作和传播方式与传统文学不同，传统文学一经进入流通领域，作品与作者在某种程度上来说就没有关系了。博客所带有的留言和评论功能，使得博客文学几乎在发布的同时，就能得到读者的关注和即时的反馈，形成作者与读者间的互动交流。“阅读不再是一种不可逆的线性的历史过程，而变成了交互指涉的快乐游戏。”① 而且，博客具有的这种留言和评论方式与传统的网络论坛(BBS)不同，正如新浪网总编辑陈彤所言，“从技术表现方式上，传统的论坛和新闻跟帖，每个人的言论很快会被淹没在信息狂潮中，而博客至少在表达方式上实现了一些传播互动的传播本质”②。博客文学的交互性特点使博客具有正反两方面的作用：一方面，作者可以从留言和评论中吸取那些对自己有所启发的观点，并随时对其已发的博文进行进一步的说明和补充，这是一种作者和读者都受益的正常的、健康有益的良性交流与互动行为；但另一方面，由于博客的留言和评论一般采取匿名的方式，所以难免出现一些不负责任甚至带有人身攻击性质的无理言论，这无论对博主本人还是对整个网络环境都带来了很大的负面影响。2006 年著名的“韩白之争”就是一场由正常文学观的撞击引发的、最后演变为颇似闹剧的群殴式的博客事件。2006 年 2 月 24 日，评论家白烨贴出了一篇题为《“80 后”现状与未来》的博文，对以韩寒为代表的“80 后”写手提出了批评。仅过了一周的时间，韩寒就以《文坛是个屁，谁都别装逼》为题作出了回应。不管内容如何，单看这标题就已经让人提前闻到火药味了。接下来的论争果然已远远偏离了正常的交互轨道，“韩白之争”最后以白烨于 3 月 5 日关闭了自己的博客而告终。类似的博客事件还有很多，而且呈愈演愈烈之势，应该引起各方面的重视和警惕。

第四，狂欢性。著名文艺理论家巴赫金认为，狂欢是一种普遍的世界现象，参与狂欢的主体是人民整体，这一整体是自发的、以民间形式组织起来的整体，它“将意识形态从官方世界观的控制下解放出来，使得有可能按新方式去看世界；没有恐惧，没有虔诚，彻底批判地，同时也没有虚无主义，而是积极的，因为它提示了世界的丰富的物质开端、形成和交替，新事物的不可战胜及其永远的胜利”③，同时，这种狂欢是一种“纵欲的、粗放的、显示人的自然本性的行为方式”④，无疑，在快节奏和精神迷惘的当下，大众需要狂欢，大众在狂欢中会获取最大程度的放松与愉悦，以抵消日感沉重和枯燥乏味的束缚与压抑。博客写作的狂欢性从一开始就显现了出来，木子美是掀起博客狂欢浪潮的先锋性人物。

“老徐的博客”的火爆，也从一个侧面见证了博客写作和阅读的狂欢化。徐静蕾是全球第一个博客点击量过亿次的博主。2006 年 1 月，《老徐的博客》由中信出版社出版，徐静蕾在出版自序中坦承书里面的内容不外是些流水账和小心情，生怕读

① 严峰、卜卫：《生活在网络中》，中国人民大学出版社 1997 年版，第 12 页。
② 转引自尚进：《全民博客 40 个月：博客在中国的流变》，《三联生活周刊》2005 年第 42 期。
③ 巴赫金：《拉伯雷研究》，河北教育出版社 1998 年版，第 318 ~ 319 页。
④ 巴赫金：《拉伯雷研究》，河北教育出版社 1998 年版，第 116 页。

者看了后觉得没什么意思而后悔买它，这也许是作者的自谦之词。但实际上，虽然徐静蕾的文笔和才气都不错，但从文学的角度看，这本书的价值并不高，然而读者追捧的热浪从网上的博客波及网下的纸质媒体，全民狂欢的程度可见一斑。

博客的出现是一把双刃剑。博客写作参与的全民性、表达的自我性、交流的互动性以及姿态的狂欢性等特征，已经从根本上动摇了传统文学的话语霸权地位。从网络文学到手机短信文学再到博客文学，我们看到文学的话语权一再地下移，人人当作家已不再是一个遥不可及的梦想。一直以来，大众被排斥在主流媒体和权力话语之外，网络的出现、博客文学的兴盛无疑给大众被压抑已久的郁闷与不满找到了一条人人都可轻而易举进入的宣泄渠道，大众充分利用这一权利和自由，对社会和现实进行狂欢式的“惩治”，这实在不失为一种机智的自我保护手段。但另一个不能回避的问题是，也正是博客写作的全民性、自我性、交互性和狂欢性等特征，在给传统文学注入了新的生机和活力的同时，也在很大程度上损害了文学的文学性。同时，话语权完全回到大众手中后，网络上健康、积极的交流互动越来越变了味道，不少博客上充斥着污言秽语与不负责任的指责、谩骂。发生在2005年的“中国博客第一案”就给我们敲响了警钟，南京大学的一位教授因其学生在博客中对他进行了带有人身攻击性质的描述而将中国博客网告上了法庭；前文提到的木子美的性爱博客到最后竟发展至将性爱录音传到了网上，一时间舆论哗然；步其后尘的竹影青瞳同样以身体的暴露换来了极高的点击率；芙蓉姐姐的“闪亮登场”使原本就喧闹的博客空间掀起了新一轮的风暴……面对日益变得乌烟瘴气的网络和博客，如何规范博客行为、使博客在释放自我的同时不侵犯到他人的人权，已经成为一个亟待解决的问题。

博客网董事长兼首席执行官方兴东表示，博客中出现的知识产权、个人隐私、安全、政治等问题，在网络的其他应用中同样存在。对于博客的种种问题，他更倾向于通过自律的方式加以解决。早在2003年底，方兴东等人就已经发出了《博客道德规范》的倡议书，倡导文明规范的博客行为。到了2006年4月，中国首个《博客自律公约》出台，博客网发起并联合和讯、新浪等19家博客网站共同签署了这份《博客自律公约》。无论是道德规范还是自律公约，还都停留在自律的层面上，难以对博客上引发的不法行为产生强制力和约束力，不少网友呼吁尽快以立法的形式来规范博客。然而专家认为，博客立法在目前博客还不成熟的阶段很难实现。上海大学社会学系教授顾骏认为，现阶段通过立法对博客加以约束是不现实的，“博客是一种公开发表的个人日志，当然不能随便乱说话。可是你要是一点都不随便，人气又会下降。这也是网络技术发展到现在的一个尴尬处境——要是人气真的高到一定程度了，自然也就有一个规范出来了”①。还应该注意到，随着博客的发展，博主们的身份日趋多元化，从最初的草根到社会名人再到政府官员。博客的空间在日益拓展的同时，也出现了两极化的分裂：一种是博客的闲置，很多博主的写博热情日渐冷却，更新速度明显减缓，甚至有的胡乱凑上些文字，为了更新而更新，还有的甚至完全不去理会了，这就失去了开博之初自由表达和释放情感的初衷。另一种是博

---

① 李玮：《博客引发诉讼 多家网站欲起草公约避免是非》，见 http://industry.ccidnet.com/art/1095/20030626/796589_1.html。

客的过度利用，一些博客已经成了商业操作的平台，“利益”成了那些博客的主题词，“挂羊头卖狗肉”的日渐增多，这些现象也应引起足够的重视。

博客的未来如何，谁也无法做出准确预测，但我们有理由相信，博客这种来自民间的、具有强大生命力和原始野性精神的新的写作形式，并不会因其高速发展过程中出现的弊端和负面影响就很快偃旗息鼓。博客已经逐渐成为现代社会中越来越多人的一种生活方式和表达方式，博客会在自律与他律中逐步走向规范与健全，博客文学在多元化的文学新格局中也将占有一席之地。

思考延伸

1. 什么是博客？简述博客的发展史。
2. 与传统文学及网络文学相比，博客文学呈现出哪些特征？
3. 博客文学有什么发展趋势？

第二十六讲

家庭伦理剧与社会转型

家庭伦理剧持续热播的主要原因在于，它折射出社会时代和文化心理的变迁，既反映出中国人在儒家文化影响下家国一体的心理和情感诉求，又顺应了社会转型期构建和谐社会的时代诉求。本讲不仅分析当代中国几部热播的家庭伦理剧，而且对热播背后的社会文化原因作出了深入的思考。

1990年，50集电视连续剧《渴望》开播，制片人郑晓龙曾用“万人空巷”来形容当时热播的盛况。有统计数字表明，《渴望》创下了中国电视剧发展史上的最高收视率90.78%。据说，由于《渴望》播出后，北京市当年的犯罪率有明显降低，剧组还得到了公安部门的表彰。《渴望》讲述了发生在刘家和王家两个家庭之间的悲欢故事，揭示出人们对真情和美德的呼唤与渴望，以及对好人一生平安的期望与祝福。女主人公刘慧芳为家庭勇于奉献和牺牲的形象在当时如此深入人心，以至于有不少小伙子表示“娶妻当娶刘慧芳”，可见其道德感召力的强大。刘慧芳是个几乎完美的女人，善良真诚、忍辱负重、委曲求全，是一个集所有传统美德于一身的人，而正是这一点契合了当时处在社会转型期的观众对人性美回归的心理需求。《渴望》的巨大成功自然包括很多因素，但其中占主导地位的应该是电视剧以家庭为核心的叙事方式、所传递出的温暖的人性关怀以及对中国传统伦理道德的弘扬，这些都恰如其时地契合了转型期的大众审美需求。

《渴望》堪称家庭伦理剧的开山之作和里程碑式的作品，它的热播给中国电视剧制作注入了新的生机和活力。继《渴望》之后，《咱爸咱妈》、《牵手》、《贫嘴张大民的幸福生活》、《空镜子》、《亲情树》、《结婚十年》、《母亲》、《婆婆》、《大姐》、《浪漫的事》、《我的兄弟姐妹》、《我们的父亲》、《半路夫妻》、《中国式离婚》、《不嫁则已》、《当婚姻走到尽头》、《金婚》和《相伴》等一大批优秀的家庭伦理剧走红荧屏。在情感类型上，家庭伦理剧主要有以亲情（包括父母情、兄弟情和姐妹情等）为主要表现内容和以爱情为主要表现内容的两大类。《咱爸咱妈》是亲情类家庭伦理剧的代表作品之一，电视剧从头到尾充溢着浓浓的骨肉亲情，以大哥为代表的乔家子女对父母亲怀有深沉的感恩之心，他们在老父亲病重之际，能以一颗炽热的孝子之心，肩负起家庭的重担。

常言道，忠孝不能两全，而在乔家大哥身上，寄托了创作者忠孝能两全的人伦理想。播出后，该剧引发了当下年轻人对传统孝道的新思考，可以说电视剧在艺术审美和社会教化两方面都获得了成功。不过，从以上列举的20世纪90年代至今的这些收视率较高的家庭伦理剧来看，还是以表现爱情、婚姻生活的家庭伦理剧为主，尤其是进入新世纪以来，关注两性关系和婚姻质量的家庭伦理剧更是占据了绝对的比重，这说明人们对两性关系和婚姻质量给予了更多的关注和思考，而对社会宏观问题和文学的宏大叙事越来越呈现出淡化和远离的趋向。在众多婚恋类家庭伦理剧中，有着“中国婚姻第一写手”之称的王海鸰的作品影响最大，也最具表现力。她的“婚姻三部曲”——《牵手》、《中国式离婚》和《新结婚时代》，反映出在社会转型的大背景下普通百姓婚姻生活的挣扎与痛楚，反映出传统婚姻观念在时代激荡下所受到的冲击和变化，见证了王海鸰本人在婚恋类家庭伦理剧的表现与挖掘上逐步深入的演变轨迹。

1997年播出的《牵手》讲述了由于第三者插足而引发的婚姻破裂的故事。电脑工程师钟锐和妻子夏晓雪有一个可爱的儿子丁丁，钟锐一心忙工作，夏晓雪因此放弃了自己的事业，承担起家庭的重担，全力支持钟锐的事业，三口之家倒也平静温馨。不久钟锐辞职，开始自己创业，忙碌之余越来越疏于与妻子交流，而夏晓雪也感觉到丈夫的疏离并在心理上愈发难以平衡，婚姻出现了矛盾和危机。裂痕随着钟锐原来同事王纯的介入而变得更加难以愈合，最终导致了两人的分手，王纯也因内心的不安而悄然远离。离婚后的钟锐逐渐体会到妻子的不易，而夏晓雪也在下岗后重新找回了自己的事业，两人能否再度牵手，电视剧并没有给出一个明确的答案。《牵手》揭示出现代人婚姻的危机，尤其是女性在婚姻受到威胁和遭遇变故时的内心隐痛。夏晓雪的经历折射出社会转型期女性在婚姻生活中面临的共同困惑，“当今社会，女性往往处于一种非常矛盾尴尬的地位。一方面，她们潜意识里认同‘男强女弱’的传统社会模式，在婚姻生活中宁愿处于依附地位，服务于家庭；但另一方面，她们又不同于传统的女性，她们受过教育，有自立于社会的能力，还有独立的人格意识，需要自己的付出和劳动得到尊重、认同，得到回报”①。《牵手》是我国第一部正面触及婚外恋题材的家庭伦理剧，王海鸰敏锐地捕捉到了在转型期日益凸显的第三者插足现象正成为婚姻家庭稳定性的致命杀手这一社会问题，播出后获得了空前的高收视率，也被评为年度最受欢迎的电视剧。

但是在得到观众广泛共鸣的同时，《牵手》也引发了不小的社会争议。争议的焦点围绕着“第三者”这一敏感的话题，有人认为电视剧缺乏批判力度，宽容甚至美化了第三者形象，容易造成误导，甚至有位妇联官员因此呼吁电视剧编导们在拍摄同题材的作品时，要考虑中国的国情和妇女问题，以免将她们花费多年所做的思想政治工作毁于一旦，等等。有争议是好事情，这正说明人们对婚恋类家庭伦理剧的关注，以及由此引发的对婚姻质量和婚姻道德的反思，毕竟婚外恋是源于生活的真实表达，忽视或者回避都不是明智的解决办法。应该看到，在社会转型的特殊时期，传统的婚恋观念和婚恋模式正在受到巨大的冲击，对待婚外恋，当下的人们似乎给

---

① 贾舒颖：《爱写别人的感情——与王海鸰谈中国人的婚姻爱情以及女人味》，《艺术评论》2007年第3期。

予了更多的宽容和理解。不过，《牵手》对于婚外恋的宽容并不等于没有原则的纵容，这和很多有意渲染和放大婚外恋的格调不高的家庭伦理剧有本质的区别，但的确应该警惕婚外恋题材泛滥的跟风做法。

如果说在《牵手》中婚姻的第一杀手是第三者，那么随着时间的推移和人们对婚姻问题更为深入的思索，2004 年播出的《中国式离婚》则让我们更清醒地意识到，即使没有第三者出现，家庭的矛盾和危机依然存在，婚姻仍然难免破裂。宋建平是国营大医院的外科医生，工作稳定但收入不高，妻子林小枫是小学教师，看到身边的人都富了起来，不免对丈夫的乐天知足产生不满和失望，两人为此起了分歧和争执。在林小枫的一再怂恿下，宋建平并不情愿地辞了职，跳槽到一家收入高的私立医院。林小枫为支持丈夫的事业而辞职，做起了家庭主妇。宋建平在私立医院很受重用，找到了事业成功的感觉，家庭物质条件大幅改善，也提高了他在家里的地位，面对终日里忙于家务的妻子逐渐产生嫌弃心理；同时林小枫看到丈夫越来越风光，两人间慢慢拉开的距离使她产生危机感，便开始用猜忌、跟踪、拍照和威胁等一系列不明智的手段企图重新控制丈夫。林小枫歇斯底里的态度和极端做法让宋建平越来越反感，两人的矛盾逐渐升级，儿子当当也因此而恐惧，昔日温馨的家庭笼上了一层阴影，两人的婚姻最后以失败告终。林小枫最后终于意识到自己的问题，并公开发表了一番婚姻感言：婚姻其实就是一捧沙子在手里，你不用力抓紧，它就是圆圆满满的；一旦抓紧，沙子就全散落了，你张开手的时候，沙子已经没有了……

由于将婚姻失败的原因主要归咎于女性，《中国式离婚》同样引起了不小的争议。“女人何苦为难女人？”面对一些观众尤其是女观众的质疑，王海鸰坚持认为，在婚姻关系中，女人不能永远当怨妇，“长久以来，在婚姻关系中的弱势群体是女性，但是在舆论上的弱势群体是男性。这势必导致受到伤害的是女性，因为女性就会认为婚姻的杀手永远是男人，而不是我们自己，我觉得提醒比同情更重要。你永远在说男人花心或怎么样，永远把女人当做怨妇，为什么我们不从自己身上找原因？这是同情男性还是更爱惜女性？”① 正如王海鸰对婚姻中女性的告诫，与同情比起来，女人更多需要的是自省。女人在任何时候都不能放弃自我，不能丧失对自我价值的追求。宋建平和林小枫的结局告诉我们，没有第三者，婚姻同样是脆弱的。与宋建平和林小枫相对应的，还有两个家庭，一个是林小枫的父母，一个是宋建平的朋友刘东北和娟子。林父与林母的婚姻从表面上看，是传统美满婚姻的典型，老两口相敬如宾、温馨和睦。然而实际上，林小枫并不是父母的亲生女，她是父亲和被称做姑姑的女人所生，是母亲的宽容和理解化解了一场似乎不可调和的矛盾。父辈对待婚姻的态度让林小枫深受震动。刘东北和娟子是很新潮的一对，他们似乎并不看重一纸婚约，但最终也走进了婚姻的围城。两人十分相爱，但这并没有阻止刘东北在娟子怀孕时与其他女人在一起。面对刘东北虽深爱她但身体却背叛的现实，娟子选择了放弃即将出生的孩子和婚姻，但却怎么也放弃不了两人之间的感情。这三对不同年龄阶段的家庭是中国式婚姻的缩影，《中国式离婚》通过这三个家庭的婚姻故事揭示出每个家庭夫妻间都有可能面临的婚姻困境，即“三种背叛”：身的背叛、心的背叛和身心的背叛，堪称是一部现代版的《围城》。

---

① 刘净植：《王海鸰：批评比同情更重要》，《北京青年报》2005 年 4 月 27 日。

到《新结婚时代》中，婚姻里同样没有第三者，但男女主人公却因家庭背景的不同和城乡差异的难以调和也最终走向了分手。何建国来自贫困的农村，他考取了北京的大学并在毕业后留在了北京工作。顾小西是出版社的编辑，她出身于一个典型的城市知识分子家庭，母亲是医院的外科主任，父亲是教授。何建国和顾小西原本是幸福的小两口，剧情开始时，两人正沉浸在婚姻的甜蜜中。而接下来发生的一连串事件引发了两人的矛盾：何父领着农村亲戚到北京看病引起顾小西不快；何家盖房子要两人出钱，争执中何建国打了顾小西；何建国农村老家的货车因私自进京被警察扣住，顾小西从中帮忙但由于误会再次引发夫妻纷争；两人回何建国老家过年，顾小西身体不适却必须在婆家扮演小媳妇角色，最后不辞而别；何父领着何建国的哥哥何建成来北京找工作，顾小西好心帮忙却被何父误会，不了解情况的何建国一气之下提出离婚；何建成妻子的爷爷去世，顾小西不情愿地回去给何家撑门面，结果母亲病故，没见到母亲最后一面的顾小西心灰意冷，与何建国离婚……从以上一系列事件来看，导致婚姻解体的并不是婚姻本体，而是双方家庭(最主要的是何家)的介入，正像母亲对顾小西所分析和感叹的那样，婚姻不仅仅是两个人的事：在他们看来，你嫁给了他，就等于嫁给了他全部社会关系的总和。你们俩的结合就是两个家族的结合。他娶了你，就等于娶了你的一切，包括你的社会关系、你的父母……

这部电视剧似乎宣扬了中国传统的门当户对观念，对于这一点，观众们普遍认为，的确像电视剧所呈现的，何建国和顾小西由相爱走向分手，正是门不当、户不对的结果，门当户对在当下的爱情婚姻中仍具有很强的现实意义。也有一些人对此提出质疑，认为《新结婚时代》丑化了农村人。王海鸰坦言："我个人认为，如果在其他条件都相同的情况下，门当户对无疑是很重要的，但是这不等于说门不当、户不对的婚姻就注定失败，只不过是门不当、户不对肯定会有一些矛盾和摩擦，但这些矛盾和摩擦不是不可以通过磨合、沟通解决的，但是双方的人生观、价值观一定要一致。""《新结婚时代》正是基于这种想法，才写了三对错位的婚姻，所谓的'错位'就是与人们目前公认的一种条件般配标准的不一致，比如说门当户对、男大女小、男高女低等等，这三对正好是相反的。在这里，我想说的是，婚姻是个人的事情，应当尽量减少两个人之外因素的干扰，但在目前还达不到。"① 何建国和顾小西婚姻的错位在于门不当、户不对。另一对婚姻错位的是顾小西的弟弟顾小航和顾小西的同事简佳，这是"男小女大"的一对。另外，顾父与小保姆的结合也是错位的一对，他们的忘年恋出乎大家的意料。

尽管错位的婚姻带给人无尽的烦恼，甚至会毁掉婚姻，但《新结婚时代》的结尾却是大团圆式的、充满温情和期待的：何建国与顾小西在分手后经过冷静的思考，慢慢理解了对方，两人最终紧紧地拥抱在一起。这似乎是一个有些牵强的"光明的尾巴"，有观众也对这一明显仓促的结局表示遗憾。《新结婚时代》虽然仍以揭示婚姻隐痛为主要表现内容，但破镜重圆的结局似乎预示着家庭伦理剧对传统家庭伦理道德的回归。

2007 年是"《金婚》年"。从《渴望》、《咱爸咱妈》到《牵手》、《中国式离婚》和

---

① 文松辉：《王海鸰：婚姻是个人的事情 门当户对很重要》，见《人民网》2006 年 12 月 1 日，http://news. sina. com. cn/o/2006 - 12 - 01/13501065915s. shtml。

《新结婚时代》，再到2007年的《金婚》，家庭伦理剧走过了从宣扬孝道和忍辱负重，到揭示第三者和城乡差异对婚姻的冲击与破坏，再到回归家庭的温情和圆满这样一条演变之路。《金婚》以曾经执导过《渴望》的导演郑晓龙父母的婚姻经历为原型，全剧50集，从1956年到2006年，采取每年一集、一集一个主题的编年体形式，记录了佟志和文丽这对普通夫妻50年携手走过的曲折而温馨的婚姻生活。佟志夫妇在由结合到迈向金婚的过程中，并非一帆风顺，而是充满了曲折和坎坷。围绕着夫妻关系这条主线，《金婚》同时设置了婆媳、儿女、邻里、同事之间复杂的矛盾冲突和纠葛，其中不乏对夫妻性生活不和谐、第三者插足和未婚先孕等敏感话题的触及，多角度、多线索地展开故事。《金婚》几乎涵盖了婚姻生活中可能遭遇的方方面面、点点滴滴，亲切熟悉的生活场景和细腻真实的细节铺陈，赋予了电视剧浓厚、鲜活的生活气息，一开播即紧紧抓住了观众。更难得的是，编年体的叙述手法并没有让《金婚》看起来像一本单调乏味的流水账，剧作没有陷入琐碎细节的纠缠中，而是将每一年、人物的每一段境遇都融进时代的大背景下。佟志夫妇共同经历了三线建设、上山下乡、唐山大地震、“非典”、“文化大革命”、改革开放等一系列重大事件，人物的荣辱与故事的起伏也因此具有了厚重的历史感和时代感。不夸张地说，《金婚》既是一部普通百姓的婚姻编年史，也是新中国半个世纪社会变迁的诗意见证。

《金婚》是一部从正面弘扬和呼唤中华民族传统美德的电视剧，播出后得到观众和评论界一致的认可和好评。郑晓龙表示，其实婚外情、第三者毕竟还是少数现象，中国百姓多数喜欢夫妻白头到老，只是影视剧中表现得比较少罢了。《金婚》之所以能火，正是因为表达了大多数人内心深处最质朴的渴望而已。佟志和文丽“执子之手，与子偕老”的温馨场面，让处于转型期道德迷惘与困惑的现代人在羡慕和感动之余，开始反思婚姻的意义和价值，重新审视曾被无情抛弃和解构的儒家文化精神和传统审美价值取向，并祈望重建传统美德和时代感兼备的新的人伦理想。

2009年有一部家庭伦理剧很吸引人们的眼球，那就是《蜗居》。《蜗居》改编自作家六六的同名长篇小说。《蜗居》原名《房事》，讲述了由“房事”引发的一系列让人唏嘘不已的情感故事。故事主要围绕一对姐妹展开，姐姐郭海萍在上海某名牌大学毕业后，和丈夫苏淳选择了留在繁华的大都市上海，两人在租住的10平方米蜗居里开始了他们踌躇满志的奋斗生活。在中国人的传统观念里，安居才能立业，为了尽快摆脱蜗居生活，在大都市占有一席之地，小夫妻俩省吃俭用，可是他们辛辛苦苦积攒下来的钱，对于买一套属于自己的房子而言，简直是杯水车薪，就连交首付都成了难题。夫妻俩开始切实地感受到房子给他们带来的重压，乐观、开朗的海萍慢慢变成了唠叨的怨妇，摩擦和争吵也随之而来。妹妹郭海藻同样毕业于上海的名牌大学，天真、单纯的她听从姐姐的劝说也留在了上海。海藻的男朋友小贝对她体贴备至，海藻的生活比起姐姐来似乎少了一些纠结。然而当房子的压力开始成为全家人的压力之后，一切都变了。苏淳谎称向父母借了6万元，实际上是借了高利贷。海藻在向小贝借钱遭到拒绝后，找到了对她暗生爱意的有妇之夫宋思明，身为市长秘书的宋思明轻而易举地帮助了她，海藻感情的天平开始摇摆在小贝和宋思明之间。随着故事的进一步发展，宋思明一次次地替姐妹俩解围，海藻也因此深陷宋思明的情感漩涡中不能自拔，从一个简单、清纯的少女，一步步地堕落成宋思明的情妇。然而，她虽然摆脱了姐姐为生计而四处奔波的困窘，却也在衣食无忧的“地下”生活中深感迷茫。最后，在宋思明的腐败堕落败露并最终死于车祸后，海藻不仅失去了孩子，而且永远失去了做母亲的能力，只能带着身与心的双重伤痛远走他乡。

剧作全方位地展示了现代都市人的生存困境和情感困境，其中既有来自生存空间“房子”的物质压力，也有恋爱和婚姻的精神压力，剧作直逼老百姓现实生活中很多热点问题，诸如房价、房奴、择业、啃老族、钉子户、负翁、二奶、腐败等，同时大胆的情爱场面和生猛火爆的性爱台词也把这部电视剧推到了舆论的风口浪尖上，一时成为人们热议的焦点。《蜗居》热播之后，高房价引发了人们的高度共鸣，让人们看到在经济繁荣的今天，普通老百姓在享受着由经济高速发展所带来的福利和便利的同时，他们也正承受和背负着改革的负面影响，“攒钱的速度永远赶不上房价上涨的速度”，严峻的现实让人们陷入痛苦和迷惘。从这个意义上来说，《蜗居》的故事用“由一套房子引发的血案”来概括也许并不为过。除此之外，海藻和宋思明的婚外情也备受关注。在社会转型期，有权、有钱的人“包二奶”已经成为一个无法回避的社会现象，有不少人在看了《蜗居》后直呼宋思明很可爱，网上甚至还出现了很多帖子，说甘愿做宋思明的情妇，足见处在社会转型期的人们在价值观和爱情观上越来越多元化，爱情的物质化趋向也越来越明显。不可否认，宋思明的无微不至和无所不能的确很让人心动，但这一切都建立在他的权势和地位之上，正如剧中宋思明对海藻说的，“人之所以慷慨，是因为他拥有的比挥霍的多”。向往上流社会和充裕的物质生活本身无可厚非，而海藻惨痛的结局，也正告诫着那些企图走捷径的、在欲望中挣扎沉浮的年轻女性，女性要获得幸福，还是要靠踏踏实实的努力，只有在情感上和经济上都独立了，才能最终获得幸福和自由。“蜗居”的双重意义也正在于此，身处蜗居固然带给现代人无尽的烦恼，但如果人们的心灵也因此蜗居在逼仄的空间内，那才是最可怕的。

从《渴望》到《牵手》、《中国式离婚》和《新结婚时代》，再到《金婚》和《蜗居》，家庭伦理剧持续热播，这与中国社会的转型有很大关系。处在社会转型期的中国在政治、经济和文化体制等方面都发生了重大而深刻的变革，在一系列变革中，有一个不可忽视的重要方面就是在经济高速发展的同时，传统的伦理道德体系受到前所未有的冲击，而新的具有时代气息的道德观和价值观尚未确立。在这一转型期的阵痛中，一部分人片面地追求物质享受，社会责任感淡漠甚至丧失，人与人之间的关系变得紧张，整个社会的道德底线下滑，家庭这一社会基本细胞的稳定性受到了前所未有的挑战。一系列的问题、矛盾和危机的浮现，让人困惑与担忧。然而，在人们亲历着转型期阵痛的同时，也应该看到中华民族传统文化中那些优秀的部分在价值失范的今天依然起着举足轻重的作用。在中华民族深厚的文化积淀中，历来有重视家庭和亲情的优良传统。家庭是社会的基本单位，家庭的稳定、和谐直接关系到国家和民族的稳定与和谐。进一步弘扬中华民族的传统美德，增强社会凝聚力，构建和谐、融洽的人际关系和社会环境，是一项复杂的系统工程，也是一个亟待解决的重大课题。正是在这样一个社会转型的大背景下，家庭伦理剧走红，迅速占据了电视荧屏。家庭伦理剧演绎的是家庭成员悲欢离合的故事，它通过“对当下中国普通人身心状态和境遇的关怀，而以其敏锐的洞察力、博大的同情心和真诚的现实精神，与大众共享对于自我以及自我所生存的这一世界的理解，从而与观众达成心灵的融合"①。家庭伦理剧的叙事主体是普通家庭，叙事核心是情，家庭的悲欢故事折射出社会时代和文化心理的变迁，既反映出中国人在儒家文化影响下家国一体的心理和情感诉求，又顺应了社会转型期构建社会和谐的时代诉求，家庭伦理剧自然受到大众传媒和观众的共同青睐，其持续热播的盛况也就顺理成章了。

□□□　思考延伸

1. 社会转型期的特点是什么？
2. 试分析王海鸰的"婚姻三部曲"。
3. 试分析家庭伦理剧在社会转型期热播的主要原因。

① 尹鸿：《冲突与共谋——论中国电视剧的文化策略》，《文艺研究》2001年第6期。

第二十七讲 从日剧、韩剧到好莱坞大片

近年来，日剧、韩剧在中国大受欢迎。由于可供消费的精神产品短缺，以及中国、日本、韩国三国文化的接近性等原因，直接导致了日剧和韩剧的流行。好莱坞娱乐艺术的突出特点是大众梦幻的满足。好莱坞通过对大众梦想心理进行大片式的狂轰滥炸，赢得了一个个票房神话。

20世纪80年代以来，日本和韩国的影视剧在中国的热播，构成了大众文化中一个耐人寻味的现象。80年代，大量日本制作的电影、电视剧、动漫等作品在中国上映、播放、出售，引起巨大的轰动。进入90年代，异军突起的韩国影视作品不断在中国扩大影响，掀起阵阵收视狂潮，甚至形成了一股冲击中国文化市场的“韩流”，至今热度不减。而从1994年引进第一部好莱坞大片《亡命天涯》开始，中国渐渐成为好莱坞眼中全球最重要的外语大片生产和销售地，迅速超越了法国、西班牙和印度在全球电影票房排行榜上的位置。

从传播学的角度来看，电视剧和电影的受众在影视传播过程中扮演着非常重要的角色，他们对日剧、韩剧和好莱坞大片的消费与接受，构成了其在中国传播的目的地与归宿。日剧、韩剧和好莱坞大片在中国有着不同层次的消费群体，体现了不同受众的文化精神需求。

日剧在我国的日常文化生活中的流行要大大早于韩剧。日剧有广义和狭义之分。前者是指日本拍摄的电视连续剧，这个概念包括了20世纪80年代初进入中国的日剧。那时的中国民众刚刚跨入改革开放的大门，生活虽贫困，但生存压力小，闲暇时间多，而可供消费的精神产品短缺。因此，当时日本影视作品一进入中国内地，就几乎赢得了中国全体民众的青睐。从某种意义上说，对于当年无数中国电视观众而言，对电视连续剧的接受正是从日本的《姿三四郎》、《阿信》、《血疑》、《排球女将》和中国香港的一些电视剧开始的。现在所说的日剧，其实是个狭义词，主要是指20世纪80年代中期开始在日本流行并迅速兴盛起来的日本电视连续剧。80年代中期，中国中央电视台播出日本10集电视连续剧《茜嫂的盒饭店》，这是早期的潮流日剧作品，也是中央电视台最早播出的潮流日剧。据日本学者原由美子、盐田雄夫

1999年所做的一项抽样调查，中国观众有75%的人看过《血疑》，72.6%的人看过《阿信》，57.2%的人看过《排球女将》，40.3%的人看过《姿三四郎》。① 因此，20世纪80年代堪称中国对日本影视剧的全民消费时代，是当时中日关系处在黄金时代的一个缩影。好的电视剧、好的故事、好的人物影响着人们对日本的看法。由于接受僵化和空洞的宣传说教太久了，只有8个样板戏可看的日子太单调了，因此日本电视剧的输入，使当时的中国观众产生拨云见雾的感觉。许多作品对中国观众起到了净化心灵、鼓励他们用积极的态度对待人生、努力拼搏的作用。

日剧本身不能简单地作为一般电影、电视艺术形式来看待，在很大程度上，它应被看做一种以连续的电视剧为载体的流行文化。也就是说，它所具有的艺术性，更多地承载着或渗透着许多流行性的因素。几乎所有国家的电视剧的制作都会有各种各样的类型，但是如同日剧那样既完整、全面又精细分类的电视剧类型体系还不多见。类型化是潮流日剧的基本特点，日剧的主要类型有：爱情剧、偶像剧、压抑剧、隐晦剧、伤残剧、悬疑剧、人文剧、职业剧、惊吓剧、糖果剧、NTV剧、动画剧等。日剧比较完备的类型化体系是日剧在日本和亚洲甚至世界许多国家迅速流行的重要原因。类型因素作为流行因素，在日剧中并不具有严格的等级含义。这和中国大陆长期形成的题材等级思维定势、认知惯性和评判标准有很大不同。尽管在日剧中不同类型的剧作数量也有多寡之分，但是它的变化更加迅速多样，完全依据收视率的需求和时尚潮流的变动而定，它们是可以相互置换的，各自的地位都不是稳定不变的。日剧中包含了大量值得注意的有利流行的观念、追求、手法和处理，它们的出发点是吸引并拉住基本观众。从总体定位来说，日剧在日本的主流观众是已婚女性。以粗略的观察而言，日剧在中国流行的时候似乎男性观众占观众总体的比例要多于日本。一般来说，女性人物在剧中出现的时候往往是普通女性，讲述的多是她们的日常生活和工作场景里的普通故事。对女性心理的刻画是日剧最为着力之处。以细腻和纯情见长的日剧，恰好擅长迎合青年女性或已婚女性的心理需求。

进入20世纪90年代，随着中国自产影视作品的增多和观众的分化，日剧在中国文化市场上所占的比例有所下降，特别是近几年来，随着“韩流”的强劲刮人，日剧在中国的影响远不如韩剧。这与日剧的都市追求可能有一定的关系，对于中国的大多数生活于普通城镇的观众来说，日剧那样的都市追求还是有一定隔膜感的。而且，日剧的大量偶像明星在中国观众中还没有什么知名度，这当然和对于日剧的宣传介绍不够有很大关系。

和许多韩剧相似，日剧的编导也很重视让偶像出动来吸引眼球。许多日剧几乎就是为偶像量身定做的。偶像的魅力毋庸置疑，木村拓哉在《爱情白皮书》中喜欢抿抿嘴唇，就带动了无数都市少男在和少女说话的时候忽闪忧郁而深沉的大眼睛，不时抿抿嘴唇。日剧一般避免演员与其扮演角色在年龄上的差异。在《神啊，请多给我一点时间》剧中的援助交际女高中生都是由真正的女高中生扮演的。《星之金币》中的仓本彩和《圣者之行进》中的叶川桃相差7岁，均由酒井法子扮演，年龄都恰到好处。青春偶像加上经常出现的浪漫场景和贯穿全剧的可爱饰品，是日剧编导迎合观

① 李文：《东亚合作的文化成因》，世界知识出版社2005年版，第183页。

众百试不爽的妙法。

日剧喜欢让小人物获得胜利，甚至实现理想。而且这个小人物也经常是偶像扮演的。日剧在一定程度上能够引导青年的思想改良工作，如在青年的感情选择、人生态度等方面都可以发挥积极作用。偶像不仅意味着巨额身价，而且还是社会的良心和人生的楷模，这样的话，这个偶像就有积极的社会理想价值，日剧似乎很重视这个文化目标的选择。

从剧情结构的角度来看日剧，有如下几方面特点：首先，日剧在情节上做足了曲折、复杂的工夫，这一特点几乎体现在日剧的各个类型上，如悬疑剧《冰之世界》和普通情感剧《星之金币》。其次，日剧也有情节比较单纯的，如《爱情白皮书》，编导就编织了许多情感纠葛以使心理过程和情感冲突复杂化。这从观众心理的角度看，就是加大了期待视野和分析工作，使观众获得一个机会，帮助剧中人物思考存在的问题和关系，让自己以比较轻松的方式进行角色认知，获得社会知识，同时也是在考验自己的情感和思维的承受力。换言之，也可以说是给无数观众特别是女性观众提供人生和情感学习的机会。从一定意义上讲，所有的观众都需要继续进行情感操练，都应该通过观看电视剧获得使自己的心理在不断变化的社会环境和人际关系中重新成熟起来的机会，日剧就具备了这样的作用。

日剧的语言往往十分讲究，精彩而富有哲理的对话早已为人所称道。对话的自然和含蓄也是其普遍的剧作语言状态。此外，日剧的火爆往往促成主题歌的流行。比如《悠长假期》的主题歌《LaLaLa Love Song》、《东京爱情故事》的主题歌《突如其来的爱情故事》、《101 次求婚》的主题歌《Say Yes》等，都曾经是脍炙人口的流行歌曲。反过来，这些广为传唱的主题歌又倍增了日剧的影响效应，甚至推出了借势走红的歌手和乐队。

对于中国的电视剧编创者来说，认真地借鉴日剧的一些观念、追求和手法，克服电视剧由来已久的直露、粗俗、图解概念和价值解构等弊端，以及缺乏社会流行动力的弱点，是很有必要的。

韩剧自 20 世纪 90 年代中期开始进入中国，最初在中国的定位参照了日本偶像剧的特点，即青春、时尚，推出的主要是面向中国青少年的青春偶像剧。2002 年是一个重要的转折点，在这一年，韩剧淡化了最初一味追求的时尚路线，推出了大批反映家庭伦理道德的连续剧，并在我国获得了巨大的成功。婆媳关系、家庭矛盾、儿女情长，这些原本被认为只有家庭妇女才会热衷的题材，经韩国人包装后，不仅将热衷者的年龄层次扩大到大学生和中学生的父母，同时也深深吸引了青年人。但仔细观察韩剧里面的情节，中国人又有种似曾相识的感觉，那便是儒家思想影响下的传统家庭观念和伦理道德。在《看了又看》、《澡堂老板家的男人们》、《人鱼小姐》中，中国观众看到了久违了的晚辈对长辈的礼仪，和睦融洽的大家族生活，真实随性的家庭氛围与人物形象等早已被中国影视剧制作者遗忘的温馨的传统文化元素。而从 2004 年开始，韩国向中国输出的电视剧再次转型，《明成皇后》和《大长今》等历史剧将韩国文化中的精髓部分展现给观众，体现亲情、爱情以及个人奋斗精神，通过包含忠、孝、诚、信、礼、义、廉、耻的儒家文化，再次拓展了韩国文化接受范围，为“韩流”注入了更深层次的生命力。如《大长今》就被中国媒体赞誉为“一部难得一见的真正适合全家观看的剧集”①。可以说，以讲述亲情、友情和爱情为主题的韩国家庭伦理剧和历史剧征服了广大中国观众。

目前，中国观众对韩剧的关注度之高是其他国家的电视剧不可企及的。在百度中输入关键词“韩剧”，找到相关网页达1 400多万个，各种主流媒体对韩剧现象的报道和分析连篇累牍。浙江大学、上海大学等多所高等学府相继举办了韩剧研讨会，业界举办的中韩编剧交流会、中韩影视交流会纷纷召开。网上名目繁多的韩剧贴吧、论坛、社区记录着难以计数的韩剧信息和评论。2002年，中国引进韩剧67部，2004年上升到107部，2005年超过150部。2002—2008年，几乎所有省份的电视台都播放过韩剧。2004年，中央电视台电视剧频道有57%的引进剧来自韩国，收视率排名前10位的引进剧中，韩国电视剧就占了7部。② 根据新浪网娱乐频道2005年所做的一项题为“你怎样看待韩剧热”的大型调查显示，截至当年10月18日，在56 006名参与者中，有81%的人表示自己喜欢看韩剧，近半数人表示在所有引进剧中优先选择看韩剧。“俊男靓女”、“家庭故事温馨”、“爱情故事纯美”成为吸引中国观众的“三大法宝”，而形形色色的韩剧粉丝则包括了机关公务员、律师、大学生、个体私营企业者、离退休老人等，几乎涵盖了各个层面。中国有媒体对此的评论是：“韩剧在中国12年的传播中，最大的成功就是实现了收视群体的转换。韩流刚刚兴起的时候，韩剧的收视群体主要是小女生，那时风靡的是《蓝色生死恋》、《天桥风云》、《星梦奇缘》这样的青春偶像剧。从《澡堂老板家的男人们》开始，韩剧的另一个重要剧种——家庭生活剧开始进入中国市场。最重要的是，接下来的几部韩剧吸引了电视剧的收视主力——本来只看八九点档的家庭主妇，她们为此改变了作息时间，坚持熬到凌晨两点钟。”③

韩剧情节相对拖沓，被笑称为“婆婆妈妈”，但实际上，韩剧的观众本来就是中产阶级的家庭妇女。有材料证明，韩剧15~24岁的观众不到15%，而超过25岁者逾六成，其中以家庭妇女为主，看电视是她们日间消遣的主要方式。因此，一大批对白感人、情节曲折的电视剧就应运而生了。这使韩剧在日本、新加坡等中产阶层发展比较充分的国家里获得了广泛的文化共鸣，也很容易在欧美的亚裔社区获得情感认同。而对于中国内地目前仍呈现为阶梯形的断裂分布的混合观众群体来说，韩剧带来的不仅仅是一些美丽的人生故事，更重要的是，还满足了都市化进程中人们对于未来中产阶层生活的想象与憧憬。④ 文化输入的规律是由盛及衰，在这个意义上，日剧已经走完第一个周期，而韩剧正处在第一个周期的巅峰时刻，这一周期会持续多久，还有待于进一步观察。

日剧和韩剧为何会在中国盛行并广受欢迎呢？从传播心理接受的角度来看，中、日、韩三国文化的接近性与差异性直接导致了日剧和韩剧的流行。中国和日本、韩国自古以来在文化、历史、地理、人文甚至族群上有着很深的渊源，有很多共享、共通的地方。中国传统文化对日、韩两国均产生了很大影响，历史上三个国家都使

① 郑成宏：《解码大长今》，中华书局2005年版，第68页。
② 闫东艳：《韩剧跨国热播现象分析》，《山西大同大学学报》2009年第2期。
③ 张卓：《新浪调查：温情抓住国人心，81%的人喜欢看韩剧》，《中国青年报》2005年11月8日。
④ 温朝霞：《日韩影视剧在中国的主要消费群体探析》，《广东青年干部学院学报》2008年第2期。

用汉字，崇尚儒学，形成所谓的“汉字文化圈”或“儒家文化圈”，有着相似的历史文化背景。文化的接近性以及相通的宗教背景，可以通过影视媒介产品产生共鸣。而日、韩文化与中国文化之间适度的差异性，更增加了日本和韩国影视剧对中国受众的吸引力，中国受众对日剧和韩剧的关注和喜爱，更多的是出于这种“同源文化差异性的好奇”。[①] 日本和韩国影视剧在中国跨文化传播成功的关键，就在于它们找到了两种不同文化的契合点，实现了中国观众社会文化心理的接受。

首先，中、日、韩文化的接近性，使中国观众易对日剧和韩剧产生共鸣。三个国家都推崇儒家文化，因此文化心理基本相似，日剧和韩剧故事不乖张、中庸而平和、表达含蓄等等，很符合中国人的消费口味。日剧和韩剧中的故事叙说，往往突出主人公的魅力，如善良、美丽、敬业等，符合传统文化的规矩。有些作品还强调人格和尊严在现代社会中的重要性。显然，这些作品的价值取向也符合我国受众的伦理道德准则，因而也容易产生感染力。

其次，三个国家文化的差异性，增加了日剧和韩剧对中国观众的吸引力。三国具有文化上的相近性，但相近并非等同。日剧和韩剧中所展现的独特的异国景色、风俗民情，同样成为吸引中国受众的重要因素。正是这种适度的文化差异性，更增加了日本和韩国文化对中国受众的吸引力，增强了日剧和韩剧带来的美感。特别是韩剧，之所以吸引中国大量的观众，除了因为它具有鲜明的时代感、强烈的都市色彩和时尚的生活方式外，还恰当地表现了有别于中国传统文化的韩国本土文化元素。绚丽的韩服、独特的韩式饮食、立于高楼大厦间的传统韩式瓦屋等，展示了独特的“泡菜文化”和“高丽文化”。

为什么在20世纪90年代末，日剧和韩剧在中国的传播地位发生了根本性的变化？为什么韩剧异军突起，而日剧在中国开始走向衰落？从经济发展的角度考察，20世纪90年代以后，三个国家出现的经济变数，是促使“韩流”后来者居上的一个外部因素。同时，三国之间外交关系的发展和变化，也是影响日剧和韩剧在中国传播地位发生变化的一个重要因素。

众所周知，近十年来，尽管中日两国经贸关系取得了长足发展，但两国间的政治关系却步履维艰，难以实现质的飞跃。主要原因在于日本政界的某些势力对历史问题的错误认识，阻碍中日关系发展的顽症始终不能得到彻底、完善的解决，使中日关系不时出现波折。尤其是2005年以来，日本的挑衅动作使中日关系跌入最低谷。因为中日关系的持续恶化，中国广大受众对日本的好感受到影响，媒体和民众甚至出现一些激烈言论，包括“抵制日货”、“看日剧就是卖国”等。在这种背景与接受心理的影响下，日剧在中国走向衰落自然在所难免。相反，中国和韩国在外交上保持着友好的传统往来关系，客观上为韩国影视剧在中国的传播创造了良好的环境。中韩建交以来，两国关系取得了全面发展，各方面的合作都取得了举世瞩目的辉煌成果。从文化层面来看，“韩流”现象随处可见，中国对韩国的影视剧、音乐、饮食、电子产品的好感与日俱增。特别是韩国电视剧，据推算，目前每天大约有1亿中国人在收看韩国电视剧。韩国影视剧能够在20世纪90年代中期开始大举进入中国市场，与中韩两国一直保持着良好的外交关系是密不可分的。

① 温朝霞：《论日韩影视剧在中国传播的政治与文化因素》，《贵州师范大学学报》2008年第3期。

中国人对好莱坞“大片”概念的理解，源于1994年11月中旬，由中国电影集团公司进口，第一部与外商采用票房分账形式发行的美国华纳公司影片《亡命天涯》。该片在上海、天津、北京、郑州、重庆、广州6个城市进行了为期一周的首轮放映，观众达139万人次，票房收入1 127万元。当时对于进口“大片”的选择标准有“两个基本”，即“基本反映世界优秀文明成果，基本表现当代电影艺术技术成就”。尽管“大片”是个比较通俗的称谓，似乎很不学术，但是仍然被人们广泛接受，久而久之也就成为了对于好莱坞那些明星加盟、制作精良、成本高昂、市场号召力及影响力非同凡响的影片的统称。在好莱坞，这些所谓的“大片”有时被称为“大制作影片”、“事件影片”或“重磅炸弹电影”等。

20世纪50年代是好莱坞大片生产的一个高潮。1949年10月，派拉蒙公司发行了一部向战前好莱坞“超级”史诗回归的影片，它也成为后来支配好莱坞商业和美学逻辑的重磅炸弹现象的一个征兆，这部电影就是耗资350万美元的《参孙和戴丽娜》。该片首轮放映便获得了和《乱世佳人》同样的票房收入，接下来的票房收入比1949年的其他影片的票房总收入的两倍还多。它激发了20世纪50年代统治电影票房市场的圣经史诗片的热潮，史诗性巨片也很快开始表现几乎所有历史时代的故事。史诗影片利用宽银幕技术，加上宗教题材又一向是欧美大众所熟悉和关心的话题，因而这些豪华的、史诗性的电影无论在国内还是国外都很有吸引力。

整个20世纪60年代，每家大电影制作公司每年最多也就生产一两部豪华巨片，有的赚钱，有的赔本。比如《音乐之声》成本为800万美元，而仅在美国和加拿大市场便收获了7 200万美元；但福克斯公司模仿这部影片所制作的几部豪华之作却无一例外地惨败，带来了巨大的损失。

从20世纪70年代后期开始，大片演变成重磅炸弹的“巨片主义”，继续其盈亏的悲喜剧。70年代代表这一倾向的影片有《教父》、《大白鲨》、《星球大战》、《第三类接触》和《超人》。80年代则是《星球大战之帝国反击战》、《外星人》、《蝙蝠侠》。90年代的巨片更为国人所熟知的是《魔鬼终结者2》、《侏罗纪公园》、《狮子王》、《未来水世界》等。2000年以来则是《泰坦尼克号》、《珍珠港》、《黑客帝国》、《指环王》、《角斗士》、《特洛伊》等。说它是“重磅炸弹”也好，“巨片主义”也好，好莱坞的大片越来越“事件化”，每一部大片都会演变成一个时期的大事，变成一个时期的热点话题，这与好莱坞电影制作成本上升后大片面临的巨大生存压力有关。20世纪80年代以来，好莱坞大制作厂的影片平均制作和营销成本指数不断上涨。80年代后期，影片平均预算增长了40%；而在90年代，其成本在此基础上又增长了60%，市场营销的成本增长更快，在90年代便翻了一番。在一个不过亿元就不能称为大片的时代，影片没有事件，恐怕只能亏本。因此，只要看看近年的大片路线，就可发现，几乎每一年都可以用一部大片来命名，如“侏罗纪年”、“角斗士年”、“黑客年”、“指环王年”等。它们是这一年的“事件”，也常常是这一年的票房赢家。

可以说，大片哲学已经使好莱坞娱乐工业受益，它不仅使好莱坞从残酷的市场竞争中存活下来，而且使它通过自己的大片不断开拓市场、占领市场。同时，大片还是好莱坞的名片，虽然不是所有的大片都能成为经典，但是对于一个没有看过好莱坞电影的人而言，说一说大片的生死传奇，也会使他产生看一看的好奇之心。总之，大片的历史就是好莱坞的发展史，并且是其发展史的重要标志。通过对1993—2004年36部票房前三名的影片类型进行分析，可以看出，动作(冒险)、科幻和动画是当今大片生产的主要领域。从《侏罗纪公园》到《蜘蛛侠》，好莱坞大片生产基本不会脱离这三个主要领域，从大众的角度而言，这三类就是20世纪90年代以来大众最喜欢的娱乐消费对象。如果对动作(冒险)这一类型再进行一番分析，就会发现，当以20世纪80年代确立的“纯正”动作(冒险)影片为标准，那么除了《真实的谎言》和《尖峰时刻2》是比较接近那种动作英雄的冒险故事片之外，其他的动作(冒险)影片已经是混合多种元素的综合类型。比如源自漫画的《蜘蛛侠》就具有充分的幻想因素，虽不是科幻，但却充满幻想。“哈利·波特”系列主要是将魔法和青年成长主题相混合，魔法是科幻，但浓郁的幻想色彩则是非常突出的。这说明“幻想性娱乐”正在成为好莱坞电影工业的主导生产类型，好莱坞成为一个集多种电影元素创造幻想影像娱乐大众的快乐大本营。与此同时，动画片也已从儿童的特定对象转移到全社会的消费领域，从而动画片也就成为好莱坞大片行列中一支引人注目的新军。好莱坞娱乐艺术的突出特点就是大众梦幻的满足，大片对于梦幻的突出强调，则再次证明好莱坞的娱乐艺术本性。可以说，正是好莱坞抓住了大众的梦想心理，然后通过对这种梦想心理进行大片式的狂轰滥炸，赢得了一个又一个的票房神话。

思考延伸

1. 20世纪90年代后期以来，韩剧为什么超越日剧而掀起“韩流”？
2. 有哪些文化心理因素影响着日剧和韩剧在中国的流行？
3. 好莱坞大片的类型和特点对中国大片的制作有何启示？

第二十八讲 香港的商业电影

> 作为一种重要的、奇特的文化现象的香港商业电影，有其自身独特的发展脉络。在多种因素的作用下，香港电影经历了本土意识从觉醒到鲜明的过程，其中心意识便是全面强调娱乐性。“周星驰电影”是香港商业电影的典型，有力推动了香港商业电影的发展。香港电影以强大的美学和产业优势，影响和带动了内地电影的发展。

香港电影早已经成为一种奇特的文化现象，它作为中国电影乃至东方电影的重要组成部分，在世界影坛占据着举足轻重的地位。香港电影的发展历史与内地和台湾电影的发展史有着本质的不同。内地和台湾电影受政治和文化的影响较大，在文本上一直延续着现实主义人文电影的脉流，产业模式也相对简单，且都有着较为明显的官方意志。而香港电影却另有着独特的存在环境，在中原文化、岭南文化和西方文化的共同作用下，香港社会滋生出了以实用性、世俗性为主要特色的本土文化，在本土文化的规范中，香港电影形成了重商业、重类型的特色，很多时候，“香港商业电影”成为“香港电影”的代名词。

一、香港商业电影简史①

1897 年电影泊入香港，标志着香港电影的诞生，此后香港电影产业经历了从孕育、萌芽到初创的发展历程。

1841 年香港被迫割让后，英国人主要凭借香港开展对中国内地和远东的贸易，资源奇缺、工业落后的香港主要以转口贸易为主，经济并不发达。19 世纪末，以英、法为主的西方资本主义强国更是在远东地区发展上海，主要以上海租界为基地发展对中国及远东的贸易，香港无论在贸易、制造业还是金融等方面都得不到大的发展。因此，20 世纪 30 年代之前，香港经济发展较为落后，远远不及上海，甚至落在了广州后面。这种经济状况导致该时期的香港仍具有浓郁的农耕文明色彩，在其复合文化体中，西方文化的比重轻微，中原文明占据着主导地位。在这种社会氛围

---

① 关于香港电影发展历史主要参见赵卫防《香港电影产业流变》（中国电影出版社 2008 年版）一书的绪论部分《香港电影产业发展的历史分期和有关理论分析模式》。

下，严重依赖工业和文化发展的电影产业亦不会有较大起色。因此，初创时期的香港电影产业结构非常简单，无论是制片产业或是发行产业都没有形成什么规模，仅有少量的制片机构和戏院。香港电影产业自泊入到20世纪30年代初都发展得非常缓慢，远远落后于同一时期中国内地的电影产业发展。1931年之后，有声电影的来临改变了香港电影产业的格局。1934年，香港粤语有声片在内地和东南亚的广大粤语区开始拥有庞大的市场，其制片业和发行业出现了转机，产业发展进入了成熟时期。

20世纪30年代至50年代中期，是香港电影发展的成熟期。成熟的标志之一是制片数量的迅速扩大以及电影资金、人才等资源的迅速增加。1934年，上海天一影片公司创始人邵醉翁南下香港，设立天一影片公司香港分厂，将经营重心改为在香港摄制粤语有声片，随即大量粤语电影制片公司诞生，制片数量有了大的突破。1937年之后，中国内地抗战全面爆发，内地的电影资金、人才等资源大量南移香港，中国电影工业重心由原来的“双城记”演变为香港一枝独秀。香港电影产业规模更是快速扩大，制片模式方面也开始有了大厂体制的雏形。1941年12月香港沦陷，处于蓬勃发展的电影产业虽然遭遇了三年多的停滞期，但是1945年9月日军投降后，香港电影产业随即迅速恢复。

新中国建立后，内地和香港的关系有了根本性的变化。此后多年，内地和香港被隔绝成为两个世界，双方的社会、政治、经济开始朝着不同的方向发展。这种根本性的变化对香港电影业产生了新的影响，大批留在香港的进步影人因建立新中国的需要于1948年前后重返内地，而对新政权抱有敌视态度的影人则过境香港，致使香港电影的右派势力渐强。另一方面，内地和香港边界的封锁，使香港国语电影也失去了内地市场，较多的香港国语片从业人员为了生存和发展，便把市场转向了中国台湾地区和东南亚其他国家。同时，支持国民党政权的“美援”文化也掺入香港电影界，香港出现了美国资金援助的电影公司和报刊，进一步扩充了香港右派电影的实力。但左派力量并未因部分影人返回内地而削减，留港的左派影人团结了南下的部分内地影人和香港广大的粤语电影工作者，改组建立了长城电影制片有限公司、凤凰影业公司、新联影业公司等新的制片公司，香港电影的对峙格局形成，香港电影产业在这种对峙的格局中继续发展。

20世纪50年代中期之后，以商业电影为代表的中间力量不断扩大，香港电影中的政治色彩逐渐被商业的需求冲淡。特别是国际电影懋业有限公司和邵氏兄弟香港有限公司先后登陆香港，进行电影产业的革新，大量生产商业片。香港国语电影界的对峙局面由盛而衰，至此，商业片取代了政治片，成为香港电影产业的主流。

20世纪50年代中期之后，香港社会也发生了新的变化。这一时期，大量移民涌入香港。60年代初，香港人口已逾300万人。移民潮虽为香港社会造成巨大的经济压力，但同时也为香港带来了大量的资本和廉价劳动力，为香港经济的发展提供了物质条件。新移民带来的社会和经济资源，推动了香港的经济结构和商业文化转型。

香港社会的工业化和文化的转型，带动了电影产业的突破，香港商业电影在20世纪50年代中期开始迈向了第一次繁盛。其一，表现为产业结构和操作模式的突破。50年代中后期，光艺制片公司、“电懋”和“邵氏兄弟”等大型制片企业在港登陆，它们以流水线式大厂制片体制、现代化的企业管理方式以及全球化的跨界发展进行电影生产和经营，这种更具产业化色彩的制片、管理体制取代了以前占主流地位的独立制片体制，标志着香港电影产业模式已经上升到了一个全新的层次。其二，表现为市场版图的扩充。由于内地市场的关闭，国语片方面的“长城”、“凤凰”等左派公司，无论是出于统战目的或是业务拓展，都要迎合海外侨胞的需求，摄制出更多重娱乐、轻教化的影片。它们适应香港观众观赏趣味的变化，从50年代中期开始创作以城市轻喜剧为主的各种类型电影，以满足本土及南洋地区不同观众群的需求。“电懋”、“邵氏兄弟”等制片企业更注重娱乐。50年代中期之后，这些以制作商业片为主的公司成功开辟了另一国语片大市场——台湾市场。其三，在粤语片产业方面，“新联”等原有制片公司和光艺制片公司等新成立的制片企业，开拓了新的产业结构和产业模式，并创作出既兼顾主题意义，也兼顾娱乐性和包装的高质量粤语片。

20世纪60年代后半期，香港社会进入了新的转型期。在政治层面，以内地“文化大革命”为代表的政治风潮开始波及香港，这一时期的香港不断发生左派暴动和工人大罢工事件。为了重建与改善政府和社会之间的关系，港英当局一方面开始制定保障工人的法例，另一方面力图推行民主政治，加强和市民之间的联系。特别是20世纪70年代中期麦里浩出任香港总督后，制订了“十年造屋计划”，进一步改善市民的居住环境，减轻他们对政府的抵触心理。此外，面对日益严重的警员腐败和社会秩序混乱问题，1974年成立了“廉政公署”，对警员贪污问题进行调查，由政府带头开展扑灭暴力罪行、清洁香港等以社区为动员基础的运动。经过一定的努力，香港市民虽然对社会制度仍不十分信任，但面对社会环境的变化、经济的发展和生活的改善，他们渐渐稳定了心态，转而自觉地去发展这个现代化都市。香港人的本土化意识经过这一重要转型阶段之后逐渐觉醒。

在经济层面，20世纪50年代中期，香港已完成了向工业化城市的转变，工业结构也由自由贸易向制造业转变。60年代中期之后，香港制造业成为其经济发展的火车头，带动了经济的起飞。与60年代初相比，香港市民生活水平得到了明显的提高，特别是美孚新邨的落成，象征着一个富裕的中产阶层正在初步形成。大部分香港人也有了独立的经济能力，可以进行工作之外的娱乐消遣。

在思想观念、价值观念和社会文化层面，20世纪60年代后半期，新一代香港人成长起来，他们成为本地人口的一个重要组成部分。1976年，全港年龄在15～29岁的青年有130多万人，占全部人口的三成。① 这些香港本土出生者与父辈们有着明显的不同，他们出身于较富裕的环境中，主要接受西方文化熏陶，已经没有了中国内地的乡土记忆，民族意识也很淡漠，而本位意识逐渐增强。因此，他们在思想观念、价值观念、行为方式和观赏品位上和老一代的香港人有很大不同，更容易受西方文化的影响。

在政治、经济、文化等因素的作用下，作为既是社会文化的重要组成又是娱乐消费主导力量的香港电影，一直在适应并贴合这种社会的演进，经历了本土意识从觉醒到鲜明的过程，其中心意识便是全面强调娱乐性。这种本土意识

---

① 卓伯棠：《60年代“青春电影”的电影语言特色》，见罗卡、吴昊等：《香港电影类型论》，香港牛津大学出版社1997年版，第125～126页。

体现在电影产业层面：一方面，产生于20世纪50年代中期且颇具香港特色的现代化大厂体制如日中天，迎来了它最为辉煌的时期；同时，更为国际化且务实、灵活的卫星制也粉墨登场，并使香港电影经济突升，达到了前所未有的水平。另一方面，传统的粤语片工业在20世纪70年代初全面停止，1973年的粤语喜剧片《七十二家房客》却又带动了新兴粤语片工业的全面复兴，从此香港影坛不再具有国语片与粤语片产业之分，统一整合为新的香港电影产业体系。

20世纪80年代以后，香港的政治和经济结构进一步转型，中产阶层成为社会主导者。中产阶层既是知识技术的拥有者，又是新思想和新观念的倡导者，同时也是影响社会思想文化的中坚力量。中产阶级晋升为社会领导者，标志着香港社会在思想文化上亦步入了现代社会，从而使香港社会文化上的自主性进一步增强。这一时期，香港人的身份自觉和文化觉醒较之前更为强烈，香港文化的本土化意识逐渐成熟。

香港文化本土化意识的成熟，对香港电影产业的影响颇为强烈。多个中心的特殊地位，使香港现代金融业和工商业迅速崛起。但在20世纪80年代初，香港受到世界经济危机的波及，出口受到限制，而且当时中、英双方就香港问题开始谈判，无谓的恐慌心理使得香港资金纷纷外流，股市下跌。而电影"新浪潮"运动等因素却使电影产业出现了空前的繁荣，在其他市场低迷的情况下，许多影片和制片机构的商业成就吸引了工商界和金融界的投资。这些具有巨大资本资源的朝阳行业在看到电影工业所能产生的巨大利润后，纷纷大规模投资电影，如80年代初成立的新艺城影业有限公司、德宝影业公司等均属金融业和工商业融资的电影公司。新兴的电影公司淘汰了曾引领香港电影走向繁荣的大厂制片体制，将卫星制进一步发扬光大，形成了以卫星制占主导地位的新产业模式。更为重要的是，这一时期的香港电影产业融入了诸多现代企业营销理念，如"新艺城"所推行的高投入、高产出模式等，丰富和发展了卫星制。此外，台湾资金大量涌入，内地的改革开放国策也为各地的电影工业互动提供新的契机，蓬勃的台湾市场和广阔的内地市场为香港电影产业发展注入了新的活力。香港电影的经济环境步入了最佳阶段，形成了观众人数最多、电影票房最高、投资电影也最为踊跃的繁荣时期。在票房收入最高的1992年，全年港产片总票房达12.4亿港元，成为2002年之前港产片年票房收入的最高纪录。①

20世纪90年代中后期，受亚洲经济危机以及香港回归等因素的影响，港产片的生产数量及票房收入呈逐年下跌的趋势，至1999年，上述指标跌到了新低，港产片票房收入从1992年最高峰的近12.4亿港元跌至3亿多港元。进入21世纪后，由于"华语大片"的出现等原因，香港电影的经济指标有所上升，但制片产量依然在较低层次徘徊，2006年和2007年，连续两年的制片量均未超过60部。在香港电影工业走向低谷的同时，以有线电视、碟片、互联网等为代表的新兴传媒产业却孕育着巨大的市场潜力，众多的新传媒公司纷纷崛起。在起始阶段，新传媒产业虽对电影消费的传统院线方式造成一定冲击，但其发展依旧离不开电影这一能提供节目量的最大的"内容产业"。于是，新传媒产业直接投资电影制片业以换取版权，成为这一时期香港电影工业的一个新亮点。2003年6月，中央政府和香港特别行政区政

---

① 祁志勇：《90年代香港电影工业状况》，《当代电影》2002第2期。

府签署了《内地与香港关于建立更紧密经贸关系的安排》之后，和内地进行大规模的合作制片又成为这一时期香港电影工业的另一个新亮点。同时，电影发行渠道与传统的本土及东南亚影院发行相比有了根本的区别：电影放映有了电视、网络及碟片市场等新窗口，香港电影产业的发展已不再局限于传统院线业，而是顺应时代发展开辟了新的途径。这些特点都使得这一时期的香港电影发行业比传统方式更显灵活与个性，多元化的特征更加突出。

二、"周星驰电影"：香港商业电影的典型和巨大推动力

20 世纪 90 年代，香港商业电影进入了一个较快的发展期，创造了迄今为止港产片年票房收入的最高纪录。这一时期如此高的电影票房收入，与"周星驰电影"有着密不可分的关系。"周星驰电影"对于 20 世纪 90 年代香港电影产业整体发展有着不同寻常的意义。

"周星驰电影"是指周星驰主演的所有影片。在"周星驰电影"中，作为主演的他逐渐成为影片的核心，他鲜明的表演风格总是主宰影片的基调，形成了经典的"无厘头"风格。导演等其他主创人员越来越显得微不足道，他们已经慢慢降级成为每次轮换的道具和增添删改的票房调料。再加上其中许多影片也由周星驰本人执导，所以周星驰主演的一系列电影均被冠以"周星驰电影"之称。在香港影坛，这种以演员称谓其电影的现象也仅限于周星驰和成龙。从《赌圣Ⅱ》(1990 年)开始，周星驰的每部影片都会成为当年香港的卖座影片，多次刷新港产片的票房纪录。

周星驰原在电视台做儿童节目主持人，1990 年，他因主演电影《一本漫画走天涯》而奠定了明星地位，并开创了"无厘头"喜剧电影的风格。1990 年暑假档期，周星驰主演的《赌圣Ⅱ》公映，票房狂收 4 100 万港元，大大超越了此前《八星报喜》(1988 年)创下的 3 709 万港元的票房纪录。随后，周星驰主演的《赌侠》再下一城，票房亦突破了 4 000 万港元，一年中的前两部卖座影片均由周星驰包揽。1991 年，周星驰主演的《逃学威龙》再登港产片票房榜首，并以 4 383 万港元的成绩刷新纪录；这一年，周星驰的《整蛊专家》和《赌侠Ⅱ》票房均超过了 3 100 万港元，名列 1991 年港产片票房前十名，另两部周星驰主演的《情圣》和《赌霸》也分列当年港产片票房的第 19 位和第 20 位。

"周星驰电影"的票房成功极大地刺激了香港整体电影产业的发展，再加上 20 世纪 90 年代初香港经济的快速发展等其他外部因素的影响，香港电影产业于 1992 年出现了前所未有的蓬勃发展局面。当年港产片佳作不断，票房捷报频传，除"周星驰电影"外，也出现了多部实力强劲并相当卖座的影片，其中徐克、成龙等人的作品如《笑傲江湖Ⅱ东方不败》、《双雄会》、《警察故事Ⅲ超级警察》、《黄飞鸿Ⅱ男儿当自强》等电影票房均超过了 3 000 万港元。作为主力军的"周星驰电影"在这一年更是首当其冲，面对上述"强敌"，"周星驰电影"全面出击，春节档是《家有喜事》，复活节档为《逃学威龙Ⅱ》，暑期档为《审死官》、《鹿鼎记》、《鹿鼎记Ⅱ神龙教》，圣诞节档为《武状元苏乞儿》。其中《审死官》以 4 988 万港元的票房在当年排名榜首，再次刷新纪录。《家有喜事》也获得了 4 899 万港元的高票房，《鹿鼎记》票房也超过了 4 000 万港元。当年，这 6 部"周星驰电影"的香港总票房达 2.39 亿港元，平均每片收入近 4 000 万港元。在以"周星驰电影"为主的高票房影片的带动

下，1992 年香港港产片票房达 12.4 亿港元，创下了空前绝后的产业高峰，而当年"周星驰电影"占到了全部票房的 19.3%。

在随后的几年中，"周星驰电影"虽没有突破前几年的产业成就，但仍有不俗的表现(见表 1)。

表 1　1993—2005 年周星驰部分电影香港票房年表①

出品年份	片　名	票房(万港元)	当年港产片票房名次
1993 年	《唐伯虎点秋香》	4 017	1
	《逃学威龙Ⅲ》	2 578	8
1994 年	《国产凌凌漆》	3 752	3
	《破坏之王》	3 691	6
	《九品芝麻官白面包青天》	3 018	7
1995 年	《西游记大结局之仙履奇缘》	2 889	6
	《西游记第 101 回之月光宝盒》	2 520	7
	《回魂夜》	1 628	10
1996 年	《食神》	4 086	2
	《大内密探零零发》	3 605	3
1997 年	《97 家有喜事》	4 044	2
	《算死草》	2 716	4
1998 年	《行运一条龙》	2 273	3
1999 年	《喜剧之王》	2 985	1
	《千王之王 2000》	1 914	4
2001 年	《少林足球》	6 073	1
2004 年	《功夫》	6 127	1

进入 21 世纪后，"周星驰电影"的产量逐步萎缩，但其以人破纪录的姿态占据港产片票房榜榜首的势头未曾改变。他于 2001 年推出的《少林足球》依旧保留其传统的"无厘头"风格，但又进行了大幅度的改变。纯粹的搞笑已不再唱主角，大量的喜剧动作代替了喜剧语言，动作这一香港电影的传统类型元素以及与国际化接轨的高科技特效占据了影片主体。《少林足球》在香港的票房也突破了 6 000 万港元，成为当时香港最卖座的港产片。《少林足球》在票房上的成功，更为周星驰增添了自信和勇气，于是周星驰聘请了名震好莱坞的香港动作指导袁和平，拍摄了投资更大、特效更先进、动作场面也更多的《功夫》。和《少林足球》相比，《功夫》的"无厘头"语言搞笑味道似乎更淡，片中呈现最多的是此起彼伏、一轮又一轮的"特效大战"，周星驰在为自己的艺术风格迈向全球化而不懈地努力。该片 6 127 万港元的票房，

① 票房数据来自陈清伟：《香港电影工业结构及市场分析》，香港电影双周刊出版社 2000 年版，第 533～594 页。

更是在香港创下了空前的港产片纪录。

"周星驰电影"在香港电影趋于低迷的20世纪90年代屡创产业佳绩，成为香港电影的救世之作。20世纪的最后10年，香港共出品了超过40部的"周星驰电影"，这些影片在香港总的票房收入达11.236亿港元，平均每年为香港电影产业创收超过1亿港元。①"周星驰电影"为香港商业电影及整个电影产业发展所作出的贡献，至今无人能及。另在统计出的1985—2005年港产片票房前10名排行榜中，"周星驰电影"占了4部(见表2)，亦可看到其对香港电影产业的巨大推动。

表2 1985—2005年香港地区前10大卖座港产电影统计表②

序号	出品年份	片名	票房(万港元)
1	2004年	《功夫》	6 127
2	2001年	《少林足球》	6 073
3	1996年	《警察故事Ⅳ》	5 752
4	1995年	《红番区》	5 691
5	2002年	《无间道》	5 506
6	1994年	《赌神2》	5 254
7	1992年	《审死官》	4 988
8	1992年	《家有喜事》	4 899
9	1995年	《霹雳火》	4 565
10	1997年	《一个好人》	4 542

"周星驰电影"的高票房正反映了其内容不论是在文化背景，还是在个人需求方面，都契合了香港人的口味。综观"周星驰电影"的内容，每一部都有标新立异的情节构思、交错杂糅的故事架构、怪诞离奇的时空转换、稀奇古怪的道具设计，而且这些怪异荒诞、奇思妙想的电影时空任意飞梭于传奇历史、古代想象和现代科技中。正因为"周星驰电影"具有上述特征，通常把"周星驰电影"称为"无厘头电影"。在"周星驰电影"中，他所饰演的角色大部分都是处于草根阶层的小人物。这里所说的小人物，不仅仅是就他们的身份、社会地位而言，更重要的是他们的思想感情、为人处世、道德观、人生观、价值观是小人物化的，具备凡人、草民的特征，有着常见的缺点，比如自私、软弱、贪财、狡猾、好色、粗俗等。可是他们又不是真正的坏人，他们在原则问题上、在重要关头常常显现出善良、真诚、热情、正直等美德，并且他们往往拥有小人物的民间智慧和勇气。总之，他们是集合了聪明/笨拙、勇敢/怯懦、天真/狡猾、热情/冷漠、沉稳/浮躁等多种矛盾性格于一身，他们的生活和情感与最普通、最平凡的小人物非常接近。

"周星驰电影"经常表现小人物的命运，这跟他的出身有关。周星驰曾说，他

① 列孚：《90年代香港电影概述》，《当代电影》2002年第2期。

② 赵防卫：《香港电影产业流变》，中国电影出版社2008年版，第139页。

的电影都是他的感想以及体验。他的电影反映了个人的成长史，特别是《喜剧之王》，表现一个小演员的辛酸、无奈和执著，可以说就是他自己当年的经历和心理感受，折射出周星驰从“跑龙套”到“喜剧之王”的艰难历程。在50部电影中，周星驰扮演过各种角色，其中有街头小混混、警察、赌徒、小偷、厨师、小伙计、乞丐、流浪汉、小演员、农民工、太监、山寨王、行脚僧、九品官、宫廷卫士、古代状师等。角色几乎涵盖了中下层社会各种层次、各种身份、各种地位的人物。这些人物形象虽然在外貌上和性格上差异很大，然而他们可以说是已经类型化了的人物。“周星驰电影”中人物角色的多样和庞杂只是表面现象，实际上他们统一在一个共同的核心之下，这便是处于20世纪90年代香港多重文化背景下的中下层市民的性格特征。“周星驰电影”的内容在一定程度上反映了这一时期香港商业电影的共性特征，“无厘头电影反映了20世纪90年代香港社会各方面价值观念的全新而深刻的变化。人们从揶揄模拟的深处读出真正的诗意，从玩世不恭的背后读出艺术的严肃，更会从繁华中看出浮华，于天上看见深渊……”① 作为这一时期香港商业电影的典型代表，周星驰的几乎每部电影都具有的高票房，更成为这一时期香港商业电影发展的巨大推动力。

三、香港商业电影的启示

在论述了香港商业电影发展简史以及分析了作为其典型代表和巨大推动力的“周星驰电影”之后，不妨将香港商业电影与内地电影产业的发展作一比较，在比较中，或许能得到更多的启示。中国内地电影产业早在20世纪二三十年代就发展得较为完善，亦从那时开始了和香港电影产业的第一次大规模互动。当时内地电影产业的发展远远超过了香港，在第一次互动中，香港电影产业从内地得到了较大的启迪和帮助，从弱小走向了强大。新中国成立后，新的电影产业体系迅速取而代之，并得到了新的发展。但强烈的意识形态目的以及长期的计划经济体制，又严重制约了电影产业新体系的发展，甚至改变了内地电影从业者的观念。改革开放和随之而来的思想解放运动，再次使内地电影界扭转了观念，特别是20世纪80年代后，香港电影和内地电影开始了第二次大规模的产业互动。半个世纪后的这次轮回和第一次刚好相反，香港电影以强大的美学和产业优势影响和带动了内地电影的发展，内地观众见识了香港电影，内地电影界也重新认识了香港电影产业，后者对前者的影响和启迪亦从此开始。

归结起来，香港电影产业的种种经验对内地电影的最大启示仍然表现在观念和方法两个基本层面。

在观念层面，内地电影界从香港电影产业经验中已逐渐认识到电影是一种文化产业而非纯粹的意识形态工具，这是内地电影在观念上的一种彻底变革，有了这种变革才可能有以后的产业发展。既然认识到电影是一种文化产业，就应该以现代营销的观念来进行电影的商业运作。香港电影产业模式中的现代营销观念也对内地电影产业模式影响颇深。这种影响首先体现在档期概念上，比如中国内地的品牌片种——贺岁片，便是直接由香港舶来。贺岁片本是对香港等地在每年岁末时推向市

---

① 丁伟：《香港的无厘头电影》，《天涯》2000年第4期。

场的娱乐性较强的影片的称谓，1995 年，成龙主演的香港贺岁片《红番区》被引进内地，其骄人的票房不但刺激了电影市场，也使内地电影导演和观众见识了贺岁片。能够敏锐捕捉到市场和观众需求的导演冯小刚立刻受到了启发，1997 年推出了中国内地第一部以“贺岁片”名义上市的影片《甲方乙方》，“在电影市场上一炮打响，取得了全国票房人民币 3 000 万元的骄人业绩，而北京一地就高达 1 000 万元”①。从此，贺岁片这一品牌便在内地落地生根。在它的影响下，香港院线业中的档期概念在内地电影发行业中进一步被强化，目前内地的院线档期中，除贺岁档外，还有“五一”黄金周档期、“十一”黄金周档期、圣诞节档期、情人节档期等，这些档期的出现体现了内地电影产业对发行的日益重视，同时也对内地电影经济给予了强有力的提升。

香港电影产业现代营销观念对内地电影的影响，还体现在对影片的包装、宣传上。这种营销理念，是香港 20 世纪 80 年代初《最佳拍档》系列片营造出的大投入、高产出要素中的一个关键部分，具体表现为花费巨额宣传费和用各种方式如广告、见面会等为即将上映的影片包装，进行铺天盖地的宣传以期获得高票房收入。内地于 20 世纪 90 年代开始引入这样的营销方式，如今，此种营销策略在内地电影界已不再是什么新生事物，几乎所有的华语大片以及大部分重头影片在内地上映时均采用这类营销手段，仅 2007 年中，就有如《集结号》破纪录的“万人观影”、《投名状》的百位明星首映、《命运呼叫转移》以“喜剧门派大荟萃”为卖点的宣传等，而且大部分都取得了极佳的发行效果。

在方法层面，内地电影界并不能机械地照搬香港经验，而是依照香港电影产业中的灵活性原则，立足内地具体的政治、经济、文化发展状况和实际电影产业，参考以香港为主的产业经验而进行符合自身发展的改革。香港商业电影的产业经验虽然对内地电影具有较大的启示意义，但对后者来说，并非所有的香港电影经验都是积极的。香港电影的许多症结在其发展历程中多次出现，这些症结有时几乎摧毁了整个香港电影，内地电影应该引以为戒，亦不能不顾自身实际进行全盘照搬。在美学层面，香港电影在内容上有些是不能被接受的，比如其表现出的在后殖民语境下身份的优越感甚至高贵感，对内地文化、传统道德的极度反讽，以及过分的反智和低俗等都是应该被摒弃的；而其形式上不注重艺术质量的“跟风”恶习以及过分的随意、极度的夸张和急功近利的短期行为等亦是不可取的。

□□□ 思考延伸

1. 分析香港社会经济、文化的历次转型对于香港电影发展的影响。

2. “周星驰电影”为什么具有强大的票房推动力？

3. 除了“档期”概念外，香港电影产业的现代营销观念对内地电影的影响还体现在哪些方面？

---

① 饶朔光：《社会/文化转型与电影的分化及其整合——90 年代中国电影研究论纲》，《当代电影》2001 年第 1 期。

第二十九讲 校园歌曲、流行歌曲、网络歌曲

从20世纪70年代末开始，中国大陆从传唱台湾校园民谣到拥有自己的原创歌曲，走过了一条辉煌的发展之路。周杰伦歌曲个性鲜明，内中外洋，与校园歌曲有着精神上的联系。网络歌曲是集平民性、快捷性、冲击性、祛魅与赋魅、简单化等特点于一身的全新音乐形式。

狭义的校园歌曲是指在校大学生以学校生活为背景创作的歌曲，一般先在校园里传唱开来，进而在社会上广泛传唱，主要吟唱青春、理想、爱情、友谊等内容，曲调清新，旋律优美，不论是失意迷茫、感怀忧伤还是快乐幸福、憧憬未来，不论是摇滚风格还是嘻哈风格，总是充满着青春的活力与感染力，是一种非常有代表性的校园文化，如老狼、朴树的歌曲就非常有影响力。广义的校园歌曲的内涵要更大一些，包括曾经受过大学教育的人创作歌曲表达对大学生活和情感的一种回望，或者也可说凡是写学校生活，反映学生时代感情和情绪的歌曲都是校园歌曲，比如刘文正、罗大佑等人的创作。不过20世纪80年代，最初的校园歌曲却是由校外人士所写，传唱到校内的。今天，随着市场机制的不断成熟，校园歌曲从创作到发行在逐步专业化、商业化，并逐步满足多元化的市场需求。

校园歌曲总体上经历了三个发展阶段。

一、20世纪70年代末80年代初的校园歌曲

20世纪70年代末80年代初，中国虽然开始了改革开放，但是由于近30年的政治约束，在政治文艺一体化机制下，大陆流行音乐的原创力量还非常薄弱，这为港台流行歌曲和台湾校园民谣在大陆的风靡提供了良机，大陆一些知名歌手如成方圆等纷纷登台演唱港台歌曲，校园内外纷纷传唱，录音机和盒式磁带的流行也对校园歌曲的升温起到了推波助澜的作用，由此掀起了大陆第一个校园歌曲的高潮。这一阶段中国大陆以传唱台湾校园民谣为主，音乐创作缺乏原创性。

台湾校园歌曲的热潮首先是由出生于20世纪50年代的歌手发起的。此时进入大陆的台湾校园歌曲的代表人物和作品有：

台湾歌手李健复在1980年推出了他的首张专辑《龙的传人》，豪迈的民族感情、感伤的怀乡情绪使大陆百姓备受鼓舞。

台湾音乐家、歌手罗大佑对大陆20世纪八九十年代的校园歌曲和流行音乐有着划时代的影响，有华语流行音乐教父之称。多年来，许多歌手对他的歌曲进行过各种形式的翻唱，《童年》、《光阴的故事》、《走不完的路》、《青春舞曲》、《酒干倘卖无》、《四季》、《野百合也有春天》、《穿过你的黑发的我的手》、《明天会更好》、《东方之珠》、《恋曲1990》、《是否》等都是经久不衰的名曲。

叶佳修是20世纪80年代台湾校园歌曲的重要人物之一，他创作了一系列乡村风格的作品，如《乡间的小路》、《爸爸的草鞋》、《外婆的澎湖湾》、《思念总在风雨后》、《垄上行》等，其中《外婆的澎湖湾》是由他作词、作曲，由潘安邦演唱的成名作。

台湾歌手刘文正给大陆带来了许多台湾校园歌曲，如《兰花草》、《三月里的小雨》等。此外，还有齐豫、齐秦姐弟，齐秦的《大约在冬季》、《狼》、《花祭》、《外面的世界》等和齐豫的《橄榄树》是当时校园学子非常喜爱的曲目。潘越云、王梦麟在20世纪80年代也颇具知名度。之后，又有不少港台明星在校园里你方唱罢我登场，如王杰、Beyond、姜育恒、蔡琴、郑智化、苏芮等。

二、20世纪80年代到90年代末的校园歌曲

20世纪90年代，中国大陆校园音乐的各种原创力量显示了骄人的才华，一时流派纷呈，群星闪耀，大陆终于有了自己校园文化意义上的原创歌曲。代表人物和代表作品如下：

老狼，原名王阳，北京人，中国大陆校园歌曲的重要代表人物，1993年毕业于清华大学，1994年他演唱的《同桌的你》和《睡在我上铺的兄弟》被大学生们称为当年的“毕业歌”。此后又推出《青春》、《北京的冬天》、《想把我唱给你听》等经典曲目。代表专辑有《恋恋风尘》、《晴朗》、《北京的冬天》。虽然老狼的曲风从最初淡淡的忧伤回忆逐渐走向多元化，日渐成熟，但总体上是平和宁静、真挚动人的风格。

高晓松，北京人，1988年考入清华大学，1991年退学，1994年参与出版《校园民谣Ⅰ》，由此正式进入音乐圈，成为中国大陆校园歌曲的重要代表人物。代表专辑有《同桌的你》、《恋恋风尘》，个人作品集《青春无悔》等，经典歌曲除创作了《同桌的你》、《睡在我上铺的兄弟》外，还创作有《流浪歌手的情人》、《上班族》、《冬季校园》、《关于理想的课堂作文》、《青春无悔》、《模范情书》、《B小调雨后》、《冬季的校园》、《白衣飘飘的年代》、《恋恋风尘》等。对于20世纪八九十年代的大学生来说，高晓松的名字并不陌生，他的歌曲总是能准确表达出与校园有关的种种情愫，从而在有过校园经历的人的心中占据不可替代的地位。

朴树，本名濮树，为简略笔画而定艺名为朴树，江苏南京人，1994年毅然放弃首都师范大学的学业，开始其音乐创作。代表专辑有《我去2000年》、《生如夏花》，代表单曲有《火车开往冬天》、《白桦林》、《New Boy》、《旅途》、《那时花开》、《生如夏花》、《Colourful Days》等。2004年推出专辑《生如夏花》后日渐沉寂。朴树的歌曲朴素淡然，不媚俗，有定力，既充满忧伤，又满怀希望，有股特立独行的意味。

叶蓓，北京人，1997年毕业于中国音乐学院声乐专业，并成为一名专业歌手。

叶蓓的演唱有令人怜惜的纯真和稚气未消的青春气息，加上她扎实的专业演绎，令她迅速成为华语乐坛的一颗新星。代表专辑有《纯真年代》、《双鱼》、《幸福深处》、《我要的自由》。经典单曲有其演唱的《白衣飘飘的年代》、《白桦林》、《B 小调雨后》、《花木兰》等。

水木年华，是由清华大学爱好音乐创作的学生自由组合而成，历经三次变动，名称始终沿用水木年华，目前的成员为卢庚戌和缪杰。代表专辑主要有《一生有你》、《青春正传》、《毕业纪念册》、《70. 80》、《跳舞专辑》、《完美世界》、《生命狂想曲》、《双重幻想》。著名单曲有《一生有你》、《完美世界》、《启程》、《没有人比我更爱你》、《爱上你我很快乐》、《在他乡》、《再见了，最爱的人》、《中学时代》、《别哭，我最爱的人》、《轻舞飞扬》等。可以毫不夸张地说，水木年华是我国内地目前最具人文内涵的乐队组合之一，成员都具备比较深厚的音乐功底，自幼学习音乐，或受音乐的熏陶，在校期间都有过组织乐队和参加演唱比赛并获奖的经历，他们出众的音乐才华再加上清华毕业生的专业背景，刷新了人们对流行音乐和流行歌手的认知，带给乐坛以全新的震撼感觉。从他们的歌曲中，人们可以感受到他们对生活的解读，他们是敏感的、重情重义的、阳光健康的，在追忆和告别美好青春的青涩忧伤中成长、成熟。他们的歌是一味安慰剂，平静人们日益浮躁的内心和无所归属的灵魂。

郁冬，北京人，1994 年参与《校园民谣Ⅰ》、《校园民谣Ⅱ》的录制，1995 年出版个人专辑《露天电影院》，知名单曲有《露天电影院》、《离开》、《北京的冬天》等。他的创作虽然数量有限，但质量都很高，以隽永、优美著称。他非常推崇齐秦的曲风，认为简单、朴素的音乐才是最美的、最具冲击力的。他认为，在内地只有娱乐大众的流行音乐，只有娱乐业而没有唱片业，商业机制的驱使已经使校园歌曲失去了往日纯真动人的色彩。

小柯，原名柯肇雷，北京人，1992 年毕业于首都师范大学音乐系钢琴专业，1995 年签约北京红星音乐生产社，代表专辑有《念来去》、《小柯 2002》、《日子》等。小柯创作成果丰硕，曾为《二马》、《贫嘴张大民的幸福生活》、《任长霞》等多部电视剧进行音乐创作。著名单曲有《为了爱》、《最爱这一天》、《日子》、《生日快乐》、《冬季校园》、《油画里的情人节》等。小柯的曲风主要是以京味民谣为基础，吟唱平凡的日常生活。

三、21 世纪以来的校园歌曲

校园嘻哈风。嘻哈风格本是穿着方面的一个潮流，不仅个性鲜明，而且非常生活化，讲究轻松、随性的时尚。新时期以来，校园里的嘻哈风逐步成为一种流行歌曲的潮流。这种歌曲展示着个性，把校园生活当做一个去崇高、去神圣化的对象，轻松、随性地展开言说，它将 R&B、RAP、HIP-HOP 等多种音乐风格集于一身，节奏鲜明、富于动感、内容亲切。2006 年，海尚文化公司推出了专辑《校园嘻哈》，歌手名叫“无级生”，就是要说明校园生活像一个平面，没有年级高低的差异，也没有在校或离校的概念。专辑中对许多正面的情感和事物用戏谑的手法加以演绎，如将成长与理想象征为两只老虎(《两只老虎》)。同时，许多以前不被正面言说的内容则以无厘头的搞怪形式出现，如将人的生命中的很多状态比喻为会遇到的无数次红牌(《红牌》)。尽管音乐形式和歌词多有嘻嘻哈哈的随意，但在主旨和内容上仍是积极乐观、充满希望的，它们的风靡也是当下年轻人内心情感和欣赏口味的折射。

在校园歌曲的流行之中，周杰伦出现了，他的歌曲很快受到热捧。校园歌曲与周杰伦歌曲的联系，在于对学校生活、青春、爱情、理想和文化的关注，虽然二者的歌曲形式和音乐风格迥异，但精神内涵却有着高度的相似性和相关性。台湾校园民谣代表人物叶佳修曾说："周杰伦表达的是现在年轻人的状态。我个人并没有把周杰伦从校园音乐中切割出去，周杰伦在内涵上和当年的校园音乐是一脉相承的。"① 这一评价切中了周杰伦歌曲与校园歌曲的精神联系。虽然他 19 岁就离开了学校,② 但是作为一个 21 岁就成名的年轻人来讲，在有限的 20 年生命历程中，学校生活占据了很大比重，因此它注定会成为周杰伦吟咏的关键词，如《三年二班》、《斗牛》、《听妈妈的话》、《蜗牛》、《我的地盘》等。

周杰伦，祖籍福建泉州，出生于台北市淡水县，毕业于台北私立淡江高级中学音乐科，尤善钢琴，是作词、作曲、演唱俱佳的全栖型音乐人。从 2000 年至 2011 年，经过十余年的磨砺，周杰伦已经成长为新一代亚洲音乐天王巨星。周杰伦的音乐创作与演唱突破了华语音乐的严肃与周正，在形式上融合了多种音乐形式，为华语流行音乐的发展开辟了一条生机盎然的新路。

周杰伦之所以能够脱颖而出，和他多变而又多元的音乐风格是分不开的。他的音乐风格主要有三种，即节奏蓝调(R&B)和说唱(RAP)、中国风、混搭风。当然，这几种风格并不是孤立存在，而是共生共存、相互生发。

周杰伦最初是以节奏蓝调和饶舌风格的说唱征服年轻人的，专辑《JAY》、《范特西》中的许多歌曲都采用了这种风格。歌曲的演唱含混不清，节奏平淡，气质忧郁，有时甚至给人以混乱不堪、不知所云之感。不论感受好坏，但绝对是全新体验，年轻人立刻喜欢上了他，而年龄稍长的听众则多不屑一顾，对他的走红难以理解。

在形式上，周杰伦经常会在乐曲的演绎中掺入中国古典音乐的元素，比如古筝、琵琶、笛子、二胡、京剧等。《东风破》中，琵琶声撩拨人的心弦，加上二胡悠扬、哀伤的旋律，很能烘托出漫漫古道上浪迹天涯的游子离愁和爱情怅惘。《青花瓷》以中国经典瓷器为素材，勾勒出中国人浓淡相宜、朴素雅致而又细腻温润的青花人生。周杰伦的歌曲内容包容度很大，中国风是其内容上最大的特色，也是他颇受喜爱的重要原因。从第一张专辑开始，他的歌曲就带有明显的中国风气，如表现古典爱情的《娘子》。之后，几乎每张专辑都有中国风歌曲问世，《千里之外》、《本草纲目》、《菊花台》、《青花瓷》、《兰亭序》等曲目更是因其浓郁的中国风韵而风靡全国。除了中国风，歌曲对多种内容都有所反映，如有环保意识的《梯田》，揭露演艺圈虚伪的《四面楚歌》，描述飙车感受的《飘移》，为奥运会而唱的《千山万水》，以印度古典驯蛇为题材并采取驯蛇音乐风格的《蛇舞》，以美国牛仔音乐为背景的对牛仔生活进行戏拟的《牛仔很忙》。

---

① 转引自王琳：《〈外婆的澎湖湾〉创作者叶佳修：最有名的佚名人》，见 http://news.qq.com/a/20070820/002109.htm。

② 周杰伦 19 岁高中毕业后，高考名落孙山，先是在一家餐馆做服务生，不久遇到了《超级新人王》节目的主持人吴宗宪，随后进入吴宗宪的阿尔法音乐公司，走上了音乐创作之路。

2009年中国中央电视台的春节晚会上，周杰伦和宋祖英同台，曲目是周杰伦原创的《本草纲目》与宋祖英《辣妹子》的混编，由此音乐界又多了一个新的名称：混搭风。2009年6月，周杰伦又和宋祖英、多明戈、郎朗这四个领域的代表人物在北京举办了2009魅力中国演唱会，仍是混搭风的继续。

周杰伦的音乐已经流行了十余年，流行的原因主要有以下几点：

一是时代的变化。现在的年轻人远离了残酷的战争、血腥的阶级斗争和物质财富的严重匮乏，但精神生活缺失，对集体话语、宏大叙事和主流意识形态是疏离的，他们的自我意识强烈，个性张扬，需要独特的全新风格，可以说，周杰伦出现得正是时候。

二是周杰伦的个人魅力。周杰伦颇有才华，他有不少歌曲都是自己作词、作曲并演唱，靠的是真功夫。而且年纪轻轻就开创了非常独特的音乐风格，引领音乐潮流，令年轻人非常崇拜。十年的辉煌更应该归功于他的勤奋，他总是在推陈出新，仅2000年到2009年十年间，就发行了18张专辑，总是使人耳目一新，使自己立于不败之地。周杰伦很有个性。他的外形较好，总是一副冷酷表情，配以宽松自在、嘻哈风格的装束，一度是年轻人追捧仿效的样板。在其众多的广告代言中，也有不少要求树立自我、实现自我的宣言，如"我的地盘听我的"、"不走寻常路"等。此外，周杰伦非常重视家庭亲情，对自己的母亲非常孝顺，2003年的专辑《叶惠美》就是以母亲的名字命名的，他还写了一首《听妈妈的话》，这为他赢得了不少赞誉。

三是立足中国文化精神。中国传统文化精神是周杰伦创作的一个基石，作为一个引领时尚的年轻人，周杰伦怀揣一颗中国心，随时彰显他对中华文明的热爱之情，这种精神无形中赋予了他的演唱在精神诉求上的深度意义。

周杰伦作为一代天王，成功地抓住了时代的脉搏，影响了一代人的成长，许多人都是听着周杰伦的歌曲从青涩变为成熟。同时，其作品也影响了一个时代音乐的走向，继他之后许多歌曲都是从对蓝调和说唱风格生硬的模仿走向成熟的，现在这些技巧的使用已经非常普遍。虽然以后还会有别人成为天王，但周杰伦的歌曲会成为经典，拥有一个自己的音乐地位。

在当今流行歌曲中，网络歌曲特别走红。网络歌曲可以说是在流行音乐的基础上发展起来的，也可以说，流行音乐的普及是网络歌曲诞生的前提条件之一。网络歌曲在流行性、大众性、商品性、文化选择权力的下移性等方面与流行音乐有着相通之处。随着网络时代的到来，中国有了数量庞大的网民，越来越多的人借助网络来创作、发布和欣赏音乐，催生了许多音乐网站，音乐网站的发展越来越趋于专业化。2004年以来，许多歌曲都是先在网上走红，接着是名不见经传的网络歌手在现实世界中开创自己的明星道路。

网络歌曲也有广义和狭义之分：广义地讲，凡是网上存在的歌曲就是网络歌曲，既包括原创也包括翻唱，既有老歌也有新作；狭义地讲，只有拥有原创的词曲，利用有限的电脑设备进行录制，放在网上依靠网络点击传播的歌曲才是网络歌曲。

网络歌曲可以大致分为两个发展阶段。

萌芽阶段。2000年到2004年是网络歌曲刚刚兴起并逐步成形的阶段。2000年，雪村的《东北人都是活雷锋》是网络歌曲诞生的标志，"翠花，上酸菜"成为当年的流行语。虽然它并不是以网络歌曲的形式创作的，但有人主动为其配上动画（flash）

并上传到网上，风趣幽默的风格使它很快就在网上火了起来。它的火爆启发了人们用网络创作和传播歌曲的意识，之后的两三年里，经营网络歌曲的网站蓬蓬勃勃地发展了起来，不仅提供展示创作的平台，而且提供多种伴奏和歌曲制作软件；不仅有原创作品，还有不少翻唱作品。

发展阶段。2004 年之后，是网络歌曲不断发展和成熟的阶段。2004 年，杨臣刚的《老鼠爱大米》和庞龙的《两只蝴蝶》先后在网络上传播，迅速红遍中国，男女老幼差不多都会哼唱几句。2004 年之后，有了更多的网络歌曲，如《老婆老婆我爱你》、《你到底爱谁》、《秋天不回来》、《香水有毒》、《求佛》、《猪之歌》、《因为想你才寂寞》、《香烟爱上火柴》、《当我孤独的时候还可以抱着你》、《得到你的人却得不到你的心》、《姑娘我爱你》、《斯琴高丽的伤心》、《女人的情歌》等。越来越多的音乐网站除了单独为网络歌曲开创平台以外，同时设立排行榜，提高点击率，加速网络歌曲的传播，扩大其影响。

网络歌曲的特点主要有以下五方面：

第一，平民性。首先，在网络上欣赏网络歌曲已经成为轻松的休闲行为，随时搜索、点击就可以听到自己喜欢的歌，而不像专业音乐会、演唱会那样对欣赏者的音乐水平有所要求。其次是制作和发行的平民化。之前，歌曲的创作、录制及发行都是由专业工作者分工完成，业余人士很难参与这一过程。现在，网络提供了这个平台，使每个人都有机会把自己的作品放到网上接受网民的检验，这让人非常有成就感。事实上，最早的网络歌曲并不是有意而为之的商业行为，它们常常是音乐爱好者自娱自乐、无心插柳的一种意外收获，但一夜成名创造的巨额利润与影响激发了不少人的创作热情，使网络歌曲商业化机制迅速成形，并获得了巨大发展。再次，容易传唱也是平民性的体现。由于歌曲的成败全由看不见的网民们决定，因此，歌曲的创作必须大众化、通俗化，不论内容还是形式都必须符合平民百姓的审美观才有可能被频频点击，就这一点来说，网络歌曲具有反崇高、反英雄、反精英的平民性审美特征。

第二，快捷性。首先是检索的快捷性，只要输入一个音乐关键词即可找到自己想要的音乐。其次是制作传播的快捷性。由于在传播过程中不再需要经过唱片公司、经纪人、音乐人等环节，制作成本和周期都大大缩减，歌曲一旦放在网上，通过点击就可以完成它的发行，随着点击率的升高，歌曲的传播速度也会急速攀升。再次是成名快，网络歌曲的成名是名副其实的一夜成名。

第三，冲击性。网络歌曲在网络上的成名速度快、成本低、波及面非常大。歌曲和歌手可以在极短的时间内达到程度高、范围广的认知。网上歌迷们的支付成本很低，他们可以把自己喜欢的歌曲通过网络推介给亲友，还可以留言点评歌曲的好坏，形成即时的网络互动。这些优势给传统音乐的创作与市场发行带来了巨大打击，对靠传统方式推介歌曲的歌手来说，无论是制作成本、发行速度，还是受众层面都无法与之抗衡的。

第四，祛魅与赋魅。本质上，这种祛魅与赋魅在许多领域都存在，网络歌曲的祛魅表现在它的平民性上，音乐由原来专业的少数人才能欣赏的高雅之音，变成了人人可以把玩的大众化的文本，由此失去了其权威性、神圣性、高雅性。在祛魅的同时，网络歌曲又为大众平凡、世俗的生活赋魅——一个普通人对巨大名利和辉煌前程触手可及，那么众多平凡人只要努力和足够幸运，同样可以拥有机会。这种赋魅也是网络歌曲快速发展的一个重要原因。

第五，简单化。网络歌曲受制作设备和欣赏者水平的限制比较明显，许多创作者、歌手可以凭借一首歌曲成为网络达人，但是脱离网络后，成功开创自己演艺道路的人却并不多，其中一个重要原因就是缺乏扎实的音乐基本功和丰厚的音乐积累。

网络歌曲的发展也面临着各种困惑。首先就是音乐创作人的版权维护比较困难。网络歌曲红了多少年，其版权维护历程就有多少年。不少歌手因为没有版权意识，歌曲红了，但因版权而起的经济纠纷也随之而来。所以，建立健全对音乐网站、网络歌手及唱片发行的法律具有重要意义。

其次是网络歌曲出现了低俗化的倾向，有不少恶作剧和粗糙、低俗之作。这是因为，一方面，人们在网络上享受发表权的时候放任自我，无视社会公德与责任；另一方面，也是因为缺乏严密、科学的监管和疏导机制，才导致了鱼龙混杂、良莠不齐的局面。不过，从发轫至今，词曲俱佳的网络歌曲仍是最受人们欢迎的。

再次是网络歌曲有发展潜力，但发展方向有待明确。目前，涉及网络歌曲发展方向的主要有以下几点：一是当代社会人们的选择权影响着网络音乐的风格与走势，网络歌曲日后更可能以单曲的形式吸引听众。二是为了保护版权，听众下载网络歌曲时可能需要付费。三是网络宽带的不断升级将会促进新形式的网络歌曲诞生，比如一边听歌一边欣赏与内容相合的音乐视频(MV)。对于这些新动向，人们的态度也不一致，悲观的人认为，宽带升级后网络歌曲的前途堪忧，如果要付费，可能会流失大批听众；乐观的人认为，网络歌曲可以做成专属网站，在网上创作歌曲，在网上传播，人们喜欢就付费下载，然后再进入下一轮的创作、发表、交易过程，显然这是一个良性的循环过程。

今天，流行音乐与网络音乐互利互惠，为了扩大影响和知名度，几乎所有歌星的歌曲都可以在网上搜到，尤其是当红歌星如周杰伦、李宇春、曾轶可等人的歌曲更是与网络同步。网络音乐通常也会在网下出版发行，在更广的范围内流传，变成流行音乐。校园歌曲是流行音乐的一种，音乐网站也是它依存的重要手段。总之，由一种审美格调一统天下的时代已经成为历史，不论是校园歌曲、周杰伦歌曲还是网络歌曲，人们的审美追求都在呈多元化趋势发展，各种歌曲类型的诞生及发展都和市民社会的兴盛、个性的张扬与人格的完善、传媒业的高速发展、娱乐时代的来临息息相关。

□□□ 思考延伸

1. 校园歌曲的黄金时代是否已经过去？
2. 为何很多年轻人喜欢周杰伦？
3. 网络歌曲是个人创作还是集体创作？网络歌曲应该有版权吗？

第三十讲 网络游戏与虚拟世界

随着网络的普及，网络游戏和BBS从20世纪90年代初开始逐步兴起，构成了网络虚拟世界的主要部分。经过近十几年的发展，它们逐步形成自己的文化特点。网络游戏和BBS所具有的虚拟性、开放性曾为一代网民提供了一个理想主义的家园，而现在它们又成为网民寻求生活刺激和心理补偿的新地点，并且随着这个虚拟世界的发展，各种新的特点和功能必将涌现。

一、网络游戏与BBS

整个互联网虚拟世界由各种各样的网站和形形色色的网友组成，其中最能体现整个互联网中虚拟世界文化的就是网络游戏与BBS。

网络游戏是相对于单机游戏而言的，游戏的玩家必须通过网络连接来进行多人游戏。一般是由多名玩家在互联网服务器中的虚拟环境下，按照一定规则操作用以娱乐的游戏产品。这与单机游戏中所提供的局域网对战模式不同，单机游戏提供的局域网对战在参加人数、游戏规则、游戏世界的扩展性和玩家之间的互动性方面非常有限，所以严格意义上来说，单机游戏提供的局域网对战合作的功能项目并不能称为网络游戏。

按照网络游戏市场特点，可将网络游戏分为三大类：大型多人在线游戏（MMOG）、多人在线游戏（MOG）、网页游戏（web game）。

大型多人在线游戏英文全称为 massive multiplayer online game，指以互联网络为传输基础，使多个用户能够同时进入某个游戏场景进行操作的网络游戏产品。该游戏类型按照游戏操作方式又可以分为大型多人在线角色扮演游戏（MMORPG）、大型多人在线第一人称射击游戏（MMOFPS）。其中，大型多人在线角色扮演游戏指以互联网络为传输基础，能够使多个用户同时进入某个游戏场景，操作具有某种社会特性的游戏角色，并且能与其他游戏用户控制的角色实现实时互动的游戏产品，代表游戏有：《雅典娜2》、《魔兽世界》、《指环王 Online》、《EVE Online》、《梦幻西游》。大型多人在线第一人称射击游戏基本与此相同，但游戏操作方式完全为第一人称射击，代表游戏有：《激战海陆空》、《星际 Online》。

多人在线游戏英文全称为 multiplayer online game，游戏方法与大型多人在线游戏类似，但同时支持同一游戏场景的玩家数量相对较小，内容表现形式却更为丰富，多为对抗竞技类。这种游戏通常是一个玩家建立或进入一个已建好的游戏场景，其他玩家加入进行线上对抗，主要有即时战略、第一人称射击、体育、竞速等多种类型。代表游戏有：《星际争霸 2》、《魔兽争霸 3》、《英雄连》、《反恐精英》、《战地风云》、《使命召唤》、《穿越火线》、《战地之王》。

网页游戏不用下载客户端，可在任何地方、任何时间、任何一台能上网的电脑上进行游戏。其类型及题材也非常丰富，典型的类型有角色扮演(《天书奇谭》)、战争策略(《热血三国》)、社区养成(《猫游记》)、SNS(社会性网络服务，如《开心农场》)等。

与网络游戏一起构成网络虚拟世界的还有 BBS。BBS 全称 bulletin board system，起源于 20 世纪 80 年代的美国，最早是用来传递股市价格等信息，后来在互联网时代得到广泛的发展，成为非常重要的网络交互平台——BBS 社区。现代 BBS 社区的分类主要是依据 BBS 社区所集中讨论的话题和资源所决定的，一般有综合类 BBS，如天涯、猫扑；技术类 BBS，如电脑爱好者之家论坛；影视类 BBS，如人人影视、猪猪字幕、麻辣日菁等；还有游戏类 BBS，如游侠网论坛和 3DM 游戏论坛等。各种 BBS 各有侧重，体现了互联网中虚拟世界五花八门的文化特征。

二、网络游戏与 BBS 的发展历程

（一）网络游戏的发展

网络游戏起源很早，由于当时国内网络环境的硬件建设和收费等原因，前两代网络游戏的传播非常有限。[①] 但是，在第二代网络游戏中出现了 MUD 这一重要类型，它为第三代网络游戏的诞生创造了条件。20 世纪 90 年代初期，我国也出现过 MUD 游戏，并且风靡一时。

MUD 全称 multiple user dimension、multiple user dungeon 或 multiple user dialogue，可以译做多人世界、多人地下城或多人对话，俗称“泥巴”。90 年代初期，国内最知名的 MUD 网站就是泥巴网。MUD 第一次在真正意义上制造了一个完全不同于现实的虚拟世界，MUD 就是这样一种将虚拟与现实完美融合的幻想游戏。MUD 并没有现在任何网络游戏所具有的漂亮画面，确切地说，MUD 没有画面。整个游戏过程中，玩家面对的是黑底白字的字符，即一串串基于 ASCPII 码的特殊符号。但正是这种利用文字的想象对玩家造成了极大的吸引。90 年代初，泥巴网最有名的 MUD 游戏是《三国 MUD》，不少玩家沉迷于此。

在联众游戏平台和 MUD 游戏取得成功以后，在网络建设初有成效的情况下，国内开始了第三代网络游戏的运营。第三代网络游戏的鼻祖是《网络创世纪》，与其说它是第三代网络游戏，不如说它是图形 MUD 更合适。它是在文字 MUD 的基础上，为文字所描述的内容制作的图像，并不具有现代网络游戏的操作性，游戏时还

① 第一代网络游戏起源于 1969 年，大多为试验品，运行在高等院校的大型主机上，如美国的麻省理工学院、弗吉尼亚大学，其游戏具有非持续性特征，代表作品如《太空大战》。

是需要输入相关的代码才能操作游戏进行。不过《网络创世纪》的出现，开创了图形网络游戏时代，同时它自身具有开创性系统，如房屋系统、结婚系统等，也让后来的网络游戏难以超越。在此之后，则是中国网络游戏发展大潮的到来。

第一批进入中国大陆的网络游戏在华彩公司的运营下获得巨大的成功。随后，由北京华义公司代理的《石器时代》于 2001 年 1 月正式上市。由亚联游戏公司代理的《千年》紧跟着在 2001 年 2 月开始测试，4 月开始正式收费。下面，就将近几年国内网络游戏的发展状况加以简要列举：

2000 年 6 月，华彩公司正式发行中国大陆第一款大型多人在线角色扮演游戏《万王之王》。

2000 年 7 月，《大众网络报》创刊，开辟了第一个网络游戏版块。

2000 年 9 月，智冠公司制作的《网络三国》正式发行。

2000 年 11 月，宇智科通公司正式推出《黑暗之光》。

2001 年 1 月，北京华义公司代理的《石器时代》正式上市。

2001 年 3 月，北京中文之星公司出品的《第四世界》和亚联游戏公司代理的《千年》正式上市。

2001 年 7 月，第三波戏谷公司代理的《龙族》、亚联游戏公司第二款网络游戏《红月》、盛大公司引进的韩国网络游戏《传奇》、游龙在线公司推出的《金庸群侠传 Online》、华彩公司发行的《三国世纪》正式上市。

2001 年 10 月，天府热线游戏中心正式成立。

2001 年 11 月，网易推出《大话西游 Online》，盛大公司代理的《传奇》正式上市。

2002 年 1 月，网星公司代理的《魔力宝贝》、捷三峰公司代理的《倚天》正式上市。

2002 年 5 月，蝉童软件公司推出《决战》。

2002 年 6 月，网易推出《精灵》和《大话西游 2》的测试活动。

2002 年 7 月，游龙在线公司推出的《三国演义 Online》开始正式收费；捷三峰公司为其第二款网络游戏《圣者无敌》展开测试活动；盛大公司代理的第二款网络游戏《疯狂坦克 2》开始测试；《传奇》同时在线人数突破 50 万人，成为世界上最大的网络游戏。

2002 年 8 月，高嘉科技公司代理的《天使》正式上市，游戏橘子公司开展《混乱冒险》的测试活动，第九城市公司为其代理的《奇迹》展开测试活动。

2002 年 10 月，当时的国内单机游戏巨头奥美电子公司涉入网络游戏，其代理的《孔雀王》开始测试。

2002 年 11 月，上海依星公司推出《遗忘传说》的测试活动，卓越数码公司推出《新西游记之大唐天下》，新浪网正式签约《天堂》。

2002 年 12 月，清华同方公司代理的《N-age》开始内测，网星公司代理的《轩辕剑 Online》开始测试。

2003 年 9 月，《剑侠情缘 Online》正式进入公测期。

2004 年 3 月，北极冰公司代理的《A3》进行公测。

2004 年 4 月，《天堂 2》进行公测。

2005 年 4 月，九城公司代理的《魔兽世界》开始公测。

2005 年 11 月，完美国际公司的《完美世界》开始公测。

2006 年 4 月，巨人网络公司的《征途》开始公测。

由上面的时间表可以看到，从 2001 年至今，网络游戏产业迅速发展。但是，也出了很多问题，许多公司在参与代理运营的时候，往往因为各种原因导致自身的破产，最典型的就是当时作为国内单机游戏界巨头的奥美公司、天人互动公司、上海依星公司，先后都由于运营的失败而导致公司破产。无数的新游戏不断上线和许多公司不断破产，逐渐形成了中国式网络游戏文化的特点。

（二）BBS 的发展

大约是在 1991 年，国内有了第一个 BBS 站。经过长时间的发展，直到 1995 年，随着计算机及其外部设备的大幅降价，BBS 才逐渐被人们认识。早期的 BBS 论坛分为两种模式：一种是商业 BBS 站，如新华龙讯网；另一种是业余 BBS 站，如天堂资讯站。BBS 前期发展一直是非常缓慢的，即便到了 1997 年，整个国内的互联网依然还是聊天室①的天下，早期网民多数仍在使用 TELNET 下的 BBS。这种 BBS 操作复杂，功能简陋，使用者多为专业人士。

网络论坛的兴起，始于 1997 年的十强赛，当时的四通利方体育沙龙聚集了一批体育迷，活跃在论坛上的网友有老榕、悉尼球探、北京厨子、漓江烟雨等，后来这批人大都进入体育专业媒体。体育沙龙兴起的标志是老榕的《大连金州没有眼泪》，这篇帖子感动了很多人，仅仅 48 小时内就被阅读了两万余次。② 据说鼎盛时期的体育沙龙，全国各地的体育记者、编辑都在这里寻找第一手的信息。现在的新浪网就是在体育沙龙的基础上发展起来的。

以 NESO 和 RED 两人成立的 NEED 工作室为基础的嘉星论坛在 1998 年成为了国内仅次于新浪论坛的著名论坛。此时，另一个名叫星伴的个人网站也正在崛起，这个以北京、上海、广州、深圳的网友和北美学子组成的以女性为主的论坛，在 1998 年吸引了众多的眼球。但是，1999 年之后，这两个论坛相继消失，这似乎标志着理想主义在网络论坛上的破灭。由于发展无序和管理不善，再加上当时的网络烧钱运动，在网络泡沫的冲击之下，网络论坛作为网民的精神家园的理想情景已不复存在。

此后的 1999 年成了中国 BBS 飞速发展的时期，现在的很多知名网站如天涯、西祠胡同、榕树下和红袖添香都在此时建站或者崭露头角。

在第一批 BBS 之后，更具特色和管理更加完善的新一批 BBS 开始出现。榕树下这个 BBS 一度成为网络文学的集散地。1999 年到 2001 年，榕树下 BBS 集合当时许多著名的网络写手，如宁肯、邢育森、宁财神、安妮宝贝等。榕树下 BBS 的运作方式和影响力，第一次使得网络文学从互联网发表转换成了传统出版物，从此，网络

① 聊天室是网站为网友提供的一个可以自由聊天的即时平台，在即时通信软件如 ICQ、MSN 未成熟之前，是最主要的网络交流方式。国内曾经著名的大型聊天室有网易、新浪、搜狐和腾讯。聊天室本身经过多次转型，由纯文字聊天逐步到语音聊天，直到 2002 年以后才开始一点点退出主流的网络交流方式。聊天室衰落的原因有很多，如 BBS 这个更有可塑性的交互平台的兴起，各类即时通信软件的成熟，国内网络游戏的兴起，聊天室本身难以管理等。

② 以当时的网络普及程度，48 小时内两万余次的点击量已经是非常大了，这个数据的分量不能拿现在的点击量来衡量。

文学出版的时代开始了。不过，随着写手们的离开，这个以坚持纯文学为核心的文学网站已经逐渐不能适应网络文化的发展了，其影响日渐没落，取而代之的是如红袖添香、起点中文网等以商业价值为核心的通俗文学网站。玄幻、武侠、言情等代替了榕树下那种纯文学的发展模式。可以说，榕树下 BBS 倡导纯文学的失败，正如 1999 年嘉星论坛的消亡，标志着网络理想主义在文学论坛的彻底破灭。这种理想主义的破灭是由于互联网使用人数的激增，互联网由原来的精英控制转变为草根世界，所以网络文化也由原来的精英理想主义和净土主义，变成了大众的草根文化和无文化。

正是由于所谓草根主义的兴起，各种专业论坛变得影响力逐渐降低，相反，像天涯、猫扑、新浪这样综合性质的论坛兴起，尤其是这类论坛中的杂谈和八卦板块，成为草根民众的聚集地。这些 BBS 的交流中已经没有原来 BBS 中那种忧郁情绪，也少有原来长篇大论式的讨论帖子，回帖变成了所谓的"顶"、"沙发"等，很多回帖甚至不看原帖。杂谈类论坛一方面因为它的低门槛而扩大了网络文化的影响力，另一方面，也因为这种低门槛造成了网络文化的日益浮躁。

三、网络游戏与 BBS 的主要特点

（一）网络游戏的主要特点

第一，现代网络游戏直接继承第二代网络游戏 MUD 的最基本特性之一，即在游戏中，是一个由电脑构造出的广阔的虚拟世界，在这个世界中的每一个游戏角色背后，都有一个现实中的人在操作，他的喜怒哀乐、嗜好、价值观念完全投射到游戏角色身上，并影响游戏的进程。网络游戏玩家所面对的不再是那些电脑控制下的机器人物，而是一群有血有肉、有个性、具备真正人的智慧的游戏伙伴。另一方面，这些游戏角色在网络游戏中也有其独特的人际关系和特定的行为特征。所以，不论是无恶不作的恶巫婆、杀人不眨眼的 PK①(谋杀)狂、救人于危难的圣法师，或是行侠仗义的大侠客，虽然这些虚拟的游戏角色在现实生活中往往是没有意义的，但可以使玩家们在网络游戏提供的另一个世界中体味现实生活中不敢或不可能去体验的人生。

第二，现代网络游戏的第二个特性亦是源自 MUD。在第一款真正意义上的网络游戏《网络创世纪》上使用的开放游戏世界的模式，使网络游戏除了虚拟真实性以外，又具有开放发展性。简单来说，现代网络游戏中的游戏世界是一个开放的、没有完结的世界。以较为流行的《魔兽世界》为例，首先，游戏设置了一个名叫艾泽拉斯的虚拟大陆。同时，为这个大陆制作了一套完整的历史和神话体系。于是，这个虚拟的世界开始变得真实，一切都和过去有关，一切也都和未来有关，玩家的行为决定了世界的命运。这样的背景设定，就让这款游戏具有相当的开放性。因为在这样一个给定历史环境的虚拟世界中，网络游戏采取不断更新的方式，扩大世界本身的内涵，同时又与虚拟世界所具有的历史性结合起来，这样整个游戏世界从纵向和横向都有无限的延展性。游戏的开放性又进一步完善了游戏世界的真实性，让游戏

---

① PK 全称 player kill，指玩家间的相互杀害，一般有恶意 PK 和普通 PK 的区别。游戏中，一般会对恶意 PK 给予较重的游戏惩罚。

引人入胜。

第三，网络游戏随着现代技术的发展，集合声光电等先进技术，完成了从2D到3D画面的转换，先进的图像引擎的使用让游戏画面变得绚丽多彩。同时，专业配乐团队也给网络游戏谱写了许多动听的背景音乐。在视听两个环节上，给玩家带来极大享受。

第四，中国的网络游戏经过十几年的发展，形成了一种中国式的网络游戏文化。首先是玩家阵营的分裂。在《魔兽世界》里，出现了所谓高端玩家和泡菜玩家的区分。《魔兽世界》作为一款优秀的网络游戏，形成了其玩家间特有的文化圈，并且这种文化圈得到了扩大。有的玩家走高端游戏路线，对国内很多低端国产游戏和韩国游戏持抵制和批评态度。而另一边则是支持韩国游戏和国产游戏的玩家。两个阵营的玩家经常相互批评。其次，这种玩家的分裂形成了国内网络游戏制作的两种倾向，一种是以《魔兽世界》为蓝本的高端网络游戏，如《剑侠情缘网络版3》、《天下2》等，另一种则是传统的各类低成本国产游戏。这两种不同的玩家群体和两种不同的游戏形式，形成中国式网络游戏文化的特点，也形成了以"80后"为主拥护《魔兽世界》的玩家和以"90后"为主反对《魔兽世界》的玩家之间相互批评的文化形态。

（二）BBS的主要特点

BBS亦同网络游戏，具有相当的开放性。只需要一个简单的注册流程，就可以在BBS论坛中畅所欲言。鉴于网络环境的宽松性和对真实身份的隐蔽性，很多在现实的社会生活中无法讨论、无法诉说的问题，得以在BBS上表达。

BBS具有很强的公开性，可以让每个人的观点、作品得到更多人的阅读与批评。这与传统出版媒体那种高额出版费用和复杂手续相比，更具有可操作性，让更多的人可以通过BBS的方式公开自己的观点及作品，以达到发表的目的。这一点不同于在博客上的发表，博客的阅读受众流动性很强（名人博客除外），而BBS上的帖子，至少有一部分固定的人会阅读。正是这些相对固定的阅读者，才能与发帖者之间形成讨论。而在博客中，如流水一般的读者很难形成有建设性的讨论。

另外重要的一点，在传统BBS中还具有相当的封闭性。这种封闭性是由于每一个BBS论坛具有的特定文化气质所决定的。例如在PC爱好者之家、红黑联盟等技术类论坛，技术要求成为整个BBS排斥一般外来成员的门槛。而文化类论坛，或者是由于论坛创建人的偏好，或者是由于论坛版主的偏好，都有可能对不符合这种偏好的帖子内容进行处理。不过，真正造成这种封闭性的根本原因在于论坛形成之初的讨论气氛。任何一个初到某个BBS论坛的人都必须适应这种论坛文化，并且只有在获得多数资深会员认可后，才可能在某一个论坛真正站稳脚跟。其中最典型的就是旖旎的秘密花园论坛，任何刚注册的会员不但没有完整的发帖权限，连看帖都要受到限制，刚注册的会员必须尽快提升论坛级别，否则会被定期清理。这类封闭性极强的论坛也并不少见。不过，这种封闭性特点随着互联网使用者的扩大、新型交互方式的出现，① 已经逐渐减弱了。

① 如Facebook、人人网、微博等形式。

四、网络游戏与虚拟世界的魅力所在

（一）网络游戏提供了另一种生活方式

仔细地考虑网络游戏和虚拟世界的普遍特征，我们发现，在一个开放的虚拟世界中，网络游戏给玩家提供了一种不同于现实生活的生活方式。就像红极一时的《征途》，游戏首先赋予了玩家王族之后这个特殊身份，将玩家在游戏中的地位抬到很高，并且给了玩家一个复国的长远任务。在平淡的现实生活中永远不可能出现的事情在游戏中变得触手可及。于是，许多玩家开始体验这种王族生活，并且投入大把的资金来复国，建立自己的网上国家，为了资源又要和其他玩家所建立的国家进行战争。这些在现实生活中无法体验到的经验，在网络游戏中以各种不同形式展现给各类玩家。可以组队探险，可以有数百人对数百人的大场面厮杀，可以十步杀一人等，总之，一切在现实社会中受到法律、道德约束或禁止的行为，在网络游戏中几乎都可以实现。这种不同于现实生活的生活方式正是网络游戏的一大魅力所在。

（二）网络游戏提供了心理补偿

正是由于网络游戏提供了一种不同于现实生活的游戏生活，所以在这个特殊的游戏生活中，玩家往往会到得心理补偿。比如，一个在现实生活中可能受到生存环境挤压的人，在游戏中很有可能通过拼命练级，进而进行恶意 PK，用以宣泄自己在现实生活中的不满。一个在现实生活中失恋的人，亦可能通过游戏中的社交系统展开自己在游戏里的恋爱，而且与现实生活的恋爱相比，在游戏中有更多的方式表示爱慕之情；又如在游戏里放烟花，或在游戏中使用特殊道具，达成各种特殊的效果等等。

（三）网络游戏和 BBS 构成的虚拟世界的独特魅力

网络游戏和 BBS 构成了互联网虚拟世界的主要部分，它们都具有开放性和虚拟性的特点，这就使网民能够放下现实生活中的包袱，隐藏在网络后面，一般不必担心行为不当而招致严厉的处罚，在互联网的虚拟世界中畅所欲言，在自己喜欢的网络环境中自由行动。在这个虚拟世界中，可交到来自五湖四海的朋友，当然也会遇到各种各样的骗子，在形形色色的看不到面孔的人中找到知己，也是在 BBS 中交流的一大快乐。正是开放性和虚拟性让原来的不可能变成了可能，所以互联网的虚拟世界才有了无限魅力。随着互联网的进一步发展和互联网技术的进一步完善，更具特色的网络文化将呈现在我们面前。

□□□ 思考延伸

1. 为什么传统 BBS 已经不再是理想主义的家园？

2. 网络游戏所具有的特点和其具有的心理补偿作用有怎样的联系？

3. 应如何看待网络游戏的发展？

4. 传统的 BBS 是否会在 Facebook、微博等新的社交模式的影响下，像过去的聊天室一样逐渐没落？为什么？

延伸阅读

[1] 熊月之. 上海通史[M]. 上海：上海人民出版社，1999.

[2] 范伯群. 中国近现代通俗文学史[M]. 南京：江苏教育出版社，2010.

[3] 张赣生. 民国通俗小说论稿[M]. 重庆：重庆出版社，1991.

[4] 丁亚平. 1897—2001 百年中国电影理论文选[M]. 北京：文化艺术出版社，2003.

[5] 李勇. 通俗文学理论[M]. 北京：知识出版社，2004.

[6] 王皖强，蔡骐. 现代德国大众文化[M]. 北京：中国经济出版社，2000.

[7] 欧阳友权. 网络文学教授论丛[M]. 北京：中国文联出版社，2004.

[8] 刘秀美. 五十年来的台湾通俗小说[M]. 台北：文津出版社，2001.

[9] 汤哲声. 中国现代通俗小说思辨录[M]. 北京：北京大学出版社，2008.

[10] 黄禄善. 美国通俗小说史[M]. 南京：译林出版社，2003.

[11] 约翰·费斯克. 理解大众文化[M]. 王晓珏，宋伟杰，译. 北京：中央编译出版社，2001.

[12] 约翰·多克. 后现代主义与大众文化[M]. 吴松江，张天飞，译. 沈阳：辽宁教育出版社，2001.

后记

大众文化与通俗文学在市场的推动下充满活力，发展迅速，成为了人们精神生活的重要组成部分。虽然人们感受到大众文化与通俗文学巨大的影响力，学术界的反应却相当滞后。红火的文化现象和文学现象究竟有什么特征，究竟依靠什么吸引着大量的读者（观众），究竟有什么值得总结和思考的得失？这是文化与文学的研究者必须思考的问题，也是本书写作的动因。

大众文化是一个很泛的概念，本书主要论述大众文化中的通俗小说现象和电影、歌曲、网络游戏等文化现象。之所以这样选择，因为通俗小说是通俗文学的主要表述形式，也是大众文化中的重要文学现象，同时还是我们的研究专业要求和教学要求。论述电影、歌曲、网络游戏等文化现象，是因为这些文化现象与当下我们的社会文化生活实在太密切相关了，人们需要了解它们。

说我们自己懂的话，才能说到点子上，说的人心中有底气，听到的人才会有所启发。讲述接受者最需要了解的事情，接受者才有兴趣，才愿意多做思考。本书主要面向年轻人，并可作为中文专业本科生、研究生的教材。大众文化与通俗文学是当下年轻人和学生们最为关注的文化及文学热点。解决一些现实问题是本书写作构思的基本点。为了有历史感，我们将研究的视角向前延伸到清末民初，但是并没有面面俱到，而是主要从影响中国大众文化和通俗文学发展的角度选取了一些代表性的学术流派和一些经典的文化/文学文本，分析其历史意义和历史影响。本书的侧重点是当下的文化及文学现象，主要分析眼前最活跃的一些大众文化现象与通俗文学类型。这些文化现象和文学类型也许并没有成型，但是充满活力，为当下的人们所关注，对它们进行讨论有着现实意义。

本书体现着教材的特色，在写作中注意到叙述的条理化和知识点的分布。由于主要面对高校的本科高年级学生和研究生，论述主要采用论文的形式，但是理论分析一般不作学术化探讨，而使用课堂语言。有些理论问题由于主观或客观的原因，其结论并非尽善尽美，我们也只是做到言之成理，还留有很大的讨论空间。用浅显的语言论述一些道理，分析一些现象，这是本书构思和写作所要追求的效果。

本书被列为苏州大学研究生优秀教材。

本书的写作者主要由目前在各高校开设有关大众文化与通俗文学研究课程的老师担任，各写作者所承担的部分如下：

第一讲　中国现代大众文化特征和通俗文学的批评标准（苏州大学　汤哲声）

第二讲　翻译文学的引入与中国通俗文学的现代转型(湖南科技大学　禹玲)

第三讲　现代都市文化的形成和“鸳鸯蝴蝶派”的产生(安徽大学　王木青)

第四讲　中国现代通俗小说的“北派”(苏州大学　汤哲声)

第五讲　通俗文学的载体：文学期刊、大报副刊及小报(河南大学　李国平)

第六讲　通俗文学从古典型走向市场化(苏州市职业大学　石娟)

第七讲　中国早期通俗小说的电影改编及广告媒体的运作(苏州大学　胡明宇)

第八讲　从《江湖奇侠传》到《火烧红莲寺》：一个电影改编的个案(苏州市职业大学　石娟)

第九讲　《啼笑因缘》事件与张恨水的“引雅入俗”(苏州市职业大学　石娟)

第十讲　雅俗的边缘与叠合：张爱玲、徐讦、无名氏(湖南科技大学　禹玲)

第十一讲　20世纪40年代通俗文学的“东吴系”和“复旦系”(苏州市职业大学　石娟)

第十二讲　通俗小说的叙事策略与“红色经典”(广西大学　韩颖琦)

第十三讲　琼瑶小说与琼瑶现象(昆明民族大学　刘玉霞)

第十四讲　金庸和金庸小说(湖北省文联　郑保纯)

第十五讲　“后金庸时代”的武侠小说与武侠电影(江南大学　蔡爱国)

第十六讲　公安法制小说的三个时期(盐城师范学院　陶春军)

第十七讲　谍战小说(淄博公安学校　马小康)

第十八讲　悬疑小说(商丘师范学院　杨晓玲)

第十九讲　生态小说(无锡商业学校　朱益兰)

第二十讲　从“身体写作”到“身体展示”(盐城师范学院　陶春军)

第二十一讲　科幻小说的发展历程和“中国特色”(苏州大学　汤哲声)

第二十二讲　网络小说：创作方式与创作观念的划时代变革(广西大学　韩颖琦)

第二十三讲　玄幻小说(湖南科技大学　禹玲)

第二十四讲　穿越小说(南京师范大学　董胜)

第二十五讲　博客现象：全民写作的众声喧嚣(广西大学　韩颖琦)

第二十六讲　家庭伦理剧与社会转型(广西大学　韩颖琦)

第二十七讲　从日剧、韩剧到好莱坞大片(苏州大学　张乃禹)

第二十八讲　香港的商业电影(苏州大学　胡明宇)

第二十九讲　校园歌曲、流行歌曲、网络歌曲(昆明民族大学　刘玉霞)

第三十讲　网络游戏与虚拟世界(重庆检察院　张学谦)

本书的写作队伍以青年学者为主。由于是有关课程的主讲老师，所以他们的写作有着很强的现场感，他们的感受也许更能获得青年读者的共鸣。

在本书的选题确定、统稿、校对过程中，苏州市职业大学的石娟协助主编做了很多工作，特此说明。

感谢苏州大学研究生部给予的支持，感谢高等教育出版社和梅咏女士，特别是梅女士认真负责的态度使我们受益匪浅。

汤哲声

2010年11月于苏州大学北河沿

郑重声明